3D 모델링 **작업과** 생성형 AI 활용을 위한

블렌더 3D&AI

오창근, 장윤제 지음

KB220345

BM (주)도서출판 성안당

PREFACE

3D 창작의 새로운 세계: 블렌더와 AI

3D 창작의 환경이 크게 바뀌고 있습니다. 원래 3D 콘텐츠 제작은 고성능 컴퓨터를 사용하여 여러 전문가가 협업하면서 오랜 작업의 결과로 완성되는 전문적이고 특별한 영역이었습니다. 캐릭터 모델링부터 장면 구성, 조명과 재질 표현, 애니메이션 등 각 분야도 진입 장벽이 높아서 배우기 어렵고 소수의 전문가만 활동하는 영역으로 여겨졌습니다. 유명한 3D 제작 프로그램은 엄청난 가격을 지불해야만 컴퓨터에 설치할 수 있고, 새로운 버전이 나올 때마다 추가적인 부담도 늘어났습니다.

이처럼 고비용에 전문가들만의 전유물이던 3D 창작 환경을 블렌더가 바꾸고 있습니다. 3D 창작에 필요한 모든 환경을 포괄하는 블렌더는 무료로 사용할 수 있고, 수시로 업데이트되는 새로운 기능도 비용 없이 추가됩니다. 블렌더 재단은 오픈소스 진영의 전통을 따라 사용자들의 요구를 우선하여 업데이트에 반영합니다. 불편한 점이 있다면 다음 버전에서 해결하여 배포합니다. 3D 창작에 비용이 들지 않고 진입하기 쉽기 때문에 블렌더 사용자는 폭발적으로 증가하였고, 이제는 기존의 환경에 뒤처지지 않는 첨단 기능을 모두 누리고 있습니다. 배우기 쉽고 무료이면서 기능도 막강하기 때문입니다.

블렌더와 함께 3D 창작 환경을 바꾸는 다른 하나의 중심축은 생성형 인공지능입니다. 거대 언어모델(LLM)의 확산과 발전은 글쓰기, 이미지, 영상 생성을 넘어서 3D 창작까지 가능하도록 진화하는 중입니다. 아직은 생성형 AI의 3D 창작이 시작 단계이고 여러 가지 한계도 보이지만, 점차 다양하고 정교한 표현이 가능한 방향으로 발전하고 있습니다. 조만간 3D 콘텐츠 창작에도 생성형 AI를 활용하는 사례가 크게 증가할 것입니다.

이 책은 3D 창작 환경에 큰 변화를 일으키는 블렌더와 생성형 AI 활용을 서로 연결하여 표현 가능성을 극대화하는 방향성을 제시합니다. 초보자에게 3D 모델링의 원리부터 조명, 장면 구성, 조명과 질감 표현 방법까지 단계적으로 설명하여 따라 배우기 쉽게 안내합니다. 어렵게 여겨질 수 있는 캐릭터 모델링과 애니메이션 기법을 전통적인 방법과 함께 AI 생성 방식으로도 제시하여 독자들이 인공지능 창작 시대를 미리 준비할 수 있도록 배려합니다. 실습 예제를 하나씩 연습하고 따라서 만들다 보면 3D 창작 전문가로 성장할 수 있는 소양이 형성될 것입니다.

최근 영상 콘텐츠 크리에이터가 폭발적으로 증가한 것처럼, 앞으로의 3D 창작 환경도 블렌더와 인공지능 도구로 무장한 크리에이터들이 주인공으로 주목받을 것입니다. 모델링부터 애니메이션까지 3D 프로세스에 익숙해지는 과정도 중요하지만, AI가 생성한 3D 초안을 다듬고 편집해서 완성하는 능력도 요구됩니다. 새로운 3D 콘텐츠 시대를 미리 준비하고 대비하는 데에 이 책이 길잡이 역할을 담당할 수 있도록 충실히 구성하였습니다. 독자 여러분의 선택과 발전을 응원합니다.

오창근, 장윤제

PREVIEW

3D 오브젝트를 처음 만드는 분들도 차근차근 따라하면서 블렌더로 쉽게 3D 입체물을 제작할 수 있습니다. 3D 이론을 공부하고 다양한 예제를 따라하면서 3D 오브젝트를 제작해 보세요.

블렌더 알아보기

3D 작업을 하기 전에 필요한 블렌더에 대한 기본 이론을 알아봅니다. 다양한 기본 이론을 학습해 보세요.

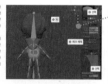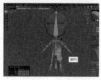

애니메이션

블렌더에서 제작한 3D 모델링을 이용해 애니메이션을 제작할 수 있습니다. 애니메이션 진행에 필요한 방법들을 다양한 예제를 통해 알아봅니다.

지시선

지시선을 표시하여 순서대로 따라할 수 있도록 구성하였습니다.

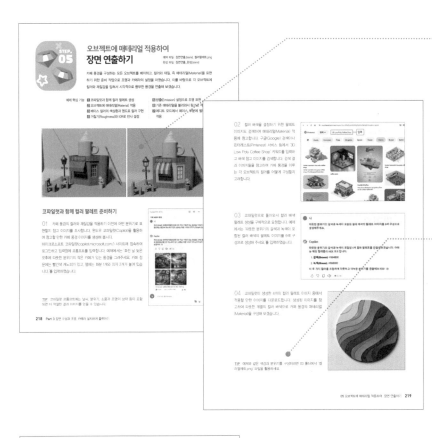

테마별 예제 제작하기

블렌더에서 3D 오브젝트부터 가구, 건축, 캐릭터 제작 방법을 알아봅니다.

TIP

3D 제작 과정에서 알아두면 좋은 팁들을 담았습니다.

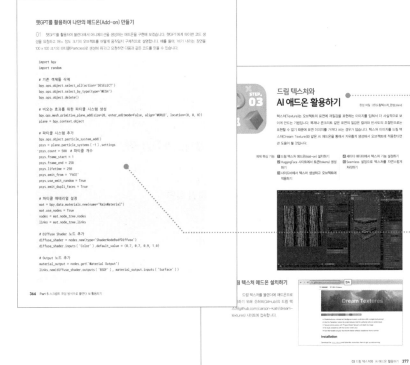

예제 따라하기

따라하기 형태로 구성하여 누구나 쉽게 따라하며 다양한 형태로 제작할 수 있습니다.

AI 협업하기

생성형 AI 챗GPT를 통해 스크립트 코드를 함께 작성해서 AI와 협업 방식을 소개합니다.

CONTENTS

이 책은 5개의 파트와 34개의 스텝으로 구성되어 있습니다. 3D 모델링 제작 작업 과정에 맞게 구성된 설명에 따라 학습해 보세요.

PART

3

장면 구성과
조명, 카메라
설치하여 출력하기

PART

4

AI 서비스를 이용한
캐릭터 모델링과
애니메이션

PART

5

스크립트 코딩
방식으로
블렌더 AI 활용하기

예제 파일 다운로드

1 성안당 홈페이지(http://www.cyber.co.kr)에 접속하여 회원가입한 뒤 로그인하세요.

2 메인 화면 중간의 (자료실)을 클릭한 다음 오른쪽 파란색 돋보기를 클릭하면 나오는 검색 창에 'AI', '3D 모델링', '블렌더' 등 도서명 일부를 입력하고 검색하세요.

3 검색된 목록을 클릭하고 들어가 다운로드 창 안의 예제 파일을 클릭하여 다운로드한 다음 찾기 쉬운 위치에 저장하고 압축을 풀어 사용하세요.

BLENDER 3

## PART 1

기본 모델링과 생성형 AI 협업 준비하기

풍부한 기능을 무료로 활용할 수 있는 3D 그래픽 프로그램 블렌더에서 기본적인 모델링(Modeling) 방법을 익히고 일상 사물과 공간을 다양하게 표현하는 창작 과정을 시작하겠습니다. 모델링은 3D 공간에 오브젝트를 생성하고 여러 가지 방법으로 변형하여 원하는 형태를 만드는 작업입니다. 특히 생성형 AI를 활용하는 3D 콘텐츠 제작 기법에 관해서도 함께 알아보겠습니다.

3D 모델링 작업의 시작, 블렌더

블렌더 프로그램은 다재다능한 3D 콘텐츠 제작 환경을 무료로 제공하는 오픈소스 애플리케이션입니다. 기존에 유명한 3D 그래픽 제작 프로그램 못지않은 강력한 성능과 높은 수준의 출력 품질을 제공하여 최근 사용자가 크게 늘고 있습니다. 향후 3D 그래픽 콘텐츠 제작 환경에서 블렌더는 새로운 표준으로 자리 잡을 것입니다.

블렌더의 특징과 장점

블렌더(Blender)는 오픈소스 프로그램으로, 누구나 무료로 사용하고 기능을 개선할 수 있습니다. 높은 가격 때문에 접근하기 힘들었던 3D 콘텐츠 제작 환경을 블렌더를 통해 쉽게 갖출 수 있게 된 것입니다.

최근 블렌더의 성능은 기존의 유명한 3D 모델링 프로그램들을 압도할 정도로 발전하고 있습니다. 기존 3D 모델링 프로그램과 비교했을 때, 블렌더는 다음과 같은 특장점을 갖고 있습니다.

❶ 블렌더의 장점

- **무료 오픈소스 :** 블렌더는 무료로 사용할 수 있는 오픈소스 소프트웨어입니다. 누구나 무료로 컴퓨터에 설치하고 사용하면서 기능을 개선할 수 있다는 장점이 있습니다. 최근 블렌더 성능의 비약적인 발전은 사용자들의 참여와 개선 정책을 바탕으로 블렌더 재단의 과감한 투자가 이루어낸 성과입니다.
- **강력하고 다양한 기능 :** 블렌더는 3D 모델링뿐만 아니라 애니메이션, 렌더링, 3D 콘텐츠 합성, 텍스처 페인팅, 스컬프팅, 물리 시뮬레이션 등 다양한 기능을 모두 제공합니다. 하나의 프로그램 내에서 다양한 3D 콘텐츠 제작 작업을 일관적으로 수행할 수 있도록 도와줍니다.
- **높은 수준의 품질과 성능 :** 블렌더는 3D 그래픽 제작 환경에서 높은 품질과 성능을 제공합니다. 3D 조형 결과의 렌더링뿐만 아니라 물리 시뮬레이션, 그래픽 애니메이션, 실사 같은 사실적인 표현에서도 기존의 3D 제작 프로그램과 경쟁할 수 있을 정도로 탁월한 결과를 제공합니다.
- **커뮤니티와 튜토리얼 :** 오픈소스 환경의 블렌더는 활발한 사용자 커뮤니티와 다양한 튜토리얼을 제공하여 사용자의 학습과 문제 해결에 도움을 줍니다.

블렌더는 3D 콘텐츠 관련 분야에서 활용도가 빠르게 증가하는 중이며, 높은 퀄리티와 직관적인 인터페이스, 무료 사용성 등으로 전 세계의 많은 사용자에게 인기를 얻고 있습니다.

특히, 메타버스와 3D 게임의 발전과 변화에 따라 유연하게 적응하려는 전문 프리랜서들이 선호하는 모델링 환경으로도 선택받고 있습니다. 다양한 3D 프로그램 중에서도 블렌더는 비교적 신생 솔루션이면서 오픈소스 규약을 따르는 유일한 무료 프로그램입니다. 기존 오래된 3D 그래픽 프로그램들과 비교하여 기능적으로 부족한 점도 있었으나 최근 3.8 버전 이후 대등한 성능을 보여 주면서 더 많은 사용자를 끌어모으고 있습니다.

▼ 기존 3D 그래픽 저작 프로그램과 블렌더 비교

프로그램	주요 특징	프로그램 인터페이스 화면
3ds 맥스 (3ds Max)	• 오래된 전통과 역사 • 다수의 사용자 확보 • 풍부한 교육 자료 • 업계 표준 호환성 • 실무 현장의 지배력	
시네마 4D (Cinema 4D)	• 직관적 인터페이스 • 모션그래픽 특성화 • 다양한 렌더링 엔진 • 비교적 저렴한 가격 • 영상 분야 지배력	
블렌더 (Blender)	• 무료 오픈소스 정책 • 다양한 기능 통합 • 빠른 렌더링 엔진 • 활발한 사용자 그룹 • 사용자 맞춤 편의성	

❷ **오픈소스 프로그램 정책 :** 블렌더는 일반 대중 사용허가서(GNU GPL) 규약을 따르기 때문에 프로그램을 어떤 목적이든지 자유롭게 사용할 수 있습니다. 또한, 용도에 따라 기여자(Contributors)가 프로그램의 소스코드도 개정 가능합니다. 3D 컴퓨터 그래픽 기술을 창작자에게 무료로 제공한다는 취지의 미션을 바탕으로 2002년부터 블렌더의 개발과 배포는 블렌더 재단(The Blender Foundation)이 중심이 되어 총괄합니다. 재단 운영을 기부금(Donations)에 의존하던 방식에서 벗어나 2020년, 블렌더 재단은 연구소와 스튜디오를 분리하여 연구 개발과 사업 영역을 다각화하고 있습니다.

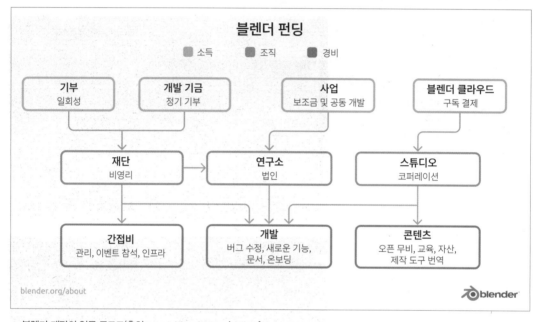

▲ 블렌더 재단의 업무 구조도(출처 : www.blender.org/about/)

❸ **블렌더의 숨은 강점 :** 블렌더는 3D 그래픽에 관련된 모든 기능을 포괄하는 제작 환경입니다. 캐릭터나 제품을 만들기 위한 기본적인 폴리곤(Polygon) 모델링은 물론 직관적인 스컬프팅(Sculpting) 기능도 다른 프로그램들을 능가할 정도로 뛰어납니다.

블렌더만의 특별한 기능으로는 그리즈 펜슬(Grease Pencil)이 있습니다. 그리즈 펜슬은 3D 그래픽 방식으로 2D 애니메이션을 표현하기 위한 기능으로 입체적인 공간에서 역동적인 캐릭터를 구현하는 데에 편리한 기능을 포함하고 있습니다.

또한, 블렌더는 다른 3D 그래픽 프로그램에서 고가의 플러그인을 추가하여 오랜 시간의 렌더링 과정을 거쳐야만 구현할 수 있는 물리적인 효과의 시뮬레이션(Simulation) 표현을 쉽고 간편하게 만들어 낼 수 있습니다.

궁극적인 장점은 블렌더가 오픈소스 애플리케이션이라는 점입니다. 누구나 프로그램 개선에 참여하고 기여할 수 있기 때문에 블렌더 사용자 커뮤니티의 토론 과정에서 새로운 아이디어와 기능이 추가되기도 합니다. 따라서 블렌더의 전체적인 성능과 세부 기능의 발전 속도는 다른 프로그램들이 따라올 수 없을 정도로 빠릅니다.

◀ 블렌더의 Grease Pencil 기능을 이용하여 2018년에 제작한 애니메이션 〈Hero〉의 주요 장면 (출처 : www.youtube.com/watch?v=pKmSdY56VtY)

◀ 블렌더에서 구현한 연기(Smoke) 시뮬레이션 결과 예시 (출처 : www.blendernation.com/2017/09/04/blender-high-resolution-smoke-simulation-tutorial/)

◀ 블렌더에서 구현한 액체(Liquid) 시뮬레이션 결과 예시

3D 그래픽 콘텐츠 제작 과정

일반적인 실사 영상이나 사진 같은 콘텐츠와는 달리 3D 그래픽 콘텐츠는 세상에 실재하지 않는 것을 컴퓨터 기술로 입체처럼 만들어서 화면 안에 구현한 결과를 지칭합니다. 일상에서 흔히 접할 수 있는 3D 콘텐츠는 매우 다양하며, 사실적이고 자연스러워서 실물이

아니라는 점을 알아채기 어려운 경우도 많습니다. 앞으로 개발하여 출시될 자동차를 디자인한 결과나 미래의 역동적인 도시 모습 등은 실사 이미지로 촬영할 수 없기 때문에 사람들에게 3D 그래픽을 통해 시각적으로 제시할 수 있습니다. 어린이들이 좋아하는 캐릭터 애니메이션이나 공상과학 영화도 대부분 3D 그래픽으로 제작하고, 실사처럼 보이는 영상물에서도 3D 시각효과가 자주 사용되며, 멀리서 살아 움직이는 군중도 알고 보면 3D 그래픽으로 만든 가상 애니메이션의 합성인 경우가 흔합니다. 최신 자동차의 디지털 클러스터 화면에서도 3D 그래픽 이미지가 역동적으로 연출되는 사례가 늘고 있습니다. 특히, 컴퓨터와 인공지능의 성능이 비약적으로 발전하면서 최근의 콘텐츠 창작 분야에서는 3D 그래픽이 어디에서나 필요한 작업 과정이 되었습니다.

컴퓨터 한 대로 작업하는 1인 창작자라면 3D 그래픽 작업 전반을 혼자서 감당해야겠지만, 규모가 큰 프로젝트의 경우 하나의 완전한 3D 그래픽 콘텐츠를 제작하기 위해서는 많은 사전 준비 과정과 제작 공정을 거쳐야 합니다. 최종적인 결과물이 대개 영상 콘텐츠의 형식으로 나오기 때문에, 3D 그래픽 콘텐츠의 제작 과정은 일반적인 영상 콘텐츠 제작 과정에 3D 그래픽 부분이 추가되는 형태가 많습니다. 3D 그래픽 애니메이션처럼 모든 제작 과정이 컴퓨터 그래픽 작업으로 이루어진다면 다음 도표와 같은 파이프라인을 거치게 됩니다. 간단한 아이디어로 시작하여 3D 모델링과 렌더링을 거쳐 최종적인 편집에 이르기까지 최소한 십여 개 이상의 세부 작업 과정이 필요합니다. 그중에서도 프로덕션(Production) 영역은 3D 그래픽에 특화된 세부 제작 과정입니다.

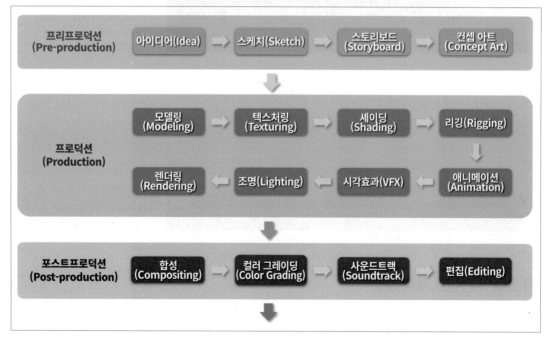

▲ 3D 그래픽 콘텐츠 제작 공정표

3D 모델링의 이해

3D 그래픽 콘텐츠 제작 과정에서 대상을 입체적으로 구현하는 모델링(Modeling)은 가장 기본적인 작업입니다. 기하학적인 입체 도형에서 변형을 시작하여 구체적인 형태로 나아가는 방식도 있고, 건축이나 기계를 설계하듯 직선들을 연장하고 교차점을 회전하여 입체를 만드는 방법도 있습니다.

3D 그래픽 제작 과정의 가장 기본인 모델링 원리에 관해서 이론적으로 이해해 두면 더 수월하게 실습 과정을 시작할 수 있습니다.

❶ **3D 모델링의 정의 :** 3D 모델링은 컴퓨터 소프트웨어를 이용하여 물체나 캐릭터의 3차원적인 형상을 생성하는 작업을 말합니다. 3차원적인 형상이란 생성한 대상을 여러 각도로 돌려보면서 관찰하고 동작을 연출할 수 있다는 의미입니다.

2D 이미지나 도면은 대상의 한쪽 면만 제시하기 때문에 대상을 입체적으로 파악하기 위해서는 더 많은 도면과 상상력이 필요합니다. 반면에 3D 모델은 입체적인 정보를 모두 포함하기 때문에 다양한 측면의 모습을 실제처럼 제시하는 것뿐만 아니라 크기의 변화나 동작의 표현도 가능합니다. 이를 위해서 3D 모델은 대상을 구성하는 모든 표면 정보와 입체 구조의 좌푯값을 포함하고 있습니다.

❷ **3D 모델링의 유형 :** 디지털 데이터로 입체를 모델링하는 방식에는 겉으로 보이는 표면을 형성하는 표면 모델링(Surface Modeling)과 속이 가득찬 입체 덩어리를 만드는 솔리드 모델링(Solid Modeling) 방식이 널리 활용되고 있습니다.

앞서 비교한 3D 그래픽 프로그램들은 모두 표면 모델링 방식의 제작 환경인데, 솔리드 모델링 방식은 주로 기계 설계 분야에서 사용합니다. 3D 모델링의 가장 대표적인 유형은 다음과 같습니다.

- **표면 모델링(Surface Modeling) :** 점 · 선 · 면의 구성 요소들을 통하여 사물 표면의 경계선들을 연결하고 교차점의 좌표를 지정하여 대상을 입체적으로 구현하는 작업 방식입니다.

  조형의 기본 요소인 점 · 선 · 면이 연결되고 변형되어 그물망처럼 조직되는 것을 다각형을 뜻하는 '폴리곤 모델링(Polygon Modeling)'이라고도 하는데, 이는 입체를 이루는 표면이 삼각형이나 사각형으로 조직되기 때문입니다. 표면 모델링은 대상의 외형만 만들기 때문에 내부는 텅 비어 있으며, 디지털 이미지나 애니메이션을 구현하는 데에 주로 이용됩니다.

- **솔리드 모델링(Solid Modeling) :** 솔리드 모델링은 표면 모델링과 달리 실제의 사물처럼 속이 꽉 찬 입체를 만드는 작업 방식입니다. 기계 설계와 과학적인 실험에 사용되므로 치수를 기반으로 모델링을 시작하여 주로 평면 형태를 회전하거나 돌출시키는 방식으로 입체를 형성합니다.

전통적인 설계 도면의 작도 방식과 유사한 특성을 포함하고, 많은 산업 현장에서 실무적으로 사용되므로 모델링 과정에서 정확성이 중요합니다. 솔리드 모델링 프로그램으로는 솔리드웍스(Solidworks), 인벤터(Inventor), 라이노(Rhino) 등이 널리 사용됩니다.

- **와이어프레임 모델링(Wireframe Modeling) :** 제작하려는 대상이 수많은 커브로 복잡하게 구성된다면 솔리드 모델링 대신 와이어프레임 모델링 방식을 사용할 수 있습니다. 와이어프레임 방식은 외형의 윤곽선과 교차점을 모두 투시되는 선으로 제시하기 때문에 숨겨진 이면이나 속 부분을 가시적으로 관찰하면서 더 정교하게 설계할 수 있습니다.

대상 표면을 사실적으로 시각화하면서 정교하게 작업하기에는 컴퓨터 성능에도 부담이 되고 두께와 내부 구조를 파악하기 힘든 어려움이 따르게 되는데, 와이어프레임 모델링 방식은 이런 문제를 해결해 줍니다. 블렌더는 기본적으로 표면 모델링 방식을 제공하지만, 필요에 따라 뷰어를 윤곽선 모드로 바꾸어 와이어프레임 상태로 보면서 편집 요소를 빠르고 정밀하게 선택하여 작업할 수 있습니다.

❸ **3D 모델링의 기법 :** 앞서 설명한 세 가지의 주요 모델링 방식에 더해서 세부적으로 다양한 모델링 기법이 있습니다. 3D 그래픽 디자이너들은 화면에 구현하려는 입체를 구체적이고 효과적으로 형성하기 위해 다음과 같은 기법을 자주 사용합니다.

- **폴리곤 모델링(Polygon Modeling) :** 입체의 표면을 이루는 직선 기반의 다각형의 폴리곤 조직을 조작하여 계단식으로 형태를 만드는 방법이므로 편집과 수정이 편리합니다.
- **넙스 모델링(Nurbs Modeling) :** 입체 표면의 교차점들을 연결하는 스플라인(Spline)을 연산하여 곡면의 상호관계를 수학적으로 구성하는 모델링 방식이므로 외형이 정교하고 유려하지만, 부분 편집과 표면 질감의 표현이 다소 어렵습니다.
- **서브디비전 서피스 모델링(Subdivision Surface Modeling) :** 편집이 쉬운 구조의 폴리곤 모델링과 유연한 곡면을 가진 넙스 모델링의 장점을 합쳐서 각진 표면을 부드럽게 표현하는 방식으로 최근 3D 모델링과 애니메이션 분야에서 자주 사용합니다.
- **스컬프팅(Sculpting) :** 조소 작업처럼 직관적으로 기본 입체 도형의 표면을 조각도로 조작하여 세밀하고 인상적인 외형을 만드는 방식으로, 주로 인물 캐릭터의 특징을 강조할 때 사용합니다.
- **사진 측량 모델링(Photogrammetry Modeling) :** 3D 입체 공간에 제작할 대상의 사진이나 스케치를 배치하고 입체적으로 투사하면서 사진의 외형을 본떠 만드는 방식으로 실제 사물을 그대로 재현할 때 이용합니다.

3D 그래픽의 주요 개념

컴퓨터 가상 공간에 입체적인 사물이나 공간, 캐릭터 등을 만드는 3D 그래픽은 전통적인 미술을 바탕으로 두고 있지만, 가상의 입체를 구현하기 위해 새롭게 제안된 개념과 용어를 사용합니다.

3D 그래픽 작업과 블렌더 모델링 학습에 필요한 주요 개념을 먼저 살펴보고 이해할 필요가 있습니다. 컴퓨터 화면이라는 가상의 공간에 데이터 기반의 입체를 조형하는 작업이므로 먼저 이해해야 할 주요 개념과 요소는 좌표계와 오브젝트, 버텍스와 페이스, 렌더링 등입니다.

❶ **좌표계(Coordinate System) :** 평면 기반의 2D 그래픽과 달리 3D 그래픽은 3차원의 축(Axes)을 중심으로 가상의 공간에 대상을 배치하고 조형 작업을 수행합니다. 일반적으로 3차원은 가로, 세로, 깊이의 세 축을 말하는데, 각각 X, Y, Z 축으로 규정합니다. 공간과 대상의 관계 또한 위치(Position), 크기(Scale), 회전(Rotation) 등 조형 요소의 수치적인 조절을 통해 작업을 진행합니다.

블렌더에서 X축은 사선의 빨간색 선, Y축은 반대 방향의 초록색 사선으로 표시하며 X축과 Y축의 두 선은 그리드(Grid) 평면에서 직각으로 교차합니다. 마지막 Z축은 상하 방향의 파란색 선으로 표시되는데, 뷰어의 회전에 따라 세 방향의 지향점은 선형적으로 바뀝니다.

3차원 좌표계는 분야에 따라 사용하는 체계도 다르고, 가리키는 방향이 3D 그래픽 프로그램마다 서로 다를 수 있으므로 주의가 필요합니다. 블렌더 프로그램에서도 오브젝트의 변형(Transformation)에 필요한 좌표계(Axes)의 방향(Orientation)을 다양하게 지정할 수 있습니다.

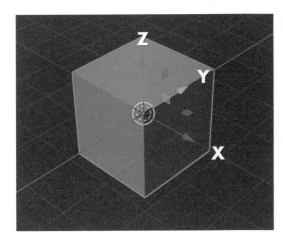

◀ 블렌더 좌표계의 기본적인 3차원 축 방향

❷ **오브젝트(Object)**: 3D 그래픽의 조형 작업 대상 즉, 오브젝트는 공간 안에서 버텍스들 (Vertices)의 연결로 구성됩니다. 우리가 블렌더에서 만드는 대상은 실물이 아닌 가상의 물체이며 직선 구조의 표면 모델링 방식을 따릅니다.

수많은 면으로 집합된 오브젝트는 개별 버텍스(Vertex)의 3차원 위칫값들 (Positions), 각 면의 지향 방향(노멀, Normals), 오브젝트의 색상(Color)과 질감 (Texture) 등의 정보로 구성됩니다. 블렌더를 포함한 3D 그래픽에서 오브젝트를 구성하는 기본적인 조형 요소는 다음과 같습니다.

- **버텍스(Vertex)**: 오브젝트를 구성하는 꼭짓점(Point) 요소인 버텍스는 각 선과 면의 교차점을 이루며, 오브젝트의 각 좌푯값을 기록하는 가장 기본적인 구성 요소입니다. 하나의 버텍스는 점이기 때문에 크기와 방향의 변형이 불가능합니다.

- **에지(Edge)**: 두 버텍스를 서로 연결하는 직선(Line) 요소인 에지는 서로 교차하면서 페이스를 이루는데, 에지를 이동하거나 방향을 바꾸면 인접한 버텍스와 페이스에도 영향을 미칩니다. 에지는 선이기 때문에 길이와 방향을 변화시킬 수 있습니다.

- **페이스(Face)**: 엣지들이 모여 한 방향의 닫힌 면(Plane)을 만들면 페이스가 됩니다. 페이스는 오브젝트의 표면을 실질적으로 이루는 구성 요소이며 화면에 시각적으로 보이는 그물망(Mesh) 구조입니다. 페이스는 삼각형의 꼭짓점을 이루는 3개의 버텍스, 4개의 버텍스로 만드는 사각형, 그 이상의 다각형으로도 구현되는데, 모든 가장자리는 에지들로 이루어집니다.

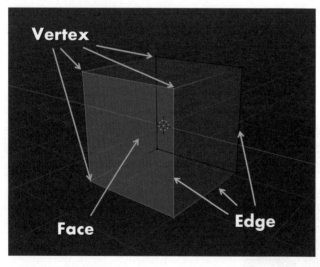

▲ 블렌더 오브젝트의 구성 요소

❸ **렌더링(Rendering)** : 3D 그래픽 렌더링은 컴퓨터가 가상 공간에서 생성된 오브젝트와 장면을 시각적으로 구현하고, 이를 파일로 출력하는 복잡한 과정을 말합니다. 이 과정은 3D 모델링, 조명, 카메라 설정, 재질 적용 등의 단계를 포함하며, 각 요소들이 조화롭게 결합되어 최종적으로 화면에 출력되거나 이미지 파일로 저장됩니다.

3D 모델링에서는 먼저 버텍스(Vertex)가 모여 에지(Edge)와 페이스(Face)를 형성하며, 이들이 결합해 다각형의 면을 구성합니다. 이 다각형들이 모여 입체적인 3D 오브젝트를 형성하게 됩니다. 모델링이 완료되면 색상, 질감, 반사, 굴절과 같은 재질(Material) 속성을 추가하여 더욱 사실감 있는 표현을 만들어냅니다. 이때, 조명 설정도 매우 중요한 역할을 합니다. 조명은 장면의 분위기를 조절하고, 오브젝트의 음영과 하이라이트를 만들어 내어 더욱 입체적인 효과를 줍니다.

카메라 설정은 실제 촬영과 유사한 방식으로 가상 공간에서 오브젝트를 어떤 각도에서, 어떤 거리에서 볼지 결정하는 중요한 단계입니다. 이 카메라로 설정된 시점을 기준으로 오브젝트를 시각적으로 출력하며, 결국 우리가 보는 화면은 카메라가 포착한 장면입니다. 이 장면은 최종적으로 렌더링(Rendering) 과정을 거쳐 컴퓨터 화면에 표시되거나 이미지 파일로 저장됩니다. 렌더링은 매우 계산 집약적인 작업으로, 특히 고해상노의 사실적인 이미지를 만들기 위해시는 픽셀 단위로 세밀한 샘플(Samples)을 계산해 나가며 이미지의 디테일을 모자이크처럼 완성합니다.

3D 렌더링의 결과물은, 비록 오브젝트가 3차원 공간에서 생성되었더라도, 카메라로 포착된 이미지는 2차원 그래픽의 형태로 표현됩니다. 이러한 렌더링 과정은 실시간으로 화면에 표시될 수도 있지만, 고품질의 렌더링은 보통 시간이 많이 소요되며, 특히 고해상도 이미지나 복잡한 애니메이션의 경우 그 시간이 크게 증가합니다.

애니메이션이나 영상의 경우, 렌더링된 이미지를 프레임 단위로 연속적인 시퀀스 파일로 출력하게 됩니다. 이렇게 생성된 이미지 시퀀스는 영상 편집 소프트웨어에서 후반 작업(Post-production) 단계로 넘어가며, 이때 추가적인 시각 효과, 색 보정, 사운드 디자인 등이 결합되어 최종적인 동영상 파일로 완성됩니다.

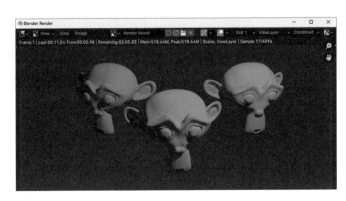

◀ 블렌더 렌더(Blender Render) 창에서 장면이 샘플 단위로 연산되어 이미지 파일을 완성하는 과정 예시

강력한 3D 모델링 프로그램인
블렌더 설치하기

강력한 성능을 자랑하는 블렌더 프로그램은 윈도우, 맥OS, 리눅스 등 다양한 운영체제를 지원하므로 컴퓨터 환경에 맞는 버전을 다운로드하여 설치하면 됩니다. 블렌더 프로그램을 사용자의 컴퓨터에 설치하고 사용자 인터페이스 환경을 설정하는 방법을 학습하겠습니다.

블렌더 설치 파일 다운로드

블렌더 홈페이지에서 최신 버전의 설치 파일을 다운로드하여 컴퓨터에 블렌더를 설치할 수 있습니다.

01 | 블렌더 홈페이지에 접속하기 위해 웹브라우저 검색창에 'blender'를 입력합니다.

02 | 검색 결과 화면이 표시되면 가장 위에 표시되는 'blender.org'를 클릭합니다.

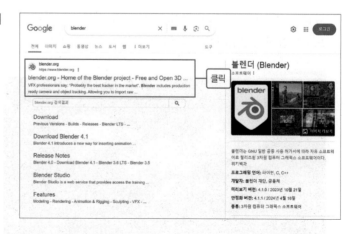

03 | 블렌더 홈페이지가 표시되면 화면 중앙의 (Download) 버튼을 클릭합니다.

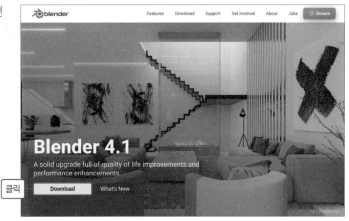

04 | The Freedom to Create 화면이 표시되면 (Download Blender 4.x) 버튼을 클릭합니다.

TIP 블렌더 홈페이지는 사용자의 컴퓨터 운영체제를 판독하여 설치할 파일을 제시하므로 다른 운영체제를 추천할 수도 있습니다.

TIP (Mac OS, Linux, and other versions) 버튼을 클릭하여 표시되는 팝업 메뉴에서 탐지된 운영체제 외의 다른 파일을 설치할 수 있습니다. 목록 중에서 윈도우 포터블(Portable) 버전은 설치 파일이 아닌 집(.zip) 압축 파일을 제공하여 프로그램 시스템의 설치 과정 없이 파일 압축을 풀면 바로 실행할 수 있는 기능을 지원합니다.

블렌더에서 지원하는 다양한 운영체제 ▶

05 │ 후원(Donate) 페이지로 넘어가면서 설치 파일을 저장할 창이 표시됩니다. 저장할 위치를 지정하고 (저장) 버튼을 클릭합니다.

TIP 블렌더는 무료 프로그램이므로 프로그램을 개발하고 발전시키는 데에 재단을 후원해달라는 메시지가 표시됩니다.

06 │ 지정한 폴더에서 블렌더 설치 파일 (blender-4.x-x64.msi)이 다운로드된 것을 확인합니다.

TIP 맥OS는 인텔(Intel)과 애플 실리콘(Apple Silicon) 설치 파일로 구분되어 있어 사용자 컴퓨터에 해당하는 파일을 다운로드해야 합니다. 자신의 컴퓨터가 어떤 운영체제인지 모른다면 파인더의 (애플) 메뉴에서 '내 매킨토시에 관하여'를 클릭하면 정확한 정보가 나타납니다.

TIP 블렌더 프로그램을 원활히 구동하여 다양한 3D 그래픽 작업을 실습하려면 컴퓨터 하드웨어의 성능이 더 우수한 모델을 사용해야 합니다. 최신 기종의 컴퓨터에 Nvidia GeForce와 같은 그래픽 전용 칩(GPU)이 내장된 고성능 모델이라면 일반적인 블렌더 작업에 충분합니다. 다른 3D 그래픽 프로그램에 비교해서 블렌더는 비교적 가볍기 때문에 책에 나오는 내용을 따라서 실습하는 정도라면, 최근에 출시된 노트북 컴퓨터도 사용 가능합니다.

본격적으로 블렌더를 학습해서 3D 그래픽과 영상 콘텐츠 작업을 계속할 예정이라면 고성능 데스크톱 컴퓨터에 메모리를 충분히 갖추고 고성능 그래픽 카드를 추가하는 것이 좋습니다. 블렌더 작업을 위해서는 3 버튼 마우스가 필요하고, '텐 키(10 Keys)'로 불리는 숫자 키패드가 있는 키보드를 사용하면 더욱 편리합니다.

▼ 블렌더의 윈도우 운영체제 컴퓨터 시스템 요구 사양

구분	최소 사양	권장 사양
OS	Windows 8.1(64-bit)	Windows 10 또는 Windows 11
CPU	4 cores(SSE4.2 이상)	8 cores
RAM	8GB	32GB
GPU	2GB VRAM(OpenGL 4.3 이상)	8GB VRAM

블렌더 프로그램 설치하기

블렌더의 설치 과정은 기존의 3D 모델링 프로그램처럼 복잡하지 않고 간단합니다. 다운
로드한 Setup 파일을 실행하여 설치 관리자가 안내하는 대로 진행하면 됩니다. 설치 파
일의 용량도 320MB 정도로 다른 프로그램에 비교해서 작은 편입니다.

01 │ 다운로드한 블렌더 설치 파일을 더
블클릭하여 실행하면 blender Setup 창이
표시됩니다. 설치 마법사의 환영(Welcome
to the blender Setup Wizard) 화면을 확
인하고 (Next) 버튼을 클릭합니다.

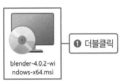

02 │ 사용자 라이선스 동의(End-User
License Agreement) 화면에서 'I accept
the terms in the License Agreement'를
체크 표시하고 (Next) 버튼을 클릭합니다.

03 | 사용자 설정(Custom Setup) 화면에서 설치 경로와 요소를 확인하고 (Next) 버튼을 클릭합니다.
특별한 경우가 아니라면 사용자 설정을 변경할 필요는 없습니다.

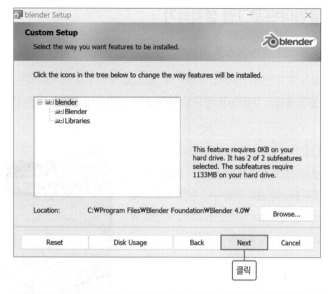

04 | 설치 준비(Ready to install blender) 화면이 표시되면 (Install) 버튼을 클릭하여 설치를 시작합니다.

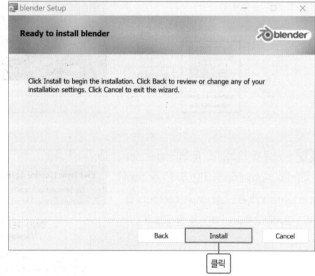

05 | 설치가 시작되면서 진행 과정이 녹색의 상태 막대로 표시됩니다. 컴퓨터 성능에 따라 설치 과정은 1분 이상의 시간이 소요될 수 있습니다.

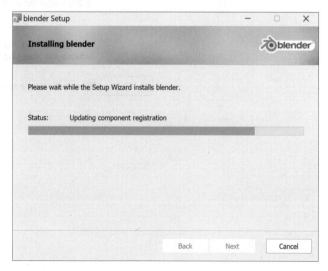

06 │ 설치 과정에서 사용자 계정 컨트롤 경고 창이 표시될
수 있습니다. 이때 (예) 버튼을 클릭하여 허용합니다.

07 │ 설치 완료(Completed the blender
Setup Wiard) 화면이 표시되면 (Finish) 버튼
을 클릭하여 설치를 마무리합니다. 그러면 설치
마법사 창이 화면에서 사라지고 바탕화면에 블
렌더 바로 가기 아이콘이 생성됩니다.

블렌더 프로그램 실행하기

블렌더를 설치하고 처음으로 프로그램을 실행하면, 작은 인터페이스 설정 창이 먼저 표시
됩니다. 블렌더 프로그램을 설정하고 시작하는 방법을 살펴보겠습니다.

❶ **블렌더 프로그램 실행** : 설치한 블렌더 프로그램의 바로 가기 아이
콘을 더블클릭하여 실행합니다.

Blender 4.0

❷ **블렌더 프로그램의 첫 실행** : 블렌더가 실행되면 작업 화면과 함께 스플래시 스크린
(Splash Screen) 창이 표시됩니다. 처음에는 빠른 설정(Quick Setup)이 나타나는데,

다른 3D 그래픽 프로그램 사용 경험이 없다면
〔Continue〕 버튼을 클릭하여 기본 설정을 유지합
니다.

TIP 블렌더 인터페이스 언어 설정

빠른 설정 창 상단의 언어(Language) 항목을 클릭하면
한국어(Korean)가 〔개발 중(In Progress)〕 탭으로 표시됩
니다. 한글 버전은 아직 완전하게 지원되지 않아 영어와
한글이 뒤섞여 있습니다. 용어의 혼동을 피하기 위해 〔완
성(Complete)〕 탭에 표시되기 전까지는 기본으로 설정된
영어(English) 버전을 사용합니다.

언어 설정은 메뉴에서 〔편집(Edit)〕 → 〔환경 설정
(Preferences)〕를 클릭하여 표시되는 Blender
Preferences 창의 〔인터페이스(Inerface)〕 탭 → 번역
(Translation) 항목에서도 변경할 수 있습니다. 이 책에서
는 한국어와 영어 버전을 모두 활용할 수 있도록 번역된
한글 용어와 영어를 병기합니다.

❸ **일반(General) 선택하기 :** 빠른 설정(Quick Setup)
을 마치면 시작 스플래시 내용으로 변경됩니다.
새 파일(New File)의 '일반(General)'을 클릭
하면 기본 설정의 블렌더 모델링 환경이 시작됩
니다. 이 스플래시 스크린(Splash Screen) 창
은 블렌더를 실행할 때마다 나타나며, 작업 후 저
장한 블렌더 파일이 있다면 오른쪽 칼럼에 파일
명이 표시됩니다.

❹ **블렌더 작업 창 시작 :** 일반(General) 파일로 블렌더를 시작하면 육면체(Cube), 카메라(Camera), 조명(Light)가 자동적으로 생성되어 있는 레이아웃(Layout) 작업 공간(Workspaces)이 펼쳐집니다.

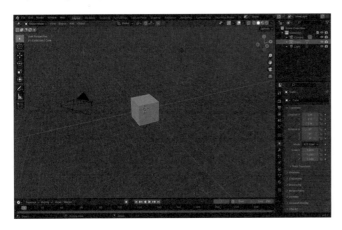

TIP 뷰포트 화면 분할

3D 모델링 소프트웨어에서 화면 구성을 어떻게 설정하느냐는 작업의 효율성과 직관성에 큰 영향을 미칩니다. 블렌더는 이러한 작업 환경을 사용자에게 유연하게 제공하는데, 그 중에서도 블렌더는 프로그램을 시작할 때 기본적으로 하나의 원근법(Perspective) 뷰포트만을 보여 줍니다. 이는 작은 노트북 화면이나 제한된 해상도의 모니터에서도 작업을 효율적으로 수행할 수 있도록 도와주며, 필요에 따라 다양한 에디터를 추가적으로 배치하거나 뷰포트 구성을 쉽게 조정할 수 있게 해 줍니다.

특히, 블렌더는 모델링 시 원근법 뷰뿐만 아니라 정사법(Orthographic) 뷰로 전환할 수 있는 기능을 제공하여 사용자들이 다양한 각도에서 모델을 정확하게 조작할 수 있게 돕습니다. 정사법 뷰는 3D 오브젝트를 왜곡 없이 평면적으로 보여 주기 때문에, 정밀한 모델링 작업이나 좌표 정렬에 필수적인 도구입니다. 원근법 뷰에서는 3D 공간의 깊이와 원근감을 시각적으로 확인할 수 있어 자연스러운 장면 구성에 유리하지만, 세부적인 위치 조정이나 정밀한 조작이 필요한 경우에는 정사법 뷰로 전환하는 것이 일반적입니다.

만약 하나의 원근법 뷰포트 화면에 익숙하지 않거나 4분할 화면 구성을 선호한다면, 블렌더에서는 간단하게 뷰포트 설정을 변경할 수 있습니다. 헤더에서 〔뷰(View)〕 → 〔Area〕 → 〔쿼드 뷰 토글(Toggle Quad View)〕을 클릭하면, 블렌더의 뷰포트가 4개의 화면으로 나뉘어 전면, 윗면, 우측면, 그리고 원근법 뷰를 동시에 확인할 수 있는 구성이 됩니다. 이 4분할 뷰는 정밀한 모델링 작업을 할 때 유리하며, 다양한 각도에서 오브젝트를 보다 체계적으로 다룰 수 있게 해 줍니다.

작업 중 특정 뷰포트에서 더 많은 화면 공간이 필요하다면, 단축키 〔Ctrl〕+〔Alt〕+〔Q〕를 사용하여 선택한 뷰포트를 전체 화면으로 확장할 수 있습니다. 이렇게 하면 모델링 작업에 집중해야 할 때 매우 유용하며, 다시 한번 〔Ctrl〕+〔Alt〕+〔Q〕를 누르면 원래의 4분할 뷰로 쉽게 돌아갈 수 있습니다. 이러한 기능들은 사용자가 필요에 따라 작업 환경을 자유롭게 설정할 수 있게 하여 다양한 상황에서 최적의 작업 흐름을 유지할 수 있도록 돕습니다.

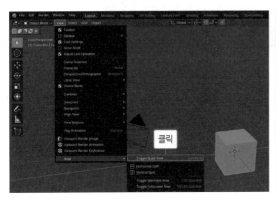

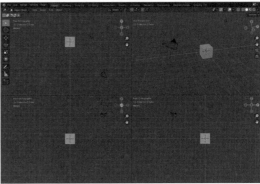

STEP.
03

최적의 작업을 위한
블렌더 인터페이스와 작업 공간

블렌더의 '일반(General)' 작업 공간을 살펴보면 다른 3D 모델링 프로그램의 인터페이스와 차이점을 발견할 수 있습니다. 4개로 분할된 작업 화면 대신 블렌더는 원근감을 나타내는 3D 뷰포트 방식의 사용자 원근법(User Perspective) 화면 하나만 크게 보이는 상태로 시작합니다.

인터페이스 구조 알아보기

블렌더 프로그램의 기본 인터페이스는 세부 버전이나 운영체제의 차이 없이 어디서든 똑같습니다. 윈도우 버전의 경우 프로그램 창의 왼쪽 위에는 파일명과 블렌더 버전이 표시되고, 그 오른쪽에는 창 닫기, 최소화 등의 창 제어 버튼이 위치합니다. 그 아래 파일(File), 편집(Edit), 렌더(Render) 등의 프로그램 메뉴가 가로로 길게 나열된 막대를 '탑바(Topbar)'라고 합니다. 창의 가장 하단에서 현재 작업과 컴퓨터의 상태 정보를 표시하는 가로 막대는 '상태표시줄(Status Bar)'입니다. 이 두 가지 막대 사이에서 실제로 작업하는 공간 대부분을 '작업 영역(Areas)'이라고 부릅니다.

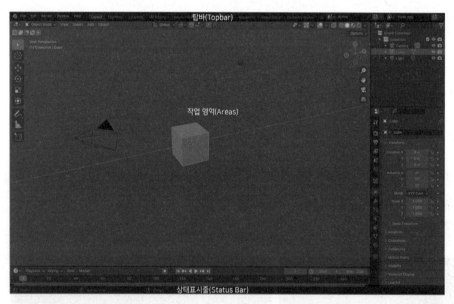

▲ 블렌더 작업 창의 화면 영역 구성

가운데 작업 영역(Areas)의 화면 구성은 작업 공간(Workspaces) 탭과 에디터(Editors)에 따라 변하는데, 각 에디터는 둥근 모서리로 나뉘어 있습니다. 각 에디터 영역의 경계에 마우스 커서를 위치하면 양쪽 화살표로 바뀌면서 경계선을 이동하여 면적을 조정할 수 있습니다. 기본적으로 설정된 레이아웃(Layout) 작업 영역에서는 중앙에 큐브가 보이는 3D 뷰포트(Viewport), 그 아래에 1부터 250까지 시간대가 나열된 타임라인(Timeline), 오른쪽 상단에는 모델의 구성 요소를 계층으로 표시하는 아웃라이너(Outliner), 우측 하단에는 여러 속성을 지정하고 변경하는 속성(Properties) 등 4개의 에디터가 배치되어 있습니다.

이 상태가 블렌더를 시작할 때 '일반(General)'을 선택하여 나타나는 레이아웃(Layout) 작업 공간의 기본 구성입니다. 작업 공간은 화면 상단에 탭 형태로 제공되며, 각 탭을 선택하면 서로 다른 작업에 특화된 구성이 나타납니다. 참고로 사용자가 편의대로 현재의 인터페이스 상태를 새 작업 공간으로 추가하거나 삭제하여 사용할 수도 있습니다.

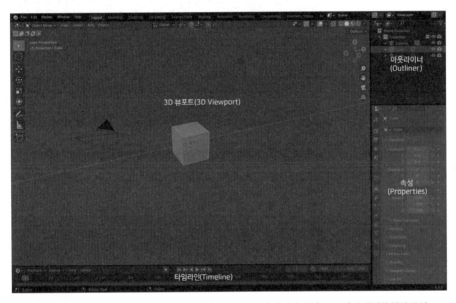

▲ 작업 영역(Areas)의 레이아웃(Layout) 작업 공간(Workspaces)에 에디터들(Editors)이 배치된 화면 구성

새 파일(New File) 유형에 따른 작업 화면

블렌더를 실행할 때 사용자가 선택할 수 있는 다양한 작업 유형은 각기 다른 화면 구성을 제공합니다. 일반(General) 환경에서는 기본적인 기능이 포함되어 있어 다양한 작업을 수행할 수 있지만, 2D 애니메이션(2D Animation), 조소(Sculpting), 특수효과(VFX), 영상 편집(Video Editing) 등의 작업을 선택하면 그에 맞는 최적화된 화면 배치가 제공됩니다.

이러한 특화된 환경은 각 작업의 요구 사항에 맞춘 도구와 인터페이스를 갖추고 있어, 사용자는 해당 작업에 필요한 기능에 쉽게 접근할 수 있습니다. 다음의 표에서 각 작업 화면마다 용도를 알아보고 인터페이스가 어떻게 표시되는지 더 자세히 살펴보겠습니다.

▼ 블렌더 프로그램을 시작할 때 새 파일(New File) 설정에 따른 작업 화면 비교

새 파일 (New File) 유형	용도	기본 작업 화면
일반 (General)	블렌더를 가장 기본적이고 범용적으로 사용하는 용도로 설정된 파일 템플릿입니다. 이 설정은 3D 모델링, 애니메이션, 렌더링 등 다양한 작업을 시작하는 데에 적합한 기본 작업 환경을 제공합니다. 블렌더를 처음 시작하는 사용자나 여러 작업을 병행하는 경우 일반(General) 설정을 통해 쉽게 작업을 진행할 수 있습니다.	
2D 애니메이션 (2D Animation)	2D 애니메이션 제작을 위한 환경을 제공하며, 드로잉과 애니메이션 작업을 위한 기능을 갖추고 있습니다. 이 설정을 통해 사용자는 2D 애니메이션, 스토리보드, 컨셉 아트 등을 제작할 수 있으며, 블렌더의 강력한 애니메이션 도구를 활용하여 세밀하고 체계적인 작업이 가능합니다.	
조소(Sculpting)	블렌더를 시작할 때 제공되는 조소 설정은 주로 3D 조소(Sculpting) 작업을 위한 환경을 제공합니다. 이 설정은 복잡한 형태를 가진 모델을 세밀하게 다듬거나, 기초적인 3D 모델링에서 더 나아가 사실적인 디테일을 추가할 때 유용합니다.	

특수효과(VFX)	특수효과(VFX)는 영화, 애니메이션, 게임 등에서 현실에서는 구현할 수 없는 장면을 디지털로 합성하거나 특수효과를 적용하는 작업을 의미합니다. 블렌더는 이러한 비주얼 이펙트 작업을 위한 강력한 도구를 제공하며, 특수효과 작업을 쉽게 시작할 수 있도록 돕습니다.	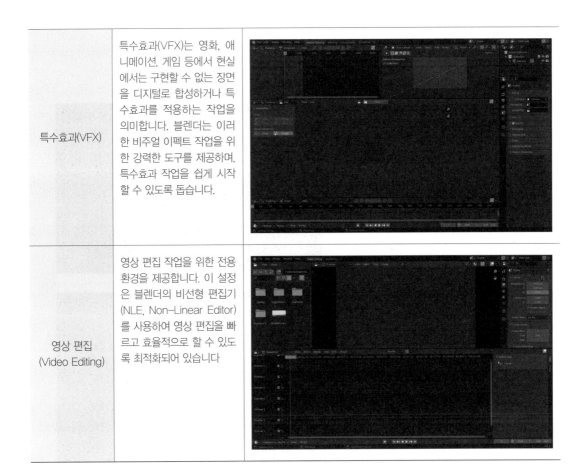
영상 편집 (Video Editing)	영상 편집 작업을 위한 전용 환경을 제공합니다. 이 설정은 블렌더의 비선형 편집기 (NLE, Non-Linear Editor)를 사용하여 영상 편집을 빠르고 효율적으로 할 수 있도록 최적화되어 있습니다	

다양한 작업 공간(Workspaces)

블렌더의 탑바(Topbar)에 탭으로 표시된 작업 공간은 스플래시 창의 새 파일(New File) 설정에서 일반(General)으로 시작했을 때 기본적으로 나타나는 레이아웃(Layout)을 비롯하여 모델링(Modeling), 스컬프팅(Sculpting), UV 편집(UV Editing), 텍스처 페인트(Texture Paint), 셰이딩(Shading), 애니메이션(Animation), 렌더링 (Rendering), 컴포지팅(Compositing), 지오메트리 노드(Geometry Nodes), 스크립팅(Scripting) 등이 가로 순서의 탭으로 제공됩니다.

`Layout   Modeling   Sculpting   UV Editing   Texture Paint   Shading   Animation   Rendering   Compositing   Geometry Nodes   Scripting   +`

▲ 블렌더의 작업 공간(Workspaces)

하나의 3D 조형 과정에서도 필요한 작업을 위해 여러 작업 공간을 오가며 편집할 수 있는데, 하나의 작업 공간에서 진행한 편집 내용은 다른 작업 공간에도 그대로 반영됩니다. 각작업 공간은 다음과 같이 특화된 작업 용도에 필요한 구성 요소를 갖추고 있습니다.

▼ 블렌더 프로그램의 다양한 작업 공간(Workspaces) 화면 비교

새 파일 (New File) 유형	작업 용도	작업 공간 화면
레이아웃 (Layout)	블렌더에서 가장 기본적이고 범용적으로 사용되는 작업 공간입니다. 이 작업 공간은 3D 장면을 구성하고, 오브젝트를 추가 및 배치하며, 다양한 작업을 시작하기 위한 전체적인 레이아웃을 제공합니다.	
모델링 (Modeling)	3D 모델링 작업을 위한 최적화된 환경을 제공합니다. 이 작업 공간은 주로 3D 오브젝트를 만들고, 편집하고, 세부적인 형상을 조작하는 데 사용됩니다.	
스컬프팅 (Sculpting)	3D 모델의 세부적인 형태를 조각(Sculpting)하는 작업에 최적화된 환경을 제공합니다. 이 작업 공간은 주로 캐릭터, 동물같은 유기적인 형태를 정밀하게 조각할 때 사용됩니다.	
UV 편집 (UV Editing)	모델의 표면을 2D 평면으로 펼치는 UV 언래핑 작업을 수행할 수 있습니다. 이 과정은 모델의 각 면에 텍스처를 올바르게 적용하기 위해 필수적입니다.	

텍스처 페인트 (Texture Paint)	3D 모델의 표면에 직접 페인팅을 할 수 있습니다. 사용자는 브러시를 사용하여 색상, 질감, 패턴 등을 모델의 특정 부분에 즉각적으로 적용할 수 있습니다. 이를 통해 매우 자연스럽고 세밀한 디테일을 추가할 수 있습니다.	
셰이딩 (Shading)	3D 모델의 재질(Material)과 셰이딩(Shading)을 설정하고 조정하는 데 최적화된 환경을 제공합니다. 이 작업 공간은 주로 텍스처, 색상, 투명도, 반사 등 다양한 재질 속성을 활용하여 모델의 시각적 표현을 풍부하게 만드는 데에 사용됩니다.	
애니메이션 (Animation)	3D 애니메이션 제작을 위한 최적화된 환경을 제공합니다. 이 작업 공간은 주로 캐릭터 애니메이션, 오브젝트 애니메이션, 그리고 전체 씬의 움직임을 조정하는 데에 필요한 도구와 기능을 제공합니다.	
렌더링 (Rendering)	최종 이미지를 생성하고 출력하는 과정을 위한 최적화된 환경을 제공합니다. 이 작업 공간은 3D 장면을 사실적으로 렌더링하여 고품질의 이미지 또는 애니메이션을 만들기 위해 필요한 도구와 설정을 제공합니다.	

컴포지팅 (Compositing)	렌더링된 이미지나 애니메이션의 후처리 작업을 수행하기 위한 환경을 제공합니다. 이 작업 공간은 주로 비디오, 이미지, 효과를 조합하고 수정하여 최종 결과물을 더욱 매력적이고 전문적으로 만드는 데에 사용됩니다.	
지오메트리 노드 (Geometry Nodes)	노드 기반의 절차적 모델링을 통해 사용자가 복잡한 기하학적 구조를 생성하고, 기존 모델을 조작하며, 데이터 관리를 효율적으로 수행할 수 있도록 돕는 환경입니다.	
스크립팅 (Scripting)	파이썬(Python) 스크립트를 사용하여 블렌더의 기능을 확장하고 자동화하는 데에 최적화된 환경을 제공합니다. 프로그래밍 기술을 가진 사용자에게 다양한 도구와 기능을 제공합니다.	

인터페이스 메뉴와 도구 알아보기

블렌더 프로그램 창 내부의 작업 공간에서 조형 작업을 위한 구성 요소와 도구들을 하나씩 살펴보겠습니다. 블렌더는 사용자가 화면 인터페이스를 마음대로 변경하고 배치할 수 있는 편의를 제공합니다.

❶ **탑바(Topbar) 메뉴 :** 화면 가장 상단에서 블렌더의 기본 메뉴, 작업 공간 탭, 장면
(Scene)과 레이어(Layers) 등을 가로로 나열한 메뉴 바입니다. 탑바 왼쪽의 기본 메
뉴 구성은 작업 공간이 바뀌어도 항상 똑같이 유지됩니다. 탑바의 기본 6개 메뉴는 다
음과 같습니다.

- **Blender 메뉴 :** 블렌더 아이콘 모양을 클릭하면 스플
래시 스크린(Splash Screen), 블렌더 정보(About
Blender), 템플릿(Install Appilcation Template),
시스템(System) 등의 메뉴가 나타납니다. 블렌더 프로
그램 자체에 관한 기능이므로 작업 중에 이용할 일이 거
의 없습니다.

- **파일(File) 메뉴 :** 블렌더 작업 파일을 다루는 메뉴로 새
파일(New), 열기(Open), 복구(Recover), 저장하기
(Save), 가져오기(Import), 내보내기(Export), 끝내
기(Quit) 등의 파일 명령을 수행합니다. 스플래시 창에
서 새 파일(New File) 유형을 선택하고 나서 추후 변
경할 때는 파일(File) 메뉴의 새 파일(New) 항목에서
다른 유형을 선택할 수 있습니다.

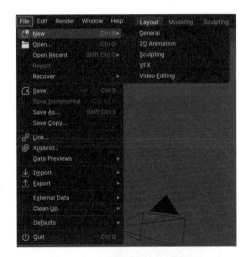

- **편집(Edit) 메뉴 :** 3D 작업 진행 과정의 편집에 관련된 항목을 다룹니다.
되돌리기(Undo), 다시 실행(Redo), 반복 수행(Repeat Last), 프로그
램 설정(Preferences...) 등을 다룹니다.

- **렌더(Render) 메뉴 :** 작업 결과를 이미지 또는 애니메이션으로 렌더링하
거나 렌더링 상황을 확인할 수 있는 기능의 메뉴입니다.

- **작업 공간(Workspaces) 탭** : 탑바 왼쪽의 기본 메뉴 다음으로 작업 공간 선택 탭들이 가로로 나열되어 있습니다. 앞에서 살펴본 것처럼 작업 유형에 따라 화면 구성을 최적화하는 탭입니다. 기본적으로는 레이아웃(Layout) 탭이 선택되어 있습니다.

- **장면(Scene) 및 표시 레이어(View Layer)** : 탑바 우측에는 현재 장면 및 표시 레이어 도구가 배치되어 있습니다. 작업 중인 장면과 레이어가 여러 개일 때 화면에 표시하고자 하는 항목을 선택할 수 있습니다.

❷ **헤더(Header)** : 탑바(Topbar) 바로 아래에는 작업 공간(Workspaces)에 따른 메뉴와 도구를 제공하는 헤더가 배치되어 있습니다. 각 작업 공간은 상단을 뜻하는 헤더 위치에 해당 작업에 필요한 도구와 메뉴를 가로로 나열하여 사용자가 쉽게 접근할 수 있는 환경을 제공합니다.

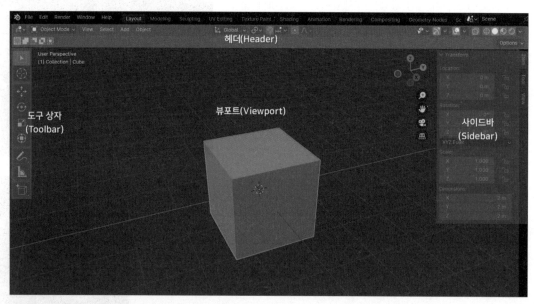

▲ 작업 공간(Workspaces) 내부의 메뉴 영역 및 도구 배치

탑바(Topbar)에서 작업 공간(Workspaces)을 변경하면 그 아래의 헤더와 에디터 (Editor)도 함께 변경됩니다. 주요 작업 공간에서 제공하는 헤더 메뉴의 명칭과 구성은 다음과 같습니다.

- **레이아웃(Layout) 탭의 헤더** : 레이아웃 작업 공간에서 오브젝트를 배치하고 조형할 수 있는 메뉴와 도구들이 나열됩니다.

- **모델링(Modeling) 탭의 헤더 :** 오브젝트의 구성 요소를 편집하고 세부적인 모델링에 필요한 메뉴와 도구들이 제공됩니다.

- **스컬프팅(Sculpting) 탭의 헤더 :** 오브젝트 표면을 조소 기법으로 조형하기 위한 메뉴와 도구들이 제공됩니다.

헤더에는 다양한 3D 조형 작업을 수행하기 위한 각종 도구와 설정 항목들이 제공됩니다. 헤더의 도구와 메뉴의 설정에 따라 작업 공간이 바뀌고 조형 대상을 편집하는 많은 기능을 적용할 수 있어 헤더의 다양한 도구와 메뉴를 정확하게 파악해 두면 작업 실습에 도움이 됩니다.

다양한 작업 공간에 공통적으로 제공되는 헤더의 메뉴와 도구를 살펴보겠습니다.

- **에디터 유형(Editor Type) :** 헤더 가장 왼쪽의 '3D 뷰포트(3D Viewport)' 아이콘( )을 클릭하면 화면 중앙에 배치할 에디터 유형을 선택할 수 있는 메뉴가 표시됩니다. 메뉴에서 선택하는 에디터는 기본석으로 배치된 3D 뷰포트 자리에 작업 용도에 따른 환경을 제공하는 도구입니다.

에디터 유형 메뉴를 종류로 구분한 탭은 총 네 가지로, 일반(General), 애니메이션(Animation), 스크립팅(Scripting), 데이터(Data)가 있습니다. 블렌더 각 에디터 영역의 왼쪽 위에는 다른 에디터(Editor)를 선택할 수 있는 아이콘이 제공됩니다.

- **오브젝트 상호작용 모드(Object Interaction Mode) :** 에디터 유형 메뉴 다음으로는 오브젝트 상호작용 모드 선택 메뉴가 배치되어 있습니다. 블렌더를 처음 시작하면 기본적으로 오브젝트 모드(Object Mode)로 설정되어 있으며, 총 6개의 모드 선택 메뉴가 있습니다.

기본 오브젝트 모드와 함께 모델링 작업에서 가장 자주 이용하는 편집 모드(Edit Mode)는 Tab 을 누를 때마다 모드를 전환하며 변경할 수 있습니다.

- **뷰(View) 메뉴 :** 현재 뷰포트(Viewport) 에디터 영역에 필요한 도구들을 화면에 표시하거나 감출 수 있는 메뉴와 뷰 설정 등을 변경하여 뷰포트를 구성합니다.

- **선택(Select) 메뉴 :** 3D 뷰포트(3D Viewport)와 같은 메인 에디터에 배치된 오브젝트와 구성 요소를 다양한 방식으로 선택하는 기능들을 제공하는 메뉴입니다.

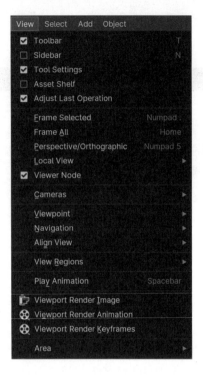

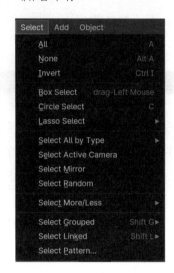

- **추가(Add) 메뉴 :** 뷰포트에 메쉬(Mesh)와 커브(Curve)와 같은 도형 요소를 비롯하여 카메라, 조명 등의 도구를 추가하는 기능을 제공하는 메뉴입니다.

- **기타 메뉴 :** 작업 공간 또는 모드에 따라 추가적으로 다른 메뉴들이 제공됩니다. 오브젝트 모드에서는 오브젝트를 변형하고 다듬는 [오브젝트(Object)] 메뉴가 있고, 편집 모드에서는 Mesh, Vertex, Edge, Face, UV 등 오브젝트 구성 요소를 편집하고 변형하는 메뉴가 제공됩니다.

• **변형(Transformation) 설정 도구** : 헤더의 중간 부분에는 좌표계를 비롯하여 변형의 기준과 방향을 변경할 수 있는 4개의 도구가 제공됩니다.

왼쪽부터 가로 방향 순서대로 조형 작업의 축 방향을 설정하는 좌표계의 기준 방향 (Transformation Orientations) 선택, 변형 피봇 기준점(Transform Pivot Point) 설정, 직관적인 조형을 도와주는 스냅(Snap) 설정, 수치 기준으로 변형하는 비례 편집(Proportional Editing) 설정 도구가 배치되어 있습니다.

• **시각화(Visibility) 도구** : 탑바의 오른쪽 끝에는 각종 시각화 설정을 변경하는 도구들이 배치되어 있습니다. 이 도구들은 화면에 오브젝트와 보조 도구, 배경 등을 어떤 방식으로 시각화하며 작업할지 결정하는 옵션들을 제공합니다.

왼쪽부터 화면에 시각화할 요소를 선택하는 선택과 시각화(Selectability & Visibility), 좌표축을 다루는 기즈모 보기(Show Gizmo), 보조 요소 표시를 설정하는 오버레이 보기(Show Overlays), 오브젝트를 투명하게 보이게 하는 X–Ray를 토글(Toggle X-Ray), 뷰포트 시각화 방식을 선택하는 뷰포트 쉐이딩(Viewport Shading) 유형 선택 버튼 등이 순서대로 제공됩니다.

TIP 변형 방향(Transformation Orientations) 좌표축 설정

앞서 살펴본 오브젝트의 기준 좌표계에서 복잡한 조형 작업의 필요에 따라 3차원 좌표축 자체의 X, Y, Z 방향 표시를 변경할 수 있습니다. 블렌더 프로그램의 처음 시작하면 기본적으로 글로벌(Global) 좌표축이 표시되는데, 뷰포트 상단의 변형 방향 설정 메뉴에서 다른 좌표축으로 변경 가능합니다.

예를 들어, 오브젝트의 특정한 면(Face)을 편집하려면 글로벌(Global) 방향 좌표축보다는 노멀(Normal) 방향 좌표축으로 설정하는 것이 편리합니다. 다른 3D 그래픽 프로그램에서는 블렌더의 글로벌 좌표축을 '월드(World) 좌표축'이라 부르고, 이와 같은 좌표축의 변환을 '좌표계의 변환'으로 설명하기도 합니다.

▲ 변형 방향(Transform Orientations) 좌표축 설정 메뉴

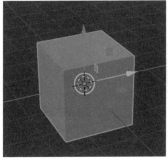

▲ 글로벌(Global) 방향 좌표축 설정 예시

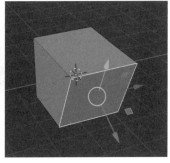

▲ 노멀(Normal) 방향 좌표축 설정 예시

❸ **도구상자(Toolbar) :** 헤더 아래 왼쪽에는 팔레트와 같은 도구상자가 세로로 길게 배치되어 있습니다. 도구상자의 구성 요소와 형태는 모델링 모드(Mode)에 따라 달라집니다. 기본적으로 설정된 오브젝트 모드(Object Mode)에서는 오브젝트의 회전이나 이동과 같은 변형 도구가 들어있고, 편집 모드(Edit Mode)에서는 메쉬(Mesh)의 구성 요소를 변형하는 도구들이 나열되어 있습니다. 스컬프트 모드(Sculpt Mode)에서는 조소 작업을 위한 조각도 등이 도구상자에 아이콘 모양으로 제공됩니다.

도구상자의 오른쪽 경계선을 오른쪽 방향으로 드래그하면 도구 배치를 2줄로 넓히거나 도구 명칭을 표시할 수 있고, 단축키 T로 활성화/비활성화 여부를 결정할 수 있습니다. 각 모델링 모드에 따른 도구상자의 차이는 다음과 같습니다.

▼ 모델링 작업 모드(Mode)에 따른 도구상자(Toolbar)의 구성 요소 비교

모델링 모드	오브젝트 모드 (Object Mode)	에디트 모드 (Edit Mode)	스컬프트 모드 (Sculpt Mode)
도구상자 (Toolbar)			
조형 작업	오브젝트 편집과 변형	오브젝트 구성 요소 편집과 변형	오브젝트 조소 작업

TIP 도구상자의 보조 옵션

각 모델링 모드에서 도구상자의 특정 도구를 선택하면 바로 위에 도구의 보조 옵션이 나타납니다. 이 보조 옵션 부분은 마치 헤더 아래에 붙어있는 것처럼 보이지만, 도구상자에서 선택한 도구에 따라 옵션 내용이 바뀝니다. 예를 들어, 오브젝트 모드의 '박스 선택(Select Box)' 도구(▶)에서는 선택한 요소를 추가하거나 제외하는 옵션이 나타나고, '이동(Move)' 도구(✥)를 선택하면 좌표계의 방향(Orientation) 설정 옵션이 나타납니다.

▲ 박스 선택 도구를 선택했을 때   ▲ 이동 도구를 선택했을 때

TIP 팝업 도구상자(Popup Toolbar)

뷰포트에서 오브젝트 조형 작업을 진행하다가 Shift + Spacebar 를 누르면 도구상자가 마우스 커서 위치에 팝업되며 나타납니다. 이 팝업 도구상자는 필요한 도구로 변경하고 다시 뷰포트 배경을 클릭하면 팝업이 사라지는 기능으로 편리하게 도구를 선택할 수 있습니다.

❹ **사이드바(Sidebar) :** 뷰포트 오른쪽 상단에 작은 탭 형태로 제공되는 사이드바는 평소에 수납되어 있다가 축소된 탭을 클릭하거나 N 을 누르면 팝업되면서 화면에 나타납니다. 사이드바는 오브젝트 변형의 항목(Item), 선택한 도구(Tool), 뷰포트의 보기(View) 옵션을 설정하는 도구를 탭 형태로 제공합니다.

사이드바의 도구들은 다른 방식으로도 제공되는 항목들이므로 항상 화면에 표시되어 있지 않아도 됩니다. 사용자는 작업 중 필요할 때에만 사이드바를 열어 필요한 도구와 옵션을 선택할 수 있으며, 불필요한 정보로 인해 작업 공간이 혼잡해지는 것을 방지할 수 있습니다.

이러한 기능은 블렌더의 유연성과 효율성을 높여주며, 사용자들이 각자의 작업 스타일에 맞춰 자유롭게 작업 환경을 구성할 수 있도록 돕습니다. 사이드바는 단순한 도구 모음 이상의 역할을 하며, 블렌더 사용자들에게 보다 직관적이고 접근하기 쉬운 작업 환경을 제공하는 중요한 요소입니다.

▼ 사이드바(Sidebar)의 도구 탭에 따른 옵션 비교

항목(Item)	도구(Tool)	보기(View)

오브젝트 변형(Transform)에 관련된 도구	도구상자(Toolbar)의 현재 도구 (Active Tool)에 따른 보조 옵션	뷰포트의 보기(View) 옵션 설정 도구

❺ **내비게이션 기즈모(Navigation Gizmo)** : 3차원 축의 방향을 표시하는 내비게이션 기즈모는 3D 뷰포트(3D Viewport)의 사이드바 근처에 배치되어 있으며, 현재 뷰포트의 3차원 축 방향을 보여 주면서 동시에 마우스로 축을 조절할 수 있는 인터페이스 기능도 담당합니다. 기즈모의 X, Y, Z 핸들을 드래그하여 움직이면 뷰포트의 축이 함께 움직이면서 화면 중앙에 있는 오브젝트의 다른 측면에 접근할 수 있습니다. 뷰포트를 3차원 원근법(Perspective) 보기가 아닌 특정 방향의 정사법(Orthographic)으로 표시할 때는 기즈모의 원형 ⓧ, ⓨ, ⓩ 중 하나를 한 번 클릭하면 됩니다.

내비게이션 기즈모 아래에는 뷰포트(Viewport)의 뷰 방식을 조절하는 도구들이 아이콘 형태로 4개가 나열되어 있고, 각 도구는 드래그하면 나타나는 네 방향 화살표를 참고하면서 조절할 수 있습니다.

• **확대(Zoom) 도구** : 돋보기 모양의 '뷰에서 줌 확대/축소(Zoom in/out in the view)' 도구(🔍)는 현재의 뷰포트 보기를 확대하거나 축소합니다.

- **이동(Move) 도구 :** 손 모양의 '뷰를 움직입니다(Move the view)' 도구(🖐)를 드래 그하면 뷰를 상하좌우 방향으로 끌어가면서 볼 수 있습니다.
- **카메라 뷰(Camera) 도구 :** 클릭하거나 드래그하면 화면 프레임과 함께 현재의 뷰포트 가 카메라를 통해 보이는 모습을 표시합니다.
- **원근법/정사법(Perspective/Orthographic) 도구 :** 그리드 모양의 도구로, 원근법 보 기(Perspective View)와 정사법 보기(Orthographic View)를 오가는 토글 스 위치입니다.

이 네 가지의 뷰(View) 도구는 마우스 가운데 버튼(휠) 또는 헤더의 뷰(View) 메뉴를 통해서도 조작할 수 있습니다.

TIP 에디터(Editor) 고유의 기즈모

뷰포트 영역에 배치되는 에디터의 오른쪽 위에는 각기 최적화된 기즈모가 배치됩니다. 일반(General) 파일의 레이아웃(Layout) 작업공간(Workspaces)에 배치된 기즈모는 내비게이션 기즈모입니다.

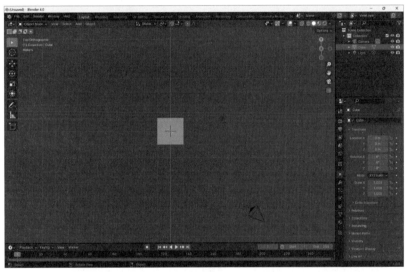

▲ 내비게이션 기즈모와 보기 도구들 (Navigation Gizmo)

▲ 내비게이션 기즈모의 Z축을 클릭하면 나타나는 위쪽 정사법 뷰(Top Orthographic View)

❻ 아웃라이너(Outliner) 영역 : 오른쪽 상단에 배치된 아웃라이너 영역은 현재 작업의 씬 컬렉션(Scene Collection)의 모든 구성 요소를 계층 적으로 배열하고 관리하는 영역입니다.

블렌더 파일에 포함된 오브젝트와 조명(Light), 카메라(Camera) 같 은 모든 씬(Scene) 구성 요소를 체계적으로 파악하고 화면 표시와 렌 더링에 포함 여부 등을 설정할 수 있습니다. 아웃라이너는 다양한 에디 터(Editor) 중의 하나이고, '에디터 유형(Editor Type)' 아이콘(📧) 을 클릭하면 현재 위치에 다른 에디터를 선택할 수 있는 메뉴가 팝업됩니다.

❼ **속성(프로퍼티스, Properties) 영역 :** 화면 오른쪽 아래에 배치된 속성 영역은 수많은 세부 속성 항목들을 카테고리 탭으로 분류하고 있습니다.

가장 상단에는 뷰포트 또는 아웃라이너에서 현재 선택한 오브젝트와 작업 공간(Workspaces)의 속성이 나타나고, 도구(Tool), 렌더(Render), 출력(Output), 뷰 레이어(View Layer), 씬(Scene), 월드(World), 컬렉션(Collection), 오브젝트(Object), 모디파이어(Modifiers), 파티클(Particles), 물리(Physics), 오브젝트 제약(Constraints), 데이터(Data), 재질(Material), 텍스처(Texture) 탭이 순서대로 나열됩니다.

특정 기능의 적용에 따라 속성 탭이 추가되기도 합니다. 각 탭은 속성의 유형에 따라 패널로 구분된 항목들이 나열되는데, 내부 패널은 〔〉〕을 클릭하여 펼치거나 접을 수 있습니다. 속성 영역에서는 블렌더의 기본적인 조형 작업부터 특수한 기능과 최종 출력까지 세부적으로 설정할 수 있습니다. 각 세부 설정 내용은 실습 과정에서 필요에 따라 자세히 살펴보겠습니다.

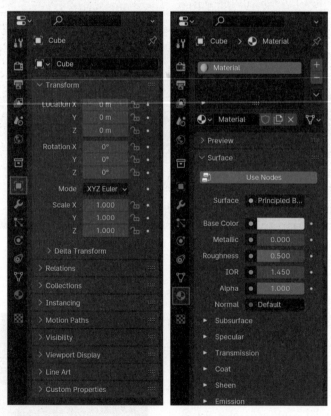

▲ 속성(Properties) 영역의 〔오브젝트 (Object)〕 탭   ▲ 속성(Properties) 영역의 〔재질 (Material)〕 탭

❽ **타임라인(Timeline) 영역 :** 3D 그래픽 작업 결과를 영상으로 만들고 키프레임(Keyframe)을 적용하여 애니메이션을 제작할 때 사용하는 영역입니다.

기본 설정에서는 타임라인 영역이 아래로 밀려서 프레임 편집 창이 제대로 보이지 않
지만, 위쪽 경계선을 위로 드래그하면 타임라인의 프레임 편집 공간이 넓어집니다. 기
본적으로 타임라인의 파란색 재생표시자(Playhead)는 첫 번째 프레임 위치에 멈추어
있습니다. 자세한 기능은 애니메이션 실습에서 다루어 보겠습니다.

❾ **상태표시줄(Status Bar) 영역** : 블렌더 프로그램 창의 가장 하단에서 마우스 버튼의 기
능과 키보드의 단축키, 프로그램 알림 메시지, 렌더링 진행률, 블렌더 버전 정보 등이
표시됩니다.

TIP 인터페이스 사용자 설정과 복원
에디터(Editor)와 같은 인터페이스의 주요 구성 요소들은 사용자가 필요에 따라 현재 위치에서 에디터
유형(Editor Type)과 내용을 바꾸고 영역(Areas)의 크기를 편의대로 조정할 수 있습니다.
여러 개의 뷰포트를 추가하여 작업 공간이 변경되었을 때, 탑바(Topbar)의 메뉴에서 (파일(File)) →
(기본값(Defaults)) → (최초 설정을 불러오기(Load Factory Settings))를 클릭하면 작업 공간을 처음
상태로 되돌릴 수 있습니다.

TIP 블렌더 인터페이스의 영역(Areas) 조절
블렌더 프로그램 인터페이스는 사용자에게 매우 유연하고 직관적인 환경을 제공합니다. 사용자는 기
본 상태에서 자신의 작업 스타일과 필요에 따라 인터페이스를 완전히 변경할 수 있으며, 에디터와 같
은 다양한 구성 요소를 추가하여 최적의 작업 공간을 만들 수 있습니다. 이러한 유연성은 블렌더를 사
용자가 원하는 방식으로 개인화할 수 있는 큰 장점으로 작용합니다. 각 영역에 배치된 에디터는 특정
작업을 수행하기 위해 설계된 도구와 기능을 제공합니다. 에디터의 헤더 왼쪽 끝에는 현재 활성화된
에디터 유형을 아이콘으로 표시하며, 이를 통해 사용자는 언제든지 다른 에디터로 전환할 수 있는 메
뉴를 손쉽게 접근할 수 있습니다. 이 기능은 작업 중에 필요한 도구를 신속하게 변경할 수 있도록 도
와줍니다.

에디터 간의 경계는 둥근 모서리로 나뉘어 있으며, 마우스 커
서를 경계 부분에 가져가면 커서 모양이 양쪽 화살표로 변경
됩니다. 이때 클릭하고 드래그하여 각 영역의 경계선을 늘리
거나 줄일 수 있어 사용자들은 필요에 따라 에디터의 크기를
조절하고, 더 많은 화면 공간을 확보하거나 특정 작업에 필요
한 영역을 강조할 수 있습니다. 예를 들어, 모델링 작업 중에
는 3D 뷰포트를 넓게 사용하고 싶을 수 있지만, 텍스처 작업
중에는 UV 에디터의 크기를 늘려 세부적인 작업을 수행할 수
있습니다.

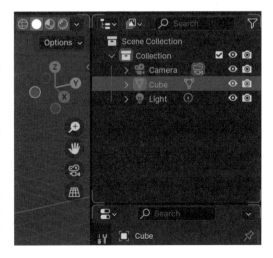

블렌더의 이러한 편의성은 다양한 작업의 성격이나 사용자의
요구에 따라 인터페이스를 조정할 수 있게 해주므로, 각 사용
자에게 맞춤형 작업 환경을 제공합니다. 이로 인해 복잡한 작
업 흐름에서도 효율적으로 작업을 수행할 수 있으며, 창의적
인 아이디어를 구현하는 데 집중할 수 있는 공간을 마련해 줍
니다.

STEP.
04

블렌더에서
생성형 AI 활용하기

2023년 챗GPT 서비스의 확산 이후 텍스트와 이미지 결과를 얻을 수 있는 생성형 인공지능 솔루션이 다양한 형태로 등장하고 있습니다. 그러나 3D 모델 파일을 생성하는 생성형 인공지능 구현은 현재 걸음마 단계로 3차원의 논리적인 구조를 빈틈 없이 만들어야 하는 정교한 과정이 필요합니다.

블렌더에서 생성형 AI를 활용하는 방식

이제는 보편화된 이미지 생성보다 훨씬 더 어려운 과정이 필요하다는 의미입니다. 그럼에도 불구하고, 모든 창작 영역에서 생성형 AI의 도입과 활용은 거스를 수 없는 큰 추세입니다. 어도비 포토샵(Adobe Photoshop)과 같은 이미지 편집 프로그램들과 마찬가지로 머지 않은 미래에 블렌더 안에도 생성형 AI 기능이 하나씩 내장될 것입니다. 현재 시점을 기준으로 생성형 AI를 블렌더에 연계하고 적용하는 방법들을 간단히 살펴보겠습니다.

블렌더에서 생성형 AI를 활용하는 방법은 외부 AI 솔루션을 참고 용도로 활용하는 방식과 애드온(Add-on)으로 블렌더 안에 설치하는 방식으로 나뉩니다. 어떠한 방식이든 3D 콘텐츠의 기획부터 완성까지 과정마다 서로 다른 생성형 AI 서비스의 도움을 받을 수 있습니다. 사람의 손으로 작업하던 3D 제작 과정의 모든 부분이 AI로 전부 대체되지는 않겠지만, AI의 생성 결과를 초안(Draft)과 참조 자료(References)로 삼을 수 있습니다.

아이디어 스케치와 스타일 프레임 생성

3D 콘텐츠의 제작 과정에서 시작 부분은 어떤 3D 이미지 또는 애니메이션을 만들지 자료를 수집하고 스타일을 설정하는 기획 과정입니다. 기존의 3D 이미지들을 검색해서 제작할 유형을 카테고리로 정하고, 다양한 아이디어를 스케치 형태로 시각화하여 비교해 선택하는 절차가 필요합니다. 이때 손수 가상도와 같은 스케치와 스타일을 제작할 수도 있지만, 생성형 AI를 활용하여 빠르게 이미지를 만들어 비교하면서 제작 방향을 정하면 편리할 것입니다.

이미지 생성을 위한 AI 솔루션은 미드저니(Midjourney), 스테이블 디퓨전(Stable Diffusion), 달리(Dall·E) 등 다양하지만, 무료로 쉽게 사용할 수 있는 환경으로는 윈도우 코파일럿(Windows Copilot)이 유용합니다. 코파일럿의 이미지 생성 기능은 OpenAI의 Dall·E 3 솔루션을 기반으로 사용자의 프롬프트에 대응하는 4개의 이미지를 동시에 제공하는 방식으로 작동합니다. 용도, 유형, 세부, 장식, 컬러 등의 특성에 관하여 키워드를 입력해 프롬프트에 설명하면 코파일럿이 자동으로 이미지를 생성합니다. 코파일럿이 생성한 4개의 이미지 중에서 의도에 가장 근접한 이미지가 있다면 해당 이미지를 다시 프롬프트에 첨부하고, 수정 사항이나 보충할 점을 요청하면 더욱 의도에 부합하는 결과를 얻을 수 있습니다.

▲ 빨간 차양이 있는 작은 카페 풍경을 생성한 코파일럿 이미지 예시

▲ 작고 아늑한 카페 지붕 위에 머그잔이 올라간 풍경을 생성한 이미지 예시

모델링 협업

3D 그래픽으로 화면 속의 대상(Object)을 실제의 입체처럼 보이도록 만드는 모델링 작업은 다양한 방식으로 진행할 수 있지만, 정밀하고 완성도가 높은 수준에 도달하기 위해서는 번거로운 수작업이 필요합니다. 일반적으로 기본 오브젝트를 생성해서 메쉬(Mesh) 변형과 폴리곤(Polygon) 편집을 통해 구체적인 형태로 나아가는 과정을 거치는데, 소조 작업과 같은 스컬프팅(Sculpting) 기법도 활용됩니다. 컴퓨터 그래픽이지만 이렇게 일일이 사람의 손으로 제작하는 방식도 머지않은 미래에 생성형 인공지능 서비스를 통해 대부분 대체될 것으로 전망됩니다.

3D 모델 생성 서비스는 루마 랩스(Luma Labs)의 Luma AI Genie 서비스와 3DFY.ai 서비스가 대표적입니다. 루마 AI의 Genie 서비스는 캐릭터와 동물, 구체적인 사물 모델의 생성에 적합하고, 3DFY.ai 서비스는 가구와 게임 아이템 모델의 생성에 장점을 보입니다. 루마 AI는 수년 전부터 사용자들이 촬영한 360° 영상을 통해 3D 모델을 생성하는 기술을 축적해 왔습니다. 그러나 루마 AI Genie를 통해 생성한 3D 모델을 블렌더에서 열어보면 외형상 그럴듯해 보이지만, 세부적인 메쉬 구조가 어설프거나 뭉쳐진 부분이 많습니다. 모델 표면에 사실적으로 입혀진 UV 매테리얼 맵도 자세히 보면 이상하게 짜깁기한 흔적이나 엉뚱한 컬러가 들어간 부분도 발견됩니다. 이처럼 아직 생성형 AI 서비스

는 완전한 3D 모델을 생성하기에 부족한 수준을 보이고 있지만, 아예 쓰지 못할 정도는 아닙니다.

3D 모델링을 처음 접근하는 초보자 입장에서는 모델 구성을 어떻게 할지 가늠하는 초안으로 AI가 생성한 모델을 참조할 수도 있고, 생성된 모델을 블렌더로 불러와서 일부 수정 보완하여 결점이 적은 모델로 보완할 수도 있습니다. 생성된 모델에서 문제점을 발견하고 수정하기 위해서는 직접 모델링하는 방법을 미리 학습할 필요가 있습니다. 3D 모델링을 시작하는 입문자에게는 생성형 인공지능과 함께 협업하고 창의적인 콘텐츠를 제작하는 데에 유용하게 활용할 수 있는 능력의 배양이 중요합니다. 앞으로는 초안 품질의 모델링 작업은 생성형 AI에 맡기고, 이후 전문가의 손에서 고품질 모델로 완성하는 프로세스가 정착될 것이기 때문입니다.

 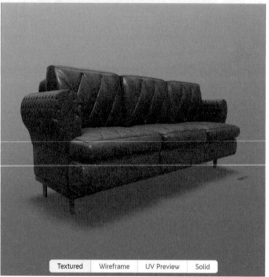

▲ 힙합 스타일의 소녀 캐릭터 3D 모델을 루마 AI의 Genie로 생성한 예시　▲ 빨간색 가죽 소파 3D 모델을 3DFY.ai 서비스에서 생성한 예시

스크립트 코드 생성과 적용

뷰포트에서 모델링하는 방식 외에도 블렌더 환경에서는 스크립트(Script) 코드를 통해 다양한 형태와 움직임을 생성할 수도 있습니다. 블렌더 스크립트는 파이썬(Python)을 기반으로 작성합니다. 코딩에 능숙한 사용자라면 스크립트 탭에서 어렵지 않게 코드를 작성할 수 있으나, 코딩 작업이 어려운 초보자라면 AI 서비스를 통해 작성한 파이썬 코드를 가져와서 이용할 수 있습니다. 예를 들어, 거대언어모델(LLM) 기반의 인공지능 서비스인 챗 GPT를 이용해서 블렌더 스크립트 코드 작성을 요청하고, 생성된 코드를 복사해서 블렌더 스크립트 창에 붙여넣고 실행하는 방식으로 진행하는 것입니다. 챗GPT로 생성한 코드가 잘 작동한다면 세부적인 변수와 속성 부분을 변경하여 색다른 결과를 얻을 수도 있습니다.

특히, 반복적인 수작업이나 대량의 오브젝트를 생성해야 할 때 스크립트를 활용하면 더 수월하게 원하는 작업을 진행할 수 있습니다. 하지만 챗GPT와 같은 생성형 AI가 작성한 스크립트 코드도 완벽하지 않은 경우가 많기 때문에 평소에 코딩 지식을 쌓는다면 생성형 AI와 더 효율적인 협업이 가능할 것입니다.

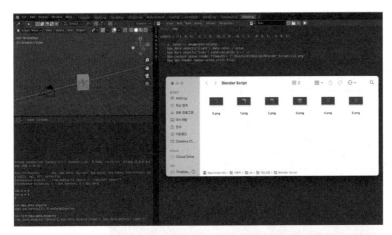

◀ 블렌더 스크립트 코드로 5개의 컬러가 다른 큐브 이미지를 파일로 생성한 결과 예시

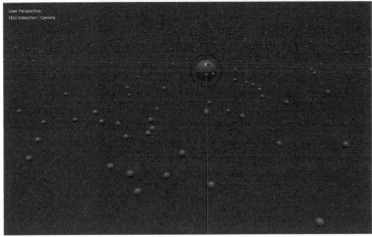

◀ 블렌더 스크립트에서 챗GPT가 작성한 파티클 생성 코드를 실행한 뷰포트 예시

스타일 렌더링

블렌더에서 작업한 결과를 이미지 파일로 출력하는 렌더링(Rendering) 과정에서도 생성형 AI의 도움을 받을 수 있습니다. 블렌더의 렌더 엔진(Render Engine)은 오브젝트(Objects)와 조명(Lights) 등 장면(Scene)을 사실적으로 그려내는 기능이 많습니다. 블렌더는 사실적인 렌더링 외에도 그리즈 펜슬(Grease Pencil)과 같이 2D 스타일의 스케치나 애니메이션으로 내보내는 기능도 포함하고 있습니다. 이와 같은 렌더링 결과물의 품질은 모델의 메쉬 구조에서도 영향을 받지만, 오브젝트 표면의 텍스처(Texture) 즉, 재질감(Material)이 시각적으로 더 두드러지게 됩니다. 그래서 블렌더 작업자에게는 늘 품질이 좋은 텍스처 자료가 필요합니다.

스테이블 디퓨전을 기반으로 블렌더에서 작동하는 드림 텍스처(Dream Texture)와 같은 애드온(Add-on)을 설치하면, 자유로운 텍스처의 생성을 통해 원하는 스타일을 만들어 낼 수 있습니다. 오브젝트 모델이 단순해도 텍스처가 사실적이라면 더 그럴듯해 보일 수 있습니다. 다만, 아직은 AI가 생성할 수 있는 텍스처 이미지의 품질이 전문적인 용도로 사용하기에는 다소 부족한 상태입니다. 조만간 텍스처의 품질도 점차 향상되어 마법의 도구처럼 원하는 재질을 마음껏 활용할 수 있는 날이 다가올 것입니다.

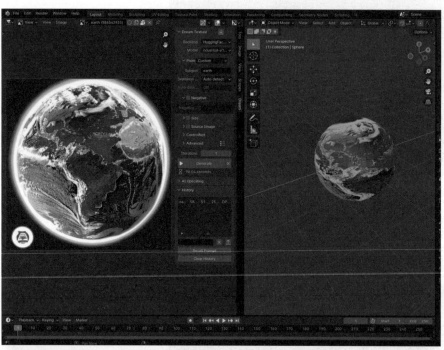

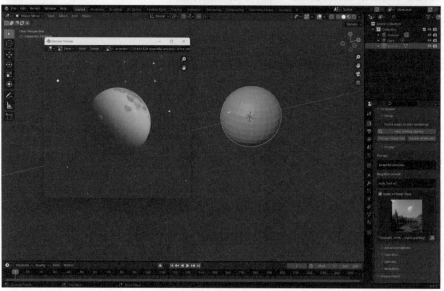

▲ 드림 텍스처(Dream Texture) 애드온(Add-on)을 활용하여 블렌더의 큐브(Cube) 오브젝트에 구체적인 텍스처 (Texture)를 적용하는 과정 예시

생성형 AI 활용 가능성과 한계

전문가들의 전망에 따르면 10년 이내에 어느 분야든지 AI와 분업하고 협력하며 업무를 수행하게 될 것이라고 합니다. 최근 생성형 AI 기술이 무서운 속도로 발전하고 있기 때문에 인공지능과의 공존과 협업이 필수적으로 요구되는 시기는 예상보다 더 일찍 다가올 수도 있습니다. 특히 콘텐츠 창작 분야에서 생성형 AI의 도입과 활용은 불과 몇 년 사이에 이미 현실화하였습니다. 콘텐츠 기획안을 작성하는 기획 과정부터 스케치나 스토리보드를 제작하는 일도 이미 AI가 담당하기 시작했고, 고품질의 예술적인 이미지와 전문적인 영상을 만들어 내는 업무 또한 인공지능으로 대체되고 있습니다. 그러나 아직도 생성형 AI의 창작 수준은 오랜 기간을 수련한 아티스트와 전문가를 압도하지는 못합니다.

특히, 3D 모델이나 입체적인 콘텐츠를 생성하는 일은 평면적인 이미지의 생성에 비해서 훨씬 더 많은 데이터와 정교한 프로세스를 요구합니다. 그런 이유에서 현재까지 텍스트 생성 또는 이미지 생성 용도로 다양한 AI 서비스가 등장한 것에 비교하면 3D 모델을 생성하는 AI는 드문 편입니다. 이미지 생성 서비스의 확산에서 보듯이 3D 콘텐츠를 생성하는 AI도 점차 증가하고 그 결과물 또한 전문가의 수준에 올라설 것으로 예상됩니다. 현재 단계에서는 생성형 AI를 통해 초안 품질의 참조 자료를 빠르게 작성해서 기획 과정에 활용하고, 3D 모델을 의도 대로 생성하는 프롬프트 작성 능력이 필요합니다. 아울러 AI가 생성한 3D 모델을 블렌더로 불러와서 메쉬(Mesh) 구조와 매테리얼(Material) 맵의 결점을 수정하고 보완하는 방법도 알아야 합니다.

그러나 생성형 AI로 3D 모델을 손쉽게 생성하여 활용하는 과정은 수고로운 모델링 과정을 생략할 수 있다는 장점이 있지만, 원하는 형태와 다르거나 생성된 결과가 만족스럽지 못하다면 수정과 보완에 더 큰 노력을 투입해야 하는 문제도 발생합니다. 상황에 따라서는 모델링을 처음부터 다시 시작하는 것이 적절할 때도 있는데, 모델링 작업에 능숙한 정도나 시간 여유에 따라 결정할 문제일 것입니다. 현재 수준에서 생성형 AI가 작성한 3D 모델 데이터는 작은 요소이거나 겉보기 수준에서 무리가 없다면 그대로 사용해도 괜찮을 정도 이지만, 주제로 기능하거나 형태를 변형할 주요 오브젝트로 활용한다면 그대로 사용할 수 없는 러프 스케치 수준입니다.

AI 관련 전문가들의 전망을 종합하면 3D 콘텐츠도 모델링 학습과 수준 향상에 시일이 소요될 뿐 많은 수많은 모델링 과정을 모두 생성형 AI에 맡기는 시기가 곧 다가올 것이라고 합니다. 급변하는 미래를 대비하여 이 책에서는 생성형 AI를 이용한 캐릭터 모델링 결과를 사용자가 편집하고 문제점을 보완하는 방법을 상세하게 안내합니다.

## PART 2

오브젝트 모델링 생성과
변형 기법

모델링(Modeling)은 3D 공간에 오브젝트를 생성하고 여러
가지 방법으로 변형하여 원하는 형태를 만드는 작업입니다.
풍부한 기능을 무료로 활용할 수 있는 3D 그래픽 프로그램
블렌더에서 기본적인 모델링 방법을 익히고 일상 사물과 공
간을 다양하게 표현하는 기법을 학습하겠습니다.

오브젝트 모드에서
모델링 시작하기

블렌더를 일반(General)의 '새 파일(New File)'로 시작하면 조형 환경이 오브젝트 모드 (Object Mode)로 설정되고, 3D 뷰포트(3D Viewport)에 정육면체 하나가 배치됩니다. 이처럼 기본적인 도형(Mesh)을 생성하여 배치하고 크기와 방향을 변경해 모델링 전체를 다루는 환경이 오브젝트 모드입니다. 오브젝트 모드에서 3D 조형을 시작하는 방법을 학습하겠습니다.

오브젝트 모드의 용도와 사용법

블렌더는 3D 조형 작업의 공정에 따라 6가지의 다양한 모드를 제공합니다. 그중에서 오브젝트 모드는 다양한 모델링 작업의 첫 시작 부분을 담당하는 환경입니다. 3D 뷰포트 공간에 가상의 사물, 즉 오브젝트를 생성하여 배치하는 것으로 조형 작업을 시작하기 때문입니다. 전통적인 조형 작업에서도 입체를 만들 수 있는 흙이나 종이, 나무 같은 재료가 필요한 것처럼 3D 모델링 작업에서도 입체를 만들 수 있는 기본적인 오브젝트가 필요합니다.

블렌더 환경은 일반적으로 정육면체(Cube)를 제공하지만, 필요에 따라 구(Sphere)나 커브(Curve)로도 3D 모델링을 시작할 수도 있습니다. 블렌더에서는 이와 같은 기본적인 입체 도형을 메쉬(Mesh)라고 부릅니다. 모델링은 하나의 도형으로 시작할 수도 있고, 여러 개의 도형을 조합해서 만들어나갈 수도 있습니다. 복잡한 과정을 거쳐 완성한 3D 조형물을 최종적으로 점검하고 출력할 때도 오브젝트 모드를 이용하게 됩니다.

기존의 조소 작업은 나무와 노끈으로 속 구조, 즉 심봉(深棒)을 만들고 그 위에 흙을 붙여가면서 사람이나 배경 형태를 만들어나갑니다. 중력에 의해서 찰흙이 무너지지 않도록 흙을 꼭꼭 눌러서 붙여야 합니다. 반면에 3D 공간에는 중력이 작용하지 않고 점토의 점성에도 변화가 없기 때문에 마음껏 붙이거나 떼어내고, 복잡하게 변형하면서 실재하지 않는 상상의 존재를 만들어 볼 수도 있습니다. 다만, 3D 모델링은 찰흙처럼 직관적으로 빚어나가는 것이 아니라 3차원 좌표계 안에서 메쉬의 구조를 선택하고 변형하면서 구체적인 모양을 만들어나가는 특성을 지니고 있습니다.

물론, 블렌더의 스컬프트(Sculpt) 모드에서는 조소 작업처럼 마우스 또는 펜 태블릿(Tablet)을 이용하여 덩어리를 깎고 붙이듯이 비교적 직관적으로 조형 작업을 수행할 수도 있습니다. 기본 오브젝트 모드에서는 3D 조형 작업을 어떤 도형으로 시작하고, 어떤 도형들을 추가할 것인지 결정하게 됩니다. 이 과정은 대부분 에디트 모드(Edit Mode)에서 메쉬의 구성 요소, 즉 버텍스(Vertex), 에지(Edge), 페이스(Face) 등을 편집하기 위한 준비 작업일 수 있지만, 간단하고 추상적인 표현은 오브젝트 모드 안에서 모두 완수할 수도 있습니다.

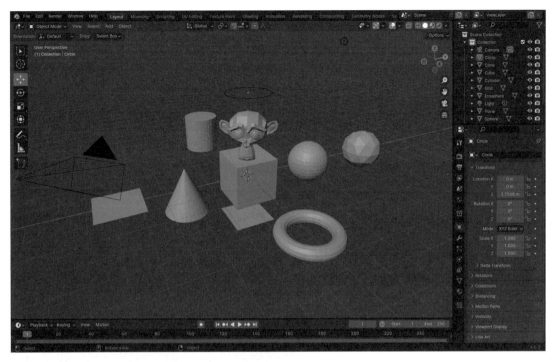

▲ 블렌더의 오브젝트 모드에서 다양한 메쉬 도형을 추가하여 배치한 예시

❶ 오브젝트 추가/삭제하기 : 블렌더를 실행하고 일반(General)으로 시작하면 뷰포트
(Viewport) 가운데에 정육면체, 즉 큐브(Cube)가 생성된 오브젝트 모드가 화면에 표
시됩니다. 이것은 사용자가 만든 것이 아니라 기본 제공된 오브젝트로, 필요 없을 때
는 큐브를 마우스로 클릭하여 주황색 윤곽이 되도록 선택하고 키보드의 Delete 또는 X
를 눌러서 삭제할 수 있습니다. 아니면 큐브에 마우스 오른쪽 버튼을 클릭한 후 나타나
는 메뉴에서 〔삭제(Delete)〕를 선택해도 주어진 큐브는 사라집니다. 새로운 도형을 생
성할 때는 헤더(Header)의 〔추가(Add)〕 메뉴를 클릭하고 아래 목록 중에서 원하는 항
목을 선택하면 됩니다. 예를 들어, 구체(Sphere)를 생성한다면 〔추가(Add)〕 → 〔메쉬
(Mesh)〕 → 〔UV 구체(UV Sphere)〕를 클릭합니다.

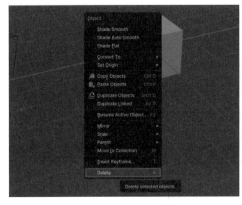

▲ 정육면체에 마우스 오른쪽 버튼을 클릭하여 표시되는
메뉴에서 〔삭제(Delete)〕 클릭

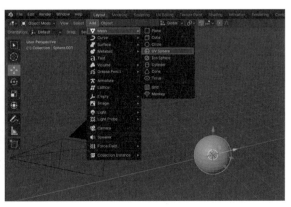

▲ 〔추가(Add)〕 메뉴의 〔메쉬(Mesh)〕 → 〔UV 구체(UV Sphere)〕 추가

❷ **명령 상자(Operation Box) 설정** : 새로운 메쉬를 추가하면, 뷰포트의 왼쪽 하단에 현재의 명령(Operation) 설정이 검은 상자에 표시됩니다. 이 상자 왼쪽의 〔〉〕를 클릭하면 추가 명령 설정이 펼쳐집니다. 이 상자에서 현재 생성하려는 도형의 세부적인 속성(페이스의 개수, 크기, 위치, 회전 등)을 변경할 수 있습니다. 다만, 이 명령 상자는 어떤 명령을 수행할 때만 일시적으로 나타나므로, 도형을 생성하면서 다른 부분을 클릭하면 사라져 버리기 때문에 주의가 필요합니다.

▲ 도형을 생성할 때 뷰포트 왼쪽 하단에 일시적으로 등장하는 명령 상자

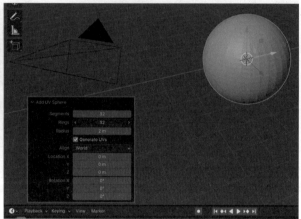

▲ 명령 상자를 펼치면 나타나는 추가 설정 항목들 : 키보드의 수치 입력이나 마우스 드래그로 변경 가능

TIP 명령 상자 활용하기
오브젝트의 다양한 조형 도구를 적용할 때 뷰포트 왼쪽 하단에 나타나는 명령 상자에서 각 속성 값을 지정하여 정밀하게 적용할 수 있습니다.

❸ **오브젝트의 선택 방법** : 뷰포트에 배치된 오브젝트 요소는 다양한 방법으로 선택할 수 있습니다. 화면에 보이는 오브젝트 하나를 클릭하면 주황색으로 활성화되는데, 이는 오브젝트가 선택되었다는 것을 의미하는 상태입니다. 이때 화면 우측 상단의 아웃라이너(Outliner) 영역에도 선택된 오브젝트의 메쉬가 파란색으로 마킹됩니다.

만약 뷰포트에 배치된 전체 오브젝트를 선택하려면 헤더의 〔선택(Select)〕 메뉴에서 〔모두(All)〕를 클릭합니다. 그러면 모든 오브젝트의 윤곽선이 주황색으로 활성화되지만, 자세히 보면 먼저 선택한 오브젝트가 조금 옅은 주황색으로 표시되므로, 이를 통해 선택 순서를 구분할 수 있습니다. 전체 선택을 해제하려면 헤더의 〔선택(Select)〕 메뉴에서 〔없음(None)〕을 클릭하고, 현재 선택한 것 외에 나머지를 선택하려면 〔반전(Invert)〕을 클릭하면 됩니다. 이때도 우측 아웃라이너(Outliner) 영역에 선택된 메쉬들이 파란색으로 마킹되어 어느 것을 선택했는지 정확히 확인할 수 있습니다. 참고로, 뷰포트의 오브젝트 요소에는 메쉬(Mesh) 외에 카메라(Camera)와 조명(Light)도 포함됩니다.

▲ 뷰포트에 배치된 오브젝트 중 하나를 선택한 예시

▲ (선택(Select)) 메뉴의 (전부(All))를 클릭하여 뷰포트의 모든 오브젝트를 선택한 예시

❹ **뷰포트의 제어 방법 :** 뷰포트(Viewport)에 배치된 오브젝트는 3D 조형을 위해서 3차
원적으로 관찰하는 뷰포트 보기를 회전, 이동, 확대/축소할 수 있어야 합니다.

  • **회전(Rotation) :** 뷰포트 가운데 추가한 도형을 입체적으로 돌려보기 위해서 사용자
  는 마우스 휠을 클릭 채 드래그하여 회전시킬 수 있습니다.

- **이동(Move) :** 뷰포트를 회전하지 않고 상하좌우로 밀어서 보기 위해서는 Shift를 누른 상태에서 마우스 휠을 드래그하여 이동하면 됩니다.
- **확대/축소(Zoom) :** 뷰포트를 확대하거나 축소하려면 마우스 가운데 스크롤 휠을 상하로 돌리면 됩니다. 또는 키보드의 Ctrl를 누른 상태로 마우스 휠을 클릭한 채 상하 방향으로 드래그하면 뷰포트의 확대/축소가 됩니다.

마우스로 직접 뷰포트를 제어하는 방법 외에도 앞서 살펴본 것처럼 뷰포트 우측 상단의 내비게이션 기즈모(Gizmo)에서 뷰포트를 회전할 수 있습니다. 기즈모의 ⓧ, ⓨ, ⓩ 축 중 하나에 마우스 커서를 위치하면 해당 축 글자가 흰색으로 활성화되고, 기즈모 주변이 밝은 회색 원으로 표시됩니다. 이 상태에서 축을 클릭한 채 원하는 방향으로 드래그하면 뷰포트 화면을 회전할 수 있습니다.

그 아래 줌 확대/축소(Zoom in/out), 이동(Move), 카메라 뷰, 원근법 뷰/정사법 뷰 보기도 작동시킬 수도 있고, 마우스 가운데 버튼으로 뷰포트를 직접 회전시킬 때도 오른쪽 상단의 기즈모가 함께 연동되면서 화면이 회전하는 방향과 정도를 제시해 줍니다.

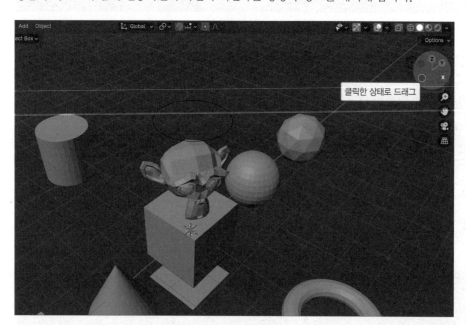

▲ 뷰포트 오른쪽 상단의 기즈모를 드래그하며 뷰포트를 회전하는 예시

오브젝트 모드의 조형 도구

오브젝트 모드에서는 3D 뷰포트에 도형과 같은 오브젝트 요소를 추가하고 변형할 수 있습니다. 오브젝트 모드에서 주로 수행하는 조형 작업은 오브젝트의 추가, 삭제, 이동, 회전, 크기 조절입니다. 일반적인 3D 조형 작업의 과정에서 오브젝트 모드는 전체의 틀과 윤곽을 잡아가는 과정을 진행하는 모드라고 할 수 있습니다. 따라서 오브젝트 모드에는 뷰

포트 왼쪽에 2개의 선택 도구(Select Box, Cursor)와 4개의 변형 도구(Move, Rotate, Scale, Transform), 기타 3개의 도구(Annotate, Measure, Add Cube)를 제공하고 있습니다. 이와 같은 도구(Tools)는 기본적인 오브젝트의 변형, 즉 추가, 삭제, 이동, 회전, 크기 조절 등에 필요한 것들입니다. 이동, 회전, 크기 조절 등의 도구를 선택하면 선택된 오브젝트 중심에 3차원 좌표계가 표시됩니다. 각 좌표축 방향의 기즈모를 클릭하고 드래그하면 해당 변형 작업이 이루어집니다. 오브젝트 모드의 각 도구를 하나씩 살펴보면 다음과 같습니다.

❶ 박스 선택(Select Box) : 뷰포트의 오브젝트를 선택하는 도구

❷ 커서(Cursor) : 뷰포트의 중심점을 설정하고 이동하는 도구

❸ 이동(Move) : 오브젝트를 3차원적으로 이동하는 도구

❹ 회전(Rotate) : 오브젝트를 3차원적으로 회전시키는 도구

❺ 축적(Scale) : 오브젝트의 크기를 3차원적으로 변형하는 도구

❻ 변환(Transform) : 오브젝트의 이동, 회전, 크기 등을 함께 변형하는 도구

❼ 주석(Annotate) : 오브젝트 또는 뷰포트에 메모를 남기는 도구

❽ 척도(Measure) : 오브젝트 또는 공간의 길이를 측정하는 도구

❾ 추가(Add) : 뷰포트의 커서 위치에 도형(Mesh)을 추가하는 도구

▲ 오브젝트 모드에서 제공되는 도구상자(Toolbar)

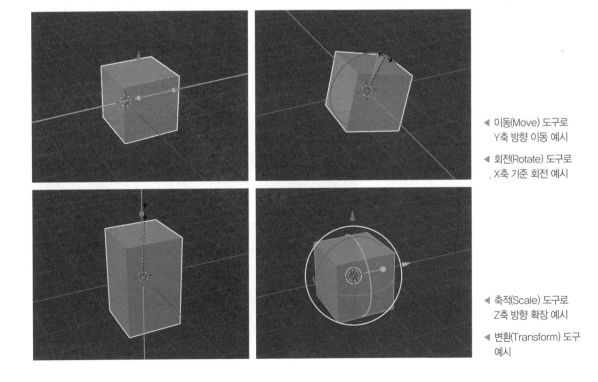

◀ 이동(Move) 도구로 Y축 방향 이동 예시

◀ 회전(Rotate) 도구로 X축 기준 회전 예시

◀ 축적(Scale) 도구로 Z축 방향 확장 예시

◀ 변환(Transform) 도구 예시

큐브를 활용해서
테이블 모델링하기

완성 파일 : 02\테이블_완성.blend, 테이블_완성.png

오브젝트 모드에서 기본적으로 주어지는 큐브(Cube)를 활용하여 테이블 상판을 만들고, 큐브를 추가하여 다리를 만들어 복제한 후, 테이블 위에 다양한 메쉬(Mesh) 오브젝트들을 배치합니다. 모델링 과정에서 변형에 관련된 단축키를 사용하면 작업 속도가 향상됩니다. 이어서 조명과 카메라를 설정하고 렌더링하여 이미지 파일로 출력하는 과정도 함께 실습하겠습니다.

예제 핵심 기능

1 오브젝트 모드에서 메쉬(Mesh) 추가
2 도구상자의 변형 도구 사용
3 축적(Scale, S), 이동(Move, G) 도구 사용
4 3D 커서(3D Cursor)로 기준 위치 지정

5 오브젝트 복제하고 이동
6 조명과 카메라 뷰 설정
7 렌더링 이미지 파일 출력

테이블 상판 만들기

01 블렌더를 실행하고 표시되는 스플래시 창에서 일반(General)의 '새 파일(New File)'을 선택하여 프로그램 환경을 시작합니다.

02 | 기본 제공된 정육면체 큐브(Cube)의 크기를 늘리기 위해 ⓢ를 눌러 축적 상태로 들어가고 커서를 대각선 바깥 방향으로 이동하여 뷰포트 절반 정도의 크기까지 확대한 다음 확정하기 위해 마우스 왼쪽 버튼을 클릭합니다.

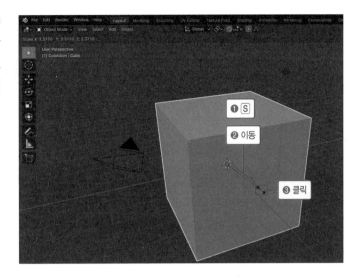

03 | 큐브가 선택되어 있는 상태로 ⓢ를 눌러 축적 상태로 들어가고 ②를 눌러 파란색 Z축으로만 이동되게 합니다.
커서를 가운데에 있는 3D 커서 방향으로 이동하여 납작한 판자 모양이 되면 마우스 왼쪽 버튼을 클릭해 확정합니다.

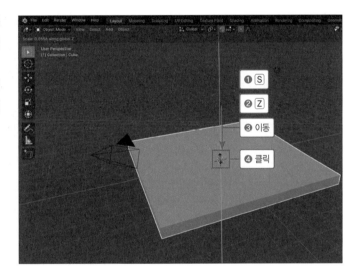

04 | 내비게이션 기즈모의 ⓩ를 클릭하여 위쪽 정사법(Top Orthographic)으로 보기를 변경합니다.

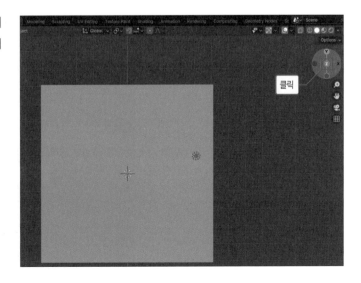

05 큐브를 선택하고 ⑤를 눌러 축적 상태로 들어가고 Ⓧ를 눌러 빨간색 X축으로만 이동되게 합니다.

커서를 바깥 방향으로 이동하여 가로로 긴 직사각형 모양이 되면 마우스 왼쪽 버튼을 클릭해 확정합니다.

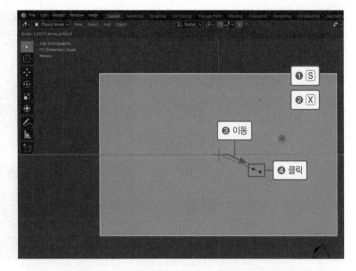

06 내비게이션 기즈모의 (-Ⓨ)를 클릭하여 정면 정사법(Front Orthographic)으로 보기를 변경합니다.

헤더의 (오브젝트(Object)) 메뉴 → (오브젝트를 복제(Duplicate Objects))를 클릭하여 큐브를 복제합니다.

07 복제한 큐브를 기존 큐브의 바로 밑으로 이동해 그림과 같이 약간 겹쳐서 붙도록 배치하고 클릭하여 복제를 확정합니다.

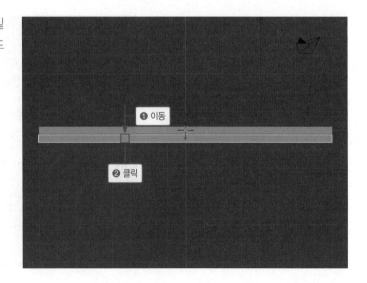

08 | 아래 큐브가 선택된 상태에서 S를 눌러 축적 상태로 들어가고 커서를 가운데 방향으로 이동해 가로 폭을 상판 두께만큼 축소한 다음 클릭해 확정합니다.

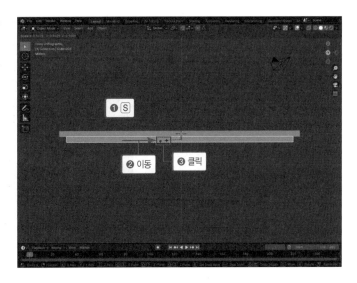

09 | 마우스 휠을 클릭한 상태로 아래로 드래그하거나 내비게이션 기즈모를 아래 방향으로 움직여서 큐브가 두 겹으로 겹쳐진 것을 확인합니다.

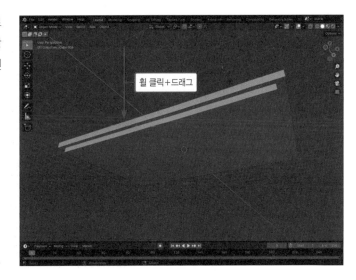

TIP 도구상자 이용 방법

오브젝트의 이동, 축적, 회전 등의 변형 작업을 키보드의 단축키 대신 도구상자(Toolbar)를 이용해서 변형할 수도 있습니다. 각 변형 도구를 사용할 때는 해당 기즈모의 좌표축을 마우스로 클릭한 상태로 드래그하면 됩니다. 예를 들어, 크기를 변경하기 위해서는 도구상자(Toolbar)에서 '축적(Scale)' 도구를 이용하여 변형하는 작업은 여러 번 클릭해야 하는 등 다소 번거로우므로 블렌더 환경에서는 단축키를 이용하는 것이 더 빠르고 편리합니다.

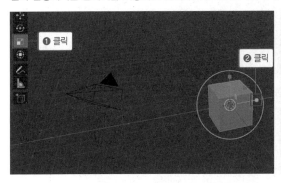

▲ '축적(Scale)' 도구(■)를 선택하고 오브젝트에 표시된 기즈모에서 크기를 변경할 축 클릭

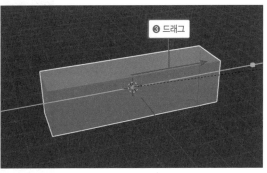

▲ 해당 축 핸들을 오른쪽으로 드래그하여 크기를 늘린 후 손 떼기

테이블 다리 만들기

01 테이블 상판의 각 모퉁이 아래에 큐브(Cube)로 다리를 만들겠습니다. 도구상자(Toolbar)에서 '커서(Cursor)' 도구(🔘)를 선택하고 상판과 다리가 결합될 모서리를 클릭하여 3D 커서의 위치를 설정합니다.

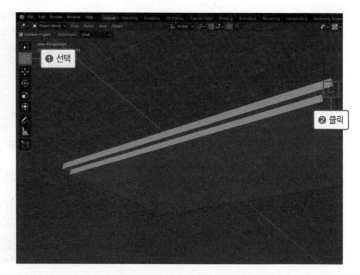

02 마우스 휠을 클릭한 상태로 뷰포트에서 상판을 이리저리 돌려보면 커서의 위치가 상판의 모서리 아래에 정확히 위치하지 않은 것을 알 수 있습니다.

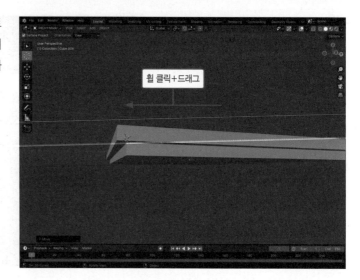

03 캐드(CAD)처럼 설계하듯이 정확한 위치를 지정하기 위해 헤더의 〔뷰(View)〕메뉴에서 〔Area〕 → 〔쿼드 뷰 토글(Toggle Quad View)〕을 클릭합니다.

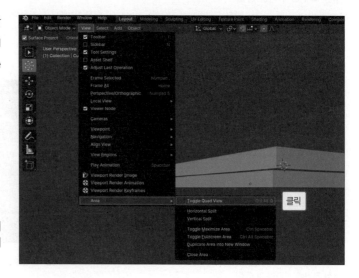

TIP 사용자 원근법(User Perspective) 보기에서는 캐드(CAD)로 설계하듯이 정확한 위치를 지정하기 어렵습니다.

04 | 쿼드 뷰에서 3D 커서의 위치를 상판 아래 모서리에 일치하도록 클릭, 드래그하여 조정합니다.

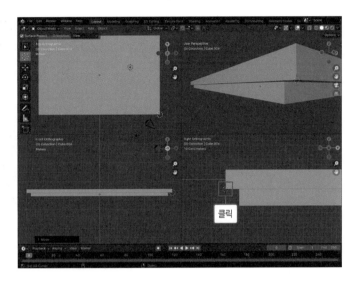

05 | '박스 선택(Select Box)' 도구(▶)를 선택하고 Ctrl+Alt+Q를 눌러 사용자 원근법 보기(User Perspective)로 돌아옵니다.
새로운 큐브를 생성하기 위해 헤더의 [추가(Add)] 메뉴에서 [메쉬(Mesh)] → [큐브(Cube)]를 클릭합니다.

TIP 사용자 원근법 보기(User Perspective)는 헤더의 [뷰(View)] 메뉴 → [Area] → [쿼드 뷰로 토글(Toggle Quad View)]을 클릭하여 변경해도 됩니다.

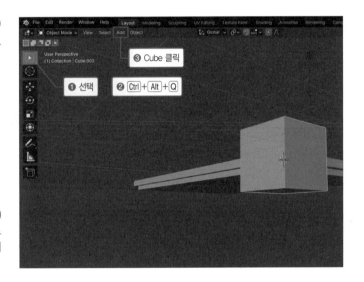

06 | 새로 생성한 큐브를 선택한 상태로 S를 눌러 축적 상태로 들어가고 커서를 안쪽으로 이동해 다리 두께 정도로 줄인 다음 클릭해 확정합니다.
다시 S를 눌러 축적 상태로 들어가고 Z를 눌러 파란색 Z축으로만 이동되게 한 다음 커서를 아래로 이동해 길게 늘린 후 클릭해 확정합니다.

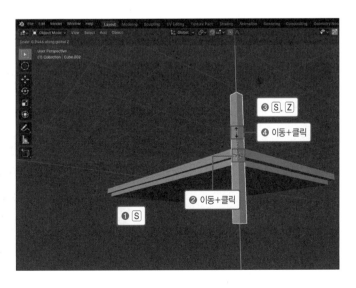

07 | 다리를 선택하고 G를 눌러 이동 상태로 들어간 다음 커서를 상판 아래 모서리보다 약간 안쪽으로 이동하고 클릭하여 배치합니다.

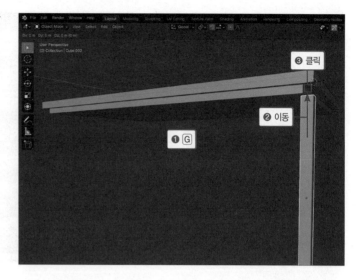

08 | 상판 모서리와 다리를 정확하게 맞추기 위해서 헤더의 '스냅하기(Snapping)' 아이콘(▥)을 클릭하여 표시되는 팝업 메뉴에서 (버텍스(Vertex))를 선택합니다. 왼쪽의 '스냅(Snap)' 아이콘(▣)을 클릭하여 스냅을 활성화합니다.

TIP '스냅하기(Snapping)'는 팝업 창의 Snap To에서 선택하는 항목에 따라 헤더에 표시되는 아이콘이 달라집니다.

09 | 다리가 선택된 상태로 G를 눌러 이동 상태로 들어가고 Ctrl을 누른 상태로 상판 아래 모서리를 클릭합니다.
이때 스냅 기능으로 상판 아래 모서리가 주황색 사각형으로 표시됩니다. 뷰포트를 확대해서 돌려보면 상판 모서리에 다리가 정확하게 붙은 것을 확인할 수 있습니다.

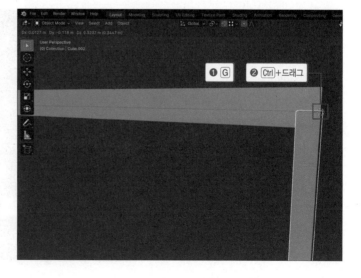

10 | 만든 다리를 복제해서 추가하기 위해 기존 다리를 선택합니다. Shift+D를 눌러 복제하고 Y를 눌러 초록색 Y축으로만 이동되게 합니다. 복제된 다리를 상판 맞은편 모서리 근처로 이동하고 클릭하여 복제를 확정합니다.

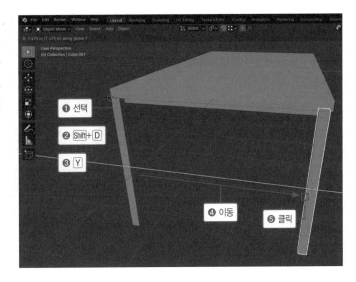

11 | 복제된 다리가 선택된 상태에서 G를 눌러 이동 상태로 들어가고 Ctrl을 누른 상태로 상판 아래 모서리를 클릭하여 끝부분에 정확히 배치합니다.

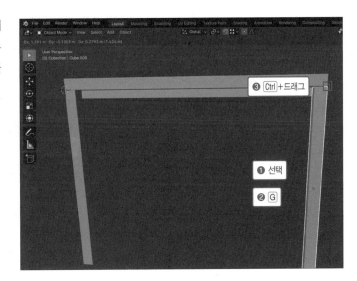

12 | 나머지 다리도 복제하여 만들기 위해 Shift를 누른 상태로 2개의 다리를 클릭하여 선택합니다. Shift+D를 눌러 복제하고 X를 눌러 빨간색 X축으로만 이동되게 합니다. 복제된 2개의 다리를 상판 반대쪽 모서리 근처로 이동하고 클릭하여 복제를 확정합니다.

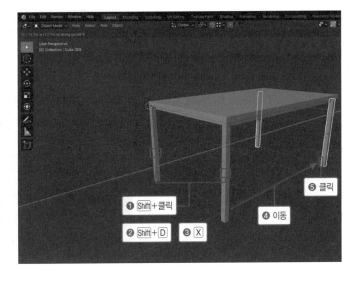

13 | 복제된 2개의 다리를 선택하고 $\boxed{G}$를 눌러 이동 상태로 들어간 다음 $\boxed{Ctrl}$을 누른 상태로 상판 아래 모서리를 클릭하여 끝부분에 정확히 배치합니다.

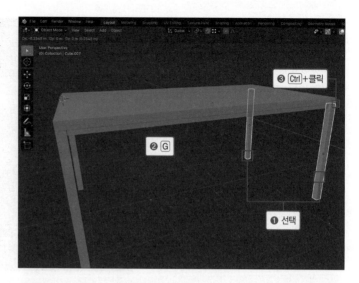

14 | 아래에 다릿발을 추가하기 위해 $\boxed{Shift}$를 누른 상태로 4개의 다리를 모두 클릭하여 선택하고 $\boxed{Shift}$+$\boxed{D}$를 눌러 복제합니다. $\boxed{Z}$를 누르고 기존 다리의 아래 끝부분으로 이동한 다음 클릭하여 복제를 확정합니다.

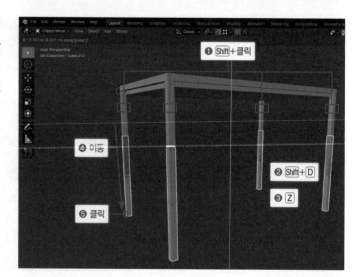

15 | 복제된 4개의 다릿발이 선택된 상태로 헤더의 '피봇 포인트 변환(Transform Pivot Point)' 아이콘(🔗)을 클릭하여 표시되는 팝업 메뉴에서 (개별 오리진 (Individual Origins))을 선택합니다.

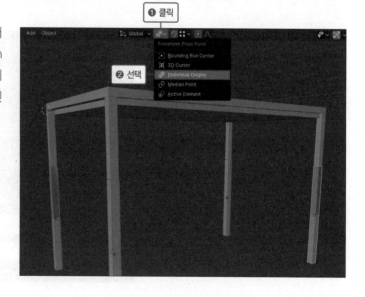

16 │ 4개의 다릿발이 선택된 상태에서 S를 눌러 축적 상태로 들어가고 Z를 누른 다음 커서를 아래로 이동해 길이를 짧게 만들고 클릭하여 확정합니다.

다시 S를 눌러 스케일 변형 상태로 들어가고 커서를 약간 왼쪽으로 이동하여 다릿발 폭을 상부 다리보다 좁게 만든 다음 클릭하여 배치합니다.

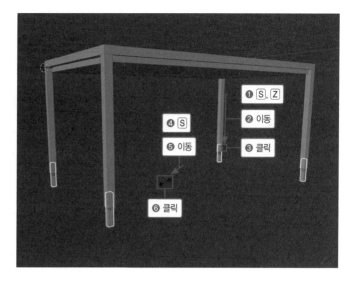

테이블 위에 오브젝트 배치하기

01 │ 테이블 위에 메쉬 오브젝트들을 배치하기 위해 3D 커서 위치를 지정하겠습니다. Shift를 누른 상태로 테이블 상판의 윗면 중앙을 마우스 오른쪽 버튼으로 클릭하면 3D 커서가 클릭한 위치로 지정됩니다.

02 │ 헤더의 메뉴에서 (추가(Add)) → (메쉬(Mesh)) → (UV 구체(UV Sphere))를 클릭합니다. 3D 커서 위치에 UV 구체(UV Sphere)가 추가됩니다.

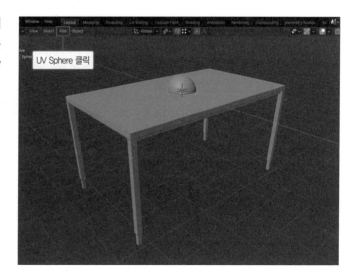

03 추가한 구체가 테이블 상판에 겹쳐 보입니다. 상판 위로 구체를 이동하기 위해 G, Z를 누르고 커서를 위로 이동한 다음 클릭하여 배치합니다.
이어서 헤더의 '스냅하기(Snap To)' 아이콘 (🔛)을 클릭하여 표시되는 팝업 메뉴에서 (페이스(Face))를 선택합니다.

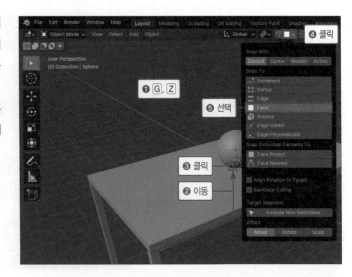

04 구체가 선택된 상태에서 G를 눌러 이동 상태로 들어갑니다. Ctrl을 누른 상태로 상판 위 페이스를 클릭하여 상판 표면에 정확히 배치합니다.

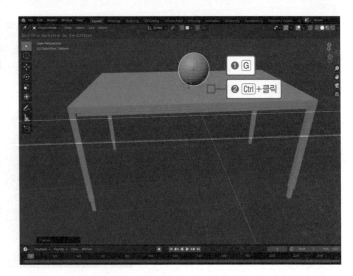

05 구체 표면이 부드럽지 않고 격자의 메쉬 구조가 드러납니다. 구체에서 마우스 오른쪽 버튼을 클릭하여 표시되는 오브젝트 메뉴에서 (셰이드 스무스(Shade Smooth))를 클릭합니다.

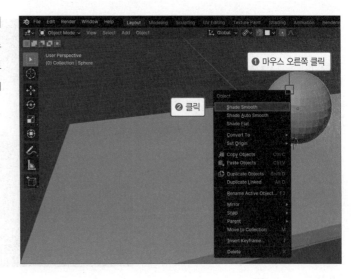

06 이제 오브젝트 표면이 매끄러운 곡면으로 변경됩니다. Shift를 누른 상태로 다른 위치의 상판 윗면을 마우스 오른쪽 버튼으로 클릭하여 3D 커서를 이동합니다.

헤더의 메뉴에서 〔추가(Add)〕 → 〔메쉬(Mesh)〕 → 〔실린더(Cylinder)〕를 클릭하여 원기둥을 추가합니다.

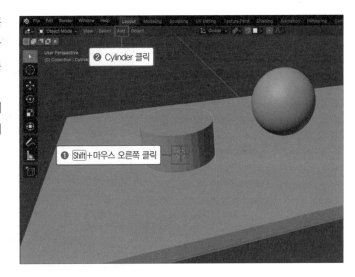

07 04번과 같은 방법으로 스냅(Snap) 기능을 이용하여 원기둥을 테이블 상판 표면에 붙입니다.

헤더의 〔추가(Add)〕 → 〔메쉬(Mesh)〕에서 다른 오브젝트를 모두 생성하고 서로 중첩되지 않도록 테이블에 배치합니다.

TIP 메쉬 중에서 평면(Plane), 원형(Circle), 격자(Grid)는 입체 도형이 아니므로 제외합니다.

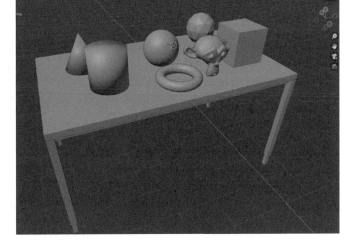

08 테이블 위 오브젝트들의 크기와 각도, 위치 등을 조정하여 조형적으로 배열합니다.

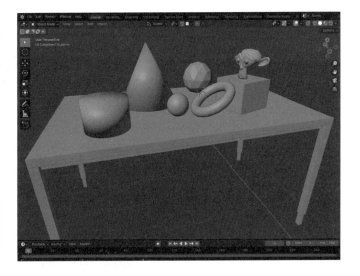

TIP 만약 작업 중에 실수가 발생해 전 단계로 되돌리고 싶을 때는 Ctrl+Z를 눌러서 이전 과정으로 되돌리거나 오브젝트를 삭제한 후 다시 생성하는 방법으로 만회하면 됩니다.

TIP 사이드바(Sidebar)에서 정확하게 변형하기

3D 뷰포트(3D Viewport)와 아웃라이너
(Outliner) 에디터의 경계 사이에 작은 화살표(‹)
가 있습니다. 이 화살표를 클릭하거나 N을 누
르면 사이드바가 나타나는데, 3개의 탭에서 오
브젝트의 변형(Transform) 설정, 도구(Tools)
설정의 변경, 뷰포트와 3D 커서의 위치 등을 수
치로 조정할 수 있습니다. 예를 들어, 오브젝트
의 크기를 수치로 입력하여 변형할 때는 Scale
의 X, Y, Z 항목에 직접 값을 입력합니다. 변형
하고자 하는 오브젝트의 항목에 수치를 입력하
여 설정하고 다시 N를 누르면 사이드바가 비
활성화됩니다. 다만, 오브젝트나 뷰포트가 선택
되지 않은 상태에서는 N으로 사이드바를 활성
화/비활성화할 수 없습니다.

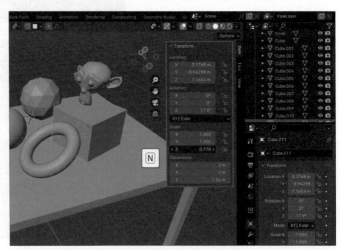

카메라와 조명 설정하기

01 뷰포트(Viewport)의 보기를 작게
축소하여 현재의 씬(Scene)에서 카메라
(Camera)와 조명(Light)이 어디에 있는지
찾아봅니다.
아웃라이너(Outliner) 영역의 씬 컬렉션
(Scene Collection)에서 카메라와 조명을
동시에 선택하기 위해 Ctrl를 누른 상태로
'카메라(Camera)'와 '라이트(Light)'를 클릭
합니다.

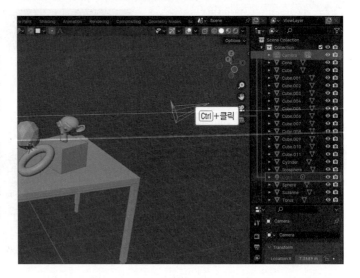

02 내비게이션에서 '카메라 뷰 토글
(Toggle Camera View)' 아이콘(📷)을 클
릭하여 카메라의 시각에서 뷰포트를 확인합
니다.
그림과 같이 테이블 일부만 카메라의 화각
에 포착되고 있습니다.

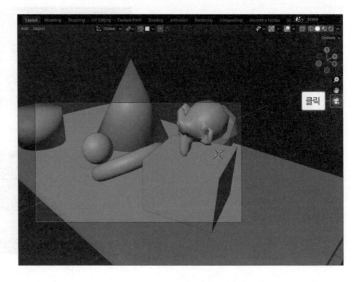

03 카메라를 테이블 정면에 배치하기 위해 기즈모의 ⓩ를 클릭하여 뷰포트를 위쪽 정사법(Top Orthographic) 보기로 설정합니다.

도구상자(Toolbar)에서 '이동(Move)' 도구(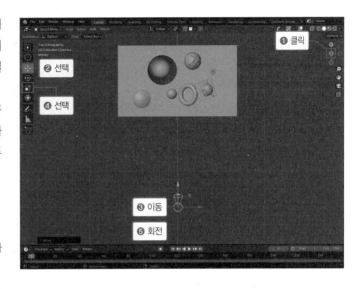)와 '회전(Rotation)' 도구(⬤)를 선택하고 카메라를 테이블 정면 방향에 거리를 두고 배치합니다.

TIP 이때 카메라 뷰로 화각을 확인하면서 카메라의 위치를 조정하면 편리합니다.

04 카메라의 위치와 각도를 여러 번 조절하여 테이블 위의 오브젝트들이 잘 보이는 방향으로 카메라 뷰를 결정합니다. 회전 과정에서 카메라가 수평에서 어긋나 옆으로 기울어지지 않도록 주의해야 합니다.

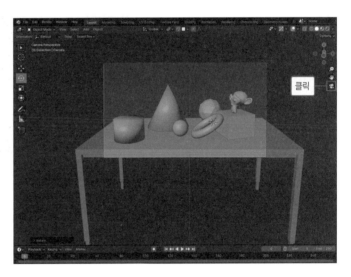

05 렌더링 출력 결과의 조명 상태를 확인하겠습니다. 헤더의 뷰포트 셰이딩(Viewport Shading) 보기에서 '렌더리드(Rendered)' 아이콘(⬤)을 클릭합니다.

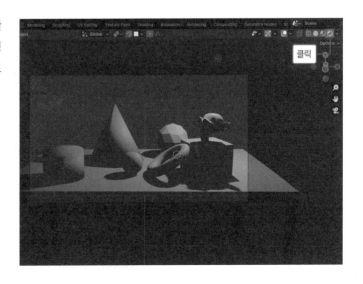

06 | 정면에서 그림자가 내려오기 때문에 조정이 필요합니다. 숫자 키패드 ⓪을 눌러 카메라 뷰 토글을 해제하고 도구상자(Tool bar)에서 '이동(Move)' 도구(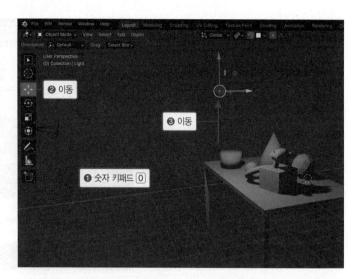)를 선택한 다음 조명의 위치를 테이블 전면 상부로 이동하여 그림자가 자연스럽게 뒤로 넘어가도록 설정합니다.

07 | 다시 내비게이션에서 '카메라 뷰 토글(Toggle Camera View)' 아이콘(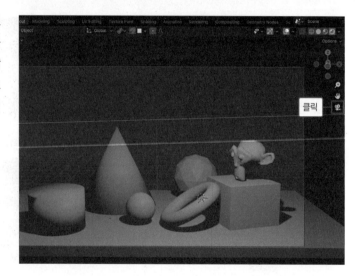)을 클릭하여 카메라의 화각 안에서 조명의 상태가 자연스럽고 적당한지 확인합니다. 그림자가 너무 강하다면 조명을 테이블로부터 조금 더 멀리 이동시킵니다.

렌더링 이미지 파일로 출력하기

01 | 렌더링하기 전에 이미지 출력 상태를 확인하기 위해 속성(Properties) 에디터에서 (출력(Output)) 탭을 선택하고 해상도(Resolution)와 파일 포맷(File Format) 등을 확인합니다.

02 | 이번에는 속성(Properties) 에디터의 (렌더(Render)) 탭을 선택하고 렌더 엔진(Render Engine)이 'EEVEE'로 지정되어 있는 것을 확인합니다.

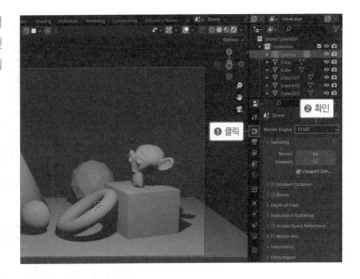

03 | 현재의 뷰포트에 설치된 카메라 뷰를 렌더링하여 이미지 파일로 내보내겠습니다. 탑바(Topbar)의 메뉴에서 (렌더(Render)) → (이미지 렌더(Render Image))를 클릭합니다.

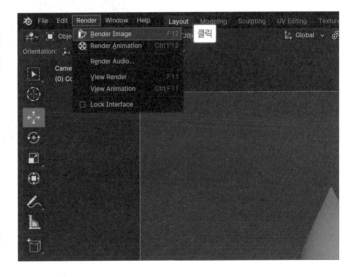

TIP (이미지 렌더(Render Image))의 단축키는 F12 입니다.

04 | 블렌더 렌더(Blender Render) 창이 표시되면 메뉴에서 (이미지(Image)) → (저장(Save))을 클릭합니다.

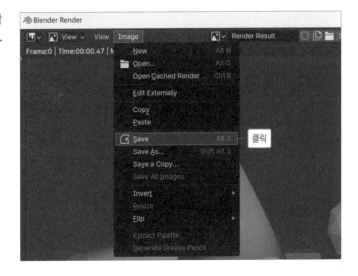

05 파일 저장을 설정하는 블렌더 파일 뷰(Blender File View) 창이 표시되면 저장할 경로를 지정하고 파일 이름을 입력한 다음 (다른 이미지로 저장(Save As Image)) 버튼을 클릭합니다.

06 렌더링 과정이 끝나면 저장한 경로에서 이미지 파일을 열어 출력 결과를 확인합니다.
블렌더의 오브젝트 모드에서 메쉬 도형을 이용한 조형 실습을 완성하였습니다.

TIP 오브젝트 모드와 에디트 모드의 차이

오브젝트 모드에서 메쉬 오브젝트를 배치하고 복제, 위치, 크기, 각도 변경 등을 통해 조형 작업을 수행할 수 있습니다. 그러나 이 과정은 기본적으로 제공되는 도형을 변형하는 방식이라서 섬세한 조형 작업을 수행하기에는 어려움이 많습니다. 사람 얼굴의 표정이라던가 복잡한 모양을 만들고자 할 때 메쉬 오브젝트의 조합과 배치만으로는 표현에 제약이 있습니다.

오브젝트의 모양을 자유롭게 변형하거나 디테일을 표현하는 세부적인 조형 작업은 블렌더의 에디트 모드에서 진행해야 합니다. 에디트 모드에서는 메쉬 오브젝트의 세부 구성 요소들인 버텍스, 에지, 페이스 등을 편집할 수 있고, 베벨(Bevel), 돌출(Extrude), 스핀(Spin)과 같은 도구를 이용하여 다채로운 조형 작업을 수행할 수 있습니다. 일반적으로 오브젝트 모드에서 메쉬 오브젝트를 생성한 후에 에디트 모드로 넘어가서 세부를 조형하고, 다시 오브젝트로 모드로 돌아와서 셰이드 스무스, 카메라 및 조명 등을 설정하여 출력하는 방식으로 작업하게 됩니다. 따라서 오브젝트 모드와 에디트 모드는 차이가 큰 구분이 아니라 모델링의 과정에서 각기 기능적으로 필요한 조형 환경입니다.

TIP 이동(Move), 축적(Scale), 회전(Rotate) 변형 단축키

도구상자(Toolbar)의 도구 선택에 구애받지 않고 단축키를 사용하면 언제든지 변형 작업이 가능합니다. 이동((G)), 축적((S)), 회전((R)) 단축키를 누르고 변형 상태에서 커서를 이동하면 해당 변형 작업이 직관적으로 실행됩니다. 특정 변형 단축키를 한 번 누른 후, 축(Axis) 한정 단축키인 (X), (Y), (Z)를 한 번 누르면 해당 축으로만 변형이 한정됩니다. 마우스 버튼을 클릭하지 않은 상태로 커서를 원하는 만큼 이동하면 변형할 수 있고, 마우스 왼쪽 버튼을 클릭하면 변형이 확정, 마우스 오른쪽 버튼을 클릭하면 취소됩니다.

TIP 뷰포트 뷰 단축키

블렌더의 뷰포트는 기본적으로 사용자 원근법(User perspective) 뷰 화면으로 시작됩니다. 원근법 뷰는 오브젝트 모델링 결과를 완성된 모습으로 조망할 수 있어서 자연스럽고 편리합니다. 그러나 모델링 작업 중에는 정사법(Orthographic) 옆면이나 윗면을 정확하게 관찰하면서 조형 기법을 적용해야 할 때도 있습니다.

앞에서 진행했던 것처럼 기즈모(Gizmo)의 좌표축을 클릭하여 뷰포트 뷰 방식을 변경할 수 있습니다. 그러나 마우스로 기즈모의 작은 동그라미를 클릭하는 것이 번거롭고, 메뉴에 들어가서 쿼드 뷰를 토글하는 것도 성가신 일입니다. 이럴 때 단축키로 빠르게 뷰를 바꿀 수 있으면 작업 효율이 높아집니다.

데스크톱 컴퓨터에 연결된 큰 키보드를 사용한다면 오른쪽의 숫자키로 뷰를 전환할 수 있습니다. 숫자 키패드 없는 노트북 컴퓨터 사용자라면 [편집(Edit)] 메뉴에서 [설정(Preferences)]을 클릭하여 블렌더 설정(Blender Preferences) 창을 표시하고 [입력(Input)] 탭의 키보드(Keyboard) 설정에서 'Emulate Numpad'를 체크 표시하여 활성화시키면 노트북 키보드 상단의 숫자키로도 뷰포트의 뷰 모드를 전환할 수 있습니다.

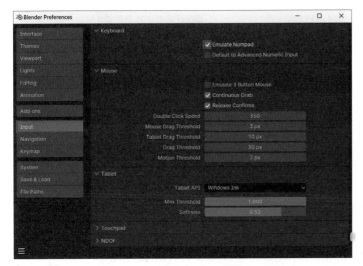

◀ 블렌더 설정(Blender Preferences) 창

뷰를 전환할 때는 뷰포트를 클릭한 후 숫자 단축키를 누르면 됩니다. 예를 들어, 숫자 키패드 ⓪을 누르면 카메라 뷰로 변경되는데, 다시 숫자 키패드 ⓪을 누르면 원래의 사용자 원근법(User perspective) 뷰로 돌아옵니다. 각 숫자 키패드의 뷰 전환 옵션은 다음 표를 참조하세요.

단축키	뷰 모드	View Mode
⓪	카메라 원근법	Camera Perspective
①	앞쪽 정사법	Front Orthographic
Ctrl + ①	뒤쪽 정사법	Back Orthographic
②	사용자 정사법(뒤쪽 15°씩 회전)	User Orthographic
③	오른쪽 정사법	Right Orthographic
Ctrl + ③	왼쪽 정사법	Left Orthographic
④	사용자 정사법(왼쪽 15°씩 회전)	User Orthographic
⑤	사용자 원근법/사용자 정사법	User Perspective/Orthographic
⑥	사용자 정사법(오른쪽 15°씩 회전)	User Orthographic
⑦	위쪽 정사법	Top Orthographic
Ctrl + ⑦	아래쪽 정사법	Bottom Orthographic
⑧	사용자 정사법(위쪽 15°씩 회전)	User Orthographic
⑨	사용자 정사법(이전 뷰와 반대쪽)	User Orthographic

STEP. 03

메쉬 변형과 큐브로
사다리 모델링하기

완성 파일 : 02\사다리_완성.blender

오브젝트 모드(Object Mode)에서 큐브(Cube)와 구체(Sphere)와 같은 기본 메쉬(Mesh)를 추가하고 변형했다면, 에디트 모드(Edit Mode)에서는 메쉬의 구성 요소인 버텍스(Vertex), 에지(Edge), 페이스(Face)를 편집하며 변형하는 작업이 가능합니다. 큐브를 변형하여 사다리를 만드는 과정을 통해 에디트 모드의 기능을 알아보겠습니다.

예제 핵심 기능
1 오브젝트 모드와 에디트 모드 전환
2 하단 명령 상자에 수치 입력
3 루프 잘라내기(Loop Cut)로 페이스 분할
4 축적(Scale) 도구로 크기 조정
5 Shift 를 누르고 클릭하여 복수 선택
6 배열(Array) 모디파이어 적용

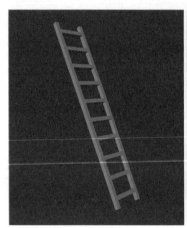
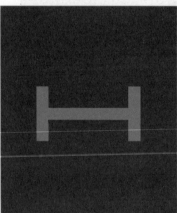
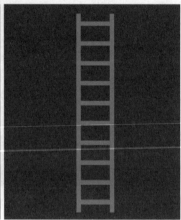

01 | 블렌더를 실행하고 메뉴에서 (파일(File)) → (새로운(New)) → (일반(General))을 클릭합니다.

아웃라이너(Outliner) 에디터의 씬 컬렉션(Scene Collection)에서 '카메라(Camera)', '큐브(Cube)', '라이트(Light)'를 모두 선택하고 Delete 를 눌러 삭제합니다.

02 건물의 기본 형태를 만들기 위해 헤더(Header)에서 〔추가(Add)〕→ 〔메쉬(Mesh)〕→ 〔큐브(Cube)〕를 클릭하여 큐브를 생성합니다.

큐브를 추가(Add Cube) 명령 상자(Operation)가 표시되면 크기(Size)를 '0.5m'로 설정합니다.

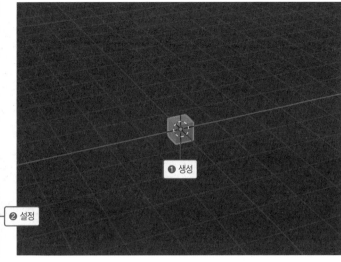

03 사다리의 기본 모양을 만들기 위해 가로로 길게 변형하겠습니다. 도구상자(Toolbor)의 '축적(Scale, S)' 도구(🔲)를 선택하고 큐브의 초록색 Y축 핸들을 오른쪽으로 드래그합니다.

크기 조정(Resize) 명령 상자가 표시되면 축적(Scale) X를 '1', Y를 '9', Z를 '1'로 설정합니다.

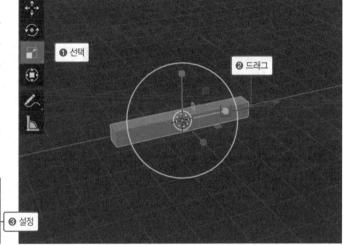

04 사다리의 양쪽 다리를 가장자리에 추가하기 위해 페이스를 분할하겠습니다. Tab을 눌러 에디트 모드(Edit Mode)로 전환하고 도구상자(Toolbar)에서 '루프를 잘라내기(Loop Cut, Ctrl+R)' 도구(🔲)를 선택한 다음 큐브의 가운데를 클릭하여 X축으로 에지를 분할합니다.

루프를 잘라내고 슬라이드(Loop Cut and Slide) 명령 상자가 표시되면 잘라내기의 수(Number of Cuts)를 '2'로 설정하여 선을 2개로 만듭니다.

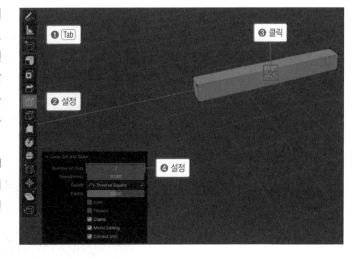

05 도구상자(Toolbar)에서 '축적(Scale, Ⓢ)' 도구(■)를 선택하고 큐브에 표시된 초록색 Y축 핸들을 오른쪽으로 드래그합니다. 크기 조정(Resize) 명령 상자가 표시되면 축적(Scale) Y를 '2.3'으로 설정하여 면적을 넓힙니다.

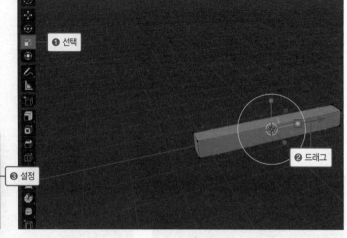

06 사다리 구조를 만들기 위해 헤더에서 선택 모드(Select Mode)를 [페이스(Face)]로 설정하고 도구상자(Toolbar)에서 '박스 선택(Select Box)' 도구(■)를 선택합니다. Shift를 누른 상태로 분할된 면의 양쪽 끝 위아래 페이스를 클릭하여 총 4개의 페이스를 선택합니다.

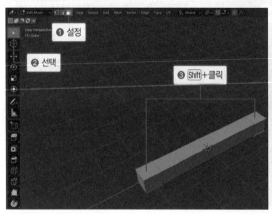 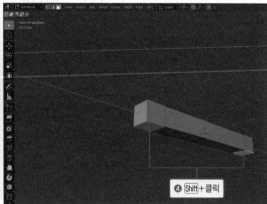

07 4개의 페이스가 선택된 상태에서 도구상자의 '지역 돌출(Extrude Region)' 도구(■)를 길게 클릭해서 나타나는 서브 도구들 중에서 '노멀을 따라 돌출(Extrude Along Normals)' 도구(■)를 선택하고 노란색 핸들을 위로 드래그하여 위아래로 돌출시킵니다.

지역을 돌출 및 팽창/수축(Extrude Region and Shrink/Flatten) 명령 상자가 표시되면 오프셋(Offset)을 '0.9m'로 설정합니다.

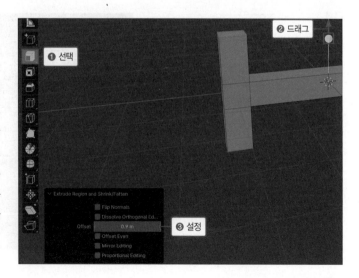

08 사다리 구조의 기본 유닛이 갖추어 졌으므로 이 형태를 반복해서 복제하겠습니다. Tab을 눌러 오브젝트 모드(Object Mode)로 전환하고 속성(Properties) 에디터에서 (모디파이어(Modifiers)) 탭을 선택합니다. (+ 모디파이어를 추가(Add Modifer)) 버튼을 클릭하고 (생성(Generate)) → (배열(Array))을 클릭하여 추가합니다.

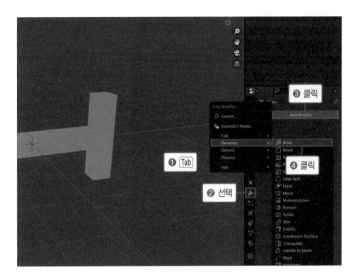

09 (모디파이어(Modifiers)) 탭의 배열(Array) 속성 중에서 맞추기 유형(Fit Type)을 '고정된 개수(Fixed Count)'로 지정하고 개수(Count)를 '10', 팩터(Factor) X를 '0', Y를 '0', Z를 '1'으로 설정하여 위쪽으로 구조가 반복 증가되도록 설정합니다.

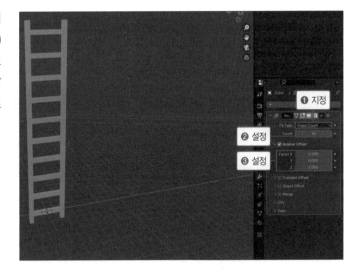

10 사다리를 선택한 상태로 도구상자(Toolbar)의 '축적(Scale, S)' 도구(▣)를 선택하고 흰색 원을 바깥쪽으로 드래그하여 크기를 조절해 완성합니다.

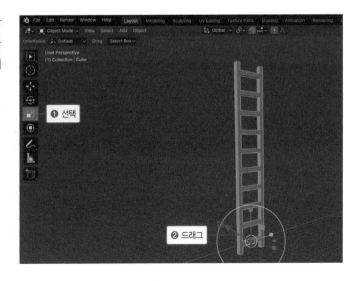

지역 돌출과 페이스를 인셋 도구로
의자 모델링하기

완성 파일 : 02\의자_완성.blend

큐브 메쉬를 생성하고 '지역 돌출(Extrude Region)'과 '페이스를 인셋(Inset Faces)' 도구를 이용하여 의자 형태를 만들겠습니다. 모델링 작업이 마무리되면 베벨(Bevel) 모디파이어도 적용하여 사각 모서리를 부드럽게 처리하는 모깎기를 진행하여 부드러운 형태의 의자를 완성하겠습니다.

미리 알아두기
에디트 모드(Edit Mode)에서 버텍스(Vertex), 에지(Edge), 페이스(Face) 선택하기
루프 잘라내기(Loop Cut), 지역 돌출(Extrude Region) 도구로 오브젝트 편집하기
페이스를 인셋(Inset Faces)으로 페이스 생성하고, 모디파이어(Modifier) 추가 적용하기

예제 핵심 기능

1 에디트 모드의 도구상자(Toolbar) 사용
2 버텍스(Vertex), 에지(Edge), 페이스(Face) 선택
3 지역 돌출(Extrude Region) 도구로 편집
4 루프 잘라내기(Loop Cut) 도구 사용
5 축적(Scale) 도구로 크기 조절

6 페이스를 인셋(Inset Faces) 도구로 페이스 생성
7 새로운 페이스 생성과 삭제 기능 학습
8 Shift를 누르고 클릭하여 복수 선택
9 베벨(Bevel) 모디파이어(Modifier)로 모깎기

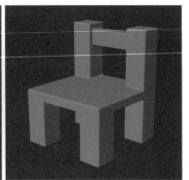

의자 좌판과 다리 만들기

01 | 블렌더를 실행하고 메뉴에서 (파일 (File)) → (새로운(New)) → (일반(General)) 을 클릭합니다.

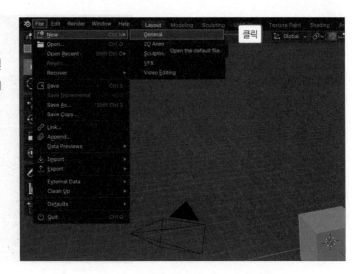

86 Part 2 오브젝트 모델링 생성과 변형 기법

02 아웃라이너(Outliner) 에디터의 씬 컬렉션(Scene Collection)에서 카메라(Camera), 큐브(Cube), 라이트(Light)를 모두 선택하고 마우스 오른쪽 버튼을 클릭한 다음 [삭제(Delete)]를 클릭하여 삭제합니다.

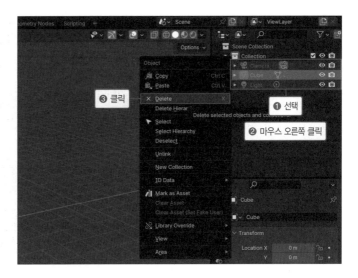

03 의자의 기본 형태를 만들기 위해 헤더(Header)에서 [추가(Add)] → [큐브(Cube)]를 클릭하여 큐브를 생성합니다. 큐브 추가(Add Cube) 명령 상자가 표시되면 크기(Size)를 '2m'로 설정합니다.

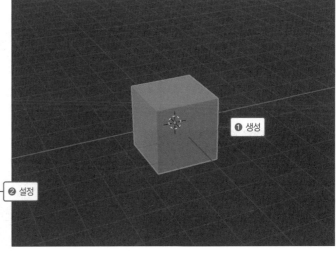

04 의자의 밑판을 만들기 위해 도구상자(Toolbar)에서 '축적(Scale)' 도구(■)를 선택합니다. 빨간색 X, 초록색 Y축으로 크기를 늘리고 파란색 Z축으로 줄여서 납작하게 만듭니다.
크기 조정(Resize) 명령 상자에서 축적(Scale) X를 '2', Y를 '2', Z를 '0.2'로 설정하여 세부적으로 조정합니다.

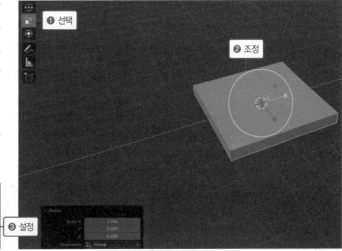

05 좌판에서 다리를 돌출시켜 만들겠습니다. 먼저 페이스를 분할하기 위해 [Tab]을 눌러 에디트 모드(Edit Mode)로 전환합니다. 세로 방향으로 페이스를 분할하기 위해 도구상자(Toolbar)에서 '루프 잘라내기 (Loop Cut, [Ctrl]+[R])' 도구(🔳)를 선택하고 좌판으로 커서를 이동해 빨간색 X축과 일치되게 루프선이 표시되면 클릭하여 에지를 만듭니다.

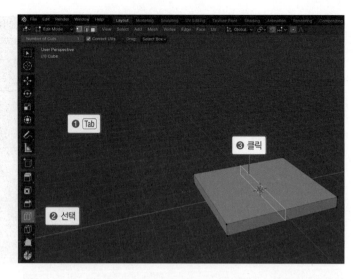

06 루프를 잘라내고 슬라이드(Loop Cut and Slide) 명령 상자가 표시되면 잘라내기의 수(Number of Cuts)를 '2'로 설정하여 좌판을 3등분 합니다.

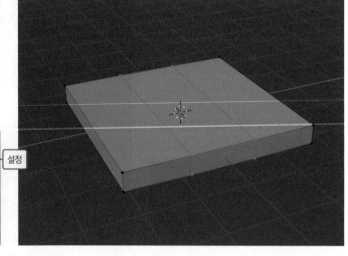

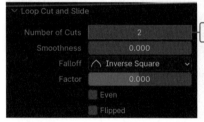

07 루프 잘라내기(Loop Cut)로 추가된 2개의 선이 선택되어 있는 상태로 도구상자(Toolbar)에서 '축적(Scale, [S])' 도구(🔳)를 선택하고 큐브에 표시된 초록색 Y축 핸들을 오른쪽으로 드래그하여 간격을 늘립니다.
크기 조정(Resize) 명령상자가 표시되면 축적(Scale) X를 '1', Y를 '1.5', Z를 '1'로 설정하여 미세하게 조정합니다.

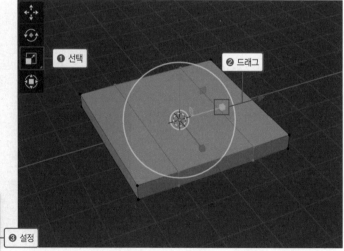

08 | 격자 방향으로 페이스를 더 분할하겠습니다. 도구상자(Toobar)에서 '루프 잘라내기(Loop Cut)' 도구(📷)를 선택하고 좌판으로 커서를 이동해 초록색 Y축과 일치되게 루프선이 표시되면 클릭하여 에지를 만듭니다.

루프를 잘라내고 슬라이드(Loop Cut and Slide) 명령 상자가 표시되면 잘라내기의 수(Number of Cuts)를 '2'로 설정합니다.

09 | 같은 방법으로 추가된 2개의 선 간격을 더 넓히겠습니다. 도구상자(Toolbar)에서 '축적(Scale, S)' 도구(📷)를 선택하고 큐브에 표시된 빨간색 X축 핸들을 아래로 드래그하여 간격을 늘립니다.

크기 조정(Resize) 명령 상자가 표시되면 축적(Scale) X를 '1.5', Y를 '1', Z를 '1'로 설정합니다.

10 | 좌판 밑에서 의자 다리를 돌출시키기 위해 헤더의 선택 모드(Select Mode)를 (페이스(Face))로 설정하고 도구상자(Toolbar)의 '박스 선택(Select Box)' 도구(📷)를 선택한 다음 좌판의 아래 모서리 페이스 4개를 선택합니다.

TIP 페이스를 여러 개 선택할 때는 Shift를 누른 상태로 해당 페이스를 순차적으로 클릭하면 됩니다.

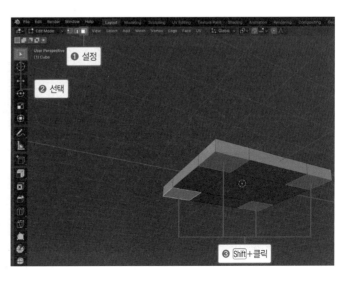

11 숫자 키패드 ③을 눌러 오른쪽 정사법(Right Orthographic) 뷰로 전환합니다. 도구상자(Toolbar)의 '지역 돌출(Extrude Region, Ⓔ)' 도구(🔳)를 선택하고 노란색 핸들을 아래로 드래그하여 선택한 면들을 돌출시킵니다.

지역을 돌출하고 이동(Extrude Region and Move) 명령 상자가 표시되면 이동(Move) X를 '0m', Y를 '0m', Z를 '2m'로 설정합니다.

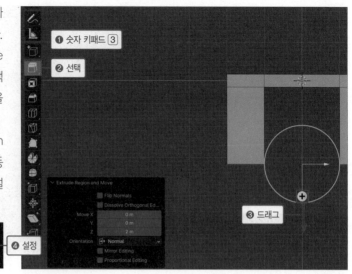

의자 등받이 만들기

01 의자의 등받이를 만들기 위해 도구상자에서 '박스 선택(Select Box)' 도구(🔲)를 선택하고 Shift를 누른 상태로 좌판 위의 가장자리 페이스 2개를 클릭하여 선택합니다.

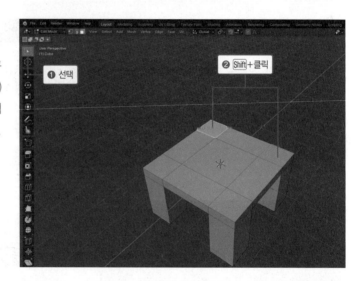

02 도구상자(Toolbar)의 '지역 돌출(Extrude Region, Ⓔ)' 도구(🔳)를 선택하고 노란색 핸들을 위로 드래그하여 선택한 페이스들을 Z축으로 돌출시킵니다.

명령 상자가 표시되면 이동(Move) X를 '0m', Y를 '0m', Z를 '2.5m'로 설정합니다.

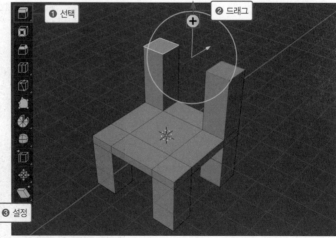

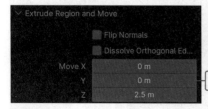

03 2개의 돌출한 기둥의 연결 부분을 만들기 위해 페이스를 분할하겠습니다. 선택 모드(Select Mode)를 [에지(Edge)]로 설정하고 도구상자(Toolbar)의 '루프 잘라내기(Loop Cut)' 도구(**📷**)를 선택한 다음 돌출한 2개의 기둥 중 하나의 가운데를 클릭하여 에지를 하나 추가합니다.

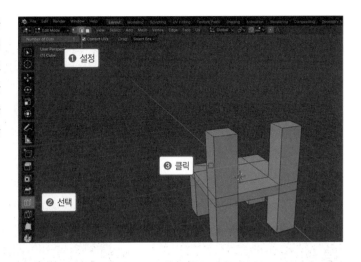

04 같은 방법으로 다른 돌출 기둥의 중앙을 클릭하여 루프 잘라내기(Loop Cut) 에지를 추가합니다.

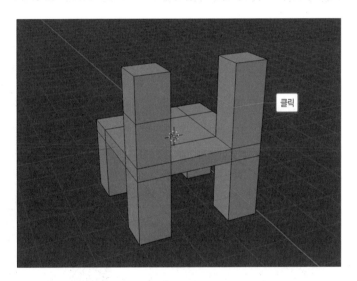

05 돌출된 등받이 기둥의 중간 연결부를 만들기 위해 선택 모드(Select Mode)를 [페이스(Face)]로 설정하고 도구상자(Toolbar)에서 '박스 선택(Select Box)' 도구(**▶**)를 선택한 다음 Shift를 클릭한 상태로 기둥 안쪽의 면 2개를 클릭하여 선택합니다.

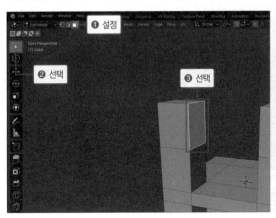

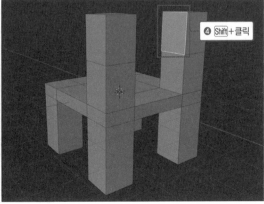

06 │ 선택된 2개의 페이스 안쪽으로 페이스를 생성하겠습니다. 도구상자(Toolbar)에서 '페이스를 인셋(Inset Faces, ⬚)' 도구(▣)를 선택하고 표시되는 노란색 원을 안쪽으로 드래그합니다.

페이스를 인셋(Inset Faces) 명령 상자가 표시되면 두께(Thickness)를 '0.1m'로 설정합니다.

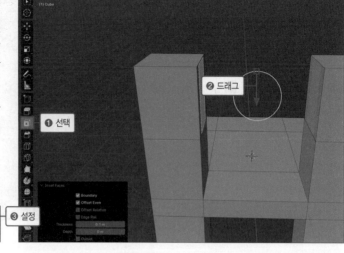

07 │ 선택되어 있는 2개의 작은 페이스를 세로 방향으로도 줄이기 위해 도구상자(Toolbar)에서 '축적(Scale)' 도구(▣)를 선택하고 파란색 Z축 핸들을 아래로 드래그하여 면의 크기를 줄입니다.

크기 조절(Resize) 명령 상자가 표시되면 축적(Scale) X를 '1', Y를 '1', Z를 '0.6'으로 설정합니다.

08 │ 선택된 두 페이스를 이어주는 가로 보를 만들기 위해 연결부의 페이스를 삭제해야 합니다. 2개의 안쪽 페이스가 선택된 상태로 마우스 오른쪽 버튼을 클릭한 다음 [페이스를 삭제(Delete Faces)]를 클릭하여 페이스를 삭제합니다.

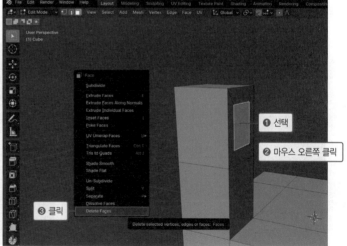

09 │ 선택 모드(Select Mode)를 〔에지
(Edge)〕로 설정하고 도구상자(Toolbar)의
'박스 선택(Select Box)' 도구(▣)를 선택한
다음 Shift 를 누른 상태로 삭제한 양쪽 페이
스의 위쪽 에지 2개를 클릭하여 선택합니다.

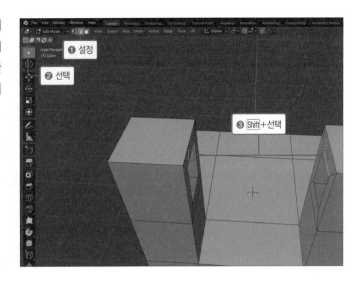

10 │ 2개의 에지가 선택된 상태로 마우스 오른쪽 버튼을 클릭한 다음 〔에지에서 새로운 페이스(New Face From
Edges, F)〕를 클릭합니다. 오른쪽 그림과 같이 선택한 에지 위치에 연결된 페이스가 생성됩니다.

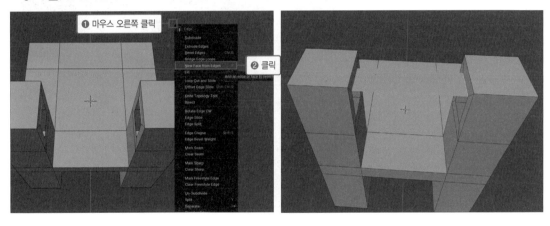

11 │ 같은 방법으로 나머지 에지도 페이
스를 생성하여 연결 부분을 만듭니다.

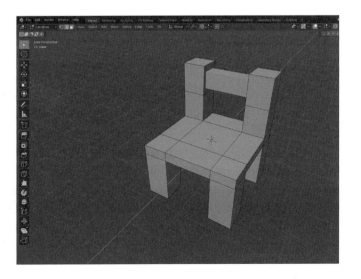

12 의자의 각진 모서리를 부드럽게 만들기 위해 모든 에지에 베벨(Bevel)을 적용하겠습니다.

[Tab]을 눌러 오브젝트 모드(Object Mode)로 전환하고 속성(Properties) 에디터에서 (모디파이어(Modifiers)) 탭을 선택합니다. (+ 모디파이어 추가(Add Modifier)) 버튼을 클릭하고 (생성(Generate)) → (베벨(Bevel))을 클릭합니다.

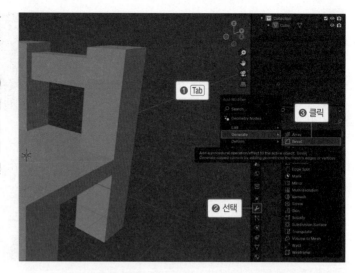

13 (모디파이어(Modifier)) 탭에 추가된 베벨(Bevle) 속성 중에서 (에지(Edges))를 선택하고 양(Amount)을 '0.05m', 부분(Segments)을 '5'로 설정한 다음 지오메트리(Geometry) 속성의 Miter Outer를 '패치(Patch)'로 지정합니다.

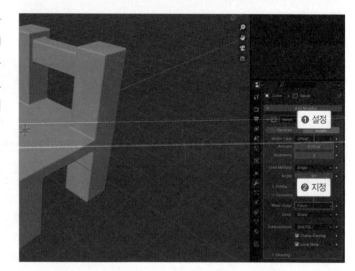

14 의자 모델링을 완료했습니다. 아웃라이너(Outliner) 에디터의 씬 컬렉션(Scene Collection)을 보면 의자 구조를 큐브(Cube) 오브젝트 하나로 만든 것을 확인할 수 있습니다.

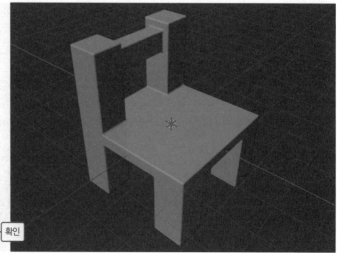

STEP. 05

정밀한 선택과 변형으로
가로등 모델링하기

완성 파일 : 02\가로등_완성.blend

모델링 과정에 자주 사용되는 '지역 돌출(Extrude Region)' 도구와 입체적인 모양을 만들기 위한 외면 방향으로 돌출시키는 '노멀을 따라 돌출(Extrude Along Normal)' 도구를 사용합니다. 정밀한 선택과 변형을 위해 정사법(Orthographic) 뷰와 X-Ray 뷰 모드를 이용하고 미러 (Mirror) 모디파이어로 좌우대칭으로 제작하는 방법도 실습해 가로등을 만들겠습니다.

예제 핵심 기능

1 지역 돌출(Extrude Region) 도구로 형태 연장
2 노멀을 따라 돌출(Extrude Along Normal) 도구 사용
3 페이스를 인셋(Inset Face) 도구로 페이스 추가
4 다양한 종류의 베벨(Bevel) 적용

5 X-Ray 모드와 와이어프레임(Wireframe) 보기
6 정사법(Orthographic) 뷰에서 선택과 변형
7 경로(Path) 커브(Curve)로 곡선의 입체 생성
8 미러(Mirror) 모디파이어(Modifier)로 대칭

가로등 구조 만들기

01 | 블렌더를 실행하고 메뉴에서 (파일 (File)) → (새로운(New)) → (일반(General)) 을 클릭합니다. 아웃라이너(Outliner) 에디터의 씬 컬렉션(Scene Collection)에서 카메라(Camera), 큐브(Cube), 라이트(Light) 를 모두 선택하고 Delete 를 눌러 삭제합니다.

02 가로등을 만들기 위해 헤더에서 [추가(Add)] → [메쉬(Mesh)] → [실린더 (Cylinder)]를 클릭하여 실린더를 생성합니다. 실린더를 추가(Add Cylinder) 명령 상자 가 표시되면 버텍스(Vertices)를 '8', 반경 (Radius)를 '1.5m', 깊이(Depth)를 '0.4m'로 설정하여 8각 형태로 만듭니다.

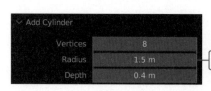

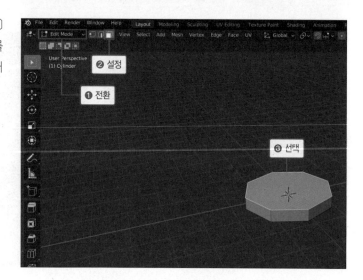

03 헤더에서 [에디트 모드(Edit Mode)] 로 전환하고 선택 모드(Select Mode)를 [페이스(Face)]로 설정한 다음 8각 실린더 의 위쪽 페이스를 선택합니다.

04 도구상자(Toolbar)에서 '페이스를 인셋(Inset Faces, ①)' 도구(■)를 선택하 고 노란색 원을 안쪽으로 드래그하여 내부 페이스 윤곽을 줄입니다. 페이스를 인셋(Inset Faces) 명령 상자가 표시되면 두께(Thickness)를 '0.4m'로 설 정합니다.

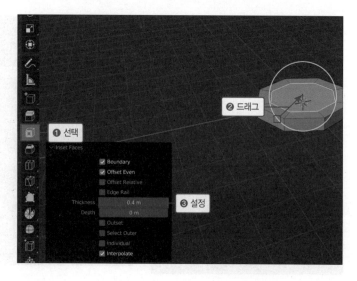

05 안쪽으로 생성한 페이스를 위로 돌출하기 위해 도구상자(Toolbar)의 '지역 돌출(Extrude Region, E)' 도구(▣)를 선택하고 노란색 핸들을 위로 드래그하여 돌출시킵니다.

지역을 돌출하고 이동(Extrude Region and Move) 명령 상자가 표시되면 이동(Move) Z를 '1.7m'로 설정합니다.

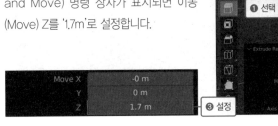

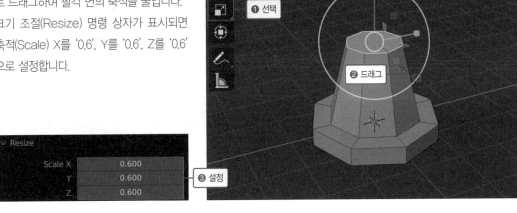

06 도구상자(Toolbar)에서 '축적(Scale, S)' 도구(▣)를 선택하고 흰색 원을 안쪽으로 드래그하여 팔각 면의 축적을 줄입니다.

크기 조절(Resize) 명령 상자가 표시되면 축적(Scale) X를 '0.6', Y를 '0.6', Z를 '0.6'으로 설정합니다.

07 현재 선택된 페이스 안쪽으로 더 작은 페이스를 생성하기 위해 도구상자(Toolbar)에서 '페이스를 인셋(Inset Faces, I)' 도구(▣)를 선택하고 노란색 원을 안쪽으로 드래그하여 내부에 생성되는 페이스를 더 작게 줄입니다.

페이스를 인셋(Inset Faces) 명령 상자가 표시되면 두께(Thickness)를 '0.3m'로 설정합니다.

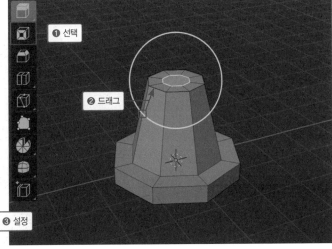

08 가로등의 기둥을 만들겠습니다. 안쪽으로 만든 페이스가 선택된 상태로 도구상자(Toolbar)에서 '지역 돌출(Extrude Region, E)' 도구(■)를 선택하고 노란색 핸들을 위로 드래그하여 길게 돌출시킵니다.
지역을 돌출하고 이동(Extrude Region and Move) 명령 상자에서 이동(Move) Z를 '5m'로 설정합니다.

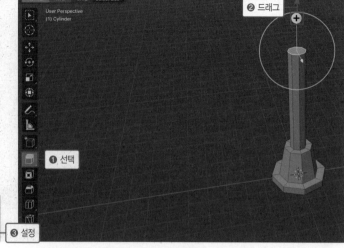

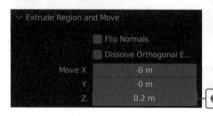

09 '지역 돌출(Extrude Region, E)' 도구(■)의 노란색 핸들을 다시 한번 위로 드래그하여 약간 더 위로 돌출시킵니다.
지역을 돌출하고 이동(Extrude Region and Move) 명령 상자에서 이동(Move) X를 '0m', Y를 '0m', Z를 '0.2m'로 설정합니다.

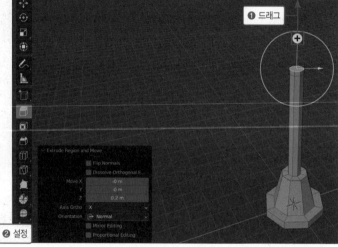

10 도구상자(Toolbar)에서 '축적(Scale, S)' 도구(■)를 선택하고 흰색 원을 바깥으로 드래그하여 선택된 면의 크기를 넓게 확대합니다.
크기 조절(Resize) 명령 상자에서 축적(Scale) X를 '3.5', Y를 '3.5', Z를 '3.5'로 설정합니다.

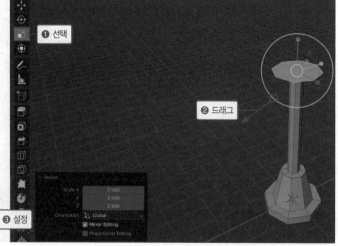

가로등 전등갓 만들기

01 가로등의 전등갓을 만들기 위해 현재 선택된 페이스를 5회에 걸쳐 위로 돌출시키겠습니다. 도구상자(Toolbar)에서 '지역 돌출(Extrude Region, E)' 도구(■)를 선택하고 노란색 핸들을 위로 드래그하여 돌출시킵니다.

지역을 돌출하고 이동(Extrude Region and Move) 명령 상자가 표시되면 이동(Move)에서 Z를 '0.2m'로 설정합니다.

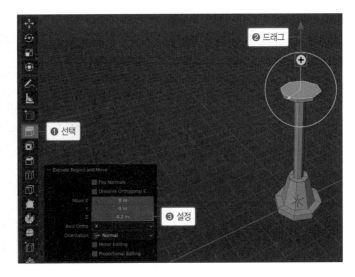

02 같은 방법으로 돌출 과정을 반복하여 Z축 방향으로 각각 '3m', '0.3m', '0.3m', '1.2m'로 설정해 총 4번 더 돌출시킵니다.

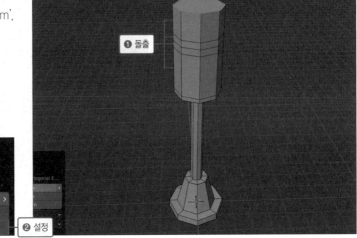

03 돌출된 전등갓 부분을 세밀하게 조형하기 위해 헤더의 'X-Ray를 토글' 아이콘(■), Alt+Z)을 클릭하여 모드를 활성화하고 뷰포트 셰이딩(Viewport Shading)에서 '와이어프레임(Wireframe)' 아이콘(■)을 클릭합니다.

숫자 키패드 1을 눌러 앞쪽 정사법(Front Orthographic) 뷰로 전환하고 선택 모드를 [에지(Edge)]로 설정합니다.

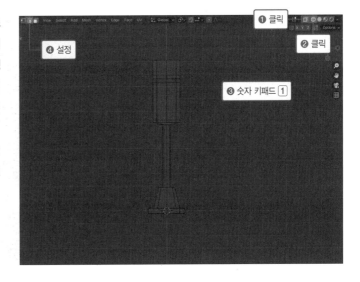

04 위쪽 에지부터 드래그하여 선택하고 ⑤를 눌러 축적 상태로 들어간 다음 그림과 같이 오각형 윤곽선 모양으로 변형합니다.

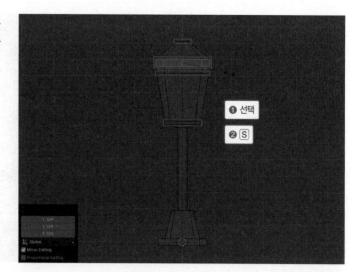

TIP 각 에지는 같은 선상에 있는 에지를 기준으로 각각 선택해야 합니다.

05 선택 모드(Select Mode)를 (페이스(Face))로 설정하고 (Alt)를 누른 상태로 전등갓 상부 띠 모양의 페이스를 클릭하여 한 줄로 전체 선택합니다.
뷰포트를 마우스 휠로 드래그하여 띠 모양으로 연속해 선택되었는지 확인합니다.

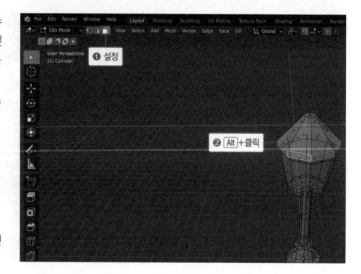

TIP 한 줄 선택이 정확하게 되지 않는다면 띠 부분을 드래그하여 모두 선택합니다.

06 (Alt)+(Z)를 눌러 X-Ray 모드를 해제합니다. 도구상자(Toolbar)에서 '지역 돌출(Extrude Region)' 도구(■)를 길게 클릭하여 표시되는 '노멀을 따라 돌출(Extrude Along Normal)' 도구(■)를 선택합니다.

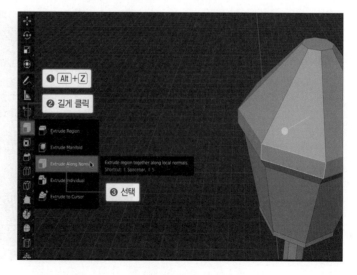

07 | 노란색 핸들을 위로 드래그하여 선택한 페이스가 바깥으로 튀어나오게 돌출합니다.

지역을 돌출 및 팽창 수축(Extrude Region and Shrik/Fatten) 명령 상자가 표시되면 오프셋(Offset)을 '0.2m'로 설정합니다.

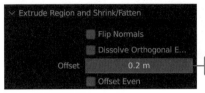

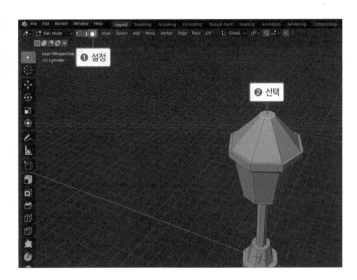

08 | 전등갓의 꼭지를 위로 돌출시키기 위해 선택 모드(Selet Mode)에서 [페이스(Face)]를 설정하고 가장 위의 페이스를 선택합니다.

09 | 도구상자(Toolbar)에서 '지역 돌출(Extrude Region, E)' 도구(🖫)를 선택하고 선택한 페이스를 위로 2번 드래그하여 돌출시킵니다.

지역을 돌출하고 이동(Extrude Region and Move) 명령 상자에서 이동(Move) Z를 각각 '0.5m', '0.3m'로 설정합니다.

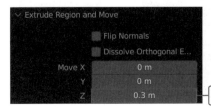

10 | 돌출한 부분의 형태를 다듬기 위해 [Alt]+[Z]를 눌러 X–Ray 모드를 활성화하고 숫자 키패드 [1]을 눌러 뷰포트를 앞쪽 정사법(Front Orthographic) 뷰로 시점을 변경합니다.

선택 모드(Select Mode)를 [버텍스(Vertex)]로 설정하고 돌출한 부분의 가로 버텍스를 모두 선택한 다음 [S]를 눌러 그림과 같이 꼭지 모양을 변형합니다.

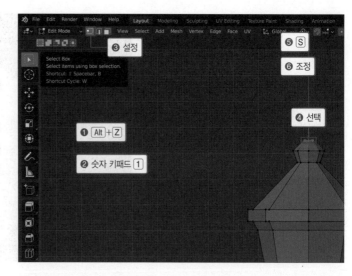

11 | 선택 모드(Select Mode)를 [페이스(Face)]로 설정하고 램프가 들어갈 부분을 안쪽으로 밀어서 돌출시키기 위해 전등 부분의 페이스를 [Alt]를 누른 상태로 클릭해 연속된 한 줄로 선택합니다.

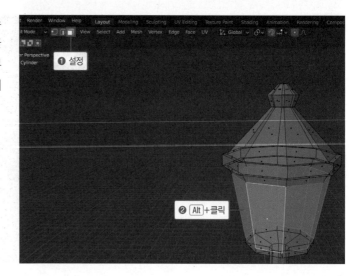

12 | 도구상자(Toolbar)에서 '페이스를 인셋(Inset Faces, [I])' 도구(⬛)를 선택하고 노란색 원을 안쪽으로 드래그합니다.

페이스를 인셋(Inset Faces) 명령 상자가 표시되면 '개별(Individual)'을 체크 표시하고 두께(Thickness)를 '0.16m'로 설정합니다.

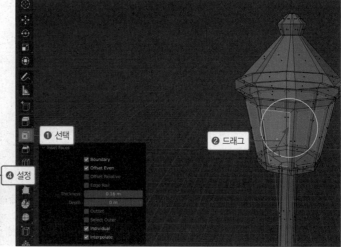

13 Alt+Z를 눌러 X–Ray 모드를 해제합니다. 도구상자(Toolbar)에서 '노멀을 따라 돌출(Extrude Along Normals)' 도구(▣)를 선택하고 노란색 핸들을 아래로 드래그하여 선택된 면이 안쪽으로 들어가게 합니다. 지역을 돌출 및 팽창/수축(Extrude Region and Shrink/Fatten) 명령 상자가 표시되면 오프셋(Offset)을 '–0.24m'로 설정합니다.

14 가로등 전체를 부드럽게 다듬을 수 있도록 베벨(Bevel)을 적용하기 위해 Tab을 눌러 오브젝트 모드(Object Mode)로 전환합니다.
속성(Properties) 에디터에서 (모디파이어(Modifier)) 탭을 선택하고 (+ 모디파이어 추가(Add Modifier)) 버튼을 클릭하고 (생성(Generate)) → (베벨(Bevel))을 클릭합니다.

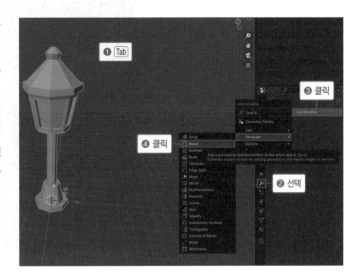

15 베벨(Bevel) 속성 중에서 에지(Edge)의 양(Amount)을 '0.4m', 부분(Segments)을 '3'으로 설정하고 지오메트리(Geometry) 항목의 Miter Outer를 '패치(Patch)'로 지정합니다.

가로등 장식 추가하기

01 오브젝트 모드(Object Mode)에서 가로등 장식을 추가하기 위해 숫자 키패드 1을 눌러 앞쪽 정사법(Front Orthographic) 뷰로 전환합니다.
헤더의 (추가(Add)) 메뉴에서 (커브(Curve)) → (경로(Path))를 클릭하여 경로(Path)를 생성합니다.

02 도구상자(Toolbar)에서 '이동(Move)' 도구(🔀)를 선택하고 추가된 경로(Path)를 가로등 기둥 중앙 오른쪽 위치로 이동합니다.

03 경로(Path)가 선택된 상태로 Tab을 눌러 에디트 모드(Edit Mode)로 전환하고 경로(Path)의 선 중간 포인트(Point)들의 위치를 이동하여 나선형 모양으로 만듭니다.

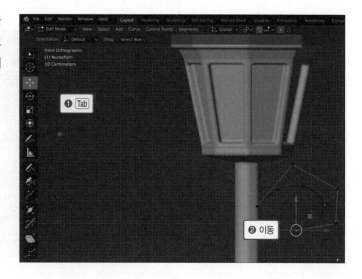

04 나선형 모양으로 더 구부리기 위해 경로(Path)의 끝부분 포인트를 선택하고 E 를 누른 상태로 이동하여 포인트를 연속해 서 추가합니다. 추가된 포인트를 안쪽으로 이동시켜서 돌돌 말린 나선형으로 만듭니다.

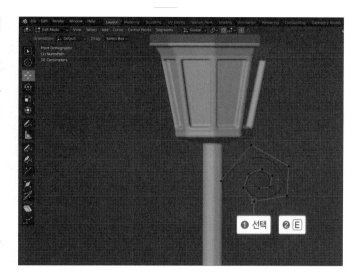

TIP 예제에서는 E를 6번 눌러 나선형 방향 으로 돌출하였습니다.

05 경로(Path)에 두께를 부여하기 위해 속성(Properties) 에디터의 [데이터(Data)] 탭을 선택하고 지오메트리(Geometry) 항 목을 클릭하여 표시합니다. 베벨(Bevel)의 [둥근(Round)] 탭이 선택된 상태에서 깊이 (Depth)를 '0.15m', 해상도(Resolution)를 '1'로 설정하고 '캡을 채우기(Fill Caps)'를 체크 표시하여 생성된 파이프의 구멍을 닫 습니다.

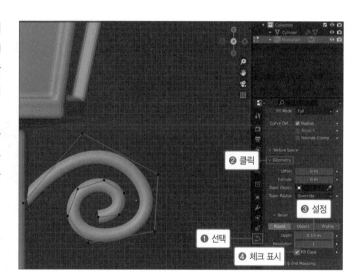

06 나선형의 안쪽 부분을 가늘게 만들 기 위해서 마지막 포인트를 선택하고 Alt +S를 누른 다음 안쪽으로 드래그하여 끝 을 뾰족하게 조절합니다.

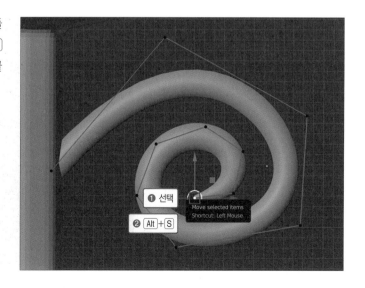

07 장식을 맞은 편에 똑같이 추가하기 위해 [Tab]을 눌러 오브젝트 모드(Object Mode)로 전환합니다.
속성(Properties) 에디터에서 〔모디파이어(Modifier)〕 탭을 선택하고 〔+ 모디파이어 추가(Add Modifier)〕 버튼을 클릭한 다음 〔생성(Generate)〕 → 〔미러(Mirror)〕를 클릭합니다.

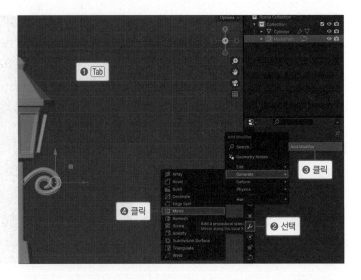

08 탭의 미러(Mirror) 속성 중에서 미러 오브젝트(Mirror Object)의 '스포이트' 아이콘(🖋)을 클릭하고 뷰포트의 가로등 기둥을 클릭하여 기준으로 설정합니다. 기둥을 기준으로 장식이 대칭으로 배치됩니다.

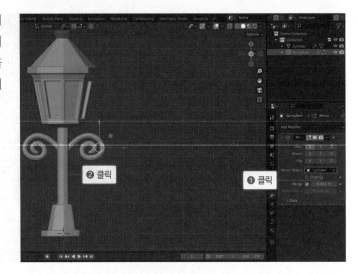

09 장식이 있는 가로등 모델링을 완성하였습니다.

커브 형태의 입체 오브젝트, 책 모델링하기

완성 파일 : 02\책_완성.blend

기존에 작업했던 모델링 방법과는 다르게, 이번에는 메쉬(Mesh) 오브젝트가 아닌 커브(Curve)와 엠프티(Empty) 오브젝트를 이용하여 커브 형태의 입체를 만드는 방법을 자세히 알아봅니다. 이 과정을 통해 커브와 엠프티의 활용 가능성을 확장하고, 메쉬 모델링과는 다른 접근 방식으로 입체를 만드는 방법을 학습할 수 있습니다.

예제 핵심 기능
1 넙스 경로(NurbsPath)로 곡선 생성
2 노멀을 따라 돌출(Extrude Along Normal) 도구 사용
3 심플 변형(Simple Deform) 굽히기(Bend) 적용
4 솔리디파이(Solidify)로 평면에 두께 부여
5 X–Ray 모드와 와이어프레임(Wireframe) 보기
6 비례 편집(Proportional Editing) 옵션 적용
7 엠프티(Empty) 화살표(Arrows)로 기준점 정립

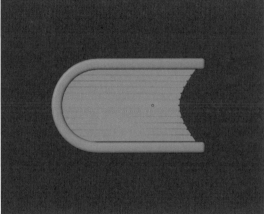

책 표지 만들기

01 블렌더를 실행하고 메뉴에서 (파일(File)) → (새로운(New)) → (일반(General))을 클릭합니다.
아웃라이너(Outliner) 에디터의 씬 컬렉션(Scene Collection)에서 카메라(Camera), 큐브(Cube), 라이트(Light)를 모두 선택하고 Delete를 눌러 삭제합니다.

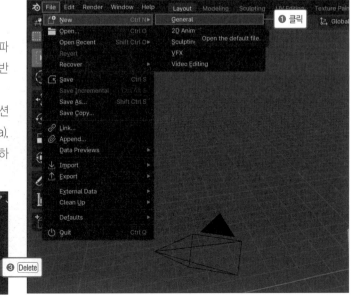

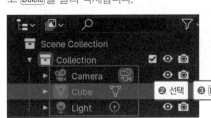

02 책의 기본 형태를 만들기 위해 헤더의 메뉴에서 (추가(Add)) → (커브(Curve)) → (경로(Path))를 클릭하여 경로(Path) 선을 생성합니다.

경로 추가(Add Path) 명령 상자가 표시되면 반경(Radius)을 '1m'로 설정합니다.

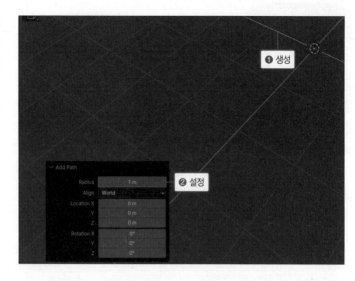

03 책 겉표지의 구부러진 형태를 만들기 위해 굽히기(Bend)를 적용하겠습니다. 굽히기(Bend)를 적용할 때는 기준점이 필요하므로 헤더의 메뉴에서 (추가(Add)) → (엠프티(Empty)) → (화살표(Arrows))를 클릭하여 생성합니다. 이것은 눈에 보이는 오브젝트가 아니어서 기준점이나 가이드로 이용합니다.

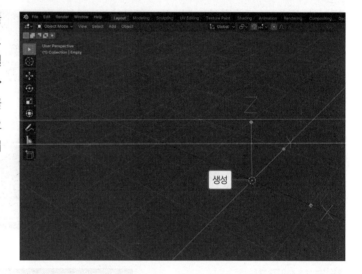

04 화살표(Arrows)의 축 방향을 바꾸기 위해 속성(Properties) 에디터에서 (오브젝트(Object)) 탭을 선택하고 변환 (Transformation) 속성의 회전(Rotation) X를 '90°'로 입력하여 Y축이 위를 향하도록 설정합니다.

05 추가한 넙스 경로(NurbsPath)에 굽히기(Bend)를 적용하기 위해 아웃라이너(Outliner) 에디터에서 '넙스 경로(Nurbs Path)'를 선택합니다.

속성(Properties) 에디터의 [모디파이어(Modifiers)] 탭을 선택하고 [+ 모디파이어를 추가(Add Modifier)] 버튼을 클릭한 다음 [변형(Deform)] → [심플 변형(Simple Deform)]을 클릭합니다.

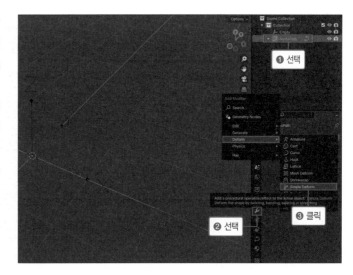

06 [모디파이어(Modifiers)] 탭의 심플 변형(Simple Deform) 속성 중에서 오리진(Origin)을 클릭하고 '엠프티(Empty)'로 선택합니다.

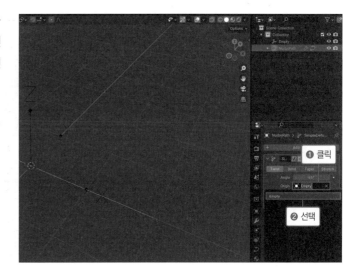

07 숫자 키패드 [1]을 눌러 앞쪽 정사법(Front Orthographic) 뷰로 전환합니다. 심플 변형(Simple Deform) 속성 중에서 [굽히기(Bend)] 탭을 선택하고 각도(Angle)를 '180°'로 설정한 다음 축(Axis)을 [Z]로 선택합니다. 그림과 같이 경로(Path) 선이 U자 모양으로 둥글게 구부러집니다.

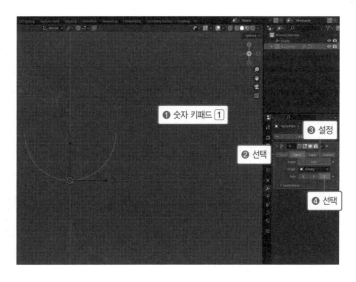

08 심플 변형(Simple Deform) 속성 중
에서 Restrictions 항목을 클릭하여 옵션을
표시하고 제한(Limits)을 '0', '0.5'로 설정합
니다.

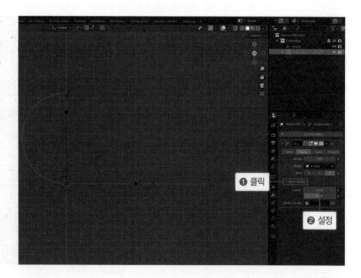

09 커브(Curve)를 입체로 만들기 위해
넙스 경로(NurbsPath)를 선택한 상태로 마
우스 오른쪽 버튼을 클릭하고 (Convert to)
→ (메쉬(Mesh))를 클릭합니다.

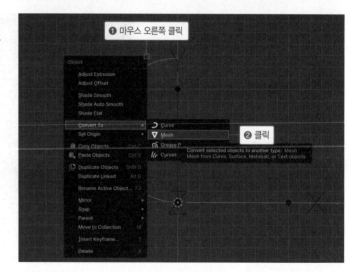

10 커브(Curve)를 선택한 상태로 헤
더에서 (에디트 모드(Edit Mode))로 전환
하고 선택 모드(Select Mode)를 (버텍스
(Vertex))로 설정합니다.
도구상자(Toolbar)의 '박스 선택(Select
Box)' 도구(▣)를 선택한 다음 아래쪽 커버
에 해당하는 버텍스를 모두 선택합니다.

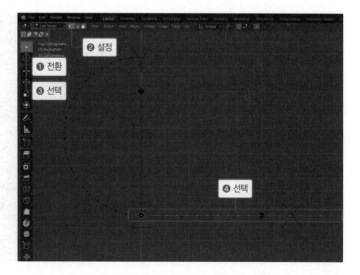

11 │ 선택한 버텍스를 삭제하기 위해 마우스 오른쪽 버튼을 클릭하여 (버텍스 삭제(Delete Vertices))를 클릭합니다.

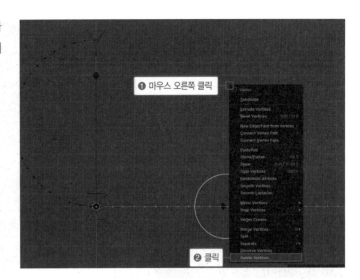

12 │ 책 표지를 만들기 위해서 위아래 양쪽 끝부분 버텍스 2개를 X축 방향 동일한 선상에 위치해야 합니다. 아래쪽 끝부분 버텍스를 선택하고 마우스 오른쪽 버튼을 클릭하여 (버텍스를 스냅(Snap Vertex)) → (선택을 키서에 스냅(Selection to Cursor (Keep Offset))을 클릭합니다.

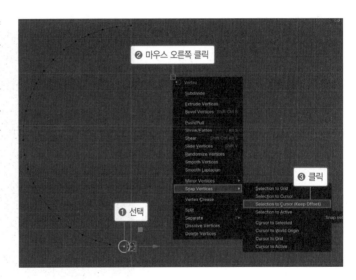

13 │ 아래쪽 끝부분 버텍스가 약간 이동되어 위쪽 버텍스와 동일 선상에 위치되는 것을 확인합니다. 돌출시켜 에지를 만들기 위해 Shift를 누른 상태로 위아래 끝부분 버텍스 2개를 클릭하여 선택합니다.

14 도구상자(Toolbar)에서 '지역 돌출
(Extrude Region, E)' 도구(■)를 선택하
고 노란색 핸들을 빨간색 X축으로 드래그합
니다.

지역을 돌출하고 이동(Extrude Region
and Move) 명령 상자가 표시되면 이동
(Move) X를 '1.5m', Y를 '0m', Z를 '0m'로
설정하고 오리엔테이션(Orientation)을 '글
로벌(Global)'로 지정합니다.

15 헤더에서 선택 모드(Select Mode)
를 (에지(Edge))로 설정하고 넙스 경로
(NurbsPath)를 전체 선택합니다.

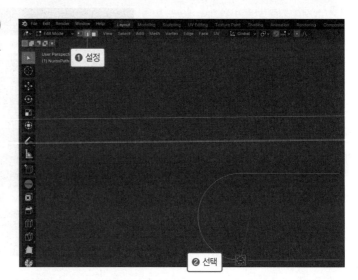

16 도구상자(Toolbar)에서 '지역 돌출
(Extrude Region, E)' 도구(■)를 선택하
고 노란색 핸들을 초록색 Y축으로 드래그하
여 페이스를 돌출시킵니다.

지역으로 돌출하고 이동(Extrude Resion
and Move) 명령 상자에서 이동(Move) X
를 '0m', Y를 '2.5m', Z를 '0m'로 설정하고 오
리엔테이션(Orientation)을 '글로벌(Global)'
로 지정합니다.

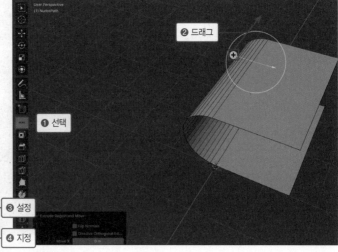

17 │ (Tab)을 눌러 오브젝트 모드(Object Mode)로 전환합니다. 책 표지에 두께를 부여하기 위해 속성(Properties) 에디터의 (모디파이어(Modifiers)) 탭을 선택하고 (+ 모디파이어를 추가(Add Modifier)) 버튼을 클릭한 다음 (생성(Generate)) → (솔리디파이(Solidify))를 클릭합니다.

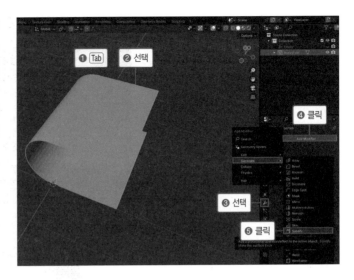

18 │ (모디파이어(Modifiers)) 탭의 솔리디파이(Solidify) 속성 중에서 두께 (Thickness)를 '0.15'로 설정합니다.

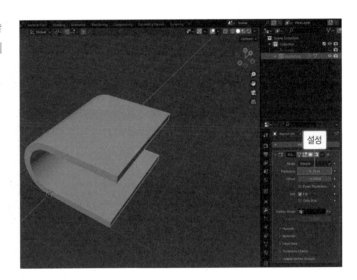

19 │ 책 표지의 윤곽을 부드럽게 처리하겠습니다. (+ 모디파이어를 추가 (Add Modifier)) 버튼을 클릭하고 (생성 (Generate)) → (베벨(Bevel))을 클릭합니다. 베벨(Bevel) 속성 중에서 (에지 (Edges)) 탭의 양(Amount)을 '0.04', 부분 (Segments)을 '5'로 설정합니다.

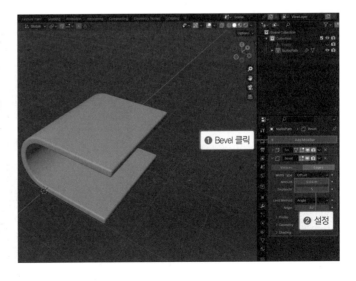

책 속지 만들기

01 | 헤더에서 [추가(Add)] → [메쉬
(Mesh)] → [큐브(Cube)]를 클릭하여 큐브
를 생성합니다.

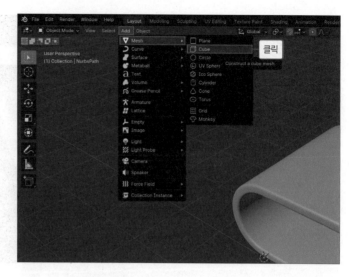

02 | [Alt]+[Z]를 눌러 X-Ray 모드를 활
성화하여 투명하게 보이도록 설정하고 추가
한 큐브(Cube)가 넙스 경로(NurbsPath)
표지 안쪽에 들어맞게 '축적(Scale, [S])' 도
구(□)와 '이동(Move, [G])' 도구(□)를 사
용해 크기와 위치를 조정합니다. 조정이 끝
나면 [Alt]+[Z]를 눌러 X-Ray 모드를 해제
합니다.

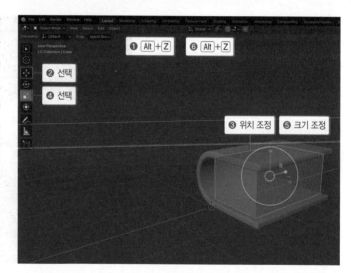

03 | 책 속지의 변형을 위해서 페이스를
분할하겠습니다. 큐브(Cube)를 선택하고
[Tab]을 눌러 에디트 모드(Edit Mode)로 전
환합니다. [Ctrl]+[R]을 눌러 루프 잘라내기
변형 상태로 들어가고 큐브(Cube)의 옆 페
이스를 클릭하여 가로 에지를 추가합니다.
루프를 잘라내고 슬라이드(Loop Cut and
Slide) 명령 상자가 표시되면 잘라내기의
수(Number of Cuts)를 '11'로 설정합니다.

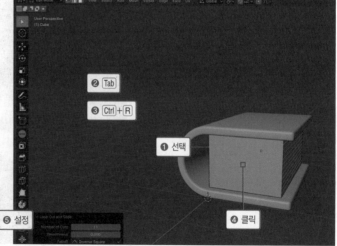

04 헤더에서 선택 모드(Select)를 (에지
(Edge))로 설정하고 도구상자(Toolbar)의
'박스 선택(Select Box)' 도구(▶)를 선택
한 다음 [Alt]를 누른 상태로 중심에 위치한
6번째 에지를 클릭하여 루프 선택합니다.
뷰포트를 돌려서 보거나 X-Ray 모드로 확
인하면 6번째 에지가 모두 선택되었는지 쉽
게 확인할 수 있습니다.

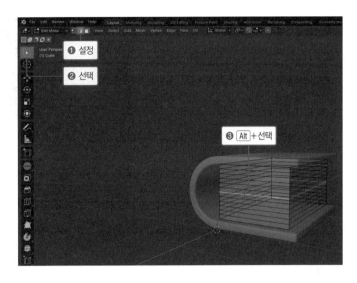

05 숫자 키패드 ①을 눌러 앞쪽 정사법
(Front Orthographic) 뷰로 전환합니다.
헤더의 '비례 에디트 모드에 대한 감소 유형
(Falloff type for proportional editing
mode)' 아이콘(∧)을 클릭하여 표시되는
팝업 메뉴에서 (스무스(Smooth))를 선택하
고 '비례 편집(Proportional Editing)' 아이
콘(●)을 클릭하여 활성화합니다.

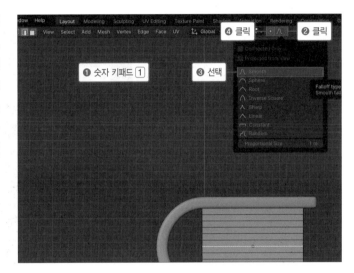

06 '이동(Move)' 도구(✛)를 이용해 빨
간색 X축 핸들을 왼쪽으로 드래그하여 현재
선택된 6번째 에지를 이동합니다.
이동(Move) 명령 상자가 표시되면 이동
(Move) X를 '-0.45m'로 설정합니다. 그림
과 같이 속지가 표지의 아치에 맞춰 둥글게
들어가면 됩니다.

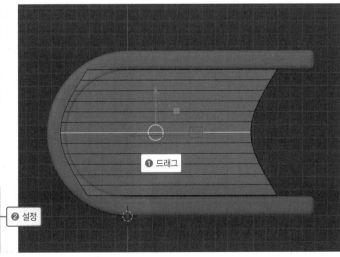

07 `Alt`+`Z`를 눌러 X-Ray 모드를 해제하고 `Alt`+`Shift`를 누른 상태로 속지의 모든 에지들을 클릭하여 루프 선택합니다.

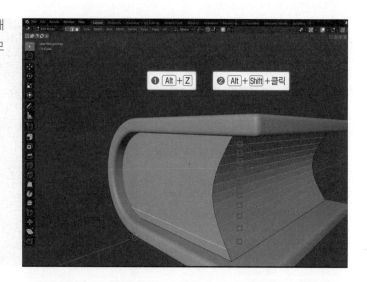

08 책 속지가 여러 장 겹쳐있는 모양을 표현하기 위해 도구상자(Toolbar)에서 '베벨(Bevel, `B`)' 도구(🔲)를 선택하고 노란색 핸들을 바깥으로 드래그하여 좁은 간격을 만듭니다.
베벨(Bevel) 명령 상자가 표시되면 폭(Width)을 '0.015m'로 설정합니다.

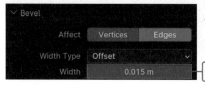

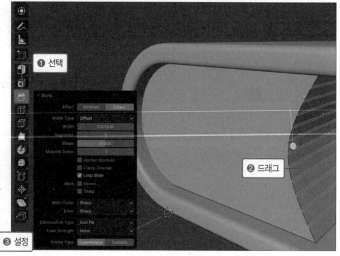

09 도구상자(Toolbar)에서 '노멀을 따라 돌출(Extrude Along Normals)' 도구(🔲)를 선택하고 노란색 핸들을 바깥으로 드래그하여 틈새가 안쪽으로 들어가게 합니다. 지역을 돌출 및 팽창/수축(Extrude Region and Shrink/Flatten) 명령 상자가 표시되면 오프셋(Offset)을 '-0.03m'로 설정합니다.

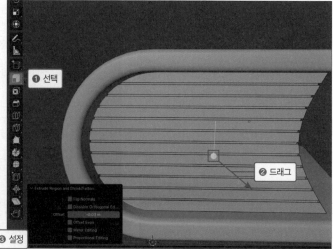

10 │ Tab을 눌러 오브젝트 모드(Object Mode)로 전환하고 '축적(Scale)' 도구(□)와 '이동(Move)' 도구(■)를 사용해서 속지의 크기와 위치를 조정해 책 모델링을 완성합니다.

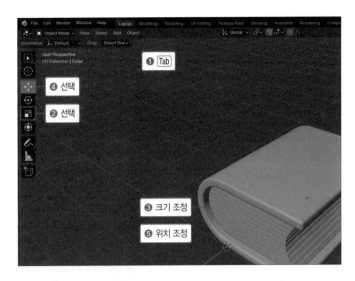

TIP 모디파이어의 특성

블렌더 조형 작업에서 자주 사용하게 되는 모디파이어(Modifiers)는 단순한 생성(Generate)과 변형(Deform)부터 물리적인 효과를 표현하는 피직스(Physics), 복잡한 헤어(Hair)까지 모두 70개가 넘을 정도로 다양합니다. 각 오브젝트 조형 과정에 모디파이어를 적용해서 쉽게 특징적인 변형과 특성을 부여할 수 있어 모디파이어의 종류와 용도를 알아두면 원하는 모양을 모델링할 때 도움이 됩니다. 만약 오브젝트에 적용된 모디파이어를 삭제하면 특징적인 효과는 사라지고 원래의 기본 형태로 돌아오게 됩니다.

TIP 블렌더의 커브(Curve) 메뉴

블렌더의 커브(Curve) 메뉴는 스플라인(Spline) 객체를 생성하고 편집하는 기능을 제공합니다. 스플라인(Spline)은 곡선의 형태를 정의하는 기본 요소이며, 커브(Curve) 메뉴를 통해 스플라인(Spline) 유형을 추가할 수 있습니다. 블렌더에서 활용할 수 있는 대표적인 커브(Curve)로는 베지어(Bezier), 넙스 커브(Nurbs Curve), 경로(Path)가 있고, 에디트 모드(Edit Mode)에서 기준점(Point)을 드래그하여 변형할 수 있습니다.

• **베지어(Bezier)** : 제어점(Control Points)의 핸들(Handle)을 사용하여 곡선의 모양을 부드럽고 정밀하게 조정할 수 있는 방식입니다. 곡선 위의 핸들과 제어점을 직접적으로 편집할 수 있어 사용자가 직관적으로 곡선을 수정하기 편리합니다.

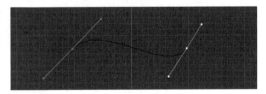

▲ 베지어(Bezier)

• **넙스 커브(Nurbs Curve)** : 베지어 곡선과 달리 제어점(Control Points)을 통해 간접적으로 곡선의 형태를 조정하며, 부드럽고 매끄러운 곡선을 생성하는 데 좋습니다.

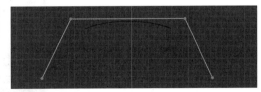

▲ 넙스 커브(Nurbs Curve)

• **경로(Path)** : 경로(Path)는 넙스 커브(Nurbs Curve) 곡선과 같은 방식으로 작동하며, 더욱 부드러운 곡선을 생성할 수 있습니다. 제어점(Control Points)을 사용해 경로의 모양을 조정할 수 있으며, 넙스 커브(Nurbs Curve)와 달리 시작과 끝 버텍스를 제어할 수 있습니다.

▲ 경로(Path)

래티스 기법으로 곡면의
네온 텍스트 모델링하기

완성 파일 : 02\네온텍스트_완성.blend

메쉬와 커브를 이용한 입체 만들기 방법 외에도 텍스트를 입력하여 입체적으로 변형하는 방법은 간판이나 로고를 만들 때 자주 사용합니다. 텍스트를 곡면으로 배열할 때 유용한 래티스 (Lattice) 기법도 알아보며 네온 텍스트를 만들어 보겠습니다.

예제 핵심 기능
1 뷰포트에 텍스트(Text) 추가 후 편집
2 텍스트(Text)에 돌출(Extrude) 적용
3 텍스트의 윤곽선을 커브(Curve)로 변환

4 베벨(Bevel)을 적용하여 커브에 두께 부여
5 텍스트에 래티스(Lattice)를 적용하여 변형

텍스트(TEXT)를 입체로 표현하기

01 | 블렌더를 실행하고 메뉴에서 〔파일(File)〕 → 〔새로운(New)〕 → 〔일반(General)〕을 클릭합니다.
아웃라이너(Outliner) 에디터의 씬 컬렉션(Scene Collection)에서 카메라(Camera), 큐브(Cube), 라이트(Light)를 모두 선택하고 Delete 를 눌러 삭제합니다.

02 텍스트를 만들기 위해 헤더의 (추가 (Add)) 메뉴에서 (텍스트(Text))를 실행하여 텍스트을 생성합니다.

텍스트를 추가(Add Text) 명령 상자가 표시되면 회전(Rotation) X를 '90°', Y를 '0°', Z를 '0°'로 설정하여 텍스트가 바닥에 서 있는 것처럼 만듭니다.

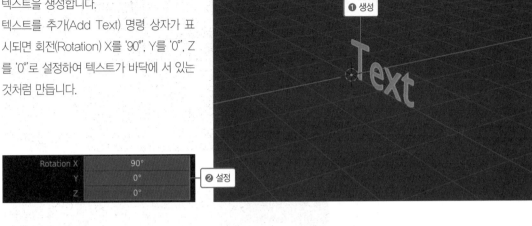

03 숫자 키패드 ①을 눌러 앞쪽 정사법 (Front Orthographic) 뷰로 시점을 변경합니다. 텍스트를 변경하기 위해 텍스트를 선택한 상태로 [Tab]을 눌러 에디트 모드(Edit Mode)로 전환합니다. [←]를 눌러 기존에 있는 글자를 삭제하고 'COFFEE'를 입력합니다.

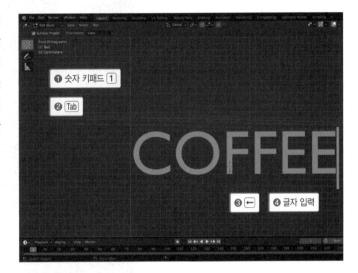

04 텍스트의 폰트를 변경하겠습니다. 속성(Properties) 에디터의 (오브젝트 데이터(Object Data)) 탭을 선택하고 폰트 (Font) 항목을 클릭하여 표시되는 정규 (Regular)의 '폰트 열기(Open Font)' 아이콘(📁)을 클릭합니다.

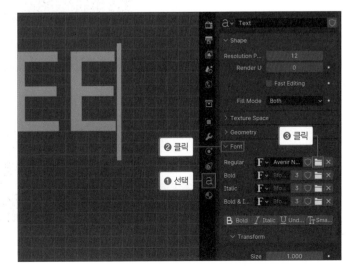

05 블렌더 파일 보기(Blender File Viewer) 창이 표시되면 내 컴퓨터 운영체제의 폰트 경로(예 : C:\Windows\Fonts\) 폴더에서 원하는 폰트를 선택하고 (폰트를 열기(Open Font)) 버튼을 클릭합니다.

06 뷰포트의 텍스트에 폰트가 적용되면 Tab을 눌러 오브젝트 모드(Object Mode)로 전환하고, 텍스트에 두께를 부여하기 위해 속성(Properties) 에디터의 (오브젝트 데이터(Object Data)) 탭에서 지오메트리(Geometry) 항목을 클릭하여 표시되는 돌출(Extrude)을 '0.15m'로 설정합니다.

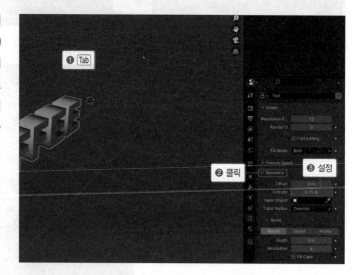

07 네온사인으로 표현할 텍스트를 추가하기 위해 현재의 텍스트를 선택하고 Shift +D를 눌러 복제한 다음 Y를 눌러 초록색 Y축으로만 이동되게 합니다. 커서를 원본 텍스트 앞으로 이동하고 클릭하여 복제한 텍스트를 배치합니다.

텍스트 라인으로 네온사인 만들기

01 복제된 텍스트를 커브(Curve)로 활용하기 위해 속성(Properties) 에디터의 (오브젝트 데이터(Object Data)) 탭에서 지오메트리(Geometry) 항목 중 돌출(Extrude)을 '0m'로 설정하여 두께를 제거합니다.

복제한 텍스트에서 마우스 오른쪽 버튼을 클릭하여 (Convert To) → (커브(Curve))를 실행해 텍스트를 커브(Curve)로 변환합니다.

02 (오브젝트 데이터(Object Data)) 탭에서 텍스트의 속성이 셰이프(Shape)로 변한 것을 확인할 수 있습니다.

TIP (오브젝트 데이터(Object Data)) 탭은 오브젝트가 어떤 속성인지에 따라 아이콘이 변경됩니다.

03 작업의 편의성을 위해 아웃라이너(Outliner) 에디터에서 원본 텍스트(Text)의 '눈' 아이콘(◉) 클릭하여 화면에서 보이지 않도록 설정합니다. 커브(Curve)로 바뀐 텍스트의 윤곽선만 사용하기 위해 텍스트를 선택하고 (오브젝트 데이터(Object Data)) 탭에서 셰이프(Shape)의 채우기 모드(Fill Mode)를 'None'으로 지정합니다.

04 텍스트의 윤곽선에 두께를 부여하기 위해 (오브젝트 데이터(Object Data)) 탭 → 지오메트리(Geometry) 항목의 베벨(Bevel)에서 (둥근(Round)) 탭을 선택하고 깊이(Depth)를 '0.02m'로 설정합니다.

05 현재의 네온사인 텍스트를 둥글게 입체로 구부리기 위해서 래티스(Lattice)를 적용하겠습니다. 헤더의 메뉴에서 (추가(Add)) → (래티스(Lattice))를 클릭합니다.

06 추가된 래티스(Lattice)가 선택된 상태로 속성(Properties) 에디터의 (오브젝트(Object)) 탭을 선택하고 변환(Transform) 항목의 위치(Location) X, Y, Z와 축적(Scale) X, Y, Z 값을 래티스 박스가 텍스트를 약간 더 크게 둘러쌀 정도로 설정합니다.

07 │ 래티스(Lattice)의 변형을 위해 속성(Properties) 에디터의 〔오브젝트 데이터(Object Data)〕 탭을 선택하고 래티스(Lattice) 아래 해상도(Resolution) U를 '5'로 설정합니다. 기둥 같은 선이 5개로 늘어난 것을 확인할 수 있습니다.

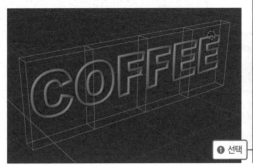

08 │ 래티스(Lattice)를 텍스트와 연결하기 위해서 네온사인 텍스트를 선택하고 속성(Properties) 에디터의 〔모디파이어(Modifiers)〕 탭을 선택합니다. 〔+ 모디파이어를 추가(Add Modifier)〕 버튼을 클릭하고 〔변형(Deform)〕 → 〔래티스(Lattice)〕를 클릭하여 추가합니다.

09 │ 〔모디파이어(Modifiers)〕 탭의 래티스(Lattice) 속성 중에서 오브젝트(Object)의 '스포이트' 아이콘(🖊)을 클릭하고 래티스 박스를 클릭하여 지정합니다. 현재 네온사인 'Text.001' 오브젝트에 래티스(Lattice) 박스가 연결되어 앞으로는 래티스를 변형하면 텍스트도 함께 변형됩니다.

10 래티스(Lattice) 박스를 선택한 상태로 Tab 을 눌러 에디트 모드(Edit Mode)로 전환하고 도구상자(Toolbar)의 '박스 선택 (Select Box)' 도구()를 선택한 다음 드래그하여 박스 중간의 버텍스들을 선택합니다.

11 도구상자(Toolbar)의 '이동(Move, G)' 도구(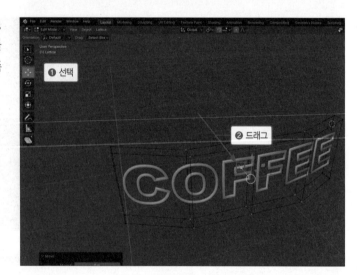)를 선택하고 초록색 Y축 핸들을 앞으로 드래그하여 텍스트 중앙이 앞쪽으로 볼록한 형상을 만듭니다.

12 자연스러운 타원형을 만들기 위해 중앙의 버텍스를 선택하고 초록색 Y축 핸들을 앞으로 드래그하여 이동합니다.

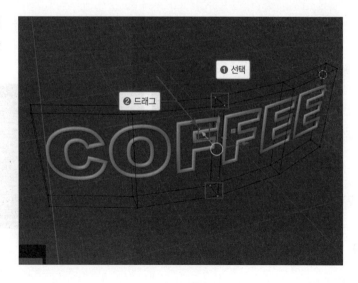

13 Tab을 눌러 오브젝트 모드(Object Mode)로 전환하고 래티스(Lattice) 오브젝트를 네온사인 텍스트인 'Text.001' 오브젝트 하위에 두기 위해서 아웃라이너(Outliner) 에디터의 씬 컬렉션(Scene Collection)에서 래티스(Lattice) 오브젝트를 선택하고 Shift를 누른 상태로 'Text.001'로 드래그하여 끌어다 놓습니다.

14 아웃라이너(Outliner) 에디터의 씬 컬렉션(Scene Collection)에서 래티스(Lattice)의 '눈' 아이콘(👁)을 클릭하여 박스가 보이지 않게 하고 원본 텍스트(Text)의 '감은 눈' 아이콘(👁)을 클릭하여 보이게 설정합니다.

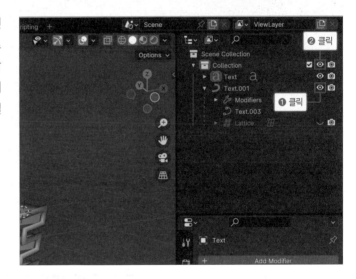

15 네온사인 'Text.001' 오브젝트를 원본에 가까이 이동시켜 자연스럽게 완성하였습니다.

스핀 도구로 회전하는 모양의
휘핑 크림이 있는 컵 모델링하기

완성 파일 : 02\휘핑컵_완성.blend

회전하는 모양의 입체를 만들기 위해서는 '스핀(Spin)' 도구로 돌출하는 방식을 이용할 수 있습니다. 블렌더에 특정 기능을 추가하는 애드온(Add-ons) 설치를 통해 더 인상적인 형태의 회전 모양을 만들어 휘핑 크림이 올라간 컵을 만들겠습니다.

예제 핵심 기능
1 모서리 에지(Edge)에 베벨(Bevel) 적용
2 스핀(Spin) 도구로 페이스(Face) 회전 돌출
3 버텍스 병합(Merge Vertices) 기능 학습

4 섭디비전 표면(Subdivision Surface) 적용
5 애드온(Add-ons) 설치하여 외장 오브젝트 추가

컵의 구조 만들기

01 블렌더를 실행하고 메뉴에서 (파일(File)) → (새로운(New)) → (일반(General))을 클릭합니다.

아웃라이너(Outliner) 에디터의 씬 컬렉션(Scene Collection)에서 카메라(Camera), 큐브(Cube), 라이트(Light)를 모두 선택하고 Delete를 눌러 삭제합니다.

02 컵의 외형을 만들기 위해 헤더의 메뉴에서 (추가(Add)) → (메쉬(Mesh)) → (실린더(Cylinder))를 클릭하여 실린더를 생성합니다.

실린더를 추가(Add Cylinder) 명령 상자가 표시되면 버텍스(Vertices)를 '32', 반경(Radius)을 '1m', 깊이(Depth)를 '2m'로 기본 설정값을 적용합니다.

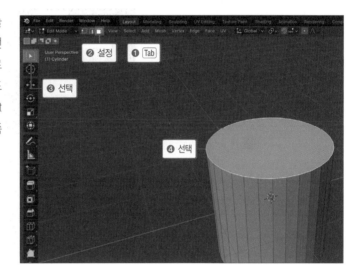

03 실린더를 선택한 상태로 Tab을 눌러 에디트 모드(Edit Mode)로 전환하고 선택 모드(Select Mode)를 (페이스(Face))로 설정합니다. 컵의 두께를 표현하기 위해 도구상자(Toobar)에서 '박스 선택(Select Box)' 도구(▶)를 선택하고 실린더의 위쪽 페이스를 선택합니다.

04 실린더 위에서 컵의 두께 정도의 페이스를 만들기 위해 도구상자(Toolbar)에서 '페이스를 인셋(Inset Faces, [I])' 도구(■)를 선택하고 노란색 원을 안쪽으로 드래그하여 페이스의 너비를 줄입니다.

페이스를 인셋(Inset Faces) 명령 상자가 표시되면 두께(Thickness)를 '0.06m'로 설정합니다.

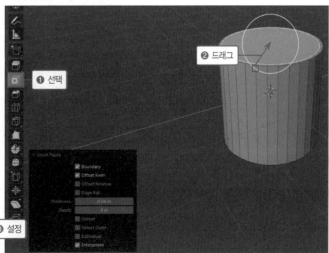

05 컵의 가운데 부분을 안쪽으로 들어가도록 만들기 위해 Alt+Z를 눌러 X-Ray 모드를 활성화합니다.
도구상자(Toolbar)의 '지역 돌출(Extrude Region, E)' 도구(■)를 선택하고 노란색 핸들을 아래로 드래그하여 컵의 바닥 면 두께까지 안으로 돌출시킵니다.
지역으로 돌출하고 이동(Extrude Region and Move) 명령 상자가 표시되면 이동 (Move) X를 '0m', Y를 '0m', Z를 '-1.9m' 로 설정합니다.

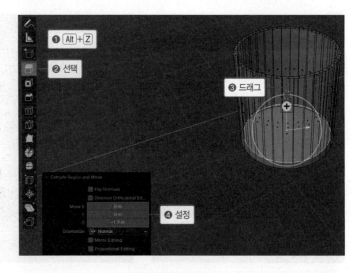

06 Alt+Z를 눌러 X-Ray 모드를 해제합니다. 컵의 전체 형태를 유지하면서 각 모서리를 부드럽게 처리하기 위해 경계면 에지에 베벨(Bevel)을 적용해야 합니다. 선택 모드(Select Mode)를 (에지(Edge))로 설정하고 도구상자(Toolbar)의 '박스 선택 (Select Box)' 도구(▶)를 선택한 다음 Alt를 누르면서 상부 바깥쪽 에지를 클릭하여 루프로 연결된 에지를 모두 선택합니다.

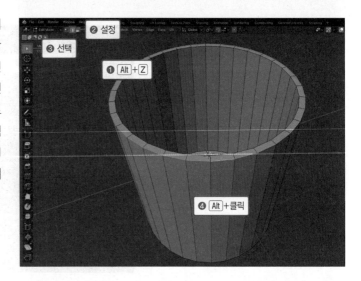

07 상부 안쪽 에지를 선택하기 위해 Shift+Alt를 동시에 누르고 안쪽 에지를 클릭해서 바깥쪽과 안쪽 에지 루프 두 줄을 모두 선택합니다.

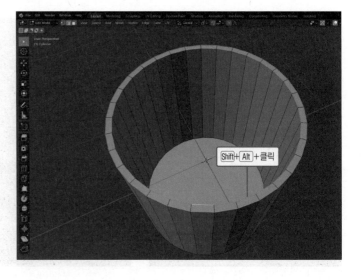

08 두 줄의 에지에 베벨(Bevel)을 적용
하겠습니다. 도구상자(Toolbar)의 '베벨
(Bevel, Ctrl+B)' 도구(아이콘)를 선택하고 노
란색 핸들을 위로 드래그합니다.

베벨(Bevel) 명령 상자가 표시되면 폭
(Width)을 '0.04m', 부분(Segments)을 '3'
으로 설정합니다.

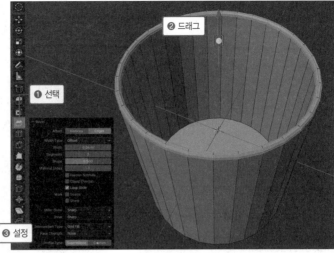

09 Alt 를 누른 상태로 컵 아랫면 모서
리 에지를 클릭하여 루프 에지를 모두 선
택하고 앞의 08번과 같은 방법으로 베벨
(Bevel)을 적용합니다.

베벨(Bevel) 명령 상자가 표시되면 폭
(Width)을 '0.08m', 부분(Segments)을 '4'
로 설정합니다.

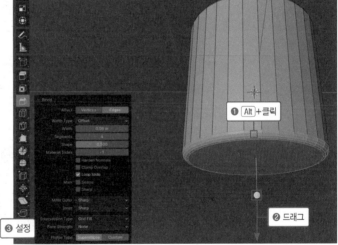

10 같은 방법으로 컵의 안쪽 아랫면 경
계도 부드럽게 처리하기 위해 Alt 를 누른
상태로 안쪽 경계 에지를 클릭해 루프 선택
하고 베벨(Bevel)을 적용합니다.

베벨(Bevel) 명령 상자가 표시되면 폭
(Width)을 '0.04m', 부분(Segments)을 '3'
으로 설정합니다.

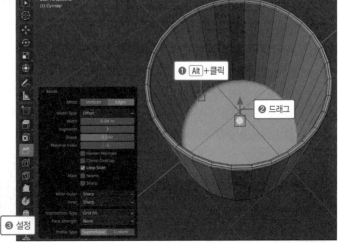

컵 손잡이 만들기

01 │ 컵의 손잡이를 만들기 위해 손잡이를 돌출시킬 부분의 페이스를 분할해야 합니다. 도구상자(Toolbar)에서 '루프 잘라내기(Loop Cut, Ctrl+R)' 도구(🔳)를 선택하고 컵의 벽면 가운데를 클릭하여 가로 방향의 에지를 추가합니다.
루프를 잘라내고 슬라이드(Loop Cut and Slide) 명령 상자가 표시되면 잘라내기의 수(Number of Cuts)를 '5'로 설정합니다.

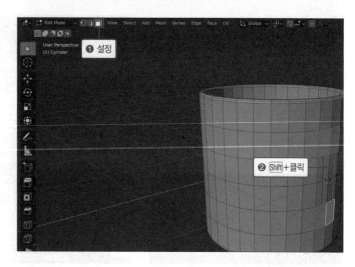

02 │ 선택 모드(Select Mode)를 〔페이스(Face)〕로 설정합니다. 컵에서 Shift를 누른 상태로 빨간색 X축이 관통하는 중심 버텍스를 기준으로 손잡이로 돌출할 4개의 페이스를 클릭하여 그림과 같이 선택합니다.

03 │ 선택한 페이스를 돌출시키기 위해 숫자 키패드 1을 눌러 앞쪽 정사법(Front Orthographic) 뷰로 전환합니다. 도구상자(Toolbar)에서 '지역 돌출(Extrude Region, E)' 도구(🔳)를 선택하고 노란색 핸들을 오른쪽으로 드래그하여 약간 돌출시킵니다. 지역을 돌출하고 이동(Extrude Region and Move) 명령 상자가 표시되면 이동(Move) X를 '0m', Y를 '0m', Z를 '0.25m'로 설정합니다.

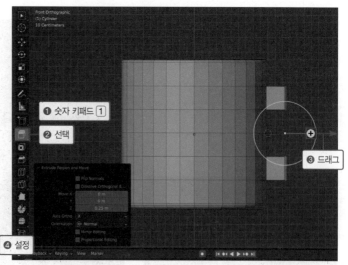

04 스핀(Spin)을 사용하기 위해 3D 커서의 위치를 돌출된 두 부분의 중간선으로 이동하겠습니다. 숫자 키패드 ③을 눌러 오른쪽 정사법(Right Orthographic) 뷰로 전환하고 Shift를 누른 상태로 그림과 같이 정 가운데 버텍스(Vertex)를 마우스 오른쪽 버튼으로 클릭해 3D 커서를 이동합니다.

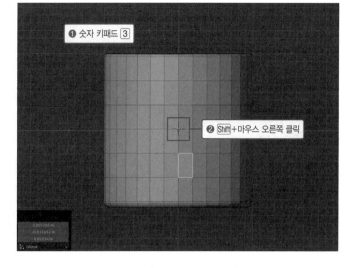

TIP [스냅(Snap)] 기능을 활용하면 버텍스를 정 가운데로 맞추기 쉽습니다.

05 스핀(Spin)을 적용할 위쪽 페이스 2개가 선택된 상태로 숫자 키패드 ①을 눌러 앞쪽 정사법(Front Orthographic) 뷰로 전환합니다.

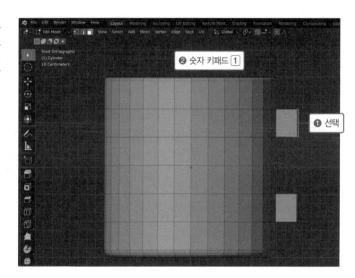

06 도구상자(Toolbar)에서 '스핀(Spin)' 도구(🌀)를 선택하고 헤더 왼쪽 옵션에서 [Y]를 선택합니다. 스핀이 적용될 부분에 초록색 곡선과 핸들이 나타납니다. 핸들을 아래 방향으로 드래그하여 선택한 면이 둥글게 돌출되도록 합니다.

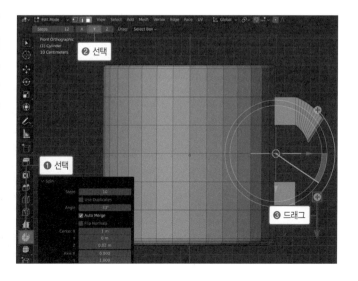

07 스핀(Spin) 명령 상자가 표시되면
단계(Step)를 '10', 각도(Angle)를 '-170",
중심(Center) X를 '1.24m'로 설정합니다.

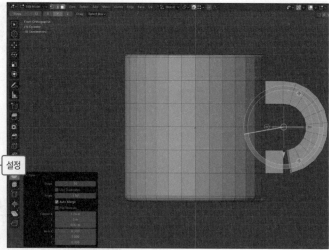

08 스핀(Spin)을 통해 둥글게 돌출한
페이스와 아래의 기존 페이스를 서로 붙이
기 위해 맞닿는 페이스를 미리 삭제해야 합
니다. 스핀(Spin)으로 둥글게 돌출된 마지
막 2개의 페이스가 선택된 상태에서 마우
스 오른쪽 버튼을 클릭하고 [페이스를 삭제
(Delete Faces)]를 클릭하여 삭제합니다.

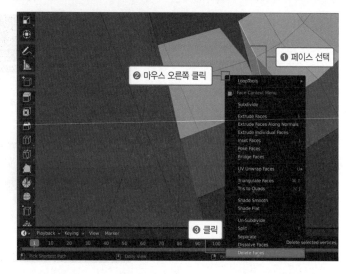

09 같은 방법으로 기존 컵 벽면 아래에
돌출된 2개의 페이스도 삭제합니다.

10 | 선택 모드(Select Mode)를 (버텍스 (Vertex))로 설정하고 도구상자(Toolbar)의 '박스 선택(Select Box)' 도구( )를 선택한 다음 연결할 2개의 버텍스를 함께 선택합니다.

11 | 2개의 버텍스가 선택된 상태로 마우스 오른쪽 버튼을 클릭한 다음 (버텍스를 병합(Merge Vertices)) → (중심에서(At Center))를 클릭하여 중간 지점에서 서로 붙입니다.

12 | 같은 방법으로 손잡이의 나머지 연결 부위도 모두 연결합니다. 컵을 돌려보면서 6개 지점의 버텍스가 모두 붙었는지 확인합니다.

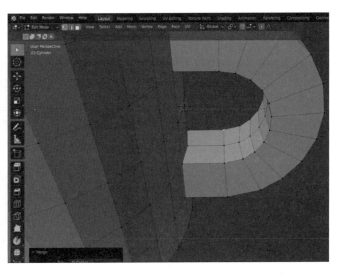

TIP 버텍스를 병합하는 방법 중 하나로 화면 오른쪽 상단의 자동 버텍스 병합(Auto merge vertext) 기능을 이용하면 동일 위치로 이동된 버텍스를 자동으로 병합할 수 있습니다. 이때 (스냅(Snap)) 기능을 활성화한 후 사용하면 편리합니다.

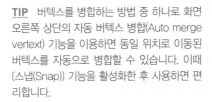

13 컵의 모서리를 부드럽게 처리하기 위해 Tab을 눌러 오브젝트(Object Mode)로 전환합니다.
속성(Properties) 에디터에서 (모디파이어(Modifier)) 탭을 선택하고 (+ 모디파이어를 추가(Add Modifier)) 버튼을 클릭한 다음 (섭디비전 표면(Subdivision Surface))을 클릭하여 추가합니다.

14 (모디파이어(Modifier)) 탭의 섭디비전 표면(Subdivision Surface) 속성 중에서 Levels Viewport를 '2', 렌더(Render)를 '2'로 설정합니다.

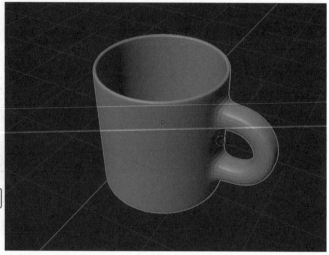

15 컵 표면을 더 부드럽게 만들기 위해 오브젝트를 선택하고 마우스 오른쪽 버튼을 클릭한 다음 (Shade Auto Smooth)를 클릭합니다. 거칠었던 표면이 매끄러운 곡면으로 바뀝니다.

휘핑크림 만들기

01 휘핑크림 모양을 만들기 위해 애드온(Add-ons)의 커브(Curve)를 추가하겠습니다. 메뉴에서 〔편집(Edit)〕 → 〔환경 설정(Preferences)〕을 클릭하고 블렌더 환경 설정(Blender Preferences) 창이 표시되면 〔애드온(Add-ons)〕 탭을 선택합니다. 검색창에 'Curve'를 입력하고 '커브를 추가(Add Curve) : Extra Objects'를 체크 표시한 다음 〔설치((Install)〕 버튼을 클릭합니다.

02 블렌더 파일 보기(Blender File View) 창이 표시됩니다. 〔애드온을 설치(Install Add-on)〕 버튼을 클릭하면 선택한 애드온 기능이 설치됩니다. 설치를 마치면 블렌더 파일 보기(Blender File View) 창과 블렌더 환경 설정(Blender Preferences) 창을 닫습니다.

03 헤더의 〔추가(Add)〕 메뉴에서 〔커브(Curve)〕 → 〔Curve Spirals〕 → 〔Archemedian〕을 클릭하여 휘핑크림의 형태가 될 경로(Path)를 생성합니다.

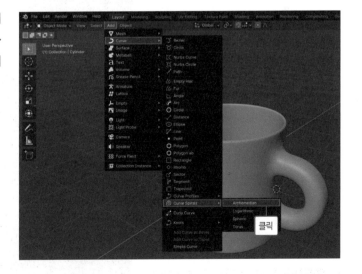

04 Curve Spirals 명령 상자가 표시되면 선회(Turn)를 '5', 단계(Steps)를 '19', 높이(Height)를 '0.48'로 설정하여 스프링 모양을 만듭니다.

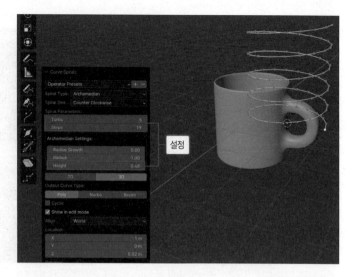

05 Radius Growth를 '−0.21'로 설정하여 휘핑크림 모양의 꼭짓점을 뾰족하게 표현합니다.

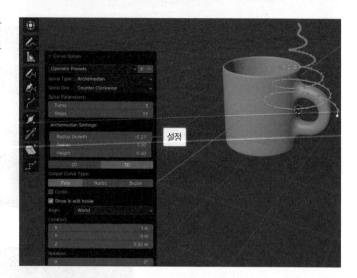

06 [Tab]을 눌러 오브젝트 모드(Object Mode)로 전환합니다. 휘핑크림의 크기와 위치를 조절하겠습니다. 도구상자(Toolbar)에서 '축적(Scale)' 도구(■)를 선택하고 흰색 원을 안으로 드래그하여 축소한 다음 크기 조절(Resize) 명령 상자의 축적(Scale) X, Y, Z를 '0.8'로 설정합니다. 휘핑크림이 컵 안쪽에 위치하도록 '이동(Move)' 도구(■)를 사용해서 배치합니다.

Scale X	0.800
Y	0.800
Z	0.800

❹ 설정

07 휘핑크림 Spiral 커브를 따라 양감을 형성할 오브젝트를 생성하겠습니다. 헤더의 (추가(Add)) 메뉴에서 (커브(Curve)) → (Polygon)을 클릭하여 생성합니다. Simple Curve 명령 상자가 표시되면 측면(Sides)을 '12', 반경(Radius)을 '1m'로 설정합니다.

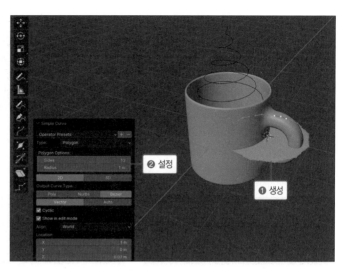

TIP Polygon을 생성하면 오브젝트 모드(Object Mode)가 자동으로 에디트 모드(Edit Mode)로 전환됩니다.

08 (Tab)을 눌러 오브젝트 모드(Object Mode)로 전환합니다. 생성한 폴리곤(Polygon)이 다른 오브젝트와 겹쳐지지 않게 하기 위해 도구상자(Toolbar)의 '이동(Move)' 도구(⊕)를 선택하고 빨간색 X축 핸들을 오른쪽으로 느래그하여 이동합니다.

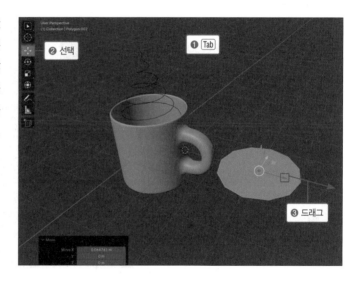

09 폴리곤이 선택된 상태로 (Tab)을 눌러 에디트 모드(Edit Mode)로 전환합니다. 숫자 키패드 (7)을 눌러 위쪽 정사법(Top Orthographic) 뷰로 시점을 변경하고 도구상자(Toolbar)의 '박스 선택(Select Box)' 도구(■)를 선택한 다음 (Shift)를 누른 상태로 각 꼭짓점의 버텍스를 하나씩 건너 클릭해 그림과 같이 선택합니다.

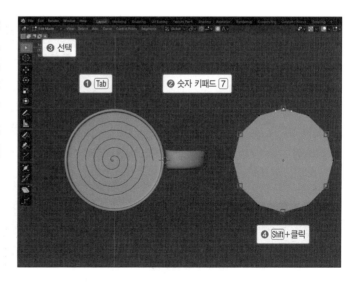

10 | 도구상자(Toolbar)에서 '축적(Scale,
S)' 도구(▣)를 선택하고 흰색 원을 안쪽으
로 드래그하여 별 모양으로 만듭니다.
크기 조정(Resize) 명령 상자가 표시되면
축적(Scale) X, Y, Z를 '0.5'로 설정합니다.

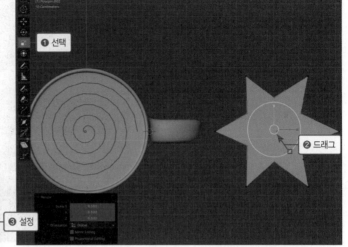

11 | 마우스 휠을 클릭한 상태로 드래그
하여 사용자 원근법(User Perspective)
뷰로 전환하고 Tab을 눌러 오브젝트 모드
(Object Mode)로 전환한 다음 컵 안의 휘
핑크림 Spiral을 선택합니다.
속성(Properties) 에디터의 (데이터(Data))
탭의 지오메트리(Geometry) → 베벨
(Bevel) 항목에서 (오브젝트(Object)) 탭을
선택하고 오브젝트(Object)의 '스포이트' 아
이콘(▨)을 클릭한 다음 별 모양 Polygon
을 선택합니다.

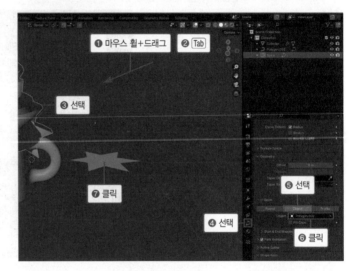

12 | 별 모양의 Polygon을 선택하고 도
구상자(Toolbar)에서 '축적(Scale, S)' 도
구(▣)를 선택한 다음 흰색 원을 안쪽으로
드래그하여 휘핑크림 모양을 보기 좋게 다
듬습니다. 크기 조절(Resize) 명령 상자가
표시되면 축적(Scale)을 X, Y, Z를 '0.261'로
설정합니다.

13 휘핑크림 Spiral을 선택하고 [Tab]을 눌러 에디트 모드(Edit Mode)로 전환합니다. 휘핑크림 모양의 끝 버텍스를 선택하고 [Alt]+[S]를 눌러 뚫린 윗부분을 막을 수 있게 조정합니다.

변환(Transform) 명령 상자에서 값(Values) X를 '0.006', Y, Z, W를 '0'으로 설정합니다.

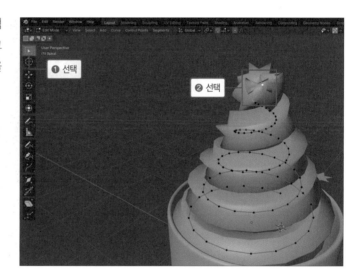

14 도구상자(Toolbar)의 '박스 선택(Select Box)' 도구(▶)를 선택하고 휘핑크림 Spiral의 끝부분에 해당하는 버텍스들을 드래그하여 선택합니다.

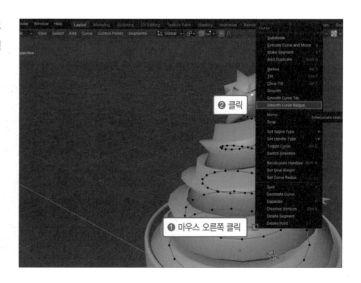

15 부드럽게 적용하기 위해 마우스 오른쪽 버튼을 클릭한 다음 (스무스 커브 반경(Smooth Curve Radius))을 클릭합니다.

16 | 만약 휘핑크림의 모양을 더 자연스럽게 다듬으려면 헤더의 '비례 편집(Proportional Editing)' 아이콘(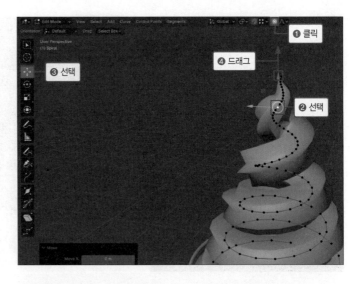)을 클릭해서 활성화합니다. 휘핑크림 끝부분의 버텍스를 선택하고 도구상자(Toolbar)에서 '이동(Move, G)' 도구(⊞)를 선택한 다음 파란색 Z축 핸들을 드래그하여 간격과 형태를 다듬습니다.

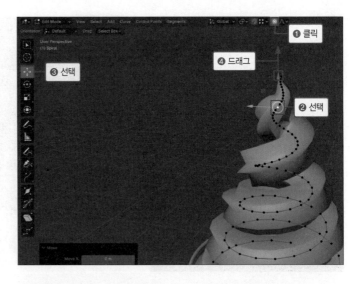

17 | Tab을 눌러 오브젝트 모드(Object Mode)로 전환하고 속성(Properties) 에디터에서 [모디파이어(Modifier)] 탭을 선택하고 [+ 모디파이어를 추가(Add Modifier)] 버튼을 클릭한 다음 [섭디비젼 표면(Subdivision Surface)]을 클릭하여 추가합니다.

18 | 만약 섭디비젼 표면(Subdivision Surface)을 추가했을 때 휘핑크림 Spiral 사이에 간격이 벌어진다면 원본인 별 모양 Polygon의 크기를 약간 확대해서 휘핑크림의 빈 곳이 보이지 않도록 조정합니다.

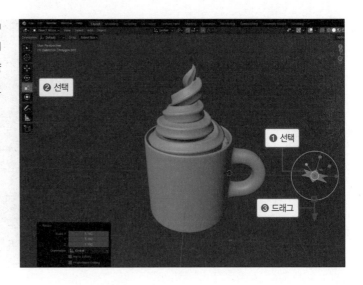

19 | 만약 휘핑크림의 모양이 어색하다면 Spiral을 선택하고 Tab을 눌러 에디트 모드 (Edit Mode)로 전환합니다. Spiral에서 어색한 버텍스를 모두 선택하고 헤더의 '비례 편집(Proportional Editing)' 아이콘(●)을 클릭해서 활성화합니다. 도구상자(Toolbar) 에서 '이동(Move, G)' 도구(✛)를 선택하고 핸들을 드래그하여 부분적인 모양을 수정합니다.

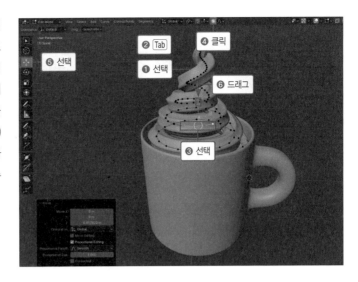

20 | 휘핑크림의 모양이 정리되면 다시 Tab을 눌러 오브젝트 모드(Object Mode) 로 전환하고 아웃라이너(Outliner) 에디터 의 씬 컬렉션(Scene Collection)에서 'Polygon.002'의 '눈' 아이콘(◉)을 클릭하여 숨김 처리합니다.

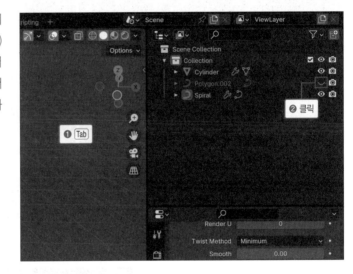

21 | 휘핑크림이 담긴 컵 모델링을 완성하였습니다.

STEP. 09

페이스 변형 기법을 활용하여
카페 건물 모델링하기

완성 파일 : 02\카페건물_완성.blend

3D 건물을 제작하는 과정에는 지금까지 실습한 다양한 조형 방법을 모두 활용됩니다. 건물은 대체로 사각형의 면(Face)으로 구성되기 때문에 페이스를 다루는 변형 기법인 섭디비전(Subdivide), 인셋(Inset), 나이프(Knife) 등을 이용하여 캐노피가 있는 형태의 건물을 만들겠습니다.

예제 핵심 기능

1 섭디비젼(Subdivide) 기능으로 균일하게 분할
2 나이프(Knife) 도구로 페이스(Face) 분할
3 베벨(Bevel)을 적용해서 둥글게 모깎기

4 페이스를 인셋(Inset Face) 도구 설정
5 배열(Array) 모디파이어(Modifier)로 다수 복제

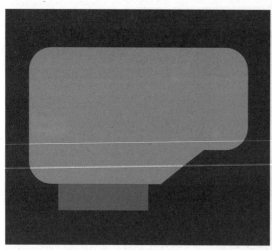
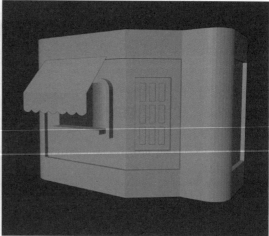

카페 건물 외형 만들기

01 블렌더를 실행하고 메뉴에서 〔파일(File)〕 → 〔새로운(New)〕 → 〔일반(General)〕을 클릭합니다.
아웃라이너(Outliner) 에디터의 씬 컬렉션(Scene Collection)에서 카메라(Camera), 큐브(Cube), 라이트(Light)를 모두 선택하고 Delete 를 눌러 삭제합니다.

02 건물의 기본 형태를 만들기 위
해 헤더의 메뉴에서 (추가(Add)) → (메쉬
(Mesh)) → (큐브(Cube))를 클릭하여 큐브
를 생성합니다.
큐브를 추가(Add Cube) 명령 상자가 표시
되면 크기(Size)를 '6m'로 설정합니다.

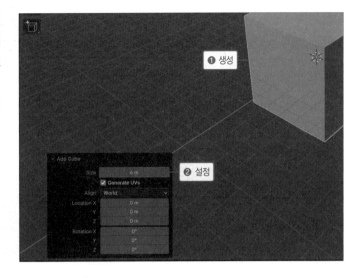

03 큐브가 선택된 상태로 헤더에서 에
디트 모드(Edit Mode)로 전환하고 선택 모
드(Select Mode)를 (페이스(Face))로 설정
한 다음 도구상자(Toolbar)의 '박스 선택
(Select Box)' 도구(▶)로 큐브의 측면 페
이스를 선택힙니다.

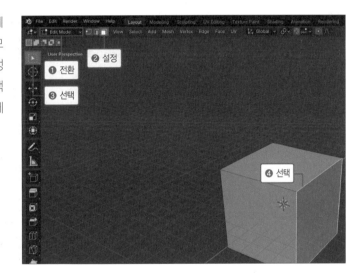

04 도구상자(Toolbar)에서 '지역 돌출
(Extrude Region, [E])' 도구(■)를 선택하
고 노란색 핸들을 드래그하여 페이스를 바
깥으로 돌출시킵니다.
지역을 돌출하고 이동(Extrude Region
and Move) 명령 상자가 표시되면 이동
(Move) X, Y를 '0m', Z를 '2m'로 설정합니다.

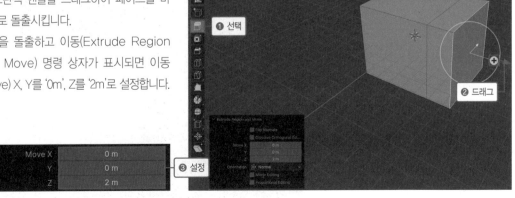

05 | 페이스를 한 번 더 돌출시키기 위해 노란색 핸들을 오른쪽으로 드래그합니다. 지역을 돌출하고 이동(Extrude Region and Move) 명령 상자가 표시되면 이동 (Move) X, Y를 '0m', Z를 '2m'로 설정합니다.

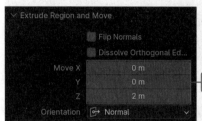

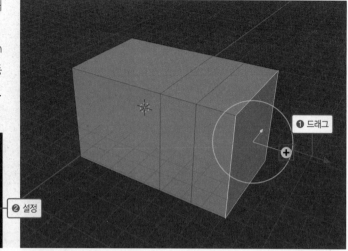

06 | [1]을 눌러 선택 모드(Select Mode)를 (버텍스(Vertex))로 설정하고 [Alt] +[Z]를 눌러 X-Ray 모드를 활성화한 다음 숫자 키패드 [7]을 눌러 위쪽 정사법(Top Orthographic) 뷰로 전환합니다.

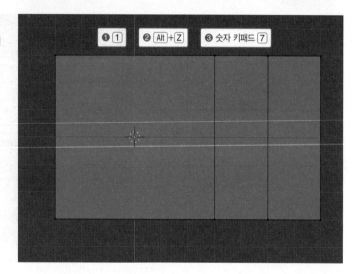

07 | 도구상자(Toolbar)에서 '박스 선택 (Select Box)' 도구(▶)를 선택하고 오른쪽 아래를 드래그하여 2개의 버텍스를 선택합니다.

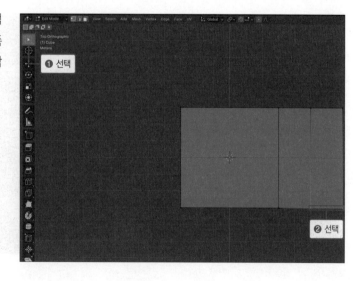

08 도구상자(Toolbar)에서 '이동 (Move, G)' 도구(+)를 선택하고 초록색 Y 축 핸들을 위로 드래그하여 간격을 축소합니다.
이동(Move) 명령 상자가 표시되면 이동 (Move) X를 '0m', Y를 '1.5m', Z를 '0m'로 설정합니다.

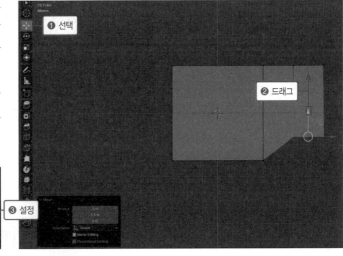

09 마우스 휠을 클릭한 상태로 뷰 포트를 드래그하여 사용자 원근법(User Perspective) 뷰로 전환하고 Alt+Z를 눌러 X–Ray 모드를 해제합니다. 선택 모드 (Select Mode)를 (페이스(Face))로 설정하고 Shift를 누른 상태로 큐브의 위쪽 페이스 3개를 클릭하여 모두 선택합니다.

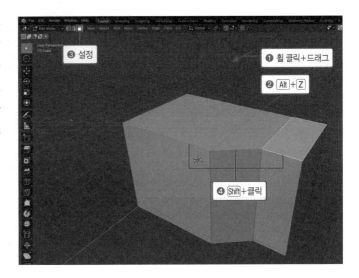

10 도구상자(Toolbar)에서 '지역 돌출 (Extrude Region, E)' 도구(□)를 선택하고 노란색 핸들을 Z축 방향 위로 드래그하여 돌출합니다. 지역을 돌출하고 이동(Extrude Region and Move) 명령 상자가 표시되면 이동(Move) X, Y를 '0m', Z를 '0.7m'로 설정합니다.

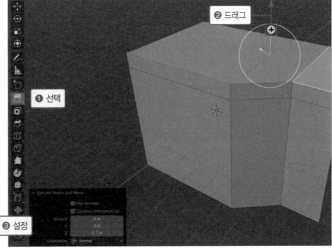

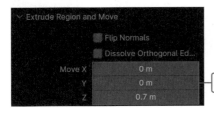

11 전체 큐브 모서리를 부드럽게 처리하기 위해 ②를 눌러 선택 모드(Select Mode)를 〔에지(Edge)〕로 설정하고 Shift 를 누른 상태로 큐브의 바깥 모서리에 위치한 세로 방향 에지 8개를 클릭하여 선택합니다.

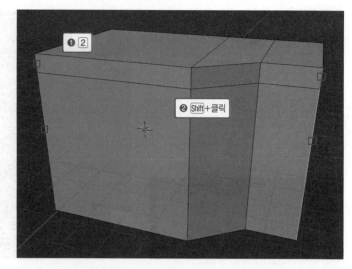

TIP 현재 그림에서는 뒷 부분 에지 선택이 잘 보이지 않습니다. Alt + Z 를 눌러 뒷부분의 위아래 에지 4개를 클릭하거나 뷰포트를 변경하여 회전하여 클릭해 총 8개의 에지를 선택하세요.

12 선택한 에지를 둥글게 모깎기 하겠습니다. 도구상자(Toolbar)에서 '베벨(Bevel, B)' 도구(▦)를 선택하고 노란색 핸들을 바깥으로 드래그합니다.
베벨(Bevel) 명령 상자가 표시되면 폭(Width)을 '1m', 부분(Segments)을 '10'으로 설정합니다.

Width	1 m
Segments	10
Shape	0.500
Material Index	-1

13 이제 큐브 위로 건물의 옥상을 만들겠습니다. ③을 눌러 선택 모드(Select Mode)를 〔페이스(Face)〕로 설정하고 Shift 를 누른 상태로 위쪽 페이스 3개를 모두 클릭하여 선택합니다.

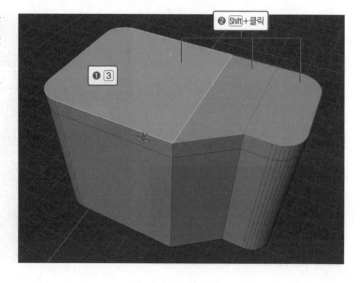

14 옥상의 난간 부분과 바닥 페이스를 나누기 위해 도구상자(Toolbar)에서 '페이스를 인셋(Inset Faces, [I])' 도구(⬚)를 선택하고 노란색 원을 안쪽으로 드래그합니다. 페이스를 인셋(Inset Faces) 명령 상자가 표시되면 두께(Thickness)를 '0.5m'로 설정합니다.

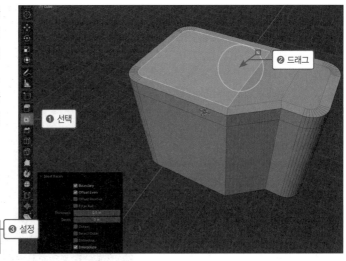

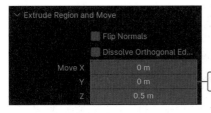

15 도구상자(Toolbar)의 '박스 선택(Select Box)' 도구(▶)를 선택하고 [Alt]를 누른 상태로 난간 부분에 해당하는 페이스를 클릭하여 루프 선택합니다.

TIP 루프 선택 요령

루프 선택이 제대로 되지 않을 때는 [Shift]로 서로 떨어진 2개의 페이스를 선택한 다음 [Alt]를 누른 상태로 그 사이에 있는 페이스를 클릭하면 연결된 페이스 전체가 선택됩니다. 또는 [Alt]를 누른 상태로 루프 선택될 페이스 영역의 중간 에지 하나를 클릭하면 됩니다.

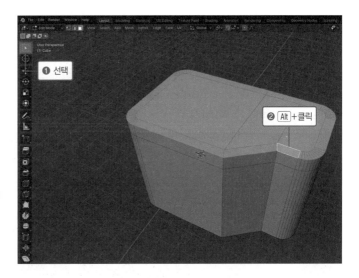

16 도구상자(Toolbar)에서 '지역 돌출(Extrude Region, [E])' 도구(⬛)를 선택하고 노란색 핸들을 위로 드래그하여 약간 돌출시킵니다.

지역을 돌출하고 이동(Extrude Region and Move) 명령 상자에서 이동(Move) X, Y를 '0m', Z를 '0.5m'로 설정합니다.

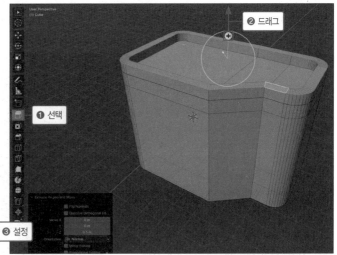

17 | [Ctrl]+[R]을 눌러 루프 자르기(Loop Cut) 변형 상태로 들어가고 건물 외벽을 클릭하여 가로 에지를 추가합니다.

루프로 자르고 슬라이드(Loop Cut and Slide) 명령 상자가 표시되면 팩터(Factor)를 '0.6'으로 설정합니다.

TIP 소수점 단위 수치 변경

명령 상자의 수치 입력 칸을 마우스 드래그할 때 소수점 아래 수치만 바뀌며 큰 숫자로 넘어가지 않을 수 있습니다. 이때 [Ctrl]을 누른 채로 드래그하면 소수점 첫째 자리 숫자들로 설정할 수 있습니다. 정확한 수치를 입력할 때는 수치 칸을 한 번 클릭하여 프롬프트 상태에서 숫자를 입력하고 [Enter]를 누르면 됩니다.

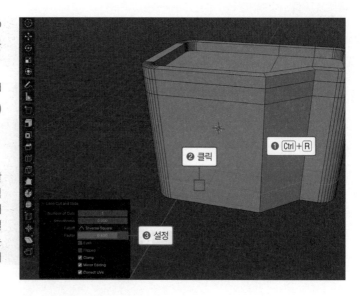

창문 만들기

01 | 벽보다 안쪽으로 들어간 창문을 표현하기 위해 [3]을 눌러 선택 모드(Select Mode)를 (페이스(Face))로 설정하고 [W]를 눌러 '박스 선택(Select Box)'도구([▶])로 변경한 다음 [Shift]를 누른 상태로 창문 영역의 페이스를 클릭하여 그림과 같이 모두 선택합니다.

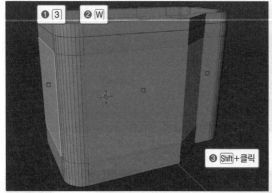
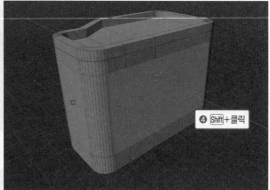

02 | 선택한 페이스들을 안쪽으로 밀어 넣기 위해 도구상자(Toolbar)에서 '노멀을 따라 돌출(Extrude Along Normals)' 도구([■])를 선택하고 노란색 핸들을 왼쪽으로 드래그합니다.

지역을 따라 돌출 및 팽창/수축(Extrude Region and shrink/Flatten) 명령 상자가 표시되면 오프셋(Offset)을 '−0.2m'로 설정합니다.

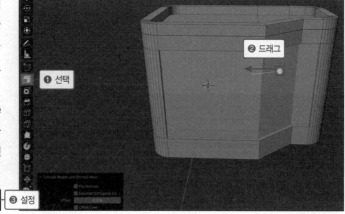

Offset   −0.2 m   3 설정

03 격자 창문을 만들기 위해 반측면 방향 벽의 페이스를 선택합니다.

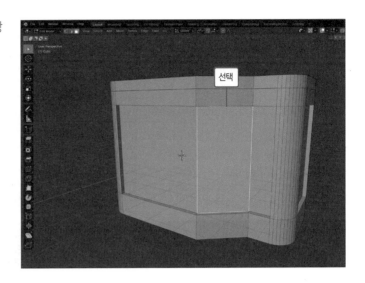

04 도구상자(Toolbar)에서 '페이스를 인셋(Inset Faces, I)' 도구(■)를 선택하고 노란색 원형을 안쪽으로 드래그합니다. 페이스를 인셋(Inset Faces) 명령 상자가 표시되면 두께(Thickness)를 '0.4m'로 설정합니다.

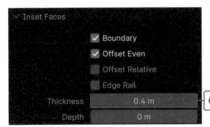

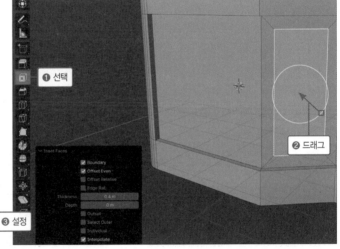

05 선택한 페이스의 위아래를 줄이기 위해 도구상자(Toolbar)에서 '축적(Scale, S)' 도구(■)를 선택하고 파란색 Z축 핸들을 아래로 드래그하여 창문 페이스 크기를 줄입니다.
크기 조정(Resize) 명령 상자가 표시되면 축적(Scale) X, Y를 '1', Z를 '0.8'로 설정합니다.

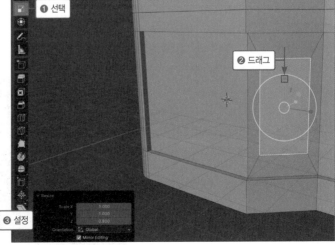

06 창문 페이스가 안쪽으로 들어가도록 만들기 위해 도구상자(Toolbar)에서 '지역 돌출(Extrude Region, E)' 도구(■)를 선택하고 노란색 핸들을 안쪽으로 드래그합니다. 지역을 돌출하고 이동(Extrude Region and Move) 명령 상자가 표시되면 이동(Move) X를 '0m', Y를 '0m', Z를 '−0.4m'로 설정합니다.

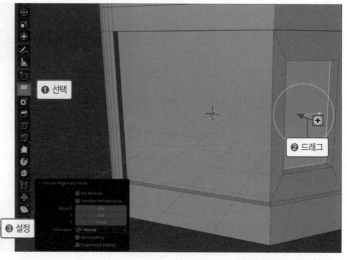

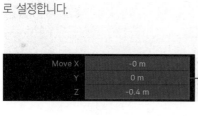

07 창문 모양을 추가하기 위해 현재 페이스가 선택된 상태로 [Shift]+[D]를 눌러 복제하고 그 자리에서 클릭합니다.
복제를 추가(Add Duplicate) 명령 상자가 표시되면 이동(Move) X, Y를 '0m', Z를 '−0.2m'로 설정하고 오리엔테이션(Orientation)을 '노멀(Normal)'로 지정합니다.

08 복제된 유리창 영역을 건물과 분리된 오브젝트로 관리하기 위해 복제한 오브젝트에서 마우스 오른쪽 버튼을 클릭하고 (분리(Separate)) → (선택(Selection))을 클릭합니다.

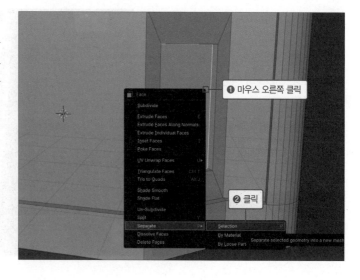

09 아웃라이너(Outliner) 에디터의 씬 컬렉션(Scene Collection)을 살펴보면 창문이 'Cube.001'로 분리된 것을 확인할 수 있습니다. 각 이름 영역을 더블클릭하여 원본 큐브(Cube)는 '건물', 창문 큐브.001(Cube.001)은 '창문'으로 이름을 변경합니다.

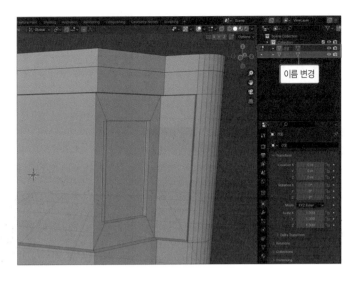

TIP 한글 입력 오류
아웃라이너의 씬 컬렉션(Scene Collection)에서 한글 입력이 완전하지 않다면, 한 글자를 입력하고 우측 방향키를 눌러 다음 글자를 입력하면 됩니다.

10 창문을 선택하고 [Tab]을 눌러 에디트 모드(Edit Mode)로 전환합니다. 선택 모드(Select Mode)를 (페이스(Face))로 설정하고 창문의 페이스를 선택합니다. 도구상자(Toolbar)에서 '페이스를 인셋(Inset Faces, [I])' 도구(■)를 선택하고 창문 노란색 원을 안쪽으로 드래그합니다.
페이스를 인셋(Inset Faces) 명령 상자가 표시되면 두께(Thickness)를 '0.16m'로 설정합니다.

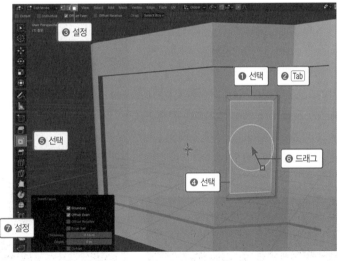

11 창문에 창살을 만들기 위해 선택된 페이스를 분할하겠습니다. 창문 페이스에서 마우스 오른쪽 버튼을 클릭하고 (섭디비젼(Subdivide))을 클릭합니다.

12 | 섭디비젼(Subdivide) 명령 상자가
표시되면 잘라내기의 수(Number of Cuts)
를 '2'로 설정합니다.

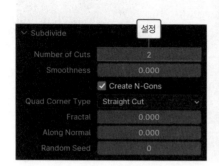

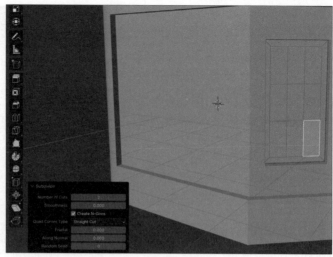

13 | 페이스가 모두 선택되어 있는 상태
로 도구상자(Toolbar)에서 '페이스를 인셋
(Inset Faces, ⓘ)' 도구(▣)를 선택하고 노
란색 원을 안쪽으로 드래그합니다.
페이스를 인셋(Inset Faces) 명령 상자가 표
시되면 두께(Thickness)를 '0.08m'로 설정
하고 '개별(Individual)'을 체크 표시합니다.
분할된 면에 각각 인셋(Inset)이 적용되는
것을 확인할 수 있습니다.

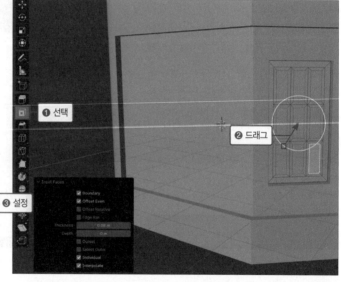

14 | 선택된 페이스에서 마우스 오른쪽
버튼을 클릭하고 [페이스를 삭제(Delete
Face)]를 클릭하고 페이스들을 삭제합니다.

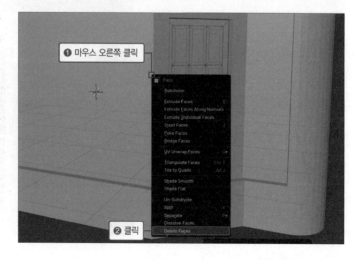

15 | 도구상자(Toolbar)의 '박스 선택 (Select Box)' 도구(▶)를 선택하고 창문 프레임을 드래그하여 프레임 전체를 선택합 니다.

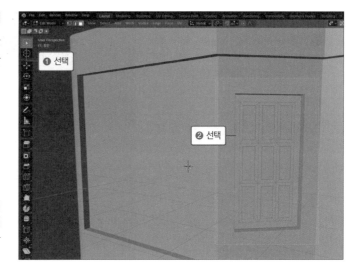

TIP 만약 선택이 잘 안된다면 아웃라이너 (Outliner) 에디터의 씬 컬렉션에서 건물을 일 시적으로 감추고 뷰포트에서 창문만 드래그하 면 됩니다.

16 | 도구상자(Toolbar)에서 '지역 돌출 (Extrude Region, E)' 도구(▣)를 선택하 고 노란색 핸들을 안쪽으로 드래그하여 안 으로 들어가도록 표현합니다. 지역을 돌출하고 이동(Extrude Region and Move) 명령 상자가 표시되면 이동 (Move) X, Y를 '0m', Z를 '−0.08m'로 설정 합니다.

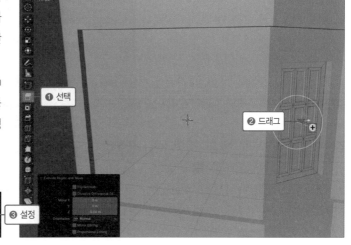

Move X	0 m
Y	0 m
Z	−0.08 m

17 | 인접한 페이스에 뚫린 창문을 만들 기 위해 선택 모드(Select Mode)를 (에지 (Edge))로 설정합니다. 도구상자(Toolbar) 에서 '나이프(Knife, K)' 도구를 선택하고 옆의 창문 영역 상단 에지로부터 하단 에지 까지 드래그하여 에지가 나뉘면 Enter를 눌 러 분할을 결정합니다.

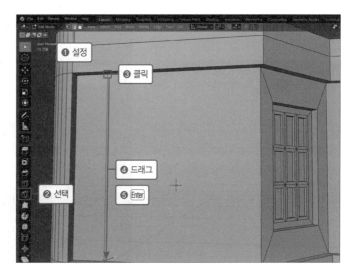

18 | 같은 방법으로 '나이프(Knife, K)' 도구(🔪)를 이용하여 그림과 같이 페이스를 9개로 분할합니다.

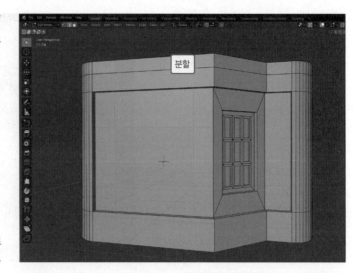

TIP

수직으로 분할할 때는 Z를 누르고 수평으로 분할할 때는 X를 누르면 반듯하게 분할됩니다.

19 | 분할된 에지의 간격을 수정하기 위해 숫자 키패드 1을 눌러 앞쪽 정사법 (Front Orthographic) 뷰로 전환합니다.

선택 모드(Select Mode)를 [버텍스(Vertext)] 또는 [에지(Edge)]로 설정하고 분할 버텍스 또는 에지를 선택한 다음 약간씩 이동하여 맞춥니다.

만약 분할된 에지가 비스듬하다면 헤더의 '스냅하기(Snapping)' 아이콘(🧲)을 클릭하고 표시되는 팝업 메뉴에서 '절대적인 격자 스냅(Absolute Grid Snap)'을 체크 표시한 다음 해당 버텍스를 이동하면 됩니다.

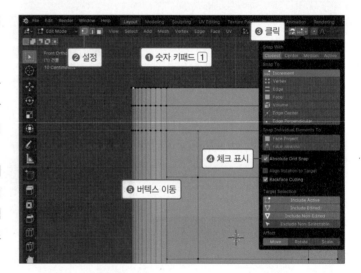

20 | 뚫린 창문 위의 두 모서리를 둥글게 만들기 위해 위쪽 버텍스 2개를 선택하고 도구상자(Toolbar)에서 '베벨(Bevel, Ctrl +B)' 도구(🔲)를 선택한 다음 노란색 핸들을 드래그합니다.

베벨(Bevel) 명령 상자가 표시되면 영향 (Affect)을 [버텍스(Vertices)]로 선택하고 폭(Width)을 '0.5m', 부분(Segments)을 '5' 로 설정합니다.

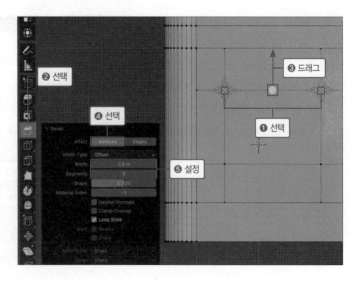

21 | 선택 모드(Select Mode)를 (페이스(Face))로 설정하고 도구상자(Toolbar)에서 '박스 선택(Select Box)' 도구(▶)를 선택한 다음 안쪽 아치 형태의 페이스를 선택합니다.

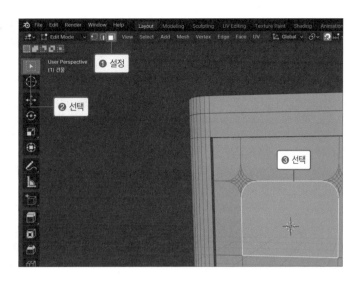

22 | 도구상자(Toolbar)에서 '페이스를 인셋(Inset Faces, Ⅰ)' 도구(◼)를 선택하고 노란색 원을 안쪽으로 드래그합니다. 페이스를 인셋(Inset Faces) 명령 상자가 표시되면 두께(Thickness)를 '0.2m'로 설정합니다.

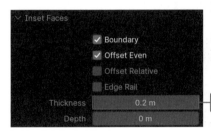

23 | 선택된 페이스에서 마우스 오른쪽 버튼을 클릭하고 (페이스를 삭제(Delete Faces))를 클릭합니다.

24 Alt를 누른 상태로 중간의 페이스 하나를 클릭하여 창틀에 해당하는 페이스 전체를 루프 선택합니다.

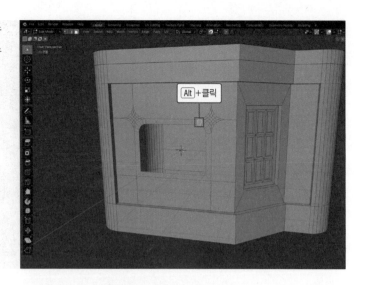

Alt+클릭

25 도구상자(Toolbar)에서 '지역 돌출 (Extrude Region, E)' 도구(▣)를 선택하고 노란색 핸들을 바깥으로 드래그하여 면이 튀어나오게 돌출시킵니다.

지역으로 돌출하고 이동(Extrude Region and Move) 명령 상자가 표시되면 이동 (Move) X, Y를 '0m', Z를 '0.3m'로 설정합니다.

❶ 선택

❷ 드래그

Move X	-0 m
Y	0 m
Z	0.3 m

❸ 설정

26 뚫린 창문에 받침대를 만들기 위해 아래 창틀의 윗면에 해당하는 페이스를 선택하고 지역 돌출(Extrude Region, E)의 노란색 핸들을 위로 드래그하여 돌출된 받침대를 만듭니다.

지역으로 돌출하고 이동(Extrude Region and Move) 명령 상자가 표시되면 이동 (Move) X, Y를 '0m', Z를 '0.2m'로 설정합니다.

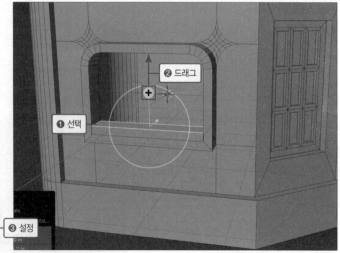

❷ 드래그

❶ 선택

Move X	0 m
Y	0 m
Z	0.2 m

❸ 설정

27 받침대의 앞면 페이스를 선택하고 지역 돌출(Extrude Region, E)의 노란색 핸들을 앞으로 드래그하여 돌출시킵니다. 지역으로 돌출하고 이동(Extrude Region and Move) 명령 상자가 표시되면 이동 (Move) X, Y를 '0m', Z를 '0.5m'로 설정합니다.

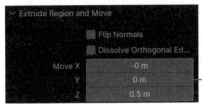

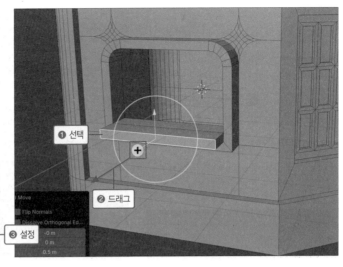

캐노피 만들기

01 뚫린 창문 위에 햇빛 가림막과 같은 캐노피를 만들기 위해 Tab을 눌러 오브젝트 모드(Object Mode)로 전환하고 숫자 키패드 1을 눌러 앞쪽 정사법(Front Orthographic) 뷰로 전환합니다. 헤더의 (추가(Add)) 메뉴에서 (메쉬(Mesh)) → (평면(Plane))을 클릭하여 사각형 평면을 추가합니다.

02 평면을 추가(Add Plane) 명령 상자가 표시되면 크기(Size)를 '1m', 위치 (Location) X를 '10m', 회전(Rotation) X를 '90°'로 설정해서 평면이 건물과 겹치지 않고 정면에서 정사각형으로 보이게 합니다.

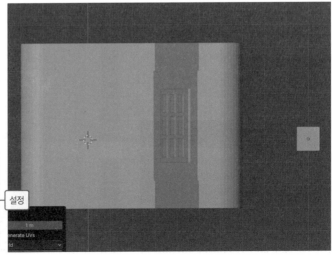

03 아웃라이너(Outliner) 에디터의 씬 컬렉션(Scene Collection)에서 평면의 이름을 '캐노피'로 변경하고 세로 길이를 늘이기 위해 도구상자(Toolbar)에서 '축적(Scale, S)' 도구( )를 선택하고 파란색 Z축 핸들을 위로 드래그하여 길게 늘입니다. 크기 조정(Resize) 명령 상자가 표시되면 축적(Scale) X, Y를 '1', Z를 '4'으로 설정합니다.

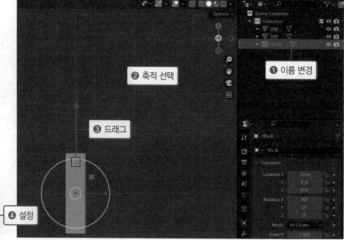

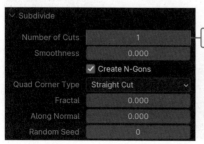

04 사각형 평면 아래의 에지를 둥글게 만들기 위해 버텍스를 추가하기 위해 헤더에서 (에디트 모드(Edit Mode))로 전환하고 선택 모드(Select Mode)를 (버텍스(Vertex))로 설정합니다.
전환하고 도구상자(Toolbar)에서 '박스 선택(Select Box)' 도구( )를 선택한 다음 아래에 있는 버텍스 2개를 선택합니다.

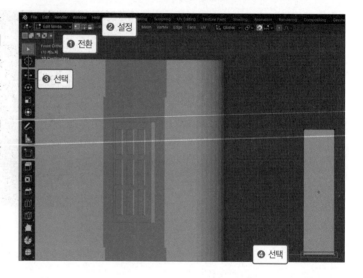

05 마우스 오른쪽 버튼을 클릭하고 (섭디비젼(Subdivide))을 클릭합니다.
섭디비젼(Subdivide) 명령 상자가 표시되면 잘라내기의 수(Number Of Cuts)를 '1'로 설정합니다.

06 | 추가된 가운데 버텍스를 선택하고 도구상자(Toolbar)에서 '이동(Move, G)' 도구(⬦)를 선택한 다음 파란색 Z축 핸들을 아래로 드래그합니다.

이동(Move) 명령 상자가 표시되면 이동(Move) X, Y를 '0m', Z를 '-0.5'로 설정합니다.

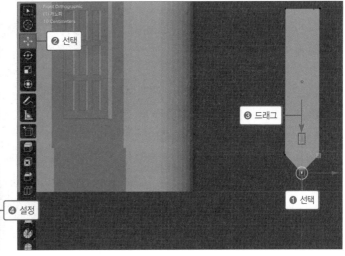

07 | 이동한 버텍스가 선택된 상태로 도구상자(Toolbar)에서 '베벨(Bevel, Ctrl +B)' 도구(⬦)를 선택하고 노란색 핸들을 드래그합니다.

베벨(Bevel) 명령 상자가 표시되면 영향(Affect)을 [버텍스(Vertices)]로 선택하고 폭(Width)을 '1m', 부분(Segments)을 '10', 셰이프(Shape)를 '0.5'로 설정합니다. 직선이었던 에지가 둥글게 바뀝니다.

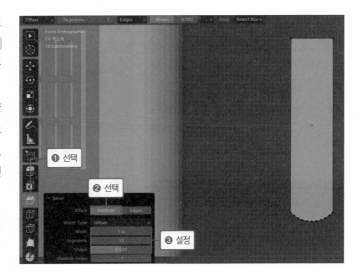

08 | 캐노피 아랫부분을 꺾기 위해 도구상자(Toolbar)에서 '나이프(Knife, K)' 도구(⬦)를 선택하고 캐노피의 아랫부분 왼쪽을 클릭한 다음 X를 눌러 오른쪽으로 드래그하여 그림과 같이 경계 에지가 표시되면 Enter를 눌러 분할을 완료합니다.

TIP 만약 X를 눌러 좌표축 기능이 작동하지 않는다면 키보드 입력 언어가 영어로 설정되어 있는지 확인하세요.

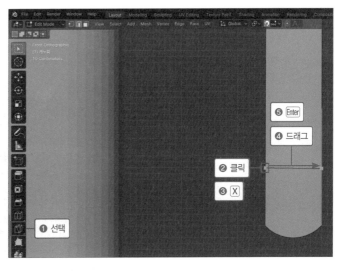

09 숫자 키패드 ③을 눌러 오른쪽 정사법(Right Orthographic) 뷰로 전환하고 Alt+Z를 눌러 X-Ray 모드를 활성화합니다. 선택 모드(Select Mode)를 (버텍스(Vertex))로 설정하고 도구상자(Toolbar)에서 '박스 선택(Select Box)' 도구(▶)를 선택한 다음 위쪽 버텍스 2개를 선택합니다.

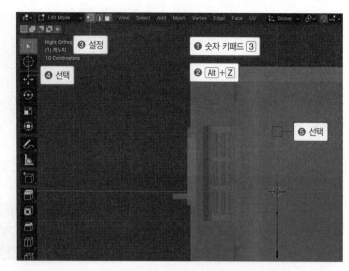

TIP 현재 뷰에서는 버텍스가 겹쳐져 1개로 보이므로 드래그하여 선택해야 합니다.

10 도구상자(Toolbar)에서 '이동(Move, G)' 도구(▣)를 선택하고 초록색 Y축 핸들을 오른쪽으로 드래그하여 2개의 버텍스를 이동합니다.

이동(Move) 명령 상자가 표시되면 이동(Move) Y를 '1.5m'로 설정하고 Alt+Z를 눌러 X-Ray 모드를 해제합니다.

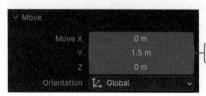

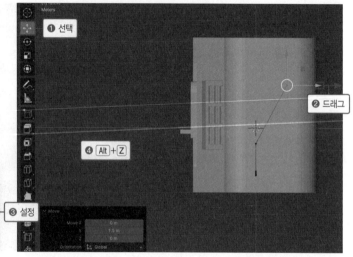

11 숫자 키패드 ①을 눌러 정면 정사법(Front Orthographic) 뷰로 시점을 변경하고 Tab을 눌러 오브젝트 모드(Object Mode)로 전환합니다.

구부린 캐노피 평면을 여러 개로 늘리기 위해 속성(Properties) 에디터의 (모디파이어(Modifiers)) 탭을 선택하고 (+ 모디파이어를 추가(Add Modifier)) 버튼을 클릭한 다음 (생성(Generate)) → (배열(Array))을 클릭해 추가합니다.

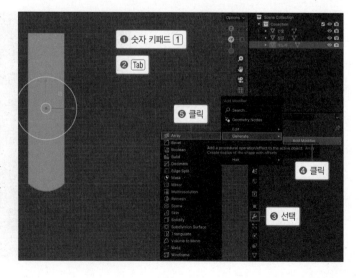

12 〔모디파이어(Modifiers)〕 탭의 배열 속성 중에서 개수(Count)를 '7'로 설정하여 가로로 개수를 늘립니다.

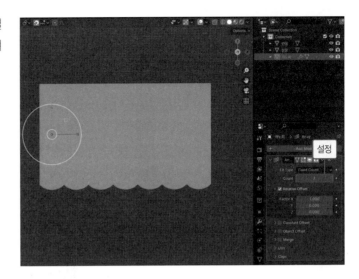

13 [Tab]을 눌러 오브젝트 모드(Object Mode)로 전환하고 도구상자(Toolbar)의 '이동(Move)' 도구(⬥)와 '축적(Scale)' 도구(⬛)를 이용하여 뚫린 창문 위에 캐노피가 들어맞도록 크기와 위치를 조절합니다.

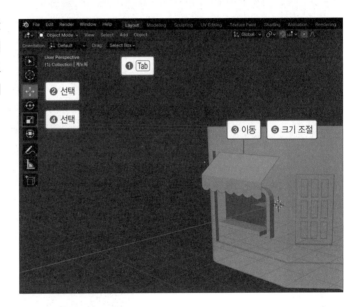

14 카페 건물 외형 모델링을 완성하였습니다.

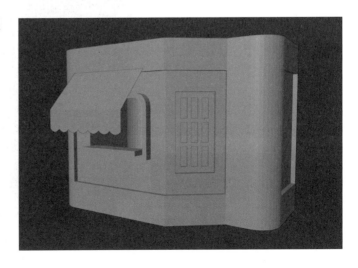

배열과 복제, 비례 편집 기능으로
꽃 화분 모델링하기

완성 파일 : 02\꽃화분_완성.blend

꽃 화분을 만들 때에는 3D 입체를 만드는 다양한 방법 중에서도 버텍스로 단면을 그리고 스크류(Screw)로 회전시켜서 입체를 형성하는 기법을 실습하겠습니다. 배열(Array) 모디파이어로 꽃잎을 회전 복제해서 만들고, 비례 편집(Proportional Editing) 기능으로 자연스럽게 변형하는 방법도 학습하겠습니다.

예제 핵심 기능　**1** 버텍스(Vertex)를 지역 돌출(Extrude Region)로 모양 그리기
2 스크류(Screw)를 적용하여 입체 표현
3 배열(Array) 모디파이어(Modifier)로 회전 복제
4 비례 편집(Proportional Editing)으로 유연하게 편집

화분 만들기

01 | 블렌더를 실행하고 메뉴에서 (파일(File)) → (새로운(New)) → (일반(General))을 클릭합니다. 아웃라이너(Outliner) 에디터의 씬 컬렉션(Scene Collection)에서 카메라(Camera), 큐브(Cube), 라이트(Light)를 모두 선택하고 Delete 를 눌러 삭제합니다.

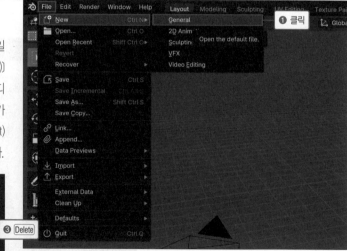

162 Part 2 오브젝트 모델링 생성과 변형 기법

02 화분을 만들기 위해 헤더의 [추가 (Add)] 메뉴에서 [메쉬(Mesh)] → [큐브 (Cube)]를 클릭하여 큐브를 생성합니다.

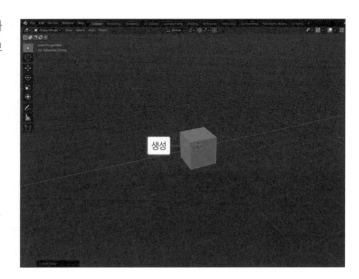

03 큐브를 선택한 상태로 [Tab]을 눌러 에디트 모드(Edit Mode)로 전환하고 [1]을 눌러 선택 모드(Select Mode)를 [버텍스 (Vertex)]로 설정한 다음 [Alt]+[Z]를 눌러 X–Ray 모드를 활성화합니다.

큐브의 모든 버텍스가 선택된 상태로 마우스 오른쪽 버튼을 클릭한 다음 [버텍스를 병합(Merge Vertices)] → [중심에서(At Center)]를 클릭하여 모든 버텍스를 중앙에서 하나의 버텍스로 병합합니다.

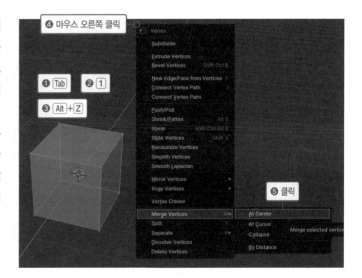

04 버텍스를 돌출하여 화분의 반쪽 형태를 그릴 예정입니다. 형태를 정확하게 맞추기 위해 숫자 키패드 [1]을 눌러 앞쪽 정사법(Front Orthographic) 뷰로 전환합니다. 헤더의 '스냅하기(Snapping)' 아이콘(⊞)을 클릭하고 표시되는 팝업 메뉴에서 '절대적인 격자 스냅(Absolute Grip Snap)'에 체크 표시한 다음 '스냅(Snap)' 아이콘(⊘)을 클릭하여 활성화합니다.

05 │ 지역 돌출을 위해 버텍스를 선택한 상태로 E를 누르고 돌출 버텍스를 왼쪽으로 이동한 다음 클릭합니다.

지역으로 돌출하고 이동(Extrude Region and Move) 명령 상자가 표시되면 이동(Move) X를 '-1.5m', Y, Z를 '0m'로 설정합니다.

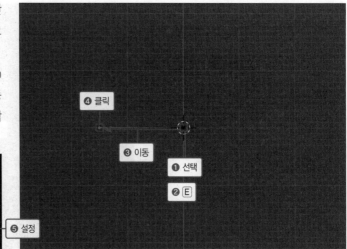

06 │ E를 누르고 돌출 버텍스를 위쪽으로 이동한 다음 클릭합니다.

지역으로 돌출하고 이동(Extrude Region and Move) 명령 상자가 표시되면 이동(Move) X, Y를 '0m', Z를 '0.2m'로 설정합니다.

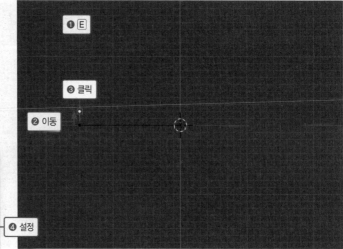

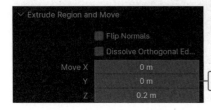

07 │ E를 누르고 돌출 버텍스를 왼쪽으로 이동한 다음 클릭합니다.

지역으로 돌출하고 이동(Extrude Region and Move) 명령 상자가 표시되면 이동(Move) X를 '-0.5m', Y, Z를 '0m'로 설정합니다.

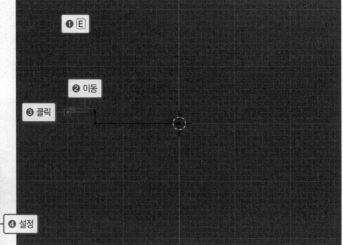

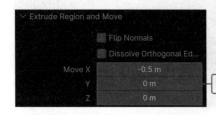

08 E를 누르고 돌출 버텍스를 아래로 이동한 다음 클릭합니다.

지역으로 돌출하고 이동(Extrude Region and Move) 명령 상자가 표시되면 이동(Move) X, Y를 '0m', Z를 '−0.5m'로 설정합니다.

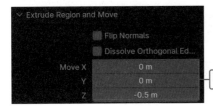

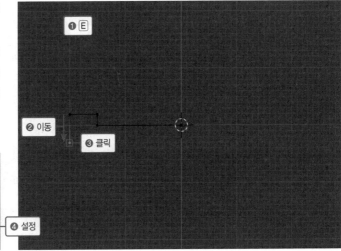

09 E를 누르고 돌출 버텍스를 오른쪽으로 이동한 다음 클릭합니다.

지역으로 돌출하고 이동(Extrude Region and Move) 명령 상자가 표시되면 이동(Move) X를 '0.3m', Y, Z를 '0m'로 설정합니다.

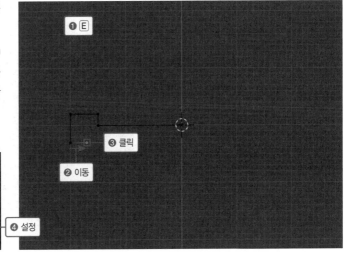

10 E를 누르고 돌출 버텍스를 오른쪽 하단 방향으로 이동한 다음 클릭합니다.

지역을 돌출하고 이동(Extrude Region and Move) 명령 상자가 표시되면 이동(Move) X를 '0.4m', Y를 '0m', Z를 '−3.3m'로 설정합니다.

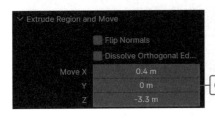

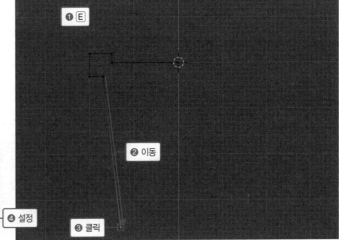

11 E를 누르고 돌출 버텍스를 오른쪽으로 이동한 다음 클릭합니다.

지역을 돌출하고 이동(Extrude Region and Move) 명령 상자가 표시되면 이동 (Move) X를 '1.3m', Y, Z를 '0m'로 설정합니다. 화분의 반쪽 윤곽을 그렸습니다.

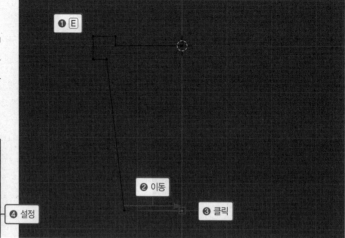

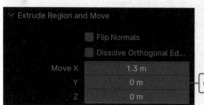

12 회전하여 3D 오브젝트로 만들기 위해 Tab을 눌러 오브젝트 모드(Object Mode)로 전환합니다. 속성(Properties) 에디터의 [모디파이어(Modifiers)] 탭을 선택하고 [+ 모디파이어를 추가(Add Modifier)] 버튼을 클릭한 다음 [생성 (Generate)] → [스크류(Screw)]를 클릭하여 추가합니다.

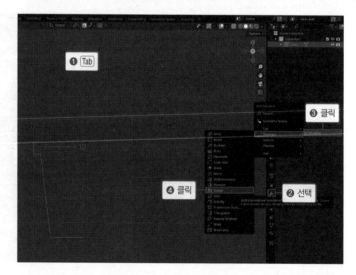

13 Alt+Z를 눌러 X-Ray 모드를 해제하고 마우스 휠을 드래그하여 사용자 원근법(User Perspective) 뷰로 전환합니다. [모디파이어(Modifiers)] 탭의 스크류 (Screw) 속성 중에서 Step Viewport를 '50', 렌더(Render)를 '50'으로 설정합니다.

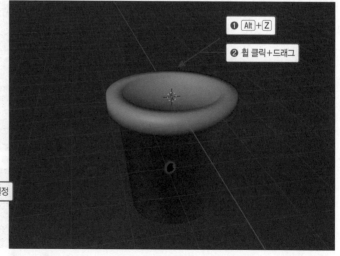

14 화분의 모서리를 부드럽게 만들기
위해 모든 에지에 베벨(Bevel)을 적용하겠
습니다. 〔모디파이어(Modifiers)〕 탭에서 〔+
모디파이어를 추가(Add Modifier)〕 버튼
을 클릭한 다음 〔생성(Generate)〕 → 〔베벨
(Bevel)〕을 클릭하여 추가합니다.

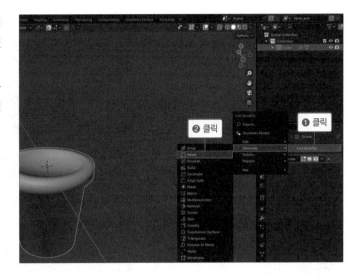

15 베벨(Bevle) 속성 중에서 양(Amount)을 '0.05m', 부분(Segments)을 '5'
로 설정합니다. 아래 지오메트리(Geometry) 속성을 클릭하고 Miter Outer를
'패치(Patch)'로 지정한 다음 헤더의 '스냅(Snap)' 아이콘(⬤)을 클릭하여 비활성
화합니다. 화분 모델링을 완료하였습니다.

꽃 만들기

01. 꽃 가운데 부분을 만들기 위해 헤더
의 〔추가(Add)〕 메뉴에서 〔메쉬(Mesh)〕 →
〔UV 스피어(UV Sphere)〕를 클릭하여 구
체를 생성합니다.
UV 구체를 추가(Add UV Sphere) 명령
상자가 표시되면 부분(Segments)을 '32',
링(Rings)을 '16', 반경(Radius)을 '0.5m'로
설정합니다.

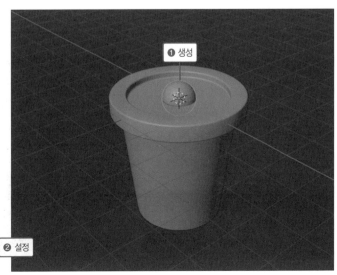

02 헤더에서 (에디트 모드(Edit Mode))로 전환하고 선택 모드(Select Mode)를 (버텍스(Vertex))로 설정합니다. 스피어의 모든 버텍스가 선택된 상태로 도구상자 (Toolbar)에서 '이동(Move, G)' 도구를 선택한 다음 파란색 Z축 핸들을 위로 드래그하여 이동합니다. 이동(Move) 명령 상자가 표시되면 이동(Move) X, Y를 '0m', Z를 '3m'로 설정합니다.

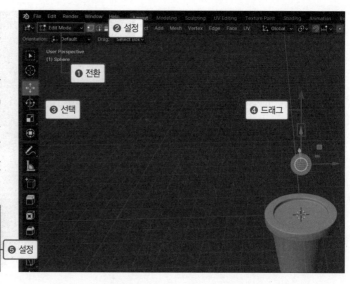

03 도구상자(Toolbar)에서 '축적(Scale, S)' 도구를 선택하고 파란색 Z축 핸들을 아래로 드래그하여 크기를 줄입니다. 크기 조정(Resize) 명령 상자가 표시되면 축적(Scale) X, Y를 '1', Z를 '0.3'으로 설정합니다.

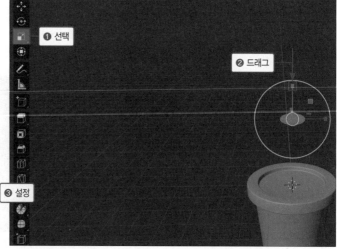

04 꽃잎을 만들겠습니다. (Tab)을 눌러 오브젝트 모드(Object Mode)로 전환하고 헤더의 (추가(Add)) 메뉴에서 (메쉬(Mesh)) → (큐브(Cube))를 클릭하여 큐브를 생성합니다.
큐브를 추가(Add Cube) 명령 상자가 표시되면 크기(Size)를 '1m'로 설정합니다.

05 큐브를 에디트 모드(Edit Mode)로 전환하고 선택 모드(Select Mode)를 (버텍스(Vertex))로 설정합니다. 큐브의 모든 버텍스가 선택된 상태로 도구상자(Toolbar)에서 '이동(Move, G)' 도구(▦)를 선택하고 파란색 Z축 핸들을 위로 드래그하여 이동합니다. 이동(Move) 명령 상자가 표시되면 이동(Move) X를 '1m', Y를 '0m', Z를 '3m'로 설정합니다.

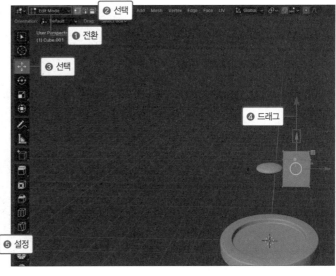

06 숫자 키패드 7을 눌러 위쪽 정사법(Top Orthographic) 뷰로 전환하고 Alt +Z를 눌러 X–Ray 모드를 활성화합니다. 큐브의 오른쪽 버텍스들을 드래그하여 선택하고 빨간색 X축 핸들을 오른쪽으로 드래그하여 이동합니다. 이동(Move) 명령 상자가 표시되면 이동(Move) X를 '1m', Y, Z를 '0m'로 설정합니다.

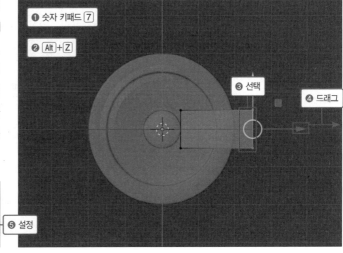

07 가로 방향으로 페이스를 분할하기 위해 도구상자(Toolbar)에서 '루프 잘라내기(Loop Cut, Ctrl+R)' 도구(▦)를 선택하고 큐브 윗면 가운데를 클릭하여 빨간색 X축 방향과 일치하도록 루프 에지를 생성합니다. 루프를 잘라내고 슬라이드(Loop Cut and Slide) 명령 상자가 표시되면 잘라내기의 수(Number of Cuts)를 '1'로 설정하여 큐브를 2등분합니다.

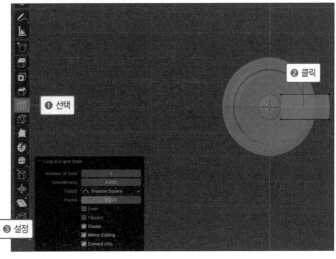

08 격자 모양으로 더 분할하기 위해 다시 큐브 윗면 가운데를 클릭하여 초록색 Y축 방향으로 자르는 에지를 추가합니다. 루프를 잘라내고 슬라이드(Loop Cut and Slide) 명령 상자가 표시되면 잘라내기의 수(Number of Cuts)를 '1'로 설정합니다.

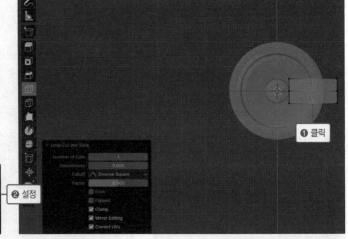

09 속성(Properties) 에디터의 〔모디파이어(Modifier)〕 탭을 선택하고 〔+ 모디파이어 추가(Add Modifier)〕 버튼을 클릭한 다음 〔생성(Generate)〕 → 〔섭디비전 표면(Subdivision Surface)〕을 클릭하여 추가합니다.

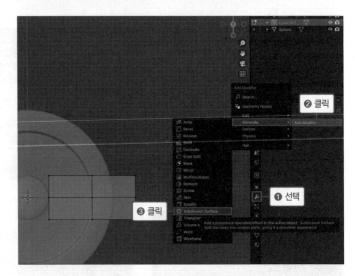

10 〔모디파이어(Modifier)〕 탭의 섭디비전 표면(Subdivision Surface) 속성 중에서 Levels Viewport를 '3', 렌더(Render)를 '2'로 설정합니다.

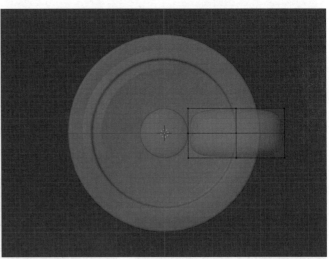

11 도구상자(Toolbar)에서 '축적(Scale, [S])' 도구(■)를 선택하고 큐브의 왼쪽 버텍스를 모두 선택한 다음 초록색 Y축 핸들을 아래로 드래그하여 크기를 줄입니다.

크기 조정(Resize) 명령 상자가 표시되면 축적(Scale) X를 Y를 '0.3' Z를 '1'로 설정합니다.

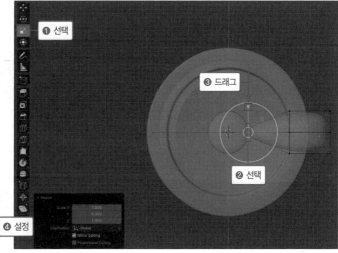

12 가운데 버텍스를 모두 선택하고 초록색 Y축 핸들을 위로 드래그하여 크기를 늘립니다.

크기 조정(Resize) 명령 상자가 표시되면 축적(Scale) X를 '1', Y를 '1.2', Z를 '1'로 설정합니다.

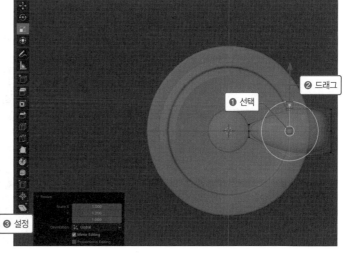

13 오른쪽 버텍스를 모두 선택하고 초록색 Y축 핸들을 아래로 드래그하여 크기를 줄입니다.

크기 조정(Resize) 명령 상자가 표시되면 축적(Scale) X를 '1', Y를 '0.7', Z를 '1'로 설정합니다.

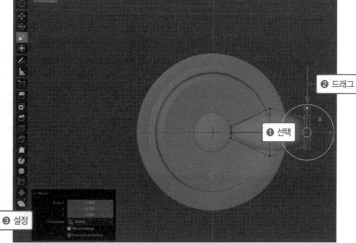

14 | 숫자 키패드 ①을 눌러 앞쪽 정사법 (Front Orthographic) 뷰로 전환하고 왼쪽의 버텍스를 모두 선택한 다음 파란색 Z축 핸들을 아래로 드래그하여 크기를 줄입니다. 크기 조정(Resize) 명령 상자가 표시되면 축적(Scale) X, Y를 '1', Z를 '0.2'로 설정합니다.

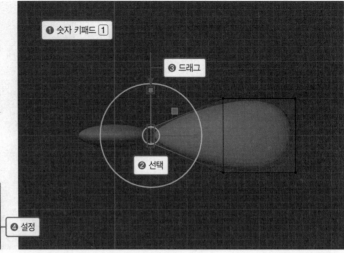

15 | 가운데 버텍스를 모두 선택하고 파란색 Z축 핸들을 아래로 드래그하여 크기를 줄입니다.
크기 조정(Resize) 명령 상자가 표시되면 축적(Scale) X, Y를 '1', Z를 '0.5'로 설정합니다.

16 | 오른쪽 버텍스를 모두 선택하고 파란색 Z축 핸들을 아래로 드래그하여 크기를 줄입니다.
크기 조정(Resize) 명령 상자가 표시되면 축적(Scale) X, Y를 '1', Z를 '0.9'로 설정합니다.

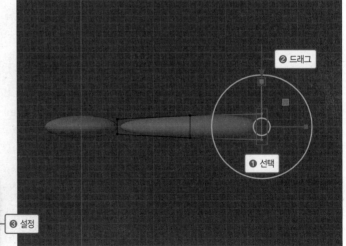

17 │ 마우스 휠을 드래그하여 사용자 원근법(User Perspective) 뷰로 전환하고 안쪽의 버텍스 2개를 선택합니다.

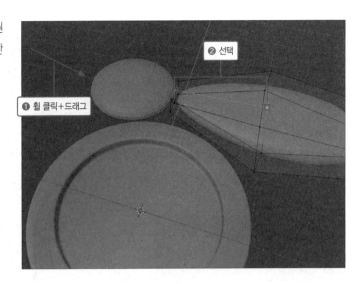

18 │ 도구상자(Toolbar)에서 '이동(Move, [G])' 도구(⊕)를 선택하고 파란색 Z축 핸들을 아래로 드래그하여 이동합니다.
이동(Move) 명령 상자가 표시되면 이동(Move) X, Y를 '0m', Z를 '−0.2m'로 설정합니다.

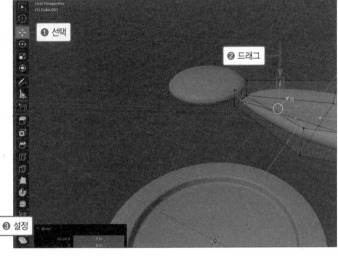

19 │ 숫자 키패드 [1]을 눌러 앞쪽 정사법(Front Orthographic) 뷰로 전환하고 가운데 원형 부분과 결합되게 만들기 위해 꽃잎 전체 버텍스를 선택한 다음 빨간색 X축 핸들 또는 파란색 Z축 핸들을 드래그하여 이동합니다. 이동(Move) 명령 상자가 표시되면 이동(Move) X를 '−0.1m', Y를 '0m', Z를 '0.05m'로 설정합니다.

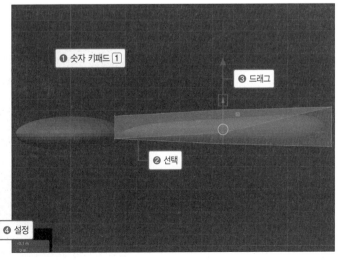

20 | 꽃잎 모양을 더 자연스럽게 다듬기 위해 헤더의 '비례 편집(Proportional Editing)' 아이콘(◉)을 클릭해서 활성화합니다. 꽃잎 끝부분의 버텍스를 선택하고 위로 드래그하여 끌어 올립니다.

이동(Move) 명령 상자가 표시되면 이동(Move) X, Y를 '0m', Z를 '0.5m'로 설정합니다.

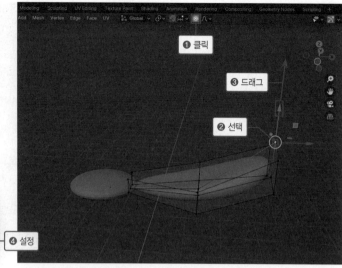

21 | Alt+Z를 눌러 X-Ray 모드를 해제하고 Tab을 눌러 오브젝트 모드(Object Mode)로 전환합니다. 속성(Properties) 에디터의 [모디파이어(Modifiers)] 탭을 선택하고 [+ 모디파이어를 추가(Add Modifier)] 버튼을 클릭한 다음 [생성(Generate)] → [배열(Array)]을 클릭하여 추가합니다.

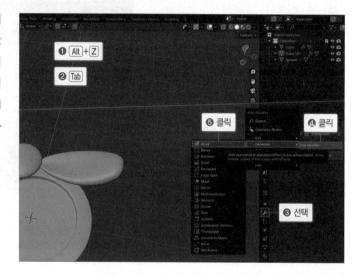

22 | [모디파이어(Modifiers)] 탭의 배열(Array) 속성 중에서 '상대적인 오프셋(Relative Offset)'을 체크 표시 해제하고 '오브젝트 오프셋(Object Offset)'을 체크 표시한 다음 [〉]를 클릭하여 하위 속성을 표시하고 오브젝트(Object)를 '구체(Sphere)'로 지정합니다.

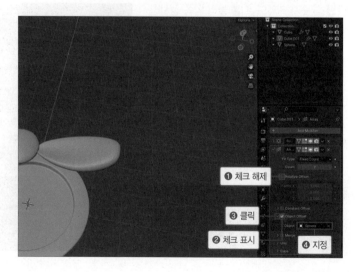

23 사이드바의 [항목(Item)] 탭에서 회전(Rotation) Z를 '40'으로 설정하고 [모디파이어(Modifier)] 탭의 배열(Array) 속성 중에서 개수(Count)를 '9'로 설정하면 그림과 같이 꽃잎이 둥글게 배열됩니다.

24 아웃라이너(Outliner) 에디터에서 Ctrl를 누른 상태로 '구체(Sphere)'와 '큐브.001(Cube.001)'을 선택하고 마우스 오른쪽 버튼을 클릭하여 [Shade Auto Smooth]를 클릭합니다. 거칠었던 꽃 표면이 매끄러운 곡면으로 바뀝니다.

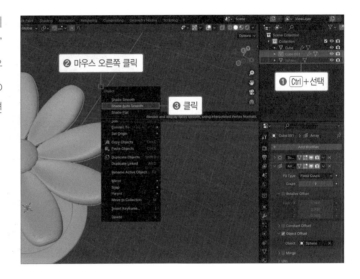

줄기와 잎사귀 만들기

01 오브젝트 모드(Object Mode)의 [추가(Add)] 메뉴에서 [메쉬(Mesh)] → [평면(Plane)]을 클릭하여 평면 사각형을 생성합니다.
평면을 추가(Add Plane) 명령 상자가 표시되면 Size를 '2m'로 설정합니다.

02 | 잎사귀 모양을 효율적으로 만들기 위해 아웃라이너(Outliner) 에디터의 씬 컬렉션(Scene Collection)에서 평면(Plane)을 제외한 나머지 3개 오브젝트의 '눈' 아이콘(👁)을 클릭하여 보이지 않게 설정합니다.

03 | 도구상자(Toolbar)에서 '축적(Scale, S)' 도구(📏)를 선택하고 빨간색 X축 핸들을 오른쪽으로 드래그하여 길게 늘입니다. 크기 조정(Resize) 명령 상자에서 축적(Scale) X를 '1.2', Y를 '0.7', Z를 '1'로 설정합니다.

04 | Tab 을 눌러 에디트 모드(Edit Mode)로 전환하고 도구상자(Toolbar)에서 '루프 잘라내기(Loop Cut, Ctrl+R)' 도구(▦)를 선택하고 평면의 가운데를 클릭하여 빨간색 X축 방향으로 루프 에지를 추가합니다. 루프를 잘라내고 슬라이드(Loop Cut and Slide) 명령 상자가 표시되면 잘라내기의 수(Number of Cuts)를 '3'으로 설정하여 평면을 4등분합니다.

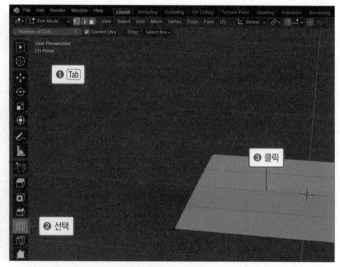

05 격자 방향으로 더 분할하기 위해 루프 잘라내기(Loop Cut)로 평면 가운데를 클릭하여 초록색 Y축 방향으로 루프 에지를 추가합니다.

루프를 잘라내고 슬라이드(Loop Cut and Slide) 명령 상자가 표시되면 잘라내기의 수(Number of Cuts)를 '5'로 설정합니다.

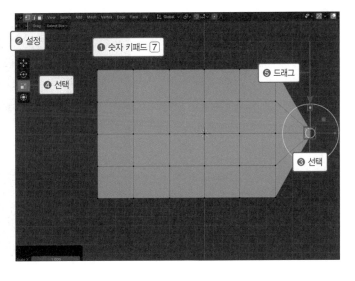

06 숫자 키패드 7을 눌러 위쪽 정사법 (Top Orthographic) 뷰로 설정하고 선택 모드(Select Mode)를 (버텍스(Vertex))로 설정합니다. 오른쪽 세로 버텍스를 모두 선택한 상태로 도구상자(Toolbar)에서 '축적 (Scale, S)' 도구(🔲)를 선택하고 초록색 Y 축 핸들을 아래로 드래그하여 크기를 줄입니다.

TIP 헤더의 '비례 편집(Proportional Editing)' 아이콘(⬤)이 활성화되어 있으면 모양이 상대적으로 변하므로 비활성화합니다.

07 같은 방법으로 나머지 세로 방향의 버텍스들을 선택하고 축적(Scale, S)을 이용하여 그림과 같이 잎사귀 모양으로 만듭니다.

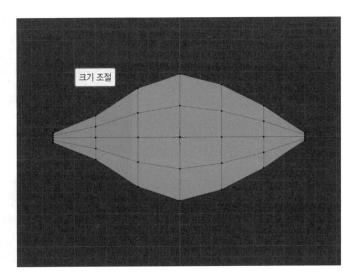

08 마우스 휠을 드래그하여 사용자 원근법(User Perspective) 뷰로 전환하고 헤더의 '비례 편집(Proportional Editing)' 아이콘(■)을 클릭해서 활성화합니다. 도구 상자(Toolbar)에서 '이동(Move, G)' 도구(✛)를 선택하고 잎사귀 모양의 중앙 버텍스만 선택한 다음 파란색 Z축 핸들을 위로 드래그하여 끌어올립니다.

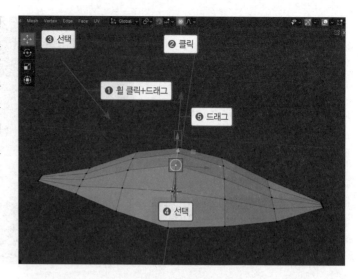

09 같은 방법으로 인접한 중앙의 버텍스를 선택하고 파란색 Z축 핸들을 위로 드래그하여 이파리의 모양을 입체적으로 형성합니다.

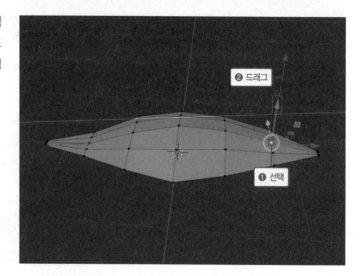

10 잎사귀 가운데 디테일을 추가하기 위해 선택 모드(Select Mode)를 〔에지(Edge)〕로 설정하고 [Alt]를 누른 상태로 가운데 에지를 클릭하여 모두 선택합니다.

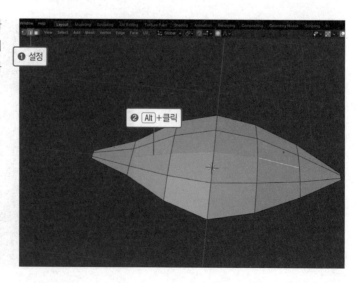

11 도구상자(Toolbar)에서 '베벨(Bevel, B)' 도구(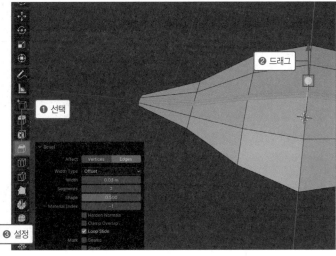)를 선택하고 노란색 핸들을 약간 위로 드래그합니다.

베벨(Bevel) 명령 상자가 표시되면 폭(Width)을 '0.03m', 부분(Segments)을 '2'로 설정합니다.

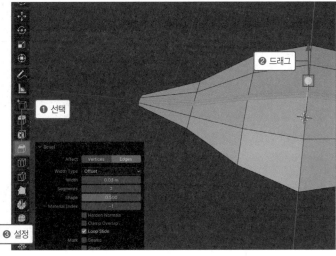

12 [Alt]를 누른 상태로 가운데 에지를 클릭하여 모두 선택하고 헤더의 '비례 편집(Proportional Editing)' 아이콘(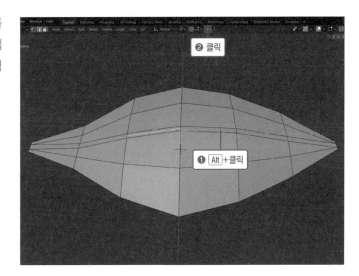)을 클릭하여 비활성화합니다.

13 도구상자(Toolbar)에서 '이동(Move, G)' 도구(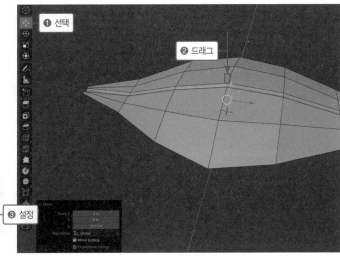)를 선택하고 파란색 Z축을 아래로 드래그합니다.

이동(Move) 명령 상자가 표시되면 이동(Move) X, Y를 '0m', Z를 '-0.01m'로 설정합니다.

14 잎사귀에 두께를 부여하기 위해 Tab 을 눌러 오브젝트 모드(Object Mode)로 전환하고 속성(Properties) 에디터의 〔모디파이어(Modifier)〕탭을 선택한 다음 〔+ 모디파이어를 추가(Add Modifier)〕버튼을 클릭하여 〔생성(Generate)〕→〔솔리디파이(Solidify)〕을 클릭하여 추가합니다.

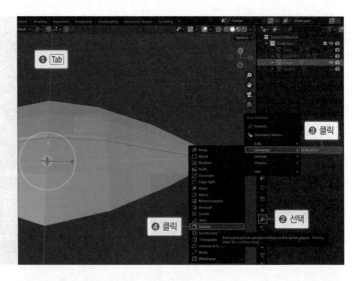

15 〔모디파이어(Modifier)〕탭의 솔리디파이(Solidify) 속성 중에서 두께(Thickness)를 '0.01m'로 설정합니다.

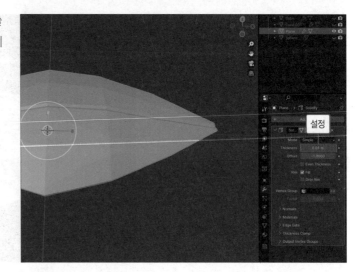

16 〔모디파이어(Modifier)〕탭의 〔+ 모디파이어를 추가(Add Modifier)〕버튼을 클릭하고 〔생성(Generate)〕→〔섭디비전 표면(Subdivision Surface)〕을 클릭하여 추가합니다.

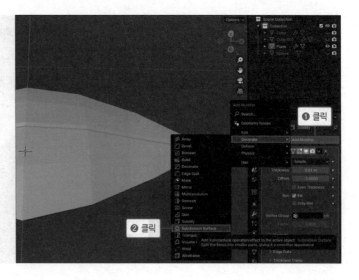

17 〔모디파이어(Modifier)〕 탭의 섭디비
전 표면(Subdivision Surface) 속성 중에
서 Levels Viewport를 '2', 렌더(Render)
를 '2'로 설정합니다.

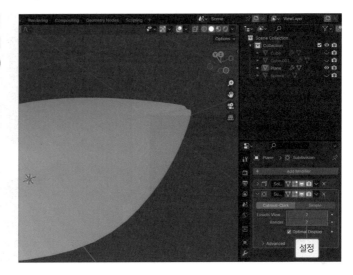

18 잎사귀에서 마우스 오른쪽 버튼을
클릭한 다음 〔Shade Auto Smooth〕를 클
릭합니다. 거칠었던 잎사귀 표면이 매끄러
운 곡면으로 바뀝니다.

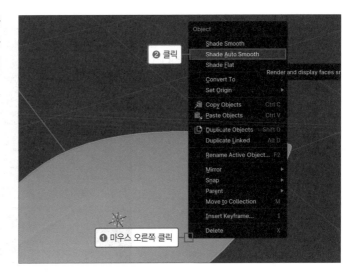

19 잎사귀에 연결될 줄기를 만들겠습
니다. 헤더의 〔추가(Add)〕 메뉴에서 〔커브
(Curve)〕 → 〔경로(Path)〕를 클릭하여 경로
를 생성합니다.

20 경로를 추가(Add Path) 명령 상자
가 표시되면 위치(Location) X를 '−1.2m',
Y, Z를 '0m', 회전(Roation) X, Z를 '0', Y를
'90'으로 설정합니다.

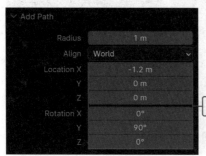

설정

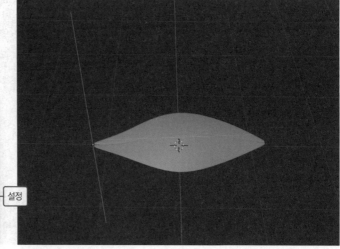

21 속성(Properties) 에디터의 (데
이터(Data)) 탭을 선택하고 (지오메트리
(Geometry))를 클릭하여 속성을 표시합니다.
베벨(Bevel)의 (둥근(Round)) 탭을 선택하
고 깊이(Depth)를 '0.05m'로 설정한 다음
'캡을 채우기(Fill Caps)'를 체크 표시하여
말단을 마습니 다.

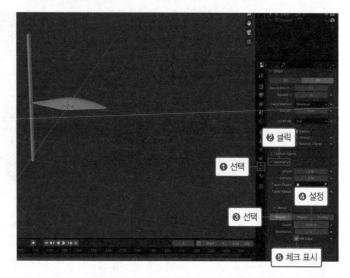

22 줄기를 선택하고 (Tab)을 눌러 에디트
모드(Edit Mode)로 전환한 다음 헤더의 '비
례 편집(Proportional Editing)' 아이콘(◉)
을 클릭하여 활성화합니다. 줄기의 첫 번째
와 두 번째 포인트(Point)를 선택하고 도구
상자(Toolbar)에서 '이동(Move, (G)' 도구
(✛)를 선택한 다음 기즈모를 이용하여 구
부러진 모양으로 만듭니다.

오브젝트 배치하여 꽃 화분 구성하기

01 아웃라이너(Outliner) 에디터의 씬 컬렉션(Scene Collection)에서 숨긴 오브젝트 옆의 '감은 눈' 아이콘(👁)을 클릭하여 모두 보이게 만듭니다.

02 Tab을 눌러 오브젝트 모드로 전환하고 도구상자(Toolbar)에서 '이동(Move, G)' 도구(✛)와 '축적(Scale, S)' 도구(⬚)를 이용하여 화분, 꽃, 줄기, 잎사귀 모양의 크기와 위치를 조정하여 화분 속의 꽃을 구성합니다.

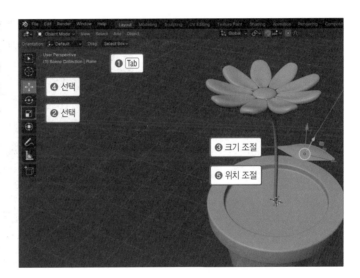

03 잎사귀를 더 자연스럽게 배치하기 위해 잎사귀 오브젝트를 선택합니다. 도구상자(Toolbar)에서 '회전(Rotation, R)' 도구(⟳)를 선택하고 기즈모를 드래그하여 그림과 같이 회전합니다.

TIP 회전하고 이동하면 축 방향이 틀어져 곤란을 겪을 수도 있습니다. 하지만 이때 에디트 모드에서 오브젝트의 버텍스 전체를 선택한 후 회전하면 문제없습니다.

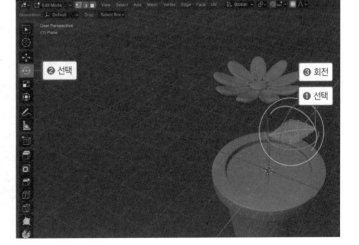

04 꽃잎의 경우 배열(Array) 모디파이
어로 인해 회전할 때 모양이 변형될 수 있
습니다. (모디파이어(Modifiers)) 탭의 배열
(Array) 속성 중에서 'V' 아이콘을 클릭하
고 (적용(Apply))을 선택합니다. 이렇게 적
용한 상태로 회전하면 문제가 줄어듭니다.

TIP 적용(Apply) 이후에는 더 이상 배열 속
성을 수정할 수 없으므로 주의합니다.

05 꽃을 선택한 상태로 (Tab)을 눌러 에
디트 모드(Edit Mode)로 전환하고 선택 모
드를 (버텍스(Vertex))로 설정한 다음 (Alt)
+(Z)를 눌러 X–Ray 모드를 활성화합니다.
꽃잎과 꽃술의 버텍스를 전체 선택된 상태
로 회전(Rotation, (R))의 빨간색 X축 핸들
을 아래로 드래그하여 그림과 같이 실찍 세
운 형태를 만듭니다.

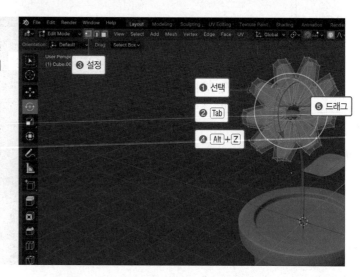

06 꽃잎과 이파리, 줄기 모양 등을 복제
(Duplicate, (Shift)+(D))해서 화분을 더욱 풍
성하게 구성해 완성합니다.

TIP 블렌더 단축키 목록

레이아웃 키(오브젝트 선택 상태)

단축키	기능	영어
G	이동	Grab
S	축적(크기) 조정	Scale
R	회전	Rotate
Alt + G	이동 취소	Reset Grab
Alt + S	축적 취소	Reset Scale
Alt + R	회전 취소	Reset Rotation

일반 키(전체 적용)

단축키	기능	영어
Ctrl + Z	되돌리기	Undo
Ctrl + Y	다시 실행	Re-do
Ctrl + C	복사하기	Copy
Ctrl + V	붙여넣기	Paste
Shift + D	복제하기	Duplicate
Ctrl + S	저장하기	Save File
Ctrl + Shift + S	다른 이름으로 저장	Save As...
Ctrl + Q	프로그램 종료	Quit
Spacebar	애니메이션 재생/정지	Play/Pause Animation

에디트 모드 키(메쉬 선택 상태)

단축키	기능	영어
Tab	에디트 모드 전환	Toggle Edit mode
1	버텍스 선택 모드	Vertice
2	에지 선택 모드	Edge
3	페이스 선택 모드	Face
E	지역 돌출	Extrude Region
I	페이스를 인셋	Inset Faces
Ctrl + B	베벨	Bevel
K	나이프	Knife
F	페이스 채우기	Fill
Ctrl + R	루프 컷	Loop Cut
Ctrl + J	합치기	Join

일반 키(전체 적용)

단축키	기능	영어
F1	도움말	Help
F2	이름 변경	Rename
F3	찾기	Search
F9	조절하기	Adjust
F11	렌더 창 보기	Render Window
F12	현재 프레임 렌더	Render Current Frame

에디터 및 뷰포트 키

단축키	기능	영어
A	전체 선택	Select all
Alt + A	선택 취소	Select none
Ctrl + I	선택 반전	Invert selection
H	감추기	Hide selection
Alt + H	감추기 취소	Reveal hidden items
T	도구상자 토글	Toggle Toolbar
N	사이드바 토글	Toggle Sidebar
Ctrl + A	적용 메뉴	Apply Menu
Shift + A	추가 메뉴	Add Menu
Shift + S	스냅 메뉴	Snap Menu

뷰 전환 키(숫자 키패드)

단축키	기능	영어
0	카메라 오브젝트	Object as Camera
1	정면 정사법	Front Orthographic
3	오른쪽 정사법	Right Orthographic
7	위쪽 정사법	Top Orthographic
Ctrl + 1	뒤쪽 정사법	Back Orthographic
Ctrl + 3	왼쪽 정사법	Left Orthographic
Ctrl + 7	아래쪽 정사법	Bottom Orthographic
+	확대 보기	Zoom In
−	축소 보기	Zoom Out

장면 구성과 조명, 카메라 설치하여 출력하기

테이블부터 건물까지 개별 오브젝트를 모델링하면서 다양한 방법과 도구를 이용하여 3D 형태를 만들었습니다. 지금까지 제작한 여러 오브젝트를 하나의 공간에 불러와서 장면(Scene)을 구성하면서 단축키를 이용하여 형태를 다듬고, 각 오브젝트에 색상(Colors)과 재질(Materials)을 입혀서 완성하겠습니다. 마지막으로 완성한 장면을 시각화할 수 있도록 조명(Light)과 카메라(Camera)도 설치하여 이미지 파일로 출력하는 과정도 학습하겠습니다.

아웃라이너의
씬 컬렉션 구성하기

STEP. 01

블렌더에서 여러 오브젝트를 제작하고 하나의 장면으로 구성할 때 필요한 아웃라이너 (Outliner) 에디터의 편집 기능과 씬(Scene)의 구성 방법을 살펴보겠습니다. 씬은 블렌더 파일에 속한 여러 오브젝트로 구성된 장면을 뜻합니다. 아웃라이너의 씬 컬렉션(Scene Collection)은 장면 속 오브젝트와 구성 요소를 편집할 수 있는 도구 모음입니다.

예제 핵심 기능　**1** 아웃라이너의 씬 컬렉션(Scene Collection) 구조 파악
2 컬렉션 추가 또는 삭제
3 오브젝트를 컬렉션으로 이동
4 컬렉션의 계층구조(Hierarchy) 형성
5 아웃라이너 스위치 버튼들의 용도 파악

컬렉션 구성 살펴보기

블렌더를 [일반(General)] → [새 파일(New File)]로 실행했을 때, 화면의 오른쪽 상단은 아웃라이너(Outliner) 에디터가 차지하고 있습니다. 아웃라이너는 작업 공간 (Workspaces)의 유형에 상관없이 현재의 뷰포트에 배치된 모든 구성 요소를 나열하고 편집하는 에디터입니다. 아웃라이너의 가장 상단에는 기본적으로 하나의 씬 컬렉션 (Scene Collection)이 표시되고, 그 아래 씬 컬렉션을 구성하는 하위 컬렉션과 세부 오브젝트 유형 및 모디파이어(Modifiers) 등의 구성 요소들이 나열됩니다.

블렌더 기본 설정에서는 뷰포트에 큐브(Cube)가 선택된 상태로 프로그램이 시작됩니다. 이 뷰포트에는 오브젝트가 큐브 하나만이 아니라 카메라(Camera)와 라이트(Light)도 포함됩니다. 이렇게 뷰포트에 포함된 오브젝트들은 오른쪽 상단의 아웃라이너 에디터의 씬 컬렉션에 그대로 목록화됩니다. 하나의 블렌더 파일은 하나의 씬 컬렉션에 다수의 컬렉션을 포함할 수 있습니다.

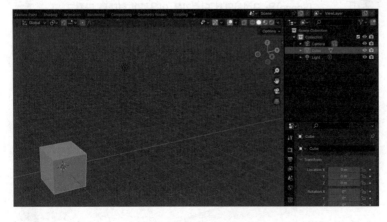

◀ 뷰포트 오른쪽 상단에 있는 아웃라이너 에디터의 씬 컬렉션 구성 목록

컬렉션 편집하기

❶ **컬렉션(Collection) 추가/삭제 :** 씬 컬렉션은 현재의 블렌더 파일에서 뷰포트에 포함된 모든 오브젝트와 모디파이어 등 구성 요소 전체를 묶은 것입니다. 씬 컬렉션 하위에는 기본적으로 하나의 컬렉션이 배치되고 그 안에 Cube, Camera, Light와 같은 오브 젝트들이 들어가 있습니다. 컬렉션은 다양한 구성 요소가 포함되어 관리할 수 있는데, 일종의 폴더와 유사하게 작동합니다. 사용자의 필요에 따라 구성 요소의 유형별로 정리 하거나 장면의 오브젝트들을 영역별로 정리하고자 할 때 컬렉션을 추가해서 요소를 이 동하거나 복제, 삭제, 편집 등 재구성할 수도 있습니다.

컬렉션을 추가할 때는 마우스 오른쪽 버튼을 클릭한 다음 〔새로운 컬렉션(New Collection)〕을 실행하거나 오른쪽 상단의 '새로운 컬렉션(New Collection)' 아이콘(🗃)을 클릭하여 추가할 수 있습니다. 추가된 컬렉션은 'Collection 2'라는 이름으로 생성 되는데, 이름 부분을 더블클릭하면 컬렉션의 이름을 변경할 수 있습니다. 필요 없는 컬 렉션을 삭제할 때는 삭제할 컬렉션을 선택하고 Delete 나 X 를 누르면 됩니다. 컬렉션을 실수로 삭제해도 하위 오브젝트와 같은 구성 요소들은 전체 씬 컬렉션에 그대로 남기 때문에 문제가 없습니다.

▲ 새로운 컬렉션(New Collection) 생성

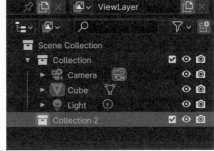
▲ 새로 생성된 'Collection 2'

❷ **컬렉션으로 이동 :** 새로운 컬렉션을 생성하면 기존 컬렉션의 오브젝트와 같은 구성 요소 를 선택하여 새로운 컬렉션으로 쉽게 이동시킬 수 있습니다. 아웃라이너(Outliner) 에 디터의 씬 컬렉션에서 이동할 대상을 선택하고 새로운 컬렉션의 이름으로 드래그하면 이동이 완료됩니다.

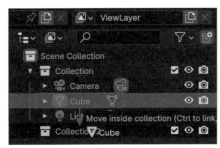

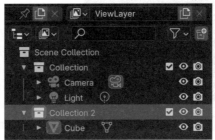

❸ **컬렉션의 계층구조(Hierarchy) :** 씬 컬렉션 아래 새로 만든 'Collection 2'는 기존의 'Collection'과 대등한 관계로 생성됩니다. 만약 새로 만든 컬렉션을 기존 컬렉션의 하위로 종속시키려면 컬렉션의 이동 방법과 마찬가지로 종속시킬 컬렉션 이름을 클릭한 채 상위로 설정할 컬렉션 이름으로 드래그하면 종속관계가 설정됩니다. 그러면 하위 컬렉션에 포함된 구성 요소도 함께 이동되어 똑같이 종속됩니다. 보관함 모양의 컬렉션 옆에 있는 '아래 삼각 화살표' 아이콘(▼)을 클릭하면 하위 구성 요소들이 나타납니다. 이는 오른쪽으로 한 칸 들어간 계층과 함께 세로로 긴 선이 계층구조를 표시합니다.

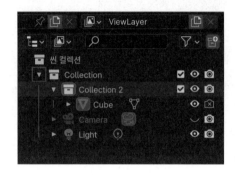
◀ 컬렉션 종속 예시

❹ **오브젝트의 계층구조 형성 :** 컬렉션의 계층구조는 각 오브젝트를 드래그하면서 쉽게 구성할 수 있습니다. 메쉬와 같은 오브젝트 요소는 컬렉션을 이동할 때만 같은 방법으로 구성할 수 있지만, 오브젝드 사이에서 계층구조를 형성할 때는 Shift를 누른 상태로 마우스를 드래그하여 상위 오브젝트로 이동해야 합니다.

예를 들어, 뷰포트에 원뿔(Cone)을 추가하고 기존의 큐브의 하위로 종속시킨다고 가정한다면, 컬렉션에 표시된 'Cone'을 Shift를 누른 상태로 클릭하여 'Cube'로 드래그하면 됩니다. 이렇게 계층구조가 형성되면 원뿔은 큐브에 종속되어 큐브를 이동, 회전, 변형할 때 함께 영향을 받게 됩니다.

반대로 원뿔을 이동, 회전, 변형할 때 상위에 있는 큐브는 영향을 받지 않습니다. 이와 같은 계층구조 형성은 뷰포트에 많은 오브젝트로 장면을 구성하거나 캐릭터의 움직임을 구현할 때 매우 중요합니다. 이때 상위 오브젝트를 '부모(Parent)'라 하고, 종속된 하위 오브젝트를 '자식(Child)'이라고 부르기도 하는데, 오브젝트의 계층구조(Hierarchy)를 형성하는 작업은 '페어런팅(Parenting)'이라고 합니다.

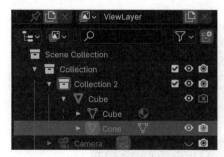
◀ Cube의 하위에 종속된 Cone 오브젝트 예시

❺ **스위치 아이콘 용도** : 컬렉션과 구성 요소 명칭의 오른쪽 끝에는 2개 정도의 스위치 기능의 아이콘들이 나열됩니다.

- **뷰 레이어에서 제외(Exclude from View Layer)** : 컬렉션에는 체크 표시 버튼이 추가되는데 이는 현재의 뷰 레이어(View Layer)에 해당 컬렉션을 포함할지 뺄지를 결정하는 표시입니다. 기본적으로는 체크 표시되어 뷰 레이어에 포함된 상태입니다.

- **뷰포트에서 숨기기(Hide in Viewport)** : 눈 모양의 아이콘으로, 현재의 뷰포트에서 가시화 또는 숨기기를 설정하는 아이콘입니다. 눈 모양을 한 번 클릭하면 감긴 눈으로 바뀌면서 해당 컬렉션 또는 구성 요소가 뷰포트에서 보이지 않게 됩니다. 모델링 작업에 일시적으로 방해가 되는 요소 또는 참조한 오브젝트 등을 화면에서 감출 때 사용합니다.

- **렌더러에서 사용 중지(Disable in Renders)** : 사진 카메라 모양의 아이콘으로, 이것은 렌더러에 해당 컬렉션 또는 구성 요소를 포함할지 결정하는 아이콘입니다. 기본적으로는 포함된 상태이며 한번 클릭하면 카메라의 동그란 렌즈 모양이 × 모양으로 바뀌면서 렌더링에서 제외됩니다. 해당 요소가 렌더러에서 제외되어도 왼쪽 뷰포트에는 계속 남아 있습니다.

◀ 뷰포트에서 숨기기, 렌더러에서 제외 설정 예시

TIP 영역 분할해서 에디터 지정하기

블렌더의 화면 구성 요소 중 둥근 모서리의 사각형으로 된 각 영역은 에디터 종류입니다. 필요에 따라 기존 영역을 더 분할해서 필요한 에디터로 지정하여 작업할 수 있습니다. 예를 들어, 아웃라이너(Outliner) 영역은 기본적으로 아웃라이너 에디터 하나로만 배치되어 있는데, 아웃라이너 아래에 블렌더 파일들을 관리할 수 있는 파일 브라우저(File Browser)를 추가하는 방법도 가능합니다.

아웃라이너 상단 왼쪽 모서리에 마우스 커서를 위치하여 커서 모양이 더하기로 바뀔 때 마우스 왼쪽 버튼을 클릭한 상태로 아래로 드래그하면 아웃라이너 에디터가 추가됩니다. 아래에 추가된 아웃라이너 왼쪽 상단의 에디터 유형(Editor Type) 메뉴를 클릭해서 파일 브라우저로 선택하면 파일 경로가 표시되는 내용으로 바뀝니다.

에디터 유형은 필요에 따라 언제든 변경할 수 있습니다. 만약 에디터를 실수로 잘못 분할했다면 두 에디터의 경계선에 마우스 커서를 위치하고, 양쪽 화살표로 바뀔 때 오른쪽 버튼을 클릭하여 영역 옵션(Area Options) 메뉴가 표시되면 (영역 합치기(Join Areas))를 클릭하고 원래 영역을 선택하면 됩니다.

제작한 모델 불러와 공간 구성하기

예제 파일 : 03\카페.blend, 가로등.blend, 컵.blend, 꽃화분.blend,
의자.blend, 사다리.blend, 책.blend, 텍스트.blend
완성 파일 : 03\공간구성_완성.blend

제작한 모델링의 결과물들을 하나의 씬에 불러와서 크기와 비율 등을 단축키를 사용하여 수정하며 공간을 구성하겠습니다. 하나의 블렌더 파일에 여러 개의 모델을 불러올 예정이므로, 바탕 공간이 되는 블렌더 파일의 설정이 먼저 필요합니다. 가로등과 카페 건물 등 여러 개의 모델을 배치하는 파닥 판과 같은 스테이지를 먼저 만들고 하나씩 모델을 불러오겠습니다.

예제 핵심 기능
1 기존 모델들을 불러올 바닥 판 구조 생성
2 배열(Array) 모디파이어와 Shade Auto Smooth 적용
3 모델링한 오브젝트의 변환 적용
4 덧붙이기(Append) 메뉴로 기존 모델 불러오기
5 스냅(Snap To)을 활용하여 밀착 배치

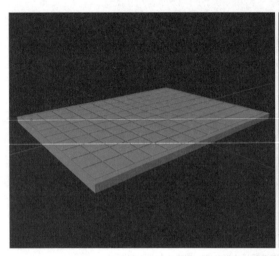

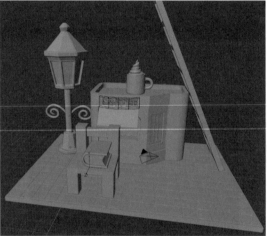

바닥 판 구조 만들기

01 ┃ 블렌더를 실행하고 기본 제공된 큐브(Cube)가 선택된 상태에서 S를 눌러 축적(Scale) 변형 상태로 들어가고 커서를 아래로 이동한 다음 클릭하여 납작하고 넓은 판재 형태로 변형합니다.

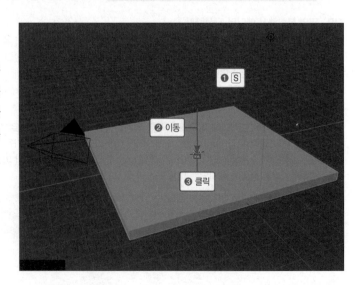

1 S
2 이동
3 클릭

02 속성(Properties) 에디터의 [오브젝트(Object)] 탭을 선택하고 변환(Transform) 항목의 Scale X를 '5', Y를 '7', Z를 '0.2'로 설정하여 가로로 긴 직사각형의 납작한 판 형태로 조절합니다.

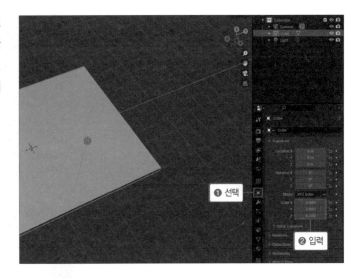

03 보도블록 유닛을 만들기 위해 Shift +A를 눌러 표시되는 [추가(Add)] 메뉴에서 [메쉬(Mesh)] → [큐브(Cube)]를 실행하여 큐브를 생성합니다.
큐브를 추가(Add Cube) 명령 상자가 표시되면 크기(Size)를 '1m' 정도로 설정합니다.

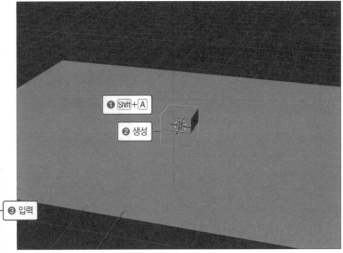

04 새로운 큐브가 선택된 상태에서 속성(Properties) 에디터의 [모디파이어(Modifiers)] 탭을 선택하고 [+ 모디파이어를 추가(Add Modifier)] 버튼을 클릭한 다음 [생성(Generate)] → [배열(Array)]을 클릭하여 추가합니다.

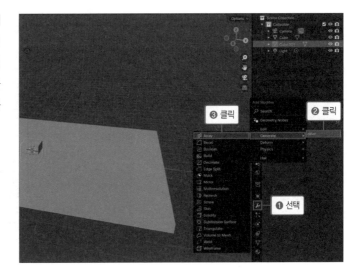

05 (모디파이어(Modifiers)) 탭의 배열 속성 중에서 개수(Count)를 '9', 상대적인 오프셋(Relative Offset)의 팩터(Factor) X를 '1'로 설정하고 '상수 오프셋(Constant Offset)'을 체크 표시한 다음 세부 속성을 클릭하여 표시합니다. 세부 속성에서 거리(Distance) X를 '0.05m'로 설정합니다.

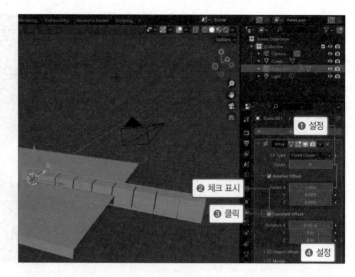

06 숫자 키패드 ③을 눌러 정면 정사법(Front Orthographic) 뷰로 전환합니다. 도구상자(Toolbar)의 '이동(Move)' 도구(⊕)를 선택하고 빨간색 X축 핸들을 오른쪽으로 드래그하여 큐브 배열을 바닥 판의 중앙에 맞추어 배치합니다.

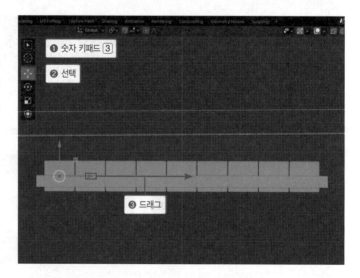

07 (모디파이어(Modifiers)) 탭의 배열(Array) 속성 중에서 'ᐯ' 아이콘을 클릭하고 (적용(Apply))을 선택합니다.

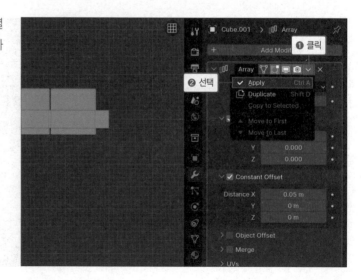

08 │ (모디파이어(Modifiers)) 탭의 (+ 모디파이어를 추가(Add Modifier)) 버튼을 클릭하고 (생성(Generate)) → (배열(Array))을 클릭하여 추가합니다.

배열(Array) 설정 창이 표시되면 개수(Count)를 '13', 상대적인 오프셋(Relative Offset)의 팩터(Factor) Y를 '1'로 설정하고 '상수 오프셋(Constant Offset)'을 체크 표시한 다음 거리(Distance) X를 '0.05m'로 설정합니다.

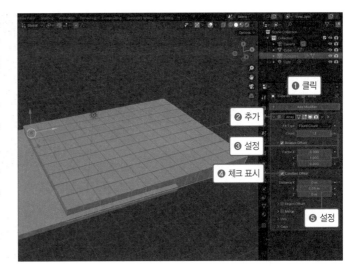

09 │ 숫자 키패드 1을 눌러 오른쪽 정사법(Right Orthographic) 뷰로 변경하고 도구상자(Toolbar)의 '이동(Move)' 도구( )를 선택한 다음 초록색 Y축을 오른쪽으로 드래그하여 큐브 배열을 바닥 판의 중앙에 맞추어 배치합니다.

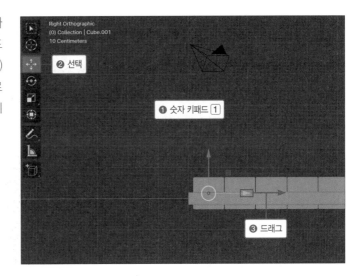

10 │ 바닥 판보다 더 튀어나온 보도블록의 높이를 줄이겠습니다. 보도블록을 선택한 상태로 S를 눌러 축적(Scale) 변형 상태로 들어가고 Z를 눌러 파란색 Z축으로만 이동되게 활성화합니다. 커서를 아래로 이동해 높이를 축소하고 클릭합니다.

크기 조정(Resize) 명령 상자가 표시되면 축적(Scale) Z를 '0.3'으로 설정합니다.

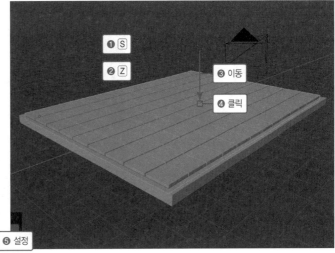

11 [모디파이어(Modifiers)] 탭에서 배열(Array) 속성 중에서 'V' 아이콘을 클릭하고 [적용(Apply)]을 선택하여 전체를 하나의 오브젝트로 변환합니다.

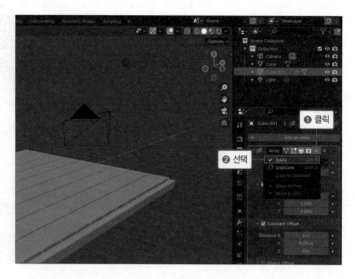

12 보도블록의 모서리를 자연스럽게 다듬기 위해 선택한 상태로 Tab을 눌러 에디트 모드(Edit Mode)로 전환합니다. 도구상자(Toolbar)의 '베벨(Bevel)' 도구(◼)를 선택하고 노란색 핸들을 위로 드래그합니다. 베벨(Bevel) 명령 상자가 표시되면 폭(Width)을 '0.02', 부분(Segments)을 '5'로 설정합니다.

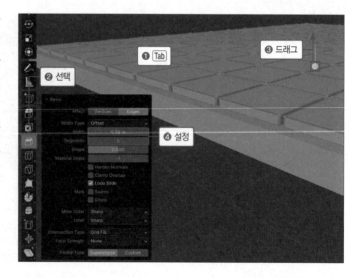

13 Tab을 눌러 오브젝트 모드로 전환합니다. 보도블록(Cube.001)이 선택된 상태로 마우스 오른쪽 버튼을 클릭한 다음 [Shade Auto Smooth]를 클릭하여 적용합니다.

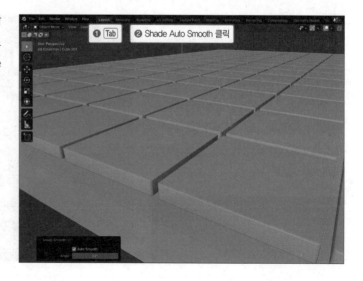

14 | G를 눌러 이동 상태로 들어가고 Z를 눌러 파란색 Z축으로만 이동되도록 합니다. 커서를 아래로 이동하고 클릭합니다. 이동(Move) 명령 상자가 표시되면 이동(Move) Z를 '-0.1m'로 입력하여 보도블록이 바닥 판에서 약간만 튀어나오도록 설정합니다.

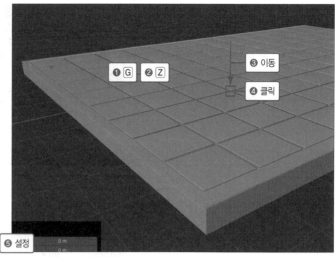

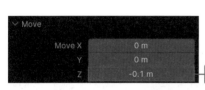

15 | 아웃라이너(Outliner) 에디터의 씬 컬렉션(Scene Collection)에서 Shift를 누른 상태로 보도블록에 해당하는 Cube.001을 바닥 판에 해당하는 큐브(Cube)로 드래그하여 보도블록이 바닥 판에 종속되도록 계층(Hierarchy)을 설정합니다.

TIP 모델 오브젝트의 변환 적용하기

사전에 모델링한 결과를 장면으로 구성하며 배치하기 위해 불러올 때 기존에 변형 작업한 그대로 가져오면 나중에 베벨(Bevel)이나 배열(Array)과 같은 모디파이어(Modifiers) 효과가 제대로 적용되지 않을 수 있습니다. 모델링 과정에서의 변형 데이터가 오브젝트에 제대로 반영되지 않아 모디파이어 효과가 정확하게 나타나지 않거나 이상하게 틀어지는 경우에 발생하는 문제입니다.

기존 모델을 불러오기 전에 모델 오브젝트가 선택된 상태로 Ctrl+A를 눌러 표시되는 적용(Apply) 메뉴에서 (모든 변환(All Transforms))을 적용합니다. 그러면 모델링 과정의 변형 작업이 데이터에 모두 적용되어 이후 모디파이어의 변형 효과가 이상 없이 제대로 구현됩니다.

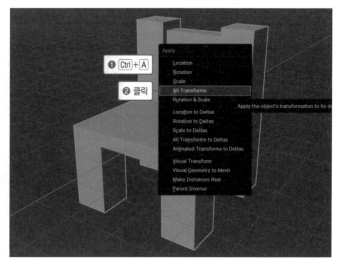

기존 오브젝트 불러오기

01 | 기존의 블렌더 파일에서 오브젝트들을 불러오겠습니다. 헤더의 (파일(File)) 메뉴에서 (덧붙이기(Append)...)를 클릭합니다.

02 | 블렌더 파일 보기(Blender File View) 창이 표시되면 파일을 불러올 폴더에서 블렌더 파일을 선택하고 (덧붙이기(Append)) 버튼을 클릭합니다. 예제에서는 앞서 만든 카페 건물을 불러오기 위해 03 폴더에서 '카페.blend' 파일을 선택하였습니다.

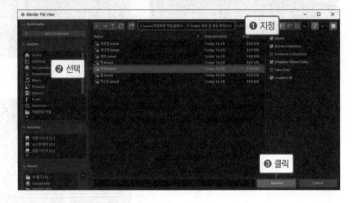

03 | 파일이 바로 열리지 않고 파일의 구성 요소들이 폴더 형태로 나열됩니다. 그중에서 '컬렉션(Collection)' 폴더를 더블클릭합니다.

04 | 컬렉션(Collection) 폴더 안의 'Collection'을 선택하고 더블클릭 또는 (덧붙이기(Append)) 버튼을 클릭합니다.

05 불러온 모델링이 기존의 바닥 판 모델의 중앙에 배치됩니다. 아웃라이너 (Outliner) 에디터의 컬렉션(Collection) 하위에 불러온 모델이 'Collection.001'로 표시됩니다. 바닥 판에 비해 카페 건물이 더 크기 때문에 바닥 판을 복제하여 넓히겠습니다.

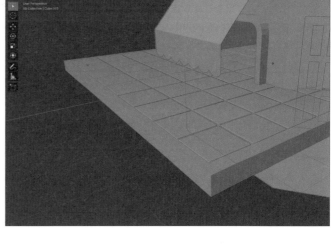

06 헤더에서 '스냅하기(Snapping)' 아이콘(■)을 클릭하여 Snap To를 (에지 (Edge))로 설정하고 '스냅(Snap)' 아이콘 (■)을 클릭하여 활성화합니다. 바닥 판과 보도블록을 모두 선택하고 Shift+D를 눌러 복제한 다음 X를 눌러 빨간색 X축 방향으로 약간 띄어서 이동합니다.

G, X를 눌러 빨간색 X축으로만 이동하는 상태로 들어가고 커서를 오른쪽으로 이동한 다음 기존 바닥 판의 모서리에 모래시계 모양의 표시가 나타나면 클릭합니다.

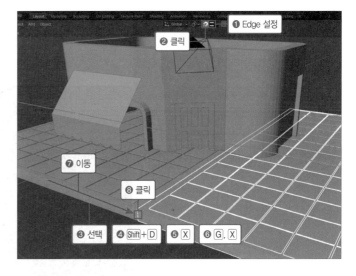

07 4개의 큐브로 구성된 바닥 판의 요소들을 하나로 합치기 위해 헤더의 (오브젝트(Object)) 메뉴에서 (합치기(Join))를 클릭합니다. 아웃라이너(Outliner) 에디터의 컬렉션에 바닥 판 구성 요소들이 'Cube.003'으로 통합됩니다.

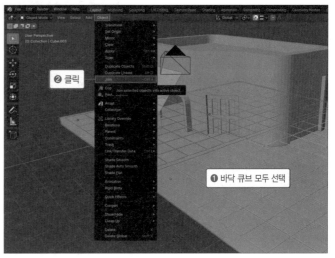

08 카페 건물을 구성하는 오브젝트를 모두 선택하고 ⒼG를 눌러 이동 상태로 들어가고 커서를 이동해 보며 바닥 판의 보도블록 윗면에 카페 건물이 밀착된 상태(모래시계 표시)가 되면 클릭하여 중앙 뒤쪽에 배치합니다.

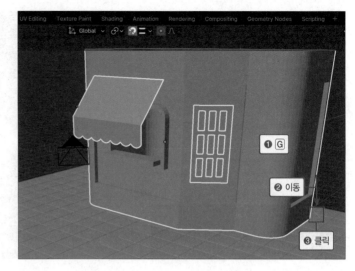

TIP 스냅(Snap)을 활용하여 밀착시키기

스냅 옵션을 설정한 상태로 ⒼG를 눌러 오브젝트를 이동할 때는 여러 번에 걸쳐 나눠서 이동하면 더 편리합니다. 불러온 오브젝트를 특정한 축으로 더 멀리 이동한 다음 밀착할 오브젝트로 가까이 끌어오는 방식이 한 번에 스냅 대상으로 드래그하는 것보다 더 정확하게 작동합니다.

09 같은 방법으로 모델링 과정을 실습한 모델들을 [덧붙이기(Append)]로 불러와서 스냅(Snap) 옵션을 활용히여 시로 겹치지 않도록 바닥 판 위에 배치해 그림과 같이 완성합니다.

TIP 블렌더에서 기존 모델 불러오기 방법

- **덧붙이기(Append)** : 현재의 블렌더 파일에서 불러올 모델을 수정 또는 편집하려면 메뉴에서 [파일(File)] → [덧붙이기 (Append)]를 클릭하고 창에서 Collection을 선택하여 불러오면 됩니다. 불러온 컬렉션의 구성 요소 즉, 오브젝트가 추가된 것 이므로 계속 수정 보완이 가능합니다.
- **연결(Link)** : 원본 파일의 결과 그대로 빌려오는 방법으로 원본이 수정되면 영향을 받게 됩니다. 복잡한 장면의 구성을 위해 여러 명이 협업하거나 대규모 프로덕션 공정에서 자주 이용됩니다.
- **가져오기(Import)** : 블렌더 파일(.blend)이 아닌 다른 포맷으로 저장된 모델을 블렌더로 불러오는 방법입니다. 블렌더로 불러 오는 과정에서 원본과 달라질 수 있으므로 불러오기 설정의 확인이 필요합니다.

STEP. 03

모델의 비율과
외형 수정하기

예제 파일 : 03\외형수정.blend
완성 파일 : 03\외형수정_완성.blend

하나의 무대와 같은 바닥 판에 불러온 다양한 모델들의 위치를 정해 배치하면 서로 크기와 비례가 맞지 않는 문제를 발견하게 됩니다. 오브젝트들 사이의 비례 관계를 맞추고 필요에 따라 개별 오브젝트의 크기와 부분적인 형태도 더 다듬어서 조화를 이루도록 보완해야 합니다.

예제 핵심 기능

1 불러온 모델들 사이의 비례와 축적 조정
2 오브젝트들의 축적(Scale) 관계 조정
3 개별 오브젝트의 크기(Resize)와 비례 수정
4 오브젝트의 모든 변환(All Transforms) 적용
5 베벨(Bevel)과 배열(Array) 모디파이어 확정
6 단축키를 활용한 오브젝트 회전 제어

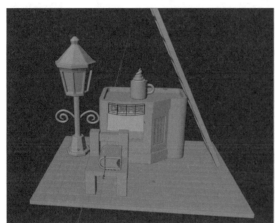
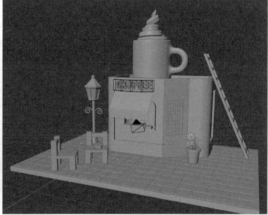

오브젝트들의 축적 맞추기

01 바닥 판에 놓인 여러 오브젝트의 크기를 서로 맞추기 위해 바닥 판과 카페 건물을 기준으로 축적(Scale)을 조절하겠습니다. 먼저 뷰포트에서 사다리를 선택하고 S를 눌러 축적 상태로 들어간 다음 커서를 이동하여 크기를 줄인 후 클릭합니다.

크기 조정(Resize) 명령 상자가 표시되면 축적(Scale) X, Y, Z을 '0.45' 정도로 설정합니다.

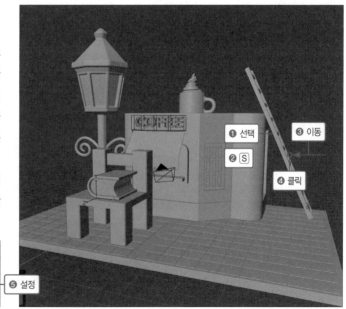

02 | 헤더의 '스냅(Snap)' 아이콘(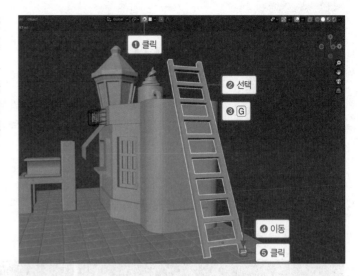)을 클릭하여 활성화된 상태에서 사다리를 선택합니다. ⒢를 눌러 이동 상태로 들어가고 보도블록 위로 표면에 밀착되도록 커서를 이동한 다음 클릭합니다. 이때 카페 건물의 옥상 모서리와 사다리가 중첩되지 않도록 유의합니다.

03 | 카페 건물 옥상에 배치한 컵과 휘핑크림을 모두 선택하고 ⓢ를 눌러 축적 상태로 들어가고 커서를 이동하여 크기를 키운 다음 클릭합니다.
크기 조정(Resize) 명령 상자가 표시되면 축적(Scale) X, Y, Z를 '2' 정도로 설정합니다.

04 | 컵과 휘핑크림이 선택된 상태로 ⒢를 눌러 이동 상태로 들어가고 커서를 이동하여 옥상 윗면 표면에 밀착되도록 배치한 다음 클릭합니다.

05 가로등을 모두 선택하고 ⑤를 눌러 축척 상태로 들어가고 커서를 이동하여 크기를 줄인 다음 클릭합니다.

크기 조정(Resize) 명령 상자가 표시되면 축적(Scale) X, Y, Z를 '0.4' 정도로 설정합니다.

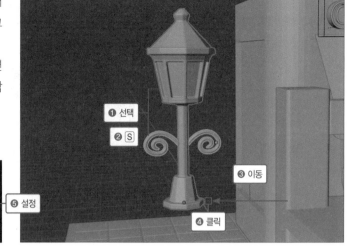

06 가로등이 선택된 상태에서 ⑥를 눌러 이동 상태로 들어가고 커서를 아래로 이동하여 보도블록 윗면에 밀착되도록 배치한 다음 클릭합니다.

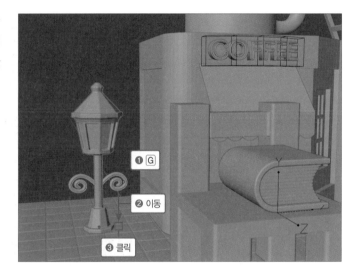

07 의자와 책 오브젝트를 모두 선택합니다. ⑤를 눌러 축적 상태로 들어가고 커서를 이동하여 크기를 줄인 다음 클릭합니다.

크기 조정(Resize) 명령 상자가 표시되면 축적(Scale) X, Y, Z를 '0.5' 정도로 설정합니다.

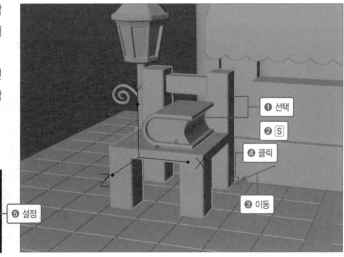

08 의자와 책이 선택된 상태로 ⒢를 눌러 이동 상태로 들어가고 커서를 이동하여 보도블록 윗면에 밀착되도록 배치한 다음 클릭합니다.

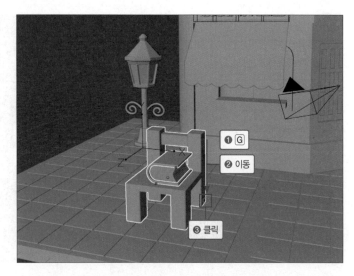

개별 오브젝트 편집하기

01 가로등의 기둥 부분이 조금 더 길어져야 비례가 적절할 것으로 보입니다.
아웃라이너(Outliner) 에디터의 컬렉션(Collection)에서 가로등에 해당하는 'Collection.007'을 제외한 나머지 하위 컬렉션들의 '눈' 아이콘(◉)을 클릭하여 뷰포트에서 감추기(Hide on Viewport)로 설정합니다.

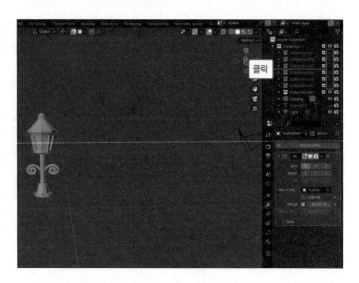

02 숫자 키패드 ①을 눌러 앞쪽 정사법(Front Orthographic) 뷰로 설정합니다. 가로등의 장식 부분을 선택하고 마우스 오른쪽 버튼을 클릭하여 (Convert To) → (메쉬(Mesh))를 클릭합니다.

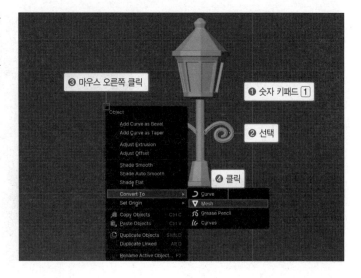

03 | 가로등을 선택하고 Tab을 눌러 에
디트 모드(Edit Mode)로 전환합니다. 헤더
의 뷰포트 셰이딩(Viewport Shading)에서
'와이어프레임(Wireframe)' 아이콘(⊕)을
클릭하고 'X-Ray를 토글(Toggle X-Ray)'
아이콘(⊡)을 클릭하여 모드를 활성화합니
다. 선택 모드(Select Mode)를 [버텍스
(Vertex)]로 설정하고 가로등의 하단부 점
을 모두 선택합니다.

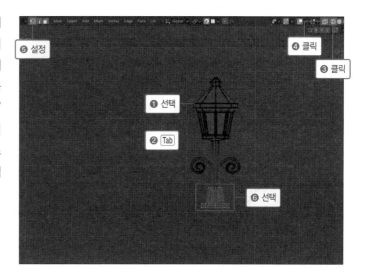

04 | 기둥의 길이를 늘이기 위해 G를 눌
러 이동 상태로 들어가고 Z를 눌러 빨간색
Z축으로만 이동되게 합니다. 커서를 아래로
이동해 길이를 늘이고 클릭합니다.
이동(Move) 명령 상자가 표시되면 이동
(Move) Z를 '-1.8m'로 설정합니다.

05 | 아웃라이너(Outliner) 에디터에서
뷰포트에서 보이지 않는 컬렉션들의 '감은
눈' 아이콘(◡)을 클릭하여 다시 보이도록
설정합니다.
헤더의 뷰포트 셰이딩(Viewport Shading)
에서 '솔리드(Solid)' 아이콘(◐)을 클릭하고
Tab을 눌러 오브젝트 모드(Object Mode)
로 전환합니다. 가로등과 장식을 선택하고
G, Z를 눌러 파란색 Z축으로만 이동되는
상태로 들어가고 커서를 위로 이동하여 가
로등을 보도블록 위에 밀착되도록 배치한
다음 클릭합니다.

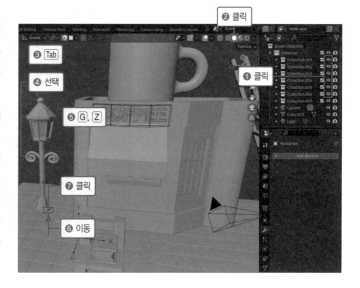

06 의자 위에 배치한 책의 크기와 두께를 줄이기 위해 책을 구성하는 오브젝트를 모두 선택합니다. S를 눌러 축적 상태로 들어가고 커서를 이동하여 축소한 다음 클릭합니다. 크기 조정(Resize) 명령 상자가 표시되면 축적(Scale) X, Y를 '0.7', Z를 '0.6'으로 설정합니다.

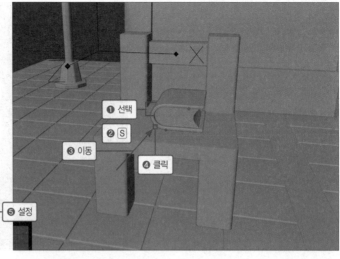

07 책이 모두 선택된 상태로 G, Z를 눌러 파란색 Z축으로만 이동되는 상태로 들어가고 커서를 아래로 이동하여 책이 의자 위에 밀착되도록 스냅(Snap) 기능을 활용해서 배치한 다음 클릭합니다.

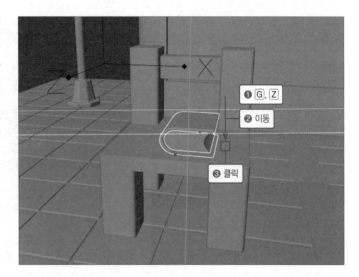

08 의자를 선택하고 Shift+D를 눌러 복제한 다음 X를 눌러 빨간색 X축 방향으로만 이동되게 합니다. 커서를 왼쪽으로 이동하여 복제한 의자를 기존 의자 옆에 배치하고 클릭합니다.

복제한 의자를 회전하기 위해 R, Z를 눌러 파란색 Z축으로만 회전되는 상태로 들어가고 Shift를 누른 상태로 커서를 이동하여 복제된 의자를 90° 정도로 회전해 배치하고 클릭합니다.

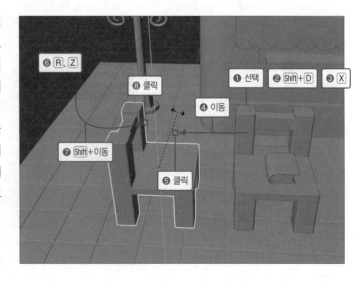

09 두 의자를 Z축으로 함께 회전하여 카페 건물 앞에 자연스럽게 위치한 것처럼 보이도록 배치하겠습니다. 2개의 의자와 책을 선택하고 R을 눌러 회전 상태로 들어간 다음 Shift+Z를 누른 상태로 커서를 이동하여 그림과 같이 회전하고 클릭합니다.

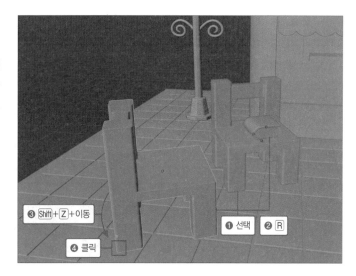

10 메뉴에서 (파일(File)) → (덧붙이기 (Append))를 실행하여 제작한 꽃 화분을 불러오고 S를 눌러 축적(Scale)으로 크기를 줄이고, G를 눌러 이동(Move)으로 카페 건물의 창문 앞에 배치합니다.

TIP 03 폴더의 '화분.blend' 파일을 불러와도 사용해도 됩니다.

11 의자를 선택하고 Ctrl+A를 눌러 표시되는 적용(Apply) 메뉴에서 (모든 변환 (All Transforms))을 클릭하여 변형 데이터를 적용합니다. 같은 방법으로 의자, 가로등, 카페 건물, 사다리 등에도 변환을 적용합니다.

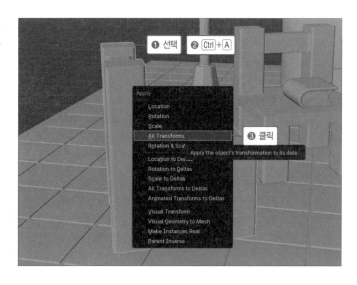

12 베벨(Bevel), 배열(Array) 등 모디파이어 적용을 확정하겠습니다. 모디파이어가 적용된 오브젝트를 선택하고 (모디파이어(Modifier)) 탭의 각 속성 중에서 'V' 아이콘을 클릭한 다음 (적용(Apply))을 선택합니다.

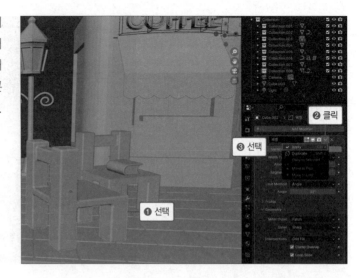

13 같은 방법으로 모디파이어가 적용된 오브젝트의 모디파이어 적용을 확정하여 오브젝트 외형 수정을 완성합니다.

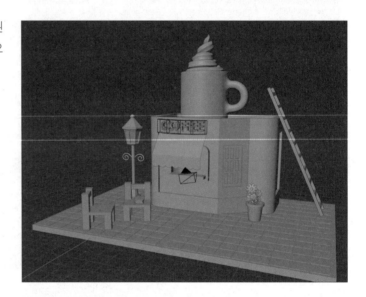

TIP 오브젝트 회전 및 이동 제어

오브젝트를 선택하여 회전시킬 때 Ctrl를 누르면 5° 간격으로 회전 가능하고, Shift를 누르면 미세한 각도로 회전할 수 있습니다. 오브젝트를 이동할 때 의도하지 않은 방향으로 움직이게 되어 정확한 제어가 어려울 수도 있습니다. 이때 특정 축을 제외한 방향으로 이동하려면 Shift와 제외할 축 X, Y, Z 중 하나를 함께 누른 상태로 이동하면, 의도하지 않은 축으로의 이동을 억제하면서 제어할 수 있습니다.

TIP 마우스 버튼 클릭 없이 드래그

블렌더는 사용자가 인터페이스를 편집하고 콘텐츠를 제작하는 과정에서 많은 옵션을 제공하고 있습니다. 특히 마우스를 제어하는 방법에서도 기본적인 좌우 버튼 '클릭'과 왼쪽 버튼을 클릭하여 대상을 선택한 상태로 끌어가는 '드래그(drag)', 가운데 휠 클릭 등의 제어 방법 외에도 마우스 버튼을 클릭하지 않고 대상을 움직이는 방법도 블렌더에서 자주 사용됩니다. 예를 들어, 오브젝트 모드(Object Mode)에서 오브젝트를 선택한 후 G를 눌러 이동 변형 모드에 들어가면 마우스 버튼을 클릭하지 않아도 마우스를 움직이는 커서를 따라 오브젝트가 움직입니다. 오브젝트 이동을 확정하려고 할 때 마우스 왼쪽 버튼을 클릭하면 이동이 완료됩니다. 이와 같은 방법은 일상에서 자주 사용하지 않기 때문에 클릭 상태로 드래그하는 것과 혼동하기 쉽습니다.

이 책에서는 혼동을 방지하고자 일반적인 '클릭&드래그' 방식을 '마우스 버튼을 클릭한 상태로 드래그'로 풀어서 설명하고, 버튼 클릭 없이 마우스 커서를 따라 변형되는 방식을 '커서를 이동하여 클릭'으로 구분하여 설명하는 부분이 있습니다.

STEP. 04

조명과 카메라로
장면 구성하기

예제 파일 : 03\장면구성.blend
완성 파일 : 03\장면구성_완성.blend

모델링을 완료하면 새로운 재질을 생성하고 컬러(Color) 등 특성을 부여하는 매테리얼(Material) 작업을 진행합니다. 매테리얼 작업을 진행하기 전에 컬러와 표면, 질감의 구분 등 오브젝트의 특징을 강조하기 위해 먼저 조명과 카메라를 설정하여 렌더링을 통해 출력할 장면을 구성하겠습니다.

예제 핵심 기능
1 씬 컬렉션에 조명 특성과 위치 설정
2 평면(Plane)으로 배경 호리즌트 생성
3 카메라 위치와 뷰 설정
4 컬렉션의 계층구조(Hierarchy) 형성
5 Camera to View로 카메라 화각 설정

조명 설정하기

01 | 아웃라이너(Outliner) 에디터의 씬 컬렉션(Scene Collection)에서 구성한 카페 풍경을 살펴보면 기본으로 제공되는 조명(Light)와 카메라(Camera)가 건물 내부에 배치되어 있습니다.
헤더의 뷰포트 셰이딩(Viewport Shading)에서 '렌더리드(Rendered)' 아이콘(⚫)을 클릭하면 현재 구성된 조명 상태가 잘 보입니다.

TIP 예제를 진행하기 위해서는 앞서 작업한 예제에서 이어 진행하거나 03 폴더에서 '장면구성.blend' 파일을 불러오세요.

02 카페 건물 내부의 따뜻한 실내 조명으로 변경하겠습니다. 라이트(Light)를 선택한 상태에서 속성(Properties) 에디터의 (데이터(Data)) 탭을 선택하고 (포인트(Point))의 컬러(Color)를 클릭하여 색상환이 표시되면 드래그하여 노란색의 따뜻한 색감으로 지정합니다.

03 포인트 조명의 강도를 의미하는 Power를 '100W'로 축소하여 은은한 불빛으로 표현합니다.

04 전체 장면을 비추는 태양광 조명을 하나 추가하겠습니다. Shift+A를 눌러 표시되는 추가(Add) 메뉴에서 (라이트(Light)) → (태양(Sun))을 클릭합니다.

05 숫자 키패드 3을 눌러 우측 정사법
(Right Orthographic) 뷰로 전환합니다.
도구상자(Toolbar)에서 '이동(Move)' 도구
(🔀)를 선택하고 파란색 Z축 핸들을 위로,
초록색 Y축 핸들을 왼쪽으로 드래그하여 태
양(Sun)의 위치를 건물의 앞쪽 위로 이동합
니다.

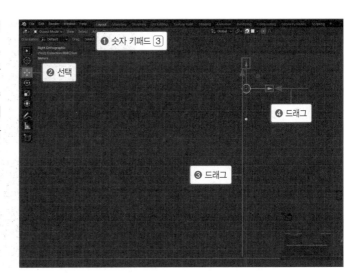

06 태양(Sun) 라이트 아래로 연결된 주
황색 방향선의 노란색 인터랙티브 포인트
(Interactive Point)를 드래그하여 조명 방
향이 카페 캐노피를 향하도록 조정합니다.

07 흐린 오후의 햇빛을 표현하기 위
해 (데이터(Data)) 탭의 (태양(Sun))에서 컬
러(Color)를 노란색이 미세하게 섞인 흰색
으로 지정하고 강도(Strength)를 '4', 각도
(Angle)를 '11'로 설정합니다.

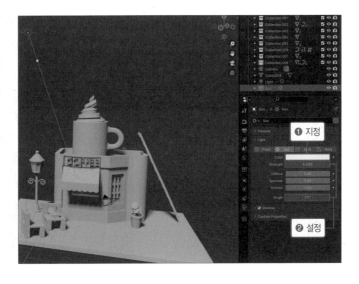

배경 호리존트 만들기

01 | 카페 건물 주변으로 공간이 비어있기 때문에 조명과 카메라 설정을 위해 호리존트를 만들겠습니다. Shift+A 를 눌러 표시되는 추가(Add) 메뉴에서 [메쉬(Mesh)] → [평면(Plane)]을 클릭하여 보도블록 아래에 사각 평면을 추가합니다.

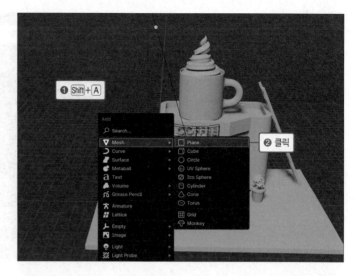

02 | S 를 눌러 축적 상태로 들어가고 커서를 이동하여 평면의 크기를 카페 공간보다 훨씬 크게 확대한 다음 클릭합니다.
크기 조정(Resize) 명령 상자가 표시되면 축적(Scale) X, Y를 '20' 정도로 설정합니다.

03 | 도구상자(Toolbar)에서 '이동(Move)' 도구(✛)를 선택하고 평면의 빨간색 X축 핸들을 오른쪽으로 드래그하여 보도블록 아래에 카페 공간과 중심이 일치하면서도 전면으로 여유를 두면서 위치하도록 배치합니다.

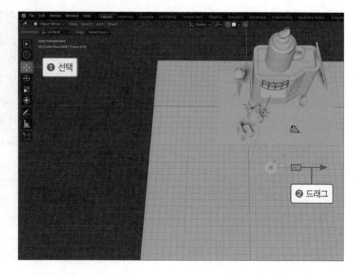

04 평면을 선택하고 (Tab)을 눌러 에디트 모드(Edit Mode)로 전환합니다. 선택 모드(Select Mode)를 (에지(Edge))로 설정하고 카페 뒤편의 에지를 선택합니다.

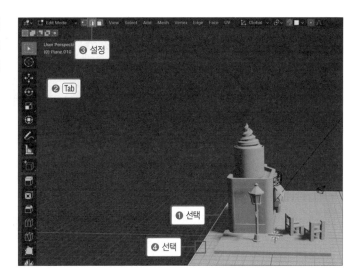

05 도구상자(Toolbar)의 '지역 돌출 (Extrude Region)' 도구(■)를 선택하고 노란색 핸들을 위로 드래그합니다.

지역을 돌출하고 이동(Extrude Region and Move) 명령 상자가 표시되면 이동 (Move) X, Y를 '0', Z를 '20'으로 설정합니다.

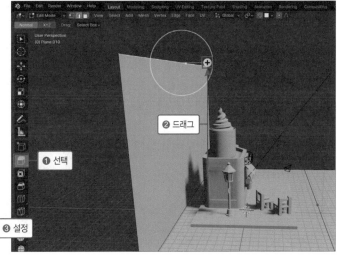

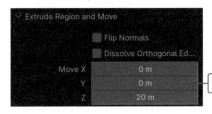

06 (Tab)을 눌러 오브젝트 모드(Object Mode)로 전환합니다.

평면을 선택한 상태로 (Ctrl)+(A)를 눌러 표시되는 적용(Apply) 메뉴에서 (모든 변환 (All Transforms))을 클릭합니다.

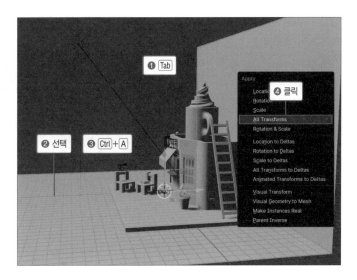

07 | 속성(Properties) 에디터에서 (모디파이어(Modifiers)) 탭을 선택하고 (+ 모디파이어 추가(Add Modifier)) 버튼을 클릭한 다음 (생성(Generate)) → (베벨(Bevel))을 클릭하여 추가합니다.

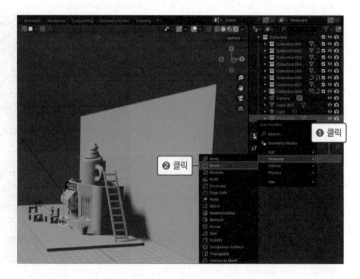

08 | (모디파이어(Modifiers)) 탭의 베벨(Bevel) 속성 중에서 (에지(Edges))의 양(Amount)을 '2.5m', 부분(Segments)을 '7'로 설정하여 모서리를 둥글게 변형하고 'V' 아이콘을 클릭한 다음 (적용(Apply))을 선택합니다.

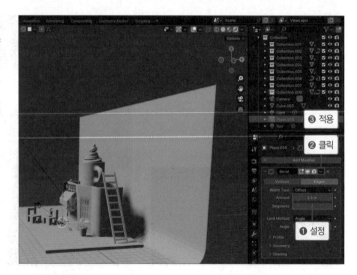

09 | 평면이 선택된 상태로 마우스 오른쪽 버튼을 클릭한 다음 (셰이드 스무스(Shade Smooth))를 클릭하여 적용해 경계를 부드럽게 처리합니다.

카메라 설정하기

01 │ 커다란 호리즌트 앞에 놓인 카페 풍경을 결과 이미지로 출력하기 위해 먼저 카메라 렌즈에 잡히는 화각과 구도를 설정하겠습니다. 아웃라이너(Outliner) 에디터에서 '카메라(Camera)'를 선택하여 현재 위치를 확인합니다.

02 │ 숫자 키패드 0을 누르거나 뷰포트의 '카메라 뷰를 토글(Toggle the camera view)' 아이콘(📷)을 클릭하여 카메라의 화각을 표시해 카메라 뷰를 확인합니다. 카메라가 카페 건물에 매우 근접된 상태로 보입니다.

03 │ 현재 상태에서 화각 안에 카페 풍경을 온전히 담으려면 G와 R를 눌러 카메라의 이동, 회전, 확인 과정을 여러 번 반복하거나 속성(Properties) 에디터의 (오브젝트(Object)) 탭을 선택하고 위치(Location)와 회전(Rotation) 수치를 설정하여 화각을 맞추어야 해서 불편합니다.

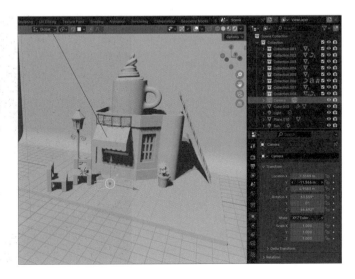

04 │ 카메라의 화각을 손쉽게 맞추기 위해 N을 눌러 사이드바를 표시하고 (보기 (View)) 탭을 선택한 다음 'Camera to View'를 체크 표시합니다.

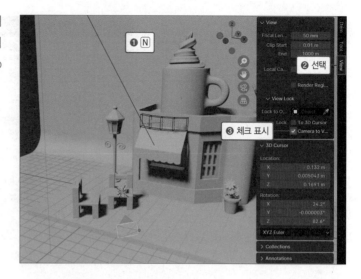

05 │ 다시 N을 눌러 사이드바를 닫고 '카메라 뷰를 토글(Toggle the camera view)' 아이콘(■)을 클릭합니다. 카메라 화각의 노란색 선 위에 빨간 점선이 표시됩니다.

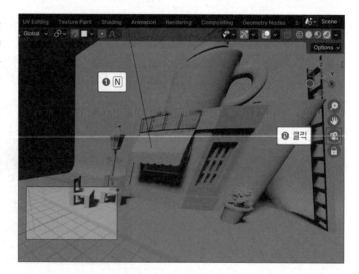

06 │ 마우스 휠과 Shift, 기즈모 등을 이용하여 뷰포트를 이동 및 회전해 빨간색 화각에 풍경의 전체 구도를 설정합니다.

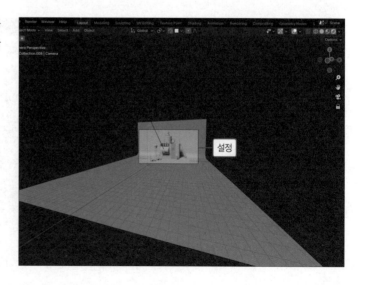

07 뷰포트에서 '자물쇠' 아이콘(🔒)을 클릭하여 카메라 뷰 잠금을 풀고 마우스 휠을 돌려 카메라 화각이 크게 보이도록 확대해 화각을 세부적으로 확인합니다.

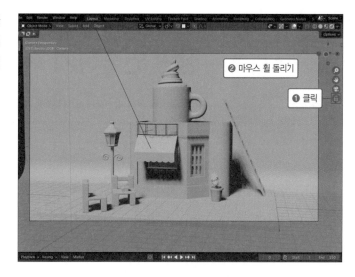

08 화각을 일반적인 카메라 프레임 비율인 3:2로 맞추기 위해서 속성(Properties) 에디터에서 〔출력(Output)〕 탭을 선택하고 해상도 X를 '3000', Y를 '2000'으로 입력합니다. 뷰포트의 화각이 상하로 약간 확장됩니다.

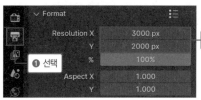

09 뷰포트에서 '자물쇠' 아이콘(🔒)을 클릭하여 다시 카메라 뷰를 잠그고 화각 안에 카페 풍경의 방향과 확대(Zoom) 정도를 세밀하게 조절해 장면 구성을 완성합니다.

TIP 카메라 각도 초기화

오브젝트를 향하는 카메라의 설정을 위해 이동과 회전 작업을 반복하다 보면 카메라 각도가 원하지 않은 방향으로 틀어지는 경우가 발생할 수 있습니다. 특히 수평이 맞지 않으면 렌더링 결과물에도 좋지 않은 영향을 주게 됩니다. 이때 카메라를 선택한 상태에서 단축키 Alt+R을 누르면 카메라의 모든 각도 회전이 초기화됩니다. 이후 Camera to View 설정과 같은 방법으로 화각을 다시 설정하면 됩니다.

오브젝트에 매테리얼 적용하여
장면 연출하기

예제 파일 : 03\장면연출.blend, 컬러팔레트.png
완성 파일 : 03\장면연출_완성.blend

카페 풍경을 구성하는 모든 오브젝트를 배치하고, 컬러와 재질, 즉 매테리얼(Material)을 표현하기 위한 준비 작업으로 조명과 카메라의 설정을 마쳤습니다. 이를 바탕으로 각 오브젝트에 컬러와 재질감을 입혀서 시각적으로 풍부한 풍경을 연출해 보겠습니다.

예제 핵심 기능

1 코파일럿과 함께 컬러 팔레트 생성
2 오브젝트에 매테리얼(Material) 적용
3 베이스 컬러의 색상환과 명도로 컬러 구현
4 거칠기(Roughness)와 IOR로 반사 설정

5 방출(Emission) 설정으로 조명 표현
6 기존 매테리얼을 불러와서 링크로 적용
7 에디트 모드에서 페이스 부분에 별도 재질 적용

코파일럿과 함께 컬러 팔레트 준비하기

01 ┃ 카페 풍경의 컬러와 재질감을 적용하기 이전에 어떤 분위기로 표현할지 참고 이미지를 조사합니다. 윈도우 코파일럿(Copilot)을 활용하여 참고할 만한 카페 풍경 이미지를 생성해 봅시다.

마이크로소프트 코파일럿에 접속하여 로그인하고 입력창에 프롬프트를 입력합니다. 예제에서는 '흐린 날 늦은 오후에 따뜻한 분위기의 작은 카페가 있는 풍경을 그려주세요. 카페 정문에는 빨간색 캐노피가 있고, 옆에는 화분 1개와 의자 2개가 놓여 있습니다.'를 입력하였습니다.

TIP 코파일럿 프롬프트에는 날씨, 분위기, 소품과 조명의 상태 등이 포함되면 더 적절한 결과 이미지를 얻을 수 있습니다.

02 컬러 배색을 결정하기 위한 팔레트 이미지도 검색하여 매테리얼(Material) 적용에 참고합니다. 구글(Google) 검색이나 핀터레스트(Pinterest) 서비스 등에서 '3D Low Poly Coffee Shop' 키워드를 입력하고 배색 참고 이미지를 검색합니다. 검색 결과 이미지들을 참고하여 카페 풍경을 이루는 각 오브젝트의 컬러를 어떻게 구성할지 고려합니다.

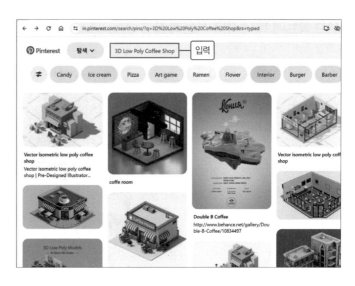

03 코파일럿으로 돌아와서 컬러 배색 팔레트 생성을 구체적으로 요청합니다. 예제에서는 '따뜻한 분위기의 갈색과 녹색이 포함된 컬러 배색의 팔레트 이미지를 6색 구성으로 생성해 주세요.'를 입력하였습니다.

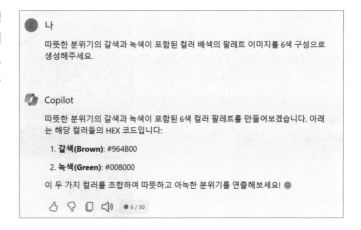

04 코파일럿이 생성한 4개의 컬러 팔레트 이미지 중에서 적용할 만한 이미지를 다운로드합니다. 생성된 이미지를 참고하여 따뜻한 계열의 컬러 배색으로 카페 풍경의 매테리얼(Material)을 구성해 보겠습니다.

TIP 예제와 같은 색감과 분위기를 구성하려면 03 폴더에서 '컬러팔레트.png' 파일을 활용하세요.

오브젝트에 매테리얼 적용하기

01 | 카페 풍경을 구성하는 각 오브젝트
에 컬러를 설정하기 위해 동일한 컬러로 지
정할 오브젝트들을 선정해 봅니다.
나무 의자와 사다리를 같은 색상으로 지
정하기 위해 먼저 의자를 선택하고 속성
(Properties) 에디터의 (매테리얼(Material))
탭을 선택한 다음 (+ 새로운(New)) 버튼을
클릭하여 매테리얼을 생성합니다.

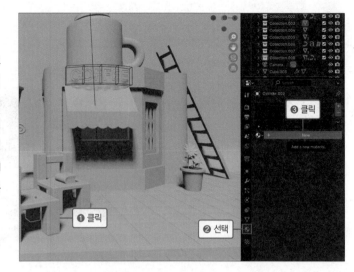

02 | 표면(Surface) 항목에서 베이스 컬
러(Base Color)의 컬러 팔레트를 클릭하
여 색상환을 표시하고 컬러 피커(Color
Picker)를 주황색 방향 중간으로 선택한 다
음 명도(Value) 슬라이더를 아래로 드래그
하여 밝은 회색으로 지정합니다. 의자가 밝
은 갈색으로 표현됩니다.

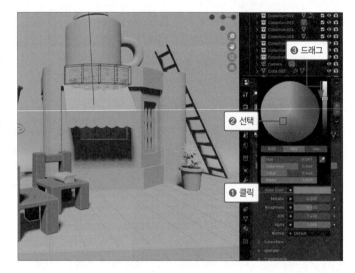

03 | 거칠기(Roughness)를 '0.3' 정도로
설정하여 의자 표면에 미세하게 광택 느낌
을 표현합니다.

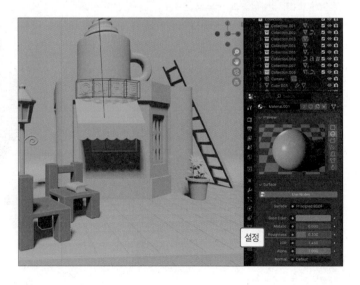

04 사다리를 선택하고 〔매테리얼 (Material)〕 탭에서 '연결할 매테리얼을 찾아 보기(Browse Material to be linked)' 아이콘(🔘)을 클릭하고 기존 의자에서 생성한 〔Material.001〕을 선택해서 사다리의 매테리얼로 링크합니다.

05 의자의 매테리얼이 사다리에도 링크로 적용된 것을 확인할 수 있습니다.

06 가로등을 선택하고 〔매테리얼 (Material)〕 탭의 〔+ 새로운(New)〕 버튼을 클릭하여 새로운 매테리얼을 생성합니다.

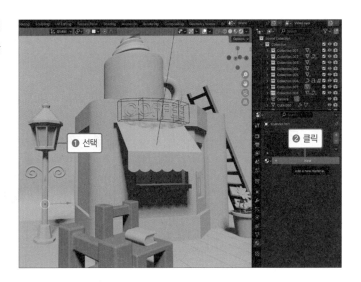

07 〔매테리얼(Material)〕 탭의 표면
(Surface) 항목에서 베이스 컬러(Base
Color)를 클릭하여 색상환을 표시하고 컬러
피커(Color Picker)를 주황색 방향 중간으로
선택한 다음 명도(Value) 슬라이더를 아래
로 드래그하여 '어두운 회색'으로 지정합니
다. 가로등이 어두운 갈색으로 표현됩니다.

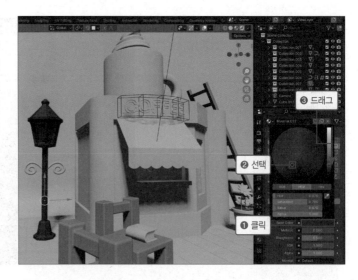

08 가로등 몸체의 금속성을 표현하
기 위해 금속성(Metallic)을 '0.12', 거칠기
(Roughness)를 '0.4', IOR을 '4'로 설정합
니다.

TIP IOR은 'Index of Refraction'의 약자로
빛의 반사와 굴절을 의미하는데, 수치가 높을
수록 금속 표면처럼 난반사가 증가합니다.

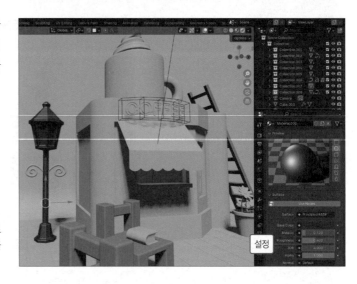

09 가로등 장식을 선택하고 〔매테리얼
(Material)〕 탭에서 '연결할 매테리얼을 찾아
보기(Browse Material to be linked)' 아
이콘(◉)을 클릭한 다음 가로등에서 생성한
〔Material.002〕를 선택해서 장식의 매테리
얼로 링크합니다.

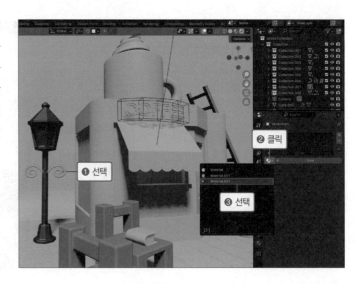

10 카페 건물 옥상의 컵을 선택하고 [매테리얼(Material)] 탭의 [+ 새로운(New)] 버튼을 클릭하여 새로운 매테리얼을 생성합니다. 베이스 컬러(Base Color)를 '민트색'으로 지정하고 금속성(Metallic)을 '0.075', 거칠기(Roughness)를 '0.18'로 설정합니다.

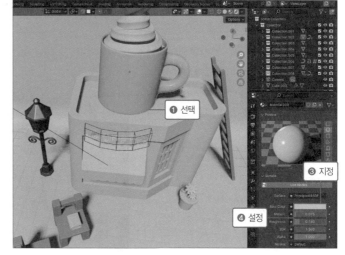

11 컵 속의 크림을 선택하고 [매테리얼(Material)] 탭의 [+ 새로운(New)] 버튼을 클릭하여 새로운 매테리얼을 생성합니다. 베이스 컬러(Base Color)를 클릭하여 색상환을 표시하고 컬러 피커(Color Picker)를 연한 노란색으로 선택한 다음 명도(Value)를 높여 '크림색'으로 지정합니다. 거칠기(Roughness)를 '0.25'로 설정합니다.

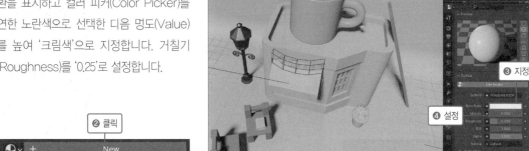

12 크림 안에 은은한 조명이 켜진 것처럼 발광 효과를 적용하기 위해 [매테리얼(Material)] 탭의 방출(Emission) 항목을 클릭하여 세부 옵션을 표시하고 강도(Strength)를 '0.5'로 설정합니다.

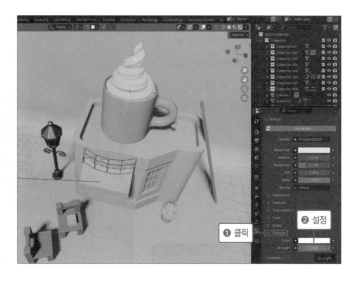

13 아웃라이너(Outliner) 에디터의 컬렉션(Collection)에서 크림을 모델링할 때 사용한 별 모양의 폴리곤 'Polygon.002'의 '눈' 아이콘(👁)을 클릭하여 뷰포트에서 보이지 않게 설정한 다음 '카메라' 아이콘(📷)을 클릭하여 X 표시를 나타내서 렌더링에서 제외하도록 설정합니다.

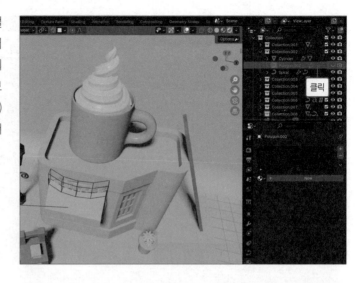

14 바닥의 보도블록을 선택하고 (매테리얼(Material)) 탭의 (+ 새로운(New)) 버튼을 클릭하여 새로운 매테리얼을 생성합니다. 베이스 컬러(Base Color)를 클릭하여 색상환을 표시하고 명도(Value)를 '0.35'루 조절하여 콘크리트 느낌의 '회색'으로 지정한 다음 금속성(Metallic)을 '0', 거칠기(Roughness)를 '0.56', IOR을 '1.5'로 설정합니다.

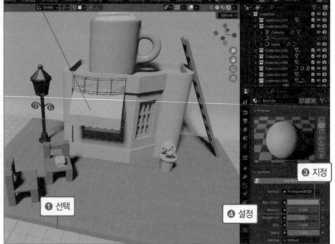

15 카페 건물을 선택하고 (매테리얼(Material)) 탭의 (+ 새로운(New)) 버튼을 클릭하여 새로운 매테리얼을 생성합니다. 베이스 컬러(Base Color)를 클릭하여 색상환을 표시하고 컬러 피커(Color Picker)를 주황색으로 선택한 다음 명도를 낮춰 '갈색'으로 지정합니다. 거칠기(Roughness)를 '0.3', IOR을 '1.2'로 설정합니다.

16 │ 카페 입구의 캐노피를 선택하고 [매테리얼(Material)] 탭에서 [+ 새로운(New)] 버튼을 클릭하여 신규 매테리얼을 생성합니다. 베이스 컬러(Base Color)를 클릭하여 색상환을 표시하고 컬러 피커(Color Picker)를 빨간색으로 선택한 다음 명도를 낮게 조절하여 '짙은 빨간색'으로 지정합니다. 거칠기(Roughness)를 '0.1', IOR을 '2'로 설정합니다.

17 │ 카페 건물의 격자 창틀을 선택하고 [매테리얼(Material)] 탭에서 '연결할 매테리얼을 찾아보기(Browse Material to be linked)' 아이콘(■)을 클릭한 다음 의자, 사다리와 같은 [Material.001]을 선택해서 링크합니다.

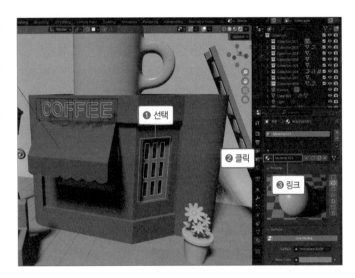

18 │ 뷰포트에서 의자 위에 놓인 책 표지를 선택하고 [매테리얼(Material)]에서 [+ 새로운(New)] 버튼을 클릭하여 신규 매테리얼을 생성합니다. 베이스 컬러(Base Color)를 클릭하여 색상환을 표시하고 컬러 피커(Color Picker)를 초록색으로 선택한 다음 명도를 낮게 조절하여 '올리브색'으로 지정합니다. 거칠기(Roughness)를 '0.3', IOR을 '1.2'로 설정합니다.

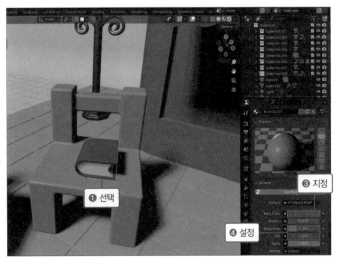

19 뷰포트에서 의자 위에 놓인 책 속지를 선택하고 〔매테리얼(Material)〕 탭에서 〔+ 새로운(New)〕 버튼을 클릭하여 신규 매테리얼을 생성합니다. 베이스 컬러(Base Color)를 기본 설정인 '흰색'으로 지정하고 IOR을 '1.1'로 설정하여 무광택 질감의 흰색을 표현합니다.

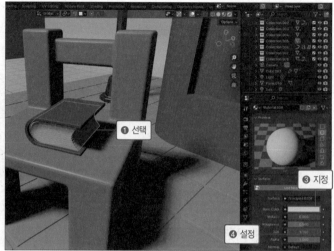

20 뷰포트에서 화분을 선택하고 〔매테리얼(Material)〕 탭에서 〔+ 새로운(New)〕 버튼을 클릭하여 신규 매테리얼을 생성합니다. 베이스 컬러(Base Color)를 클릭하여 색상환을 표시하고 컬러 피커(Color Picker)를 주황색으로 선택한 다음 명도를 낮게 조절하여 갈색으로 지정합니다. 거칠기(Roughness)를 '0.8', IOR을 '1.1'로 설정하여 토기 느낌을 표현합니다.

21 화분의 꽃잎을 선택하고 〔매테리얼(Material)〕 탭에서 〔+ 새로운(New)〕 버튼을 클릭하여 신규 매테리얼을 생성합니다. 베이스 컬러(Base Color)를 '분홍색'으로 지정합니다. 거칠기(Roughness)를 '0.6'으로 설정하여 꽃잎의 화사한 느낌을 표현합니다.

22 | 같은 방법으로 나머지 꽃잎에도 파
스텔 색조의 다양한 컬러를 적용합니다.

23 | 꽃잎의 가운데 동그란 꽃술을 선택
하고 (매테리얼(Material)) 탭에서 (+ 새
로운(New)) 버튼을 클릭하여 신규 매테
리얼을 생성합니다. 베이스 컬러(Base
Color)를 '노란색'으로 지정합니다. 거칠기
(Roughness)를 '0.6'으로 설정하여 꽃술을
표현하고 나머지 꽃술에도 동일한 매테리얼
을 링크합니다.

24 | 꽃의 이파리를 선택하고 (매테리얼
(Material)) 탭에서 (+ 새로운(New)) 버튼
을 클릭하여 신규 매테리얼을 생성합니다.
베이스 컬러(Base Color)를 클릭하여 색상
환을 표시하고 컬러 피커(Color Picker)를
초록색으로 선택한 다음 명도를 낮게 조절
하여 '짙은 초록색'으로 지정합니다. 나머지
줄기와 이파리에도 동일한 매테리얼을 링크
하여 색상을 적용합니다.

25 | 카페 벽면의 간판을 선택하고 (매테리얼(Material)) 탭에서 (+ 새로운(New)) 버튼을 클릭합니다. 베이스 컬러(Base Color)를 클릭하여 색상환을 표시하고 컬러 피커(Color Picker)를 주황색으로 선택한 다음 명도를 높게 조절하여 '밝은 주황색'으로 지정합니다. 거칠기(Roughness)를 '0'으로 설정하고 방출(Emission) 항목을 클릭하여 표시되는 세부 속성에서 컬러(Color)를 '짙은 주황색'으로 지정한 다음 강도(Strength)를 '4'로 설정해 발광하는 빛의 느낌을 표현합니다.

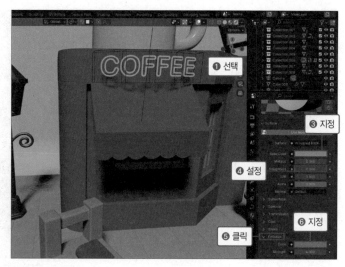

페이스에 매테리얼 적용하기

01 | 카페 건물을 선택하고 Tab을 눌러서 에디트 모드(Edit Mode)에 진입한 다음 ③을 눌러 선택 모드(Select Mode)를 (페이스(Face))로 설정합니다. Shift를 누른 상태로 카페 앞면의 바 주변 페이스를 클릭하여 모두 선택하고 (매테리얼(Material)) 탭에서 (+) 버튼을 클릭하여 새로운 매테리얼 슬롯을 추가합니다.

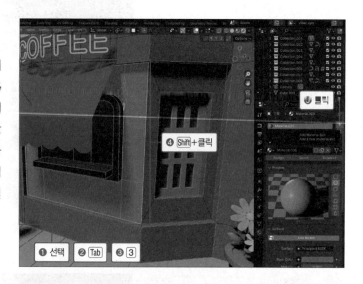

02 | (매테리얼(Material)) 탭에서 (+ 새로운(New)) 버튼을 클릭하여 신규 매테리얼을 생성합니다.
베이스 컬러(Base Color)를 '아이보리색'으로 지정합니다. (할당(Assign)) 버튼을 클릭하여 선택된 페이스에 아이보리 색상을 적용하여 표현합니다.

03 │ Shift 를 누른 상태로 바로 옆면 격자
창 주변의 페이스를 클릭하여 모두 선택하
고 〔매테리얼(Material)〕 탭의 슬롯에서 방
금 전에 생성한 'Material.017'을 선택한 다
음 〔할당(Assign)〕 버튼을 클릭하여 똑같이
아이보리 컬러를 적용합니다.

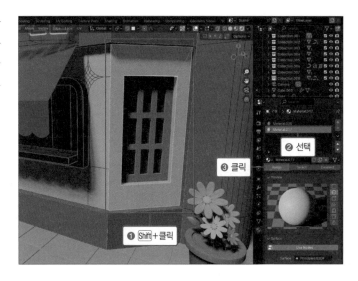

04 │ 같은 방법으로 카페 건물의 양쪽 측
면과 뒷면에서 오목하게 들어간 페이스를
선택해서 아이보리 컬러를 적용합니다.

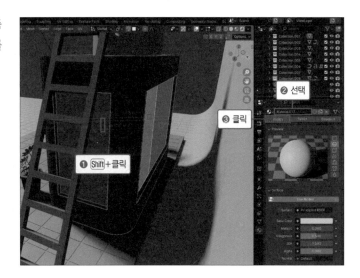

05 │ 격자창 사이의 유리 페이스를 선택
하고 〔매테리얼(Material)〕 탭에서 〔+ 새로
운(New)〕 버튼을 클릭하여 신규 매테리얼
을 생성합니다. 베이스 컬러(Base Color)
를 '아이보리색'으로 지정하고 거칠기
(Roughness)를 '0'으로 설정합니다. 방출
(Emission) 항목의 컬러(Color)를 '아이보
리색'으로 지정하고 강도(Strength)를 '2'로
설정하여 은은한 빛의 느낌을 표현합니다.
〔할당(Assign)〕 버튼을 클릭하여 선택된 페
이스에 새로운 매테리얼을 적용합니다.

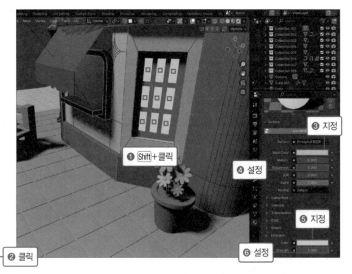

06 Tab을 눌러 오브젝트 모드로 전환하고 가로등의 몸체를 선택한 다음 다시 Tab을 눌러 에디트 모드로 전환합니다. 조명 부문의 페이스를 모두 선택하고 매테리얼 슬롯을 추가한 다음 '연결할 매테리얼을 찾아보기(Browse Material to be linked)' 아이콘(●)을 클릭하여 앞의 격자창 유리에 해당하는 'Material.018'을 선택한 후 (할당(Assign)) 버튼을 클릭해 적용합니다.

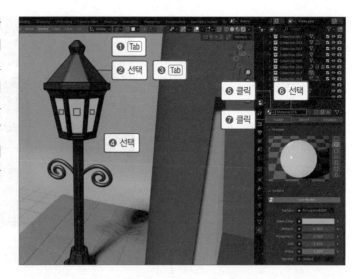

07 Tab을 눌러 오브젝트 모드로 전환하고 카페 건물 전면의 빨간색 캐노피를 선택합니다. (모디파이어(Modifiers)) 탭의 배열(Array) 속성 중에서 'ν' 아이콘을 클릭하고 (적용(Apply))을 선택한 다음 Tab을 눌러 에디트 모드로 전환합니다.

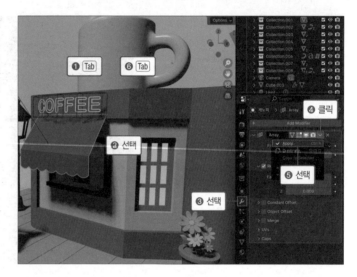

08 캐노피의 내부 페이스들을 번갈아 선택하고 매테리얼 목록의 (+) 버튼을 클릭하여 슬롯을 추가한 다음 (새로운(New)) 버튼을 클릭하여 새 매테리얼을 생성합니다. 베이스 컬러(Base Color)를 기본값인 '흰색'으로 지정하고 거칠기(Roughness)를 '0'으로 설정하여 광택이 있는 흰색을 만든 다음 (할당(Assign)) 버튼을 클릭하여 선택된 페이스에 적용합니다.

09 [Tab]을 눌러 오브젝트 모드로 전환하고 [Ctrl]+[A]를 눌러 표시되는 적용(Apply) 메뉴에서 [모든 변환(All Transforms)]을 클릭하여 적용합니다.

10 [모디파이어(Modifier)] 탭에서 [모디파이어 추가(Add Modifier)] 버튼을 클릭하고 [생성(Generate)] → [베벨(Bevel)]을 클릭하여 추가합니다. 양(Amount)을 '0.02', 부분(Segments)을 '7'로 설정하여 꺾이는 부분을 부드럽게 처리하고 베벨(Bevel) 속성 중에서 '∨' 아이콘을 [적용(Apply)]을 선택합니다.

11 화분을 선택하고 [모디파이어(Modifier)] 탭의 스크류(Screw)와 베벨(Bevel) 속성 중에서 '∨' 아이콘을 클릭하고 [적용(Apply)]을 선택합니다.

12 Tab을 눌러 에디트 모드(Edit Mode)로 전환하고 Alt를 누른 상태로 화분 윗면에 해당하는 페이스를 클릭하여 루프 선택합니다. (매테리얼(Material)) 탭에서 새로운 슬롯과 매테리얼을 생성하고 베이스 컬러(Base Color)를 기본값인 주황색에서 명도를 낮게 조절하여 '고동색'으로 지정합니다. 거칠기(Roughness) 거칠기 (Roughness)와 IOR 값을 '1'로 설정하여 흙 느낌을 표현하고 (할당(Assign)) 버튼을 클릭합니다.

13 뷰포트의 '카메라 뷰 토글(Toggle Camera View)' 아이콘(📷)을 클릭하고 배경 판에 해당하는 호리즌트 오브젝트를 선택합니다. (매테리얼(Material)) 탭의 (새로운(New)) 버튼을 클릭하여 새로운 재질을 생성하고 베이스 컬러(Base Color)를 기본값인 연한 노란색에서 명도를 낮춰 '베이지색'으로 지정합니다. 거칠기(Roughness)와 IOR 값을 '1'로 설정하여 차분한 배경색으로 표현합니다.

14 Ctrl+S를 눌러 매테리얼 작업 결과를 저장합니다.

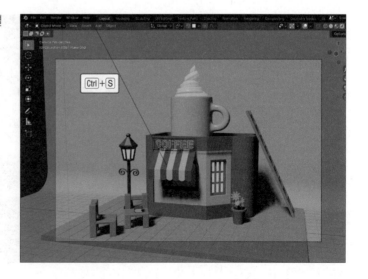

STEP. 06

렌더 준비하면서
오브젝트 구성 보완하기

예제 파일 : 03\오브젝트보완.blend
완성 파일 : 03\오브젝트보완_완성.blend

렌더(Render)를 시작하기 전에 더 높은 완성도를 위해 렌더리드(Rendered) 뷰포트 셰이딩 상태에서 구성 요소를 관찰하며 일부 오브젝트의 크기와 방향을 조정하고, 각진 모서리에는 베벨(Bevel) 모디파이어를 적용하여 시각적 표현을 마무리하겠습니다.

예제 핵심 기능 **1** 카메라 뷰에서 화각 확인 **3** 각진 오브젝트에 베벨(Bevel) 모디파이어 적용
　　　　　　　 2 일부 오브젝트의 축적(Scale)과 방향 보완 **4** 건물 배경에 간단한 모양의 나무 추가

일부 오브젝트 보완하기

01 지금까지 실습한 카페 풍경을 카메라 뷰(Camera View)로 관찰하며 일부 오브젝트를 수정 보완하겠습니다. 캐노피를 선택하고 도구상자(Toolbar)에서 '축적(Scale)' 도구(▣)를 선택한 다음 파란색 Z축 핸들을 아래로 드래그하여 크기를 약간 축소합니다.

크기 조정(Resize) 명령 상자가 표시되면 축적(Scale) Z를 '0.7' 정도로 설정합니다.

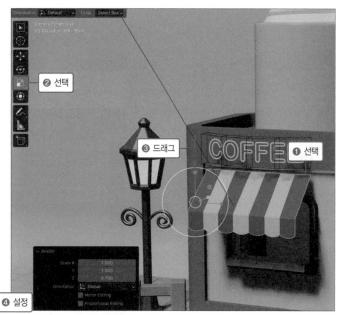

∨ Resize	
Scale X	1.000
Y	1.000
Z	0.700

4 설정

02 도구상자(Toolbar)에서 '이동(Move)' 도구(⊕)를 선택하고 파란색 Z축 핸들을 위로 드래그하여 캐노피를 옥상 난간 하단에 배치합니다.

이동(Move) 명령 상자가 표시되면 이동 Z를 '0.16m'로 설정합니다.

03 의자 위에 놓여 있는 책 표지와 속지를 모두 선택하고 Ctrl+C를 눌러 복사한 다음 Ctrl+V를 눌러 붙여넣습니다.

'이동(Move)' 도구(⊕)를 선택한 상태에서 파란색 Z축 핸들을 위로 드래그하여 두 권의 책이 놓인 것처럼 연출합니다.

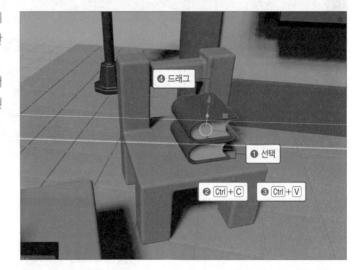

04 복제한 책 표지와 속지가 선택된 상태로 도구상자(Toolbar)의 '회전(Rotate)' 도구(⊕)를 선택하고 파란색 Z축 핸들을 왼쪽으로 드래그하여 약 20° 정도로 책을 회전합니다.

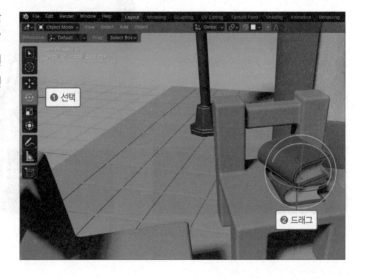

05 복제한 책의 표지만 선택하고 (매테리얼(Material)) 탭에서 '연결할 매테리얼을 찾아보기(Browse Material to be linked)' 아이콘(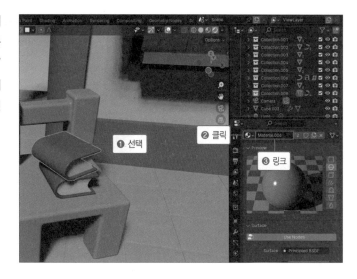)을 클릭하고 목록에서 캐노피의 빨간색 재질(Material.006)을 선택하여 링크합니다.

06 카페 건물을 선택하고 (모디파이어(Modifiers)) 탭에서 (모디파이어 추가(Add Modifier)) 버튼을 클릭한 다음 (생성(Generate)) → (베벨(Bevel))을 클릭하여 추가합니다.

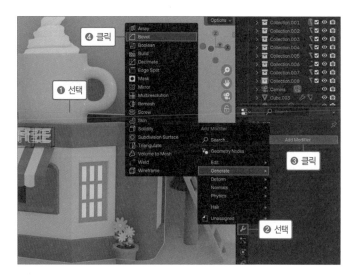

07 베벨 속성 중에서 양(Amount)을 '0.2m', 부분(Segments)을 '5'로 설정하여 모서리를 부드럽게 처리하고 'ˇ' 아이콘을 클릭한 다음 (적용(Apply))을 선택합니다.

TIP 모든 변환 적용(Apply All Transforms)
모델링 작업 완료 후 베벨(Bevle)과 같은 모디파이어(Modifier) 추가 설정이 제대로 적용되지 않는 것처럼 보일 때가 있습니다. 이러한 경우에는 해당 오브젝트를 선택하고 Ctrl+A 를 눌러 표시되는 적용(Apply) 메뉴에서 (모든 변환(All Transforms))을 실행하여 변형 요소들을 적용합니다. 이후 베벨과 같은 모디파이어를 추가하여 설정하면 문제없이 잘 구현됩니다.

배경에 나무 오브젝트 추가하기

01 카메라 뷰에서 풍경을 바라보면 배경이 비어서 다소 허전해 보입니다. 간단하게 나무를 추가하기 위해 Shift+A를 눌러 표시되는 추가(Add) 메뉴에서 (메쉬(Mesh)) → (원뿔(Cone))을 클릭하여 가로등 근처에 생성합니다.

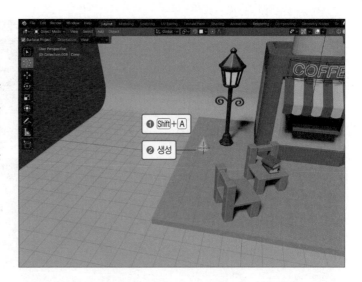

02 생성한 원뿔(Cone)을 선택한 상태로 Shift+D를 눌러 복제하고 Z를 눌러 파란색 Z축으로만 움직이게하여 그림과 같이 위로 이동하고 클릭하여 기존 오브젝트와 겹치도록 배치합니다. 아래에 있는 원뿔을 선택하고 S를 눌러 축적 변형 상태로 들어가고 커서를 오른쪽으로 이동하여 확대한 다음 클릭합니다.

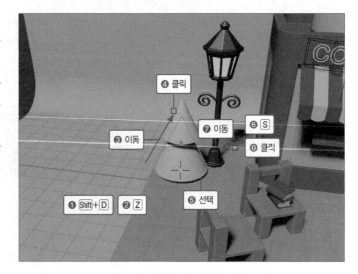

03 나무 기둥을 추가하기 위해 Shift+A를 눌러 표시되는 추가(Add) 메뉴에서 (메쉬(Mesh)) → (원기둥(Cylinder))을 클릭하여 원뿔 아래에 생성합니다. S를 눌러 축적 변형 상태로 들어가고 크기를 줄인 다음 클릭합니다. 다시 S를 변형 상태로 들어가고 Z축으로 길게 늘인 다음 클릭합니다. 원뿔과 원기둥 오브젝트를 모두 선택하고 그림과 같이 가로등 앞에 배치합니다.

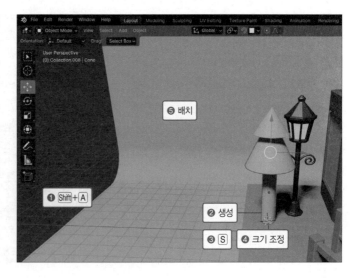

04 원뿔(Cone)을 선택하고 〔매테리얼 (Material)〕 탭에서 '연결할 매테리얼을 찾아 보기(Browse Material to be linked)' 아 이콘(◉)을 클릭하고 목록에서 화분 꽃줄기 의 초록색(Material.015)을 선택하여 링크하 고 나머지 원뿔에도 동일한 재질을 적용합 니다. 나무 기둥에 해당하는 원기둥 오브젝 트에는 의자, 사다리에 적용된 재질을 링크 합니다.

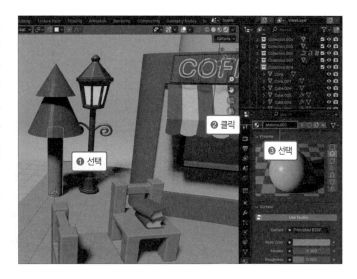

05 나무의 녹색 원뿔 2개를 선택하고 마우스 오른쪽 버튼을 클릭한 다음 〔합치기 (Join)〕를 클릭하여 적용합니다.

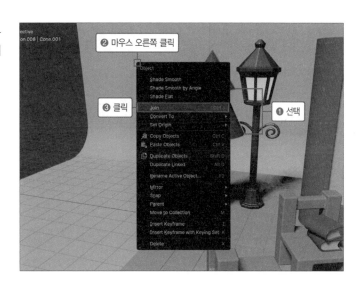

06 합치기(Join)로 하나의 오브젝트 가 된 원뿔(Cone)을 선택한 상태로 〔모 디파이어(Modifier)〕 탭을 선택하고 〔생성 (Generate)〕 → 〔베벨(Bevel)〕을 클릭하여 추가합니다. 베벨 속성 중에서 양(Amount) 을 '0.2m', Segments를 '7'로 설정합니다.

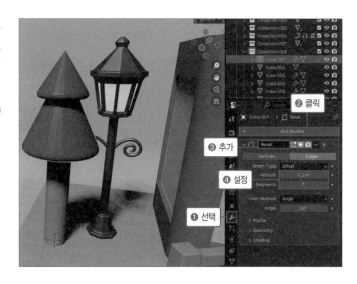

07 나무를 구성하는 원뿔(Cone)과 원기둥(Cylinder)에서 각각 마우스 오른쪽 버튼을 클릭하고 (셰이드 스무스(Shade Smooth))를 클릭하여 적용합니다.

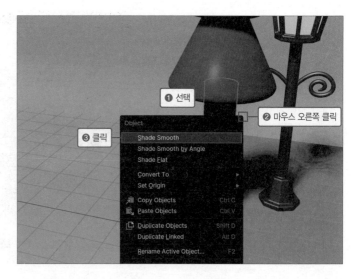

08 나무 오브젝트를 가로등 뒤에 배치하고 2개 정도 더 복제하여 건물 뒤편에 배치합니다. 복제된 나무의 축적(Scale)을 서로 다르게 표현하면 조형적으로 더 풍부하게 연출할 수 있습니다.

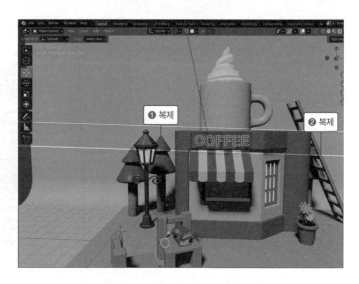

09 오브젝트 구성을 완성하여 시각적 표현을 마무리하였습니다.

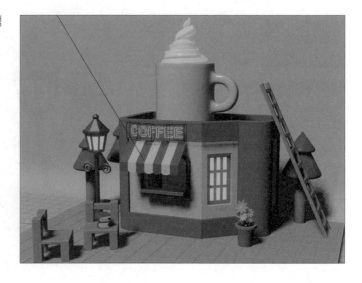

렌더 엔진 설정하고 이미지 출력하기

예제 파일 : 03\이미지출력.blend
완성 파일 : 03\eevee_완성.png, cycles_완성.png

블렌더의 기본 렌더 엔진(Render Engine)은 실시간 렌더러의 빠른 구현 능력을 발휘하는 EEVEE 엔진은 마치 게임 그래픽처럼 사용자의 조형 작업에 빠르게 대응하고 결과물도 신속하게 출력합니다. 고품질 Cycles 렌더 엔진은 정교하고 정확한 결과를 산출하기 때문에 속도가 느리고 컴퓨터 자원을 많이 소모하지만, 반사와 굴절, 투명 등 광학적 표현에 더 적합합니다. 두 가지 렌더링을 살펴보며 최적화된 렌더링을 적용하겠습니다.

예제 핵심 기능
1 EEVEE 렌더 엔진의 속성 설정
2 샘플링(Sampling) 수치 최적화
3 빛의 특성에 관련된 속성들 설정
4 Cycles 렌더 엔진의 속성 최적화
5 렌더링 결과를 이미지 파일로 출력

EEVEE 렌더 엔진 설정하기

01 뷰포트의 '카메라 뷰로 토글(Toggle Camera view)' 아이콘(📷)을 클릭하여 카메라 시점으로 변경합니다.

속성(Properties) 에디터에서 (출력 (Output)) 탭을 선택하고 포맷(Format) 항목의 해상도(Resolution) X가 '3000 px', Y가 '2000 px'로 설정되어 있는지 확인합니다.

02 속성(Properties) 에디터에서 [렌더(Render)] 탭을 선택합니다. 렌더 엔진(Render Engine)이 'EEVEE'로 지정된 것을 확인하고 샘플링(Sampling) 항목에서 렌더(Render)가 '64', 뷰포트(Viewport)가 '16'으로 설정된 것을 확인합니다.

TIP 렌더 샘플링(Sampling) 수치

샘플링 수치를 렌더(Render)와 뷰포트(Viewport)로 구분하는 이유는 작업의 편의성을 위한 것으로 화면을 보면서 조형 작업을 실시간으로 진행하기 때문에 뷰포트 수치는 낮게 설정합니다. 만약 뷰포트 수치를 높게 설정하면 뷰포트를 조작하면서 모델링 작업을 수행할 때 화면 반응 속도가 느려지면서 실시간 확인에 어려움을 겪을 수도 있습니다. 반면에 렌더 수치는 상대적으로 높게 설정해야 결과 이미지 또는 애니메이션을 출력할 때 세부 디테일이 정밀하게 표현됩니다. 그렇지만 렌더 수치를 지나치게 높게 설정하면 일반적인 범위(64~512)에 비교해서 유의미한 차이를 발견하기 어려울 수도 있습니다. 빠른 속도의 EEVEE 렌더 엔진은 실시간 모델링 작업에 활용하고, 최종 결과 출력에는 Cycles 엔진을 선택하는 경우가 많습니다.

03 EEVEE 렌더 속성 중에서 '블룸(Bloom)'을 체크 표시하고 세부 사항이 표시되면 컬러(Color)를 '노란색'으로 지정한 다음 강도(Intensity)를 '0.07'로 설정하여 가로등과 창문 불빛이 은은하게 번지도록 표현합니다.

TIP 블렌더 버전 4.2에서 삭제된 블룸 효과

블렌더 버전이 4.1에서 4.2로 업데이트되면서 EEVEE 렌더 엔진의 속성에서 쉽게 설정할 수 있었던 블룸(Bloom) 효과가 셰이더 에디터(Shader Editor)에서 추가하는 방식으로 변경되었습니다. 다만 블렌더 사용자 커뮤니티의 의견에 따라 추후 다시 복원될 가능성도 있습니다.

04 빛 반사 효과의 사실적인 표현을 위해 '화면 반사 공간(Screen Space Reflections)'을 체크 표시하고 세부 사항이 표시되면 에지 페이딩(Edge Fading)을 '0.3'으로 설정합니다. 캐노피 표면에 네온사인 간판이 반사되고 머그잔에도 손잡이의 반사광이 나타나는 것을 확인할 수 있습니다.

05 현재까지의 결과를 이미지 파일로 생성하기 위해 렌더(Render) 단축키 F12를 누릅니다. 블렌더 렌더(Blender Render) 창이 표시되면서 결과 이미지가 나타납니다. (이미지(Image)) 메뉴에서 (저장(Save))을 클릭하여 렌더링 결과를 이미지 파일로 저장합니다.

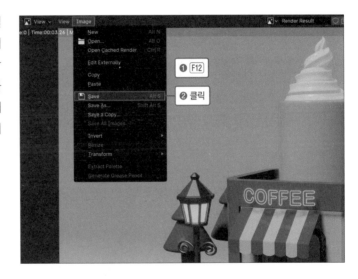

06 블렌더 렌더(Blender Render) 창을 닫고, 경로 폴더에 저장된 이미지 파일을 확인합니다.

Cycles 렌더 엔진 설정하기

01 블렌더의 (렌더(Render)) 탭에서 렌더 엔진(Render Engine)을 'Cycles'로 지정하고 장치(Device)를 클릭하여 'CPU Compute'로 지정합니다.

TIP 외장 그래픽 칩

GPU Compute는 사용하는 컴퓨터에 외장 그래픽 칩(예 : GeForce RTX 등)이 포함되어 있어야 표시됩니다. 외장 그래픽 칩이 없다면 장치(Device)를 기본 설정인 'CPU'로 지정합니다.

TIP Cycles 렌더 엔진의 속도 문제

앞서 살펴본 블렌더의 기본 EEVEE 렌더 엔진은 게임 엔진처럼 3D 작업의 상태가 거의 실시간으로 구현됩니다. 그러나 렌더 엔진을 'Cycles'로 변경하는 순간부터 뷰포트에 노이즈가 보이고 회전과 같은 간단한 작업에도 화면 반응이 느려지는 것을 체감할 수 있습니다. 따라서 조형 작업 과정에서는 렌더 엔진을 'EEVEE'로 지정하고, 최종 출력을 위한 렌더링 과정에서만 'Cycles'로 지정하여 뷰포트 렌더 속도의 저하 문제없이 작업 효율성을 높일 수 있습니다. 최종 출력 이전에 Cycles 렌더 엔진의 세부 설정도 최적화하여 렌더링 속도를 다소 개선할 수 있습니다.

02 렌더링 속도의 향상을 위해 샘플링(Sampling) 속성 중에서 뷰포트(Viewport)의 최대 샘플(Max Samples)을 '32', 렌더(Render)의 Noise Threshold를 '0.5', 최대 샘플(Max Samples)을 '512'로 설정합니다.

03 필름(Film) 항목의 픽셀 필터(Pixel Filter)에서 폭(Width)을 '1px'로 설정합니다.

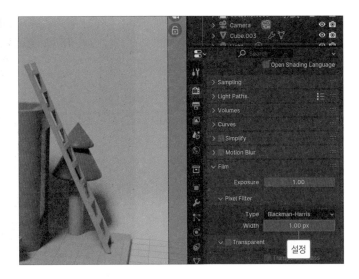

04 성능(Performace) 항목의 메모리(Memory)에서 타일 크기(Tile Size)를 '512'로 설정합니다.

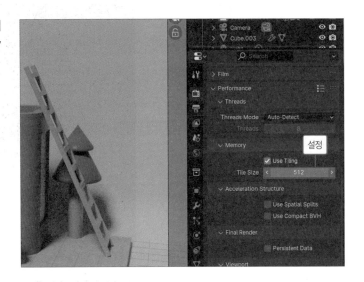

05 이미지를 출력하기 위해 탑바(Topbar)의 (렌더(Render)) 메뉴에서 (이미지를 렌더(Render Image))를 클릭합니다.

TIP 단축키 F12를 눌러 렌더를 시작해도 됩니다.

06 | 블렌더 렌더(Blender Render) 창이 표시되면 렌더링 진행 상태를 확인하며 기다립니다. 컴퓨터 성능에 따라 렌더링 과정이 10분 이상 소요될 수도 있습니다.

07 | 블렌더 렌더 창에서 렌더링 과정이 완료되면 (이미지(Image)) 메뉴에서 (저장(Save))을 클릭하여 렌더 결과를 이미지 파일로 저장합니다.

08 | 블렌더 렌더 창을 닫고 저장한 이미지 파일을 열어서 출력 결과를 확인합니다.

<u>**TIP**</u>   EEVEE와 Cycles 렌더 엔진의 이미지 출력 결과 비교

블렌더에서 렌더 엔진을 선택하는 것은 최종 이미지의 품질과 렌더링 속도에 중대한 영향을 미칩니다. EEVEE와 Cycles는 각각 고유의 장단점을 가진 두 가지 렌더링 엔진으로, 사용자가 필요에 따라 적절한 엔진을 선택할 수 있도록 다양한 기능을 제공합니다.

1. EEVEE 렌더 엔진

EEVEE는 실시간 렌더링 엔진으로, 속도가 매우 빠르다는 큰 장점이 있습니다. 이는 주로 비디오 게임 개발이나 실시간 비주얼리제이션 작업에 적합합니다. EEVEE는 다음과 같은 특징을 가지고 있습니다.

- **빠른 렌더링 속도** : EEVEE는 GPU를 활용하여 이미지를 빠르게 생성할 수 있습니다. 이는 빠른 피드백을 제공하므로, 애니메이션 및 디자인 작업에서 즉각적인 수정이 가능합니다.
- **비주얼 효과** : EEVEE는 실시간 효과를 통해 다양한 비주얼 효과를 제공하지만, 이러한 효과는 때때로 물리적으로 정확하지 않을 수 있습니다. 예를 들어, 반사광이나 굴절 등의 광학적 특성을 구현하는 데 있어 Cycles만큼의 정밀도를 제공하지는 않습니다.
- **프리뷰 작업에 유용** : 빠른 렌더링 덕분에 EEVEE는 모델링 및 텍스처링 작업 시 신속한 프리뷰를 제공하여 사용자가 작업을 진행하는 동안 즉각적으로 결과를 확인할 수 있도록 돕습니다.

2. Cycles 렌더 엔진

Cycles는 레이트레이싱 기반의 렌더링 엔진으로, 고품질 이미지를 생성하는 데 특화되어 있습니다.

- **정밀한 빛의 특성 표현** : Cycles는 빛의 경로를 시뮬레이션하여 매우 사실적인 조명과 재질 표현을 가능하게 합니다. 이는 반사, 굴절, 그림자와 같은 복잡한 광학 현상을 정확하게 재현하는 데 강점을 지닙니다.
- **시간 소모** : 그러나 Cycles는 고품질의 이미지를 생성하기 위해 더 많은 연산을 요구하므로 렌더링 속도가 상대적으로 느립니다. 따라서 긴 렌더링 시간이 필요한 작업에서는 출력 시간을 충분히 고려해야 합니다.
- **최종 결과물에 적합** : Cycles는 고해상도의 정밀한 이미지가 필요한 광고, 영화, 시각적 효과 프로젝트와 같은 최종 결과물 제작에 적합합니다.

따라서 EEVEE와 Cycles 렌더 엔진의 선택은 사용자가 요구하는 최종 결과물의 성격과 작업 시간에 따라 결정됩니다. 빠른 피드백과 실시간 렌더링이 필요한 경우 EEVEE가 적합하며, 사실적이고 고품질의 결과물이 필요한 경우 Cycles를 선택하는 것이 좋습니다.

EEVEE 렌더 엔진의 출력 결과	Cycles 렌더 엔진의 출력 결과

PART 4

AI 서비스를 이용한
캐릭터 모델링과
애니메이션

캐릭터는 개성을 강조하기 위하여 특징이 되는 부분을 과장
하거나 강조한 형태의 동물이나 인물 모델을 지칭합니다. 이
번 파트에서는 AI 서비스를 활용하여 귀여운 강아지 캐릭터
와 어린이 캐릭터를 만들겠습니다. 서로 다른 AI를 이용하여
진행하며, 특히 캐릭터 모델링과 애니메이션 과정에 중점을
두어 살펴보겠습니다.

뷰포트에서 스케치를 투사하여
강아지 캐릭터 모델링하기

예제 파일 : 04\강아지.jpg
완성 파일 : 04\강아지모델링_
완성.blend

귀여운 강아지 캐릭터 모습을 블렌더에서 모델링하려면 참조할 이미지가 필요합니다. 3D 입체이기 때문에 정면과 측면의 모습을 참조하면 더 정확하게 모델링할 수 있습니다. 뷰포트에 강아지 캐릭터 스케치를 투사해서 3D 입체로 모델링하는 과정을 실습하겠습니다.

예제 핵심 기능

1 코파일럿으로 강아지 캐릭터 초안 생성
2 미러(Mirror) 기능으로 좌우 대칭 모델링
3 섭디비전 표면(Subdivision Surface) 모디파이어로 모델 외형 부드럽게 적용
4 나이프(Knife) 도구로 페이스 분할

5 S + Z + 0 로 선택 요소 평평하게 적용
6 메쉬(Mesh) : LoopTools 애드온을 설치하여 페이스를 둥글게 생성
7 떼어내기(Rip, V) 기능으로 버텍스(Vertex), 에지(Edge) 분리

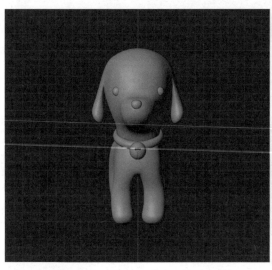

TIP 생성형 AI 서비스에서 초안 이미지 만들어 보기

윈도우 코파일럿에서 귀여운 강아지 캐릭터를 만들기 위한 초안 이미지를 생성합니다. 프롬프트에 '귀여운', '귀가 큰', '얼룩이 있는' 등의 외형 특징에 관한 키워드를 넣어 생성하면 강아지 캐릭터에 적합한 이미지를 얻을 수 있습니다.

모델링 작업에는 정면과 측면이 오차 없이 대응하는 이미지가 각각 필요합니다. 그러나 코파일럿에서는 치수적으로 정확한 이미지 생성이 어렵기 때문에 모델링에 필요한 도면 이미지는 직접 작성해야 합니다.

▶ 윈도우 코파일럿에서 생성한 '귀여운 강아지 캐릭터' 이미지

레퍼런스 이미지 불러오기

01 | 블렌더를 실행하고 메뉴에서 〔파일(File)〕 → 〔새로운(New)〕 → 〔일반(General)〕을 클릭합니다.
아웃라이너(Outliner)의 씬 컬렉션(Scene Collection)에서 '카메라(Camera)', '큐브(Cube)', '라이트(Light)'를 모두 선택하고 Delete 를 눌러 삭제합니다.

02 | 숫자 키패드 ③ 을 눌러 오른쪽 정사법(Right Orthographic)으로 전환하고 헤더(Header)의 〔추가(Add)〕 메뉴에서 〔이미지(Image)〕 → 〔참조(Reference)〕를 클릭합니다.

03 | 블렌더 환경 설정(Blender File View) 창이 표시되면 04 폴더에서 '강아지.jpg' 파일을 선택하고 참고 이미지를 불러오기 위해 〔참조 이미지를 불러오기(Load Reference Image)〕 버튼을 클릭합니다.

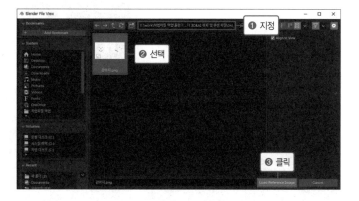

04 | 속성(Properties) 에디터에서 〔오브젝트(Object)〕 탭을 선택하고 이미지가 들어간 엠프티(Empty) 오브젝트의 변환(Transform) 속성의 위치(Location) X, Y, Z를 '0m'로 설정합니다.

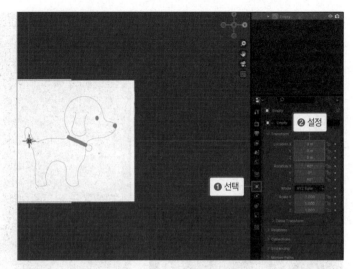

05 | 이미지를 정면과 측면 2장으로 참조해야 하므로 현재 이미지를 선택한 상태에서 Shift+D를 눌러 오브젝트를 복제하고 Y를 눌러 복제된 이미지를 왼쪽으로 이동한 다음 클릭하여 그림과 같이 배치합니다.

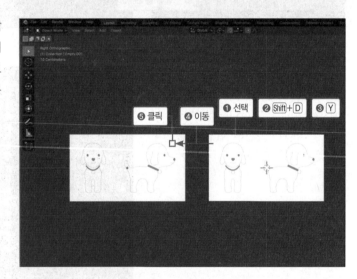

06 | 복제된 이미지를 선택하고 R과 Z를 눌러 커서를 Z축으로 이동하여 이미지를 회전하고 클릭하여 회전(Rotate) 명령 상자가 표시되면 Angle을 '90'으로 설정하여 정확하게 회전합니다.

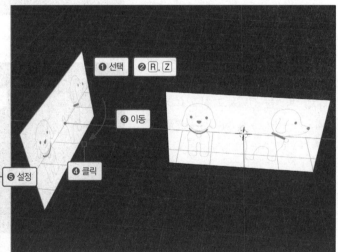

07 〔오브젝트(Object)〕 탭에서 복제된 이미지가 담긴 Empty.001의 변환(Transform) 속성에서 위치(Location)를 X를 '-1.46m', Y를 '-0.5m', Z를 '0m'로 설정하여 두 이미지가 십자 구조로 직교하도록 배치합니다.

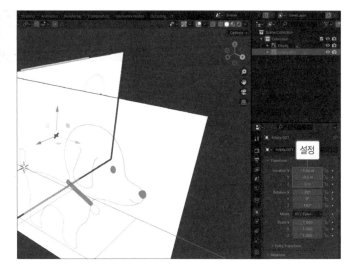

08 Ctrl+숫자 키패드 1을 눌러 뒤쪽 정사법(Back Orthographic) 뷰로 전환해서 복제된 이미지의 정면이 뷰포트의 정중앙에 배치되었는지 확인합니다.

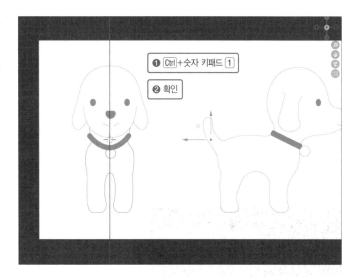

09 참고 이미지가 이동되는 것을 방지하고 화면에 이미지를 고정하기 위해 아웃라이너(Outliner) 에디터에서 '필터(Filter)' 아이콘(▼)을 클릭합니다.
표시되는 메뉴에서 Restriction Toggle의 '선택 가능(Selectable)' 아이콘(▶)을 클릭하여 활성화합니다.

TIP 만일 레퍼런스로 불러왔던 이미지가 보이지 않으면 〔데이터(Data)〕 탭의 이미지(Image) 속성에서 다시 연결하면 됩니다.

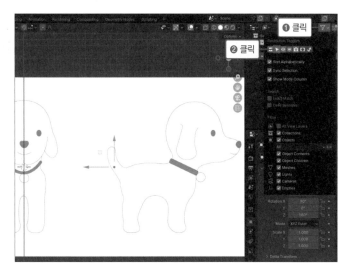

10 │ 이제 아웃라이너(Outliner) 에디터에 선택 가능(Selectable)이 화살표 모양의 아이콘으로 표시됩니다. 참고 이미지가 들어간 2개의 엠프티(Empty) 오브젝트의 '화살표' 아이콘(▶)을 각각 클릭하여 뷰포트에서의 선택(Select)이 비활성화되는 선택 해제(Disable Selectable) 상태로 설정합니다.

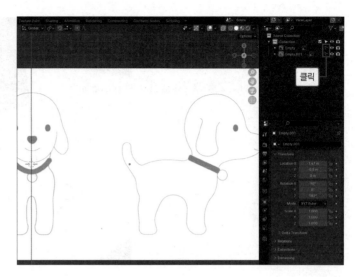

강아지 몸통 만들기

01 │ 강아지 몸통의 기본 형태를 만들기 위해 숫자 키패드의 ③을 눌러 오른쪽 정사법(Right Orthographic) 뷰로 전환합니다. 헤더의 [추가(Add)] 메뉴에서 [메쉬(Mesh)] → [큐브(Cube)]를 클릭해 생성합니다. 큐브 추가(Add Cube) 명령 상자가 표시되면 크기(Size)를 '0.5m'로 설정합니다.

02 │ Alt+Z를 눌러 X-Ray 모드를 활성화하고 [오브젝트(Object)] 탭의 변환(Transform) 속성에서 위치(Location) X를 '0m', Y를 '0.65m', Z를 '-0.2m'로 설정하여 화면에 배치합니다. 큐브가 강아지 몸통의 가운데 위치한 것을 확인할 수 있습니다.

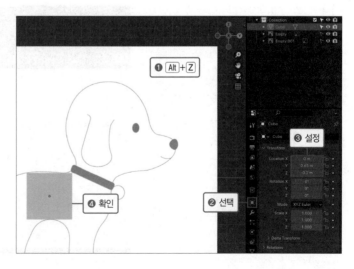

03 생성된 큐브의 이름을 'Body'로 변경하고 (Tab)을 눌러 에디트 모드(Edit Mode)로 전환합니다. 선택 모드(Select Mode)를 (버텍스(Vertex))로 설정하고 큐브의 모든 버텍스가 선택되어 있는 상태로 마우스 오른쪽 버튼을 클릭하여 (섭디비젼(Subdivide))을 클릭합니다.

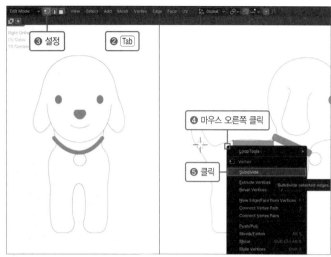

04 섭디비젼(Subdivide) 명령 상자가 표시되면 잘라내기 수(Number of Cuts)를 '1', 매끄러움(Smoothness)을 '1'로 설정합니다.

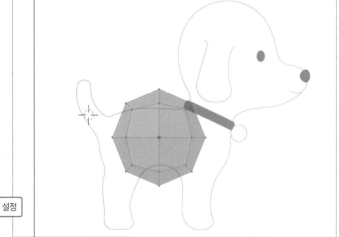

05 대부분의 캐릭터는 좌우 대칭 구조이므로 모델링을 시작하는 단계에서는 반쪽만 작업하는 것이 좋습니다. 숫자 키패드 [7]을 눌러 위쪽 정사법(Top Orthographic) 뷰로 전환하고 그림과 같이 왼쪽의 버텍스들을 모두 선택합니다.

TIP 현재 과정에서는 오브젝트가 잘 보이도록 잠시 참조 이미지를 보이지 않게 설정해 두었습니다. 아웃라이너(Outliner) 에디터에서 Empty 오브젝트 2개의 '눈' 아이콘(◉)을 클릭하여 뷰포트에서 숨기기((H)) 처리합니다.

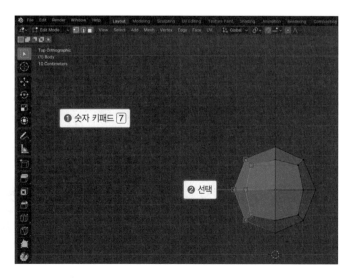

06 | 마우스 오른쪽 버튼을 클릭하고 (버텍스 삭제(Delete Vertex))를 클릭하여 선택한 버텍스를 삭제합니다.

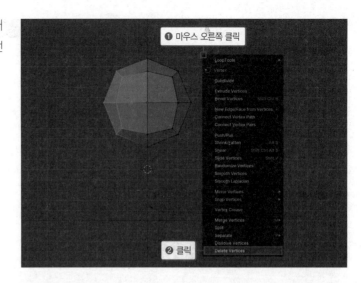

07 | 남은 반쪽 형태를 대칭 복사하기 위해 (모디파이어(Modifiers)) 탭을 선택하고 (+ 모디파이어 추가(Add Modifier)) 버튼을 클릭한 다음 (생성(Generate)) → (미러(Mirror))를 클릭하여 추가합니다.

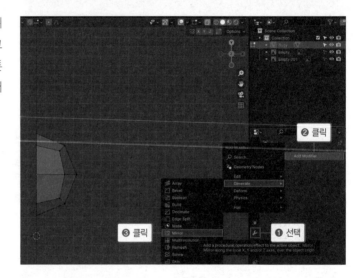

08 | 미러(Mirror) 속성 중에서 축(Axis)을 (X)로 선택하고 'Clipping'을 체크 표시합니다.

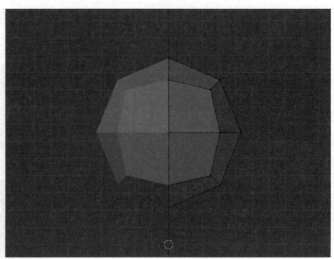

09 숫자 키패드 ③을 눌러 오른쪽 정사법(Right Orthographic) 뷰로 전환합니다. (모디파이어(Modifiers)) 탭에서 (+ 모디파이어 추가(Add Modifier)) 버튼을 클릭하고 (생성(Generate)) → (섭디비전 표면(Subdivision Surface))을 추가합니다. 섭디비전 표면(Subdivision Surface) 속성 중에서 Levels Viewport를 '2', 렌더(Render)를 '2'로 설정합니다.

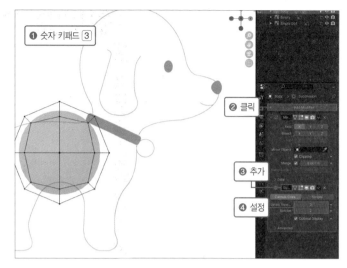

10 참조 이미지를 따라 메쉬 형태를 변형하기 위해 다음과 같이 좌우의 버텍스를 선택합니다.

TIP 캐릭터와 같은 유기적인 형태의 폴리곤 모델링 작업을 진행할 때 기본 메쉬 구조에 섭디비전 표면(Subdivision Surface) 모디파이어를 먼저 적용하고 시작하면 완성된 모습을 예측한 상태의 조형 작업이 가능해서 편리합니다.

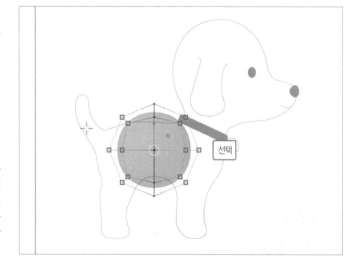

11 선택한 버텍스 사이의 간격을 좁히기 위해 ⑤, ⑨를 눌러 초록색 Y축으로만 축적을 변경 가능한 상태로 들어가고 커서를 안쪽으로 이동하여 줄인 다음 클릭합니다. 크기 조정(Resize) 명령 상자가 표시되면 축적(Scale) X를 '1', Y를 '0.5', Z를 '1'로 설정합니다.

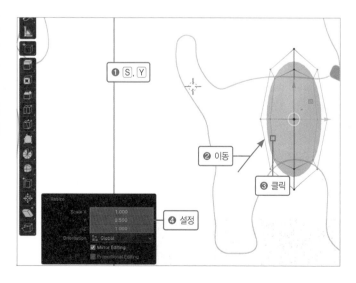

12 | 얼굴 쪽 방향인 앞쪽의 페이스를 돌출하기 위해 선택 모드(Select Mode)를 (페이스(Face))로 설정합니다.
마우스 휠을 드래그하여 사용자 원근법(User Perspective) 뷰로 전환하고 그림과 같이 큐브의 앞쪽 페이스들을 선택합니다. 미러(Mirror)를 적용했기 때문에 반대편 페이스도 함께 선택됩니다.

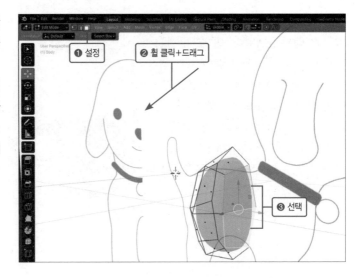

13 | 숫자 키패드 ③을 눌러 오른쪽 정사법(Right Orthographic) 뷰로 전환합니다. E, Y를 눌러 초록색 Y축으로 지역 돌출(Extrude Region) 상태로 들어가고 커서를 오른쪽으로 이동한 다음 클릭하여 돌출합니다 지역으로 돌출하고 이동(Extrude Region and Move) 명령 상자가 표시되면 이동(Move) X를 '0m', Y를 '0.3m', Z를 '0m'로 설정합니다.

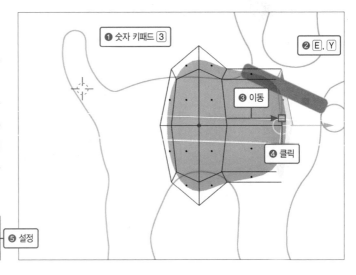

14 | 한 번 더 앞 방향의 페이스를 돌출시켜서 윤곽선을 맞추기 위해 E를 눌러 지역 돌출(Extrude Region)을 활성화하고 Y를 눌러 Y축 방향으로 돌출시킵니다. 지역으로 돌출하고 이동(Extrude Region and Move) 명령 상자가 표시되면 이동(Move) X를 '0m', Y를 '0.2m', Z를 '0m'로 설정합니다.

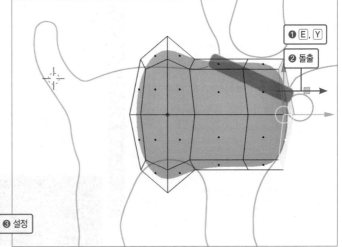

15 │ 이번에는 꼬리 방향 뒤쪽의 페이스를 돌출하기 위해 마우스 휠을 드래그하여 사용자 원근법(User Perspective) 뷰로 전환하고 그림과 같이 뒤쪽 페이스들을 선택합니다.

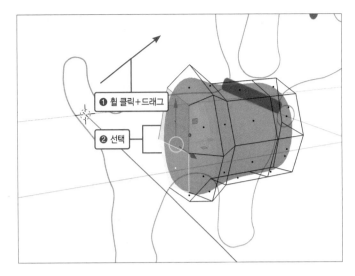

16 │ 숫자 키패드 ③을 눌러 오른쪽 정사법(Right Orthographic) 뷰로 전환하고 E, Y를 눌러 Y축 방향으로 돌출시킵니다. 지역으로 돌출하고 이동(Extrude Region and Move) 명령 상자가 표시되면 이동(Move) X를 '0m', Y를 '−0.2m', Z를 '0m'로 설정합니다.

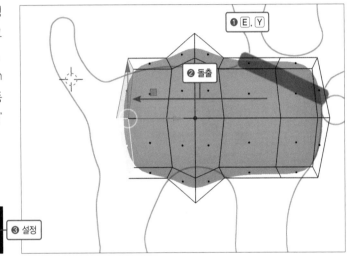

17 │ 뒤쪽 페이스를 한 번 더 돌출시켜서 엉덩이 윤곽선에 맞추기 위해 E를 눌러 지역 돌출(Extrude Region)을 활성화하고 Y를 눌러 Y축 방향으로 돌출시킵니다. 지역으로 돌출하고 이동(Extrude Region and Move) 명령 상자가 표시되면 이동(Move)X를 '0m', Y를 '−0.2m', Z를 '0m'로 설정합니다.

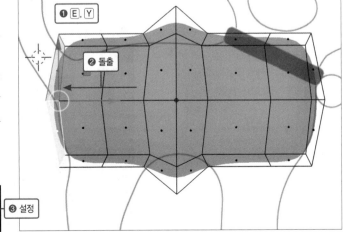

18 │ 오브젝트의 윤곽선 형태를 참조
이미지와 맞추기 위해 선택 모드(Select
Mode)를 [버텍스(Vertex)]로 설정합니다.
가운데 버텍스 3개를 선택하고 도구상자
(Toolbar)에서 '축적(Scale, [S])' 도구(◪)
와 '이동(Move, [G])' 도구(✛)를 선택하고
윤곽선에 일치하도록 크기를 줄이고 이동하
여 맞춥니다.

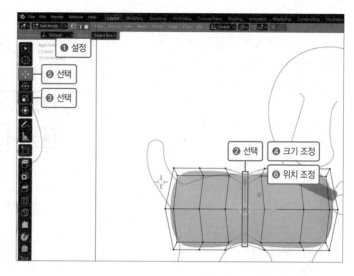

19 │ [모디파이어(Modifiers)] 탭의 섭디
비전 표면(Subdivision Surface) 속성 중
에서 '케이지에서(On Cage)' 아이콘(▽)을
클릭해 활성화합니다. 이제 버텍스들이 큐브
의 틀 안쪽 오브젝트의 형태와 일치되어 조
절하기 편리합니다. 각각의 버텍스를 선택하
고 '이동(Move)' 도구(✛)로 오브젝트 윤곽
이 참조 이미지와 일치하도록 조절합니다.

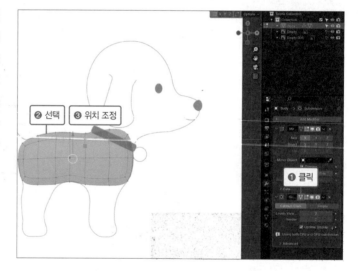

20 │ [Ctrl]+숫자 키패드 [1]을 눌러 뒤쪽
정사법(Back Orthographic) 뷰로 전환한
합니다. 같은 방법으로 각 버텍스들을 '이동
(Move)' 도구(✛)로 조절하여 뒤에서 본 강
아지 몸통의 윤곽선에 맞춥니다.

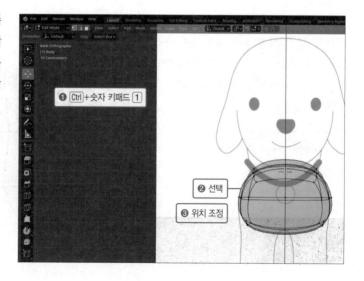

21 │ 숫자 키패드 7을 눌러 위쪽 정사법
(Top Orthographic) 뷰로 전환합니다. 같
은 방법으로 각 버텍스들을 '이동(Move)'
도구(✛)로 조절하여 위에서 본 강아지 몸
통의 윤곽선에 맞춥니다.

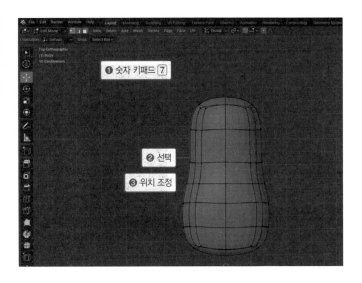

강아지 다리 만들기

01 │ 몸통에서 다리를 돌출하기 위해 마
우스 휠을 드래그하여 사용자 원근법(User
Perspective) 뷰로 전환하여 아랫면이 보
이게 배치하고 다리를 돌출할 페이스 위치
를 파악합니다.
[모디파이어(Modifiers)] 탭의 섭디비젼 표
면(Subdivision Surface) 속성 중에서 '케
이지에서(On Cage)' 아이콘(▽)을 클릭해
비활성화하고 K를 눌러 나이프(Knife)로
배 전체를 길게 분할합니다.

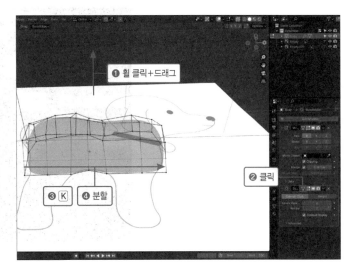

02 │ 다리를 생성하기 위해 선택 모드
(Select Mode)를 [페이스(Face)]로 설정하
고 그림과 같이 다리 윤곽선 안에 해당하는
페이스들을 선택합니다.

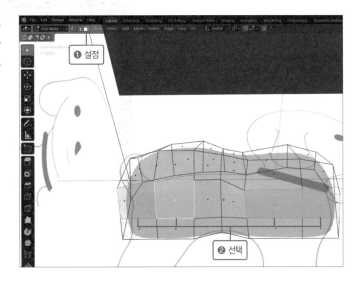

03 │ 마우스 오른쪽 버튼을 클릭한 다음 (페이스를 삭제(Delete Faces))를 클릭하여 선택된 페이스들을 제거합니다.

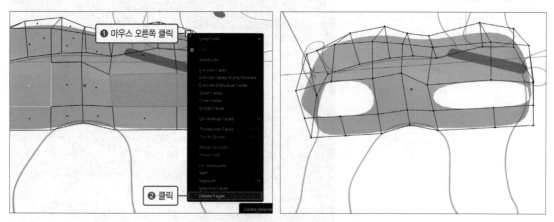

04 │ 강아지의 몸 형태는 곡선이기 때문에 돌출할 부분을 타원형(Circle)으로 만들겠습니다. 블렌더 프로그램에 애드온(Add-ons)을 추가하기 위해 메뉴에서 (편집(Edit)) → (환경 설정(Preferences))을 실행하여 블렌더 환경 설정(Blender Preferences) 대화상자가 표시되면 (애드온(Add-ons)) 탭에서 'loop'를 입력하여 검색하고 '메쉬(Mesh) : LoopTools'를 체크 표시한 다음 (설치(Install)) 버튼을 클릭하여 설치합니다.

05 │ 선택 모드(Select Mode)를 (에지(Edge))로 설정하고 Alt 를 누른 상태로 앞다리의 에지를 클릭하여 그림과 같이 루프 선택합니다.

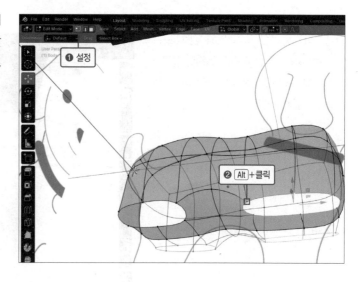

06 | 숫자 키패드 ③을 눌러 오른쪽 정사법(Right Orthographic)으로 전환하고 Alt+Z를 눌러 X-Ray 모드를 활성화하여 모든 면이 잘 보이도록 설정합니다. S+Z+0을 눌러 선택한 에지를 Z축으로 평평하게 만듭니다.

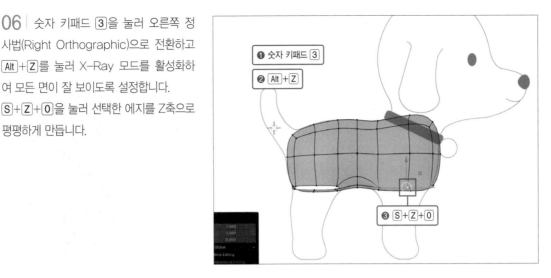

❶ 숫자 키패드 ③

❷ Alt+Z

❸ S+Z+0

07 | E, Z를 눌러 파란색 Z축으로 돌출되게 변형 상태로 들어가고 커서를 아래로 이동하여 그림과 같이 페이스를 돌출한 다음 클릭합니다.

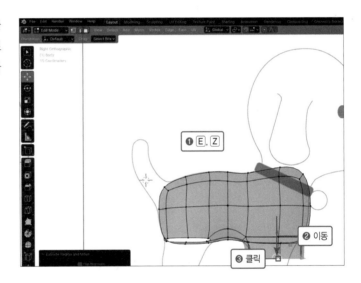

❶ E, Z

❷ 이동

❸ 클릭

08 | 돌출한 부위가 선택된 상태로 S를 눌러 축적 상태로 들어가고 커서를 안쪽으로 이동하고 클릭하여 그림과 같이 축소합니다.

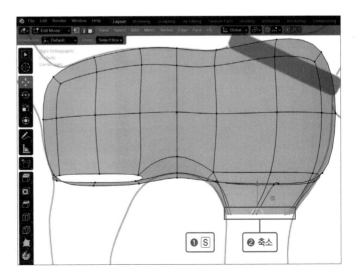

❶ S

❷ 축소

09 마우스 휠을 클릭한 채로 화면을 드래그하여 사용자 원근법(User Perspective) 뷰로 전환하고 선택 모드(Select Mode)를 다시 (에지(Edge))로 설정합니다.
선택된 앞다리의 에지에서 마우스 오른쪽 버튼을 클릭하고 (LoopTools) → (원형(Circle))을 클릭해 해당 부분을 원형으로 변형합니다.

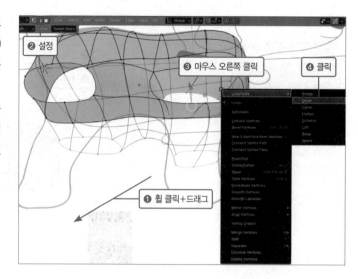

10 숫자 키패드 ③을 눌러 오른쪽 정사법(Right Orthographic) 뷰로 전환합니다. E, Z를 눌러 파란색 Z축으로 돌출되게 변형 상태로 들어가고 커서를 아래로 이동하여 그림과 같이 면을 돌출한 다음 클릭합니다.

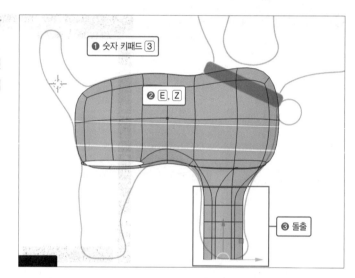

11 선택 모드(Select Mode)를 (버텍스(Vertex))로 설정하고 도구상자(Toolbar)의 '이동(Move)' 도구(✛)를 선택합니다. 참고 이미지의 윤곽선에 맞춰 점들을 선택하고 이동해 발 모양을 만듭니다.

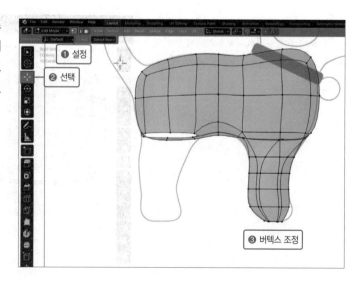

12 마우스 휠을 클릭한 채로 화면을 드래그하여 사용자 원근법(User Perspective) 뷰로 전환하고 선택 모드(Select Mode)를 〔에지〕(Edge)로 설정합니다. [Alt]를 누른 상태로 앞다리 말단의 에지를 클릭하여 루프 선택하고 [F]를 눌러 채우기(Fill) 기능으로 구멍을 채웁니다.

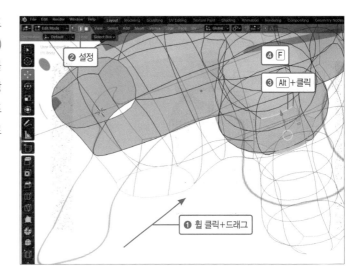

13 숫자 키패드 [3]을 눌러 오른쪽 정사법(Right Orthographic) 뷰로 전환합니다. 참고 이미지에 맞춰 강아지 발 부분이 앞쪽으로 튀어나오게 만들기 위해 [Ctrl]+[R]을 눌러 루프 잘라내기(Loop Cut)로 말단의 가운데 위치를 클릭하여 에지를 추가해 페이스를 분할합니다.

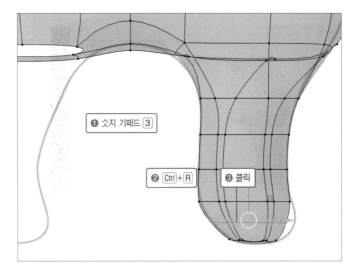

14 추가된 에지의 앞쪽 중앙 버텍스를 선택하고 숫자 키패드 [3]을 눌러 오른쪽 정사법(Right Orthographic) 뷰로 전환합니다. 도구 상자의 '이동(Move)' 도구(✛)를 선택하고 초록색 Y 기즈모를 오른쪽으로 드래그하여 정면 방향으로 약간 튀어나오게 만듭니다.

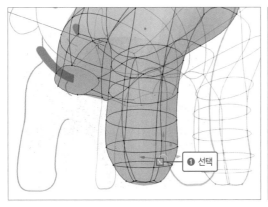

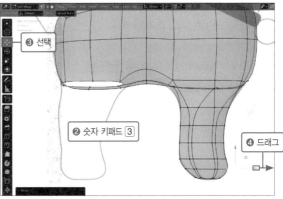

15 [Ctrl]+숫자 키패드 [1]을 눌러 뒤쪽 정사법(Back Orthographic) 뷰로 전환합니다. 몸통과 다리 사이의 버텍스들을 선택하고 이동(Move)으로 참조 이미지의 윤곽선에 맞게 이동시킵니다.

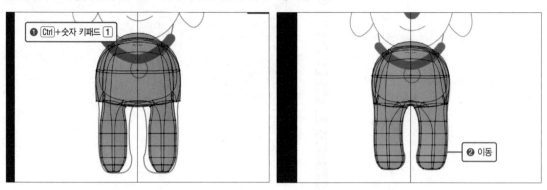

16 앞다리와 같은 방법으로 뒷다리도 오른쪽 정사법(Right Orthographic) 뷰와 뒤쪽 정사법(Back Orthograpic) 뷰에서 참조 이미지의 윤곽선에 맞추어 만듭니다.

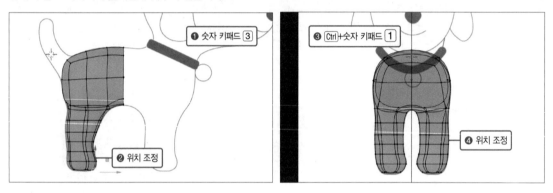

TIP 뷰포트에서 감추기(Hide)

뒷다리를 만들 때 뷰포트에서 앞다리가 겹쳐 보이면 불편할 수 있습니다. 이때 겹쳐 보이는 부분의 버텍스들을 선택한 후 [H]를 누르면 일시적으로 숨길 수 있습니다. 숨긴 부분을 다시 뷰포트에 표시할 때는 [Alt]+[H]를 눌러 표시하면 됩니다.

강아지 꼬리 만들기

01 꼬리를 만들기 위해 [Alt]+[Z]를 눌러 X-Ray 모드를 해제하고 마우스 휠을 클릭한 채로 화면을 드래그하여 사용자 원근법(User Perspective) 뷰로 전환하여 강아지 몸통 뒷부분이 보이도록 설정합니다. 도구상자(Toolbar)에서 '나이프(Knife)' 도구(🔪)를 선택하고 꼬리를 돌출할 가운데 부분의 페이스를 분할합니다.

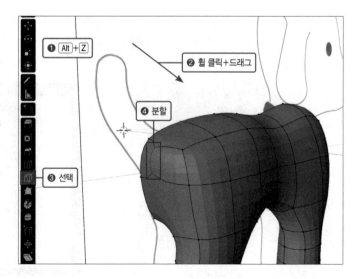

02 선택 모드(Select Mode)를 (페이스 (Face))로 설정하고 분할된 가운데 페이스를 선택합니다.

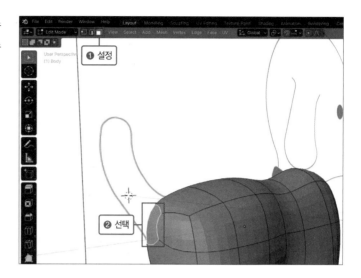

03 숫자 키패드 ③을 눌러 오른쪽 정사법(Right Orthographic) 뷰로 전환합니다. E, Y를 눌러 초록색 Y축으로만 이동되게 지역 돌출(Extrude Region) 상태로 들어갑니다. 커서를 오른쪽으로 이동하고 그림과 같이 돌출되면 클릭합니다.

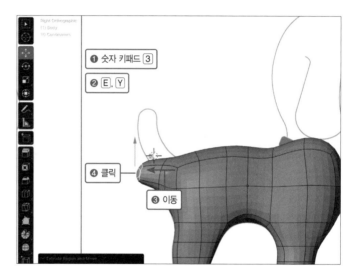

04 R을 눌러 회전(Rotate) 상태로 들어가고 커서를 살짝 이동하여 돌출된 페이스가 위로 향하도록 회전한 다음 클릭합니다.

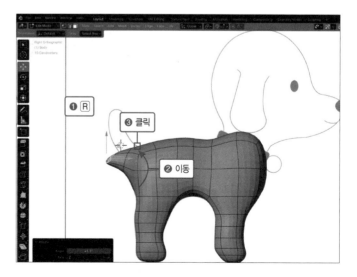

05 꼬리 끝부분의 면이 선택되어 있는 상태로 도구상자(Toolbar)의 '이동(Move)' 도구(⬩)를 선택합니다. 파란색 Z축과 초록색 Y축 핸들을 이용하여 참고 이미지에 맞게 꼬리의 끝을 이동합니다.

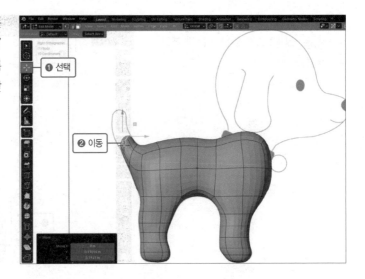

06 지역 돌출(Extrude Region, E), 회전(G), 이동(G), 축적(S) 등의 도구를 사용하여 참조 이미지 꼬리 모양 윤곽선에 일치하도록 변형합니다.

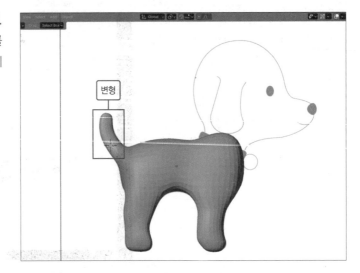

07 Tab 을 눌러 오브젝트 모드(Object Mode)로 전환합니다. 강아지 몸통 오브젝트에서 마우스 오른쪽 버튼을 클릭한 다음 (Shade Auto Smooth)를 클릭하여 외형을 부드럽게 만듭니다.

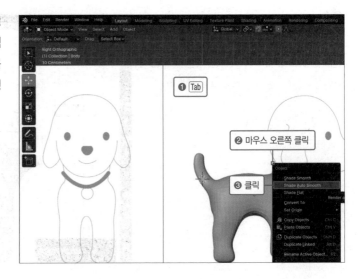

08 강아지 몸통을 완성하였습니다.

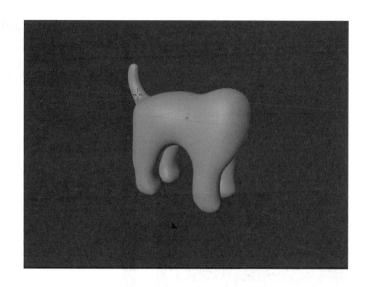

강아지 머리 만들기

01 강아지 머리를 만들기 위해 숫자 키패드 ③을 눌러 오른쪽 정사법(Right Orthographic) 뷰로 전환합니다. 헤더의 〔추가(Add)〕 메뉴에서 〔메쉬(Mesh)〕 → 〔큐브(Cube)〕를 클릭하여 새로운 큐브를 생성합니다.

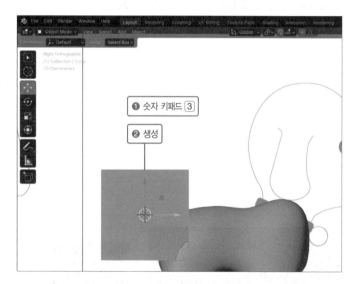

02 큐브 추가(Add Cube) 명령 상자가 표시되면 크기(Size)를 '0.7m'로 설정하고 머리에 해당하는 위치로 이동시킵니다.

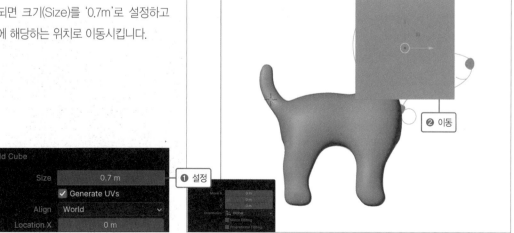

03 Alt+Z 를 눌러 X-Ray 모드를 활성화하고 큐브(Cube) 이름을 'Head'로 변경합니다.

헤더에서 [에디트 모드(Edit Mode)]로 전환하고 선택 모드(Select Mode)를 [버텍스(Vertex)]로 설정한 다음 모든 버텍스가 선택된 상태로 마우스 오른쪽 버튼을 클릭하여 [섭디비전(Subdivide)]을 클릭합니다.

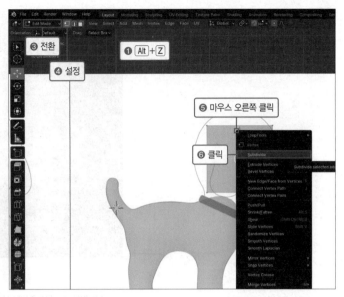

04 섭디비전(Subdivide) 명령 상자가 표시되면 잘라내기의 수(Number of Cuts)를 '1', 매끄러움(Smoothness)을 '1'로 설정합니다.

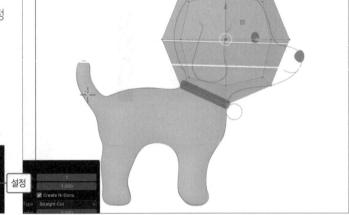

05 [모디파이어(Modifiers)] 탭에서 [+ 모디파이어 추가(Add Modifier)] 버튼을 클릭하고 [생성(Generate)] → [섭디비전 표면(Subdivision Surface)]을 클릭하여 추가합니다.

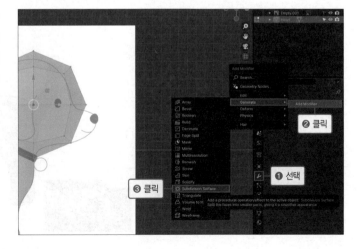

06 | 섭디비전 표면(Subdivision Surface) 속성 중에서 Levels Viewport를 '2', 렌더(Render)를 '2'로 설정합니다.

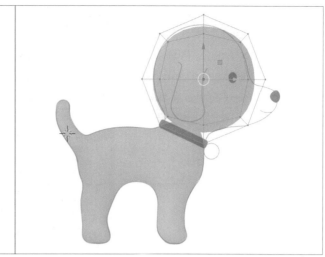

07 | 주둥이를 돌출하기 전에 머리 가운데 버텍스들을 그림과 같이 선택합니다. 도구상자(Toolbar)의 '이동(Move)' 도구(🔀)을 선택하고 초록색 Y축 핸들을 왼쪽으로 드래그하여 페이스를 평평하게 만듭니다.

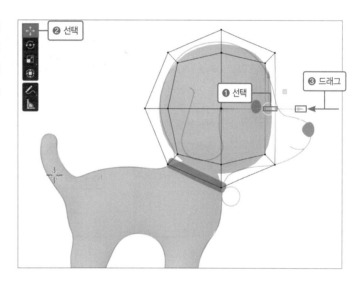

08 | 숫자 키패드 7을 눌러 위쪽 정사법(Top Orthographic) 뷰로 전환합니다. 그림과 같이 왼쪽 버텍스들을 모두 선택하고 마우스 오른쪽 버튼을 클릭한 다음 (버텍스 삭제(Delete Vertex))를 클릭하여 삭제합니다.

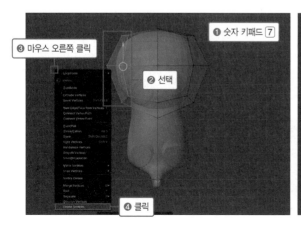

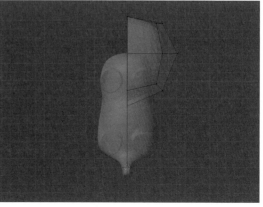

09 (모디파이어(Modifiers)) 탭에서 (+ 모디파이어 추가(Add Modifier)) 버튼을 클릭하고 (생성(Generate)) → (미러(Mirror))를 클릭하여 추가합니다. 미러(Mirror) 모디파이어 속성 중에서 'Clipping'을 체크 표시하고 미러(Mirror) 속성을 섭디비전 표면(Subdivision Surface) 속성의 위로 드래그하여 적용 순서를 변경합니다.

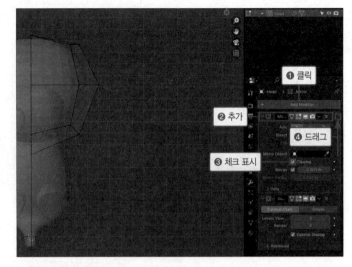

10 마우스 휠을 클릭한 상태로 화면을 드래그하여 사용자 원근법(User Perspective) 뷰로 전환하고 선택 모드(Select Mode)를 (페이스(Face))로 설정한 다음 머리에서 입으로 돌출할 페이스를 선택합니다.

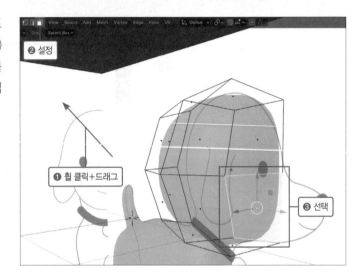

11 숫자 키패드 ③을 눌러 오른쪽 정사법(Right Orthographic) 뷰로 전환합니다. Ｅ, Ｙ를 눌러 초록색 Y축 지역 돌출(Extrude Region) 상태로 들어가고 커서를 오른쪽으로 이동하여 페이스를 돌출한 다음 클릭합니다.

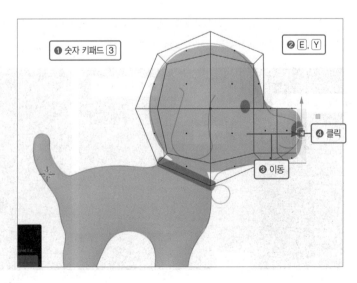

12 선택 모드(Select Mode)를 (버텍스 (Vertex))로 설정하고 도구상자(Toolbar)에서 '이동(Move)' 도구(⬚)를 선택합니다. 윤곽을 변형하기 쉽게 미러(Mirror) 속성 중에서 '케이지에서(On Cage)' 아이콘(⬚)을 클릭해 활성화하고 돌출된 버텍스들을 가운데로 모아 참조 이미지의 윤곽선에 맞게 변형시킵니다.

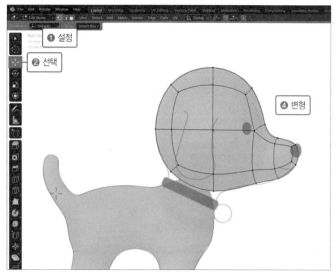

13 강아지 머리 형태를 더 정교하게 다듬기 위해 Ctrl+R을 눌러 루프 컷(Loop Cut) 상태로 들어가고 세로선이 생성되도록 클릭한 다음 커서를 눈꼬리 부분으로 이동하여 클릭해 페이스를 분할합니다.

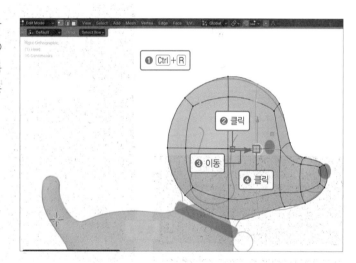

14 분할된 페이스의 외곽 버텍스를 선택하고 이동(Move, G)을 이용하여 참조 이미지의 윤곽선에 맞게 변형합니다.

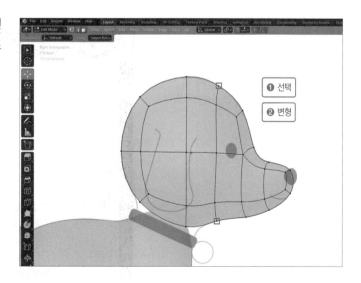

15 Ctrl+숫자 키패드 1을 눌러 뒤쪽 정사법(Back Orthographic) 뷰로 전환합니다. 뺨에 해당하는 버텍스들을 선택하고 이동(Move, G)을 이용하여 참조 이미지의 윤곽선에 일치하도록 조정합니다.

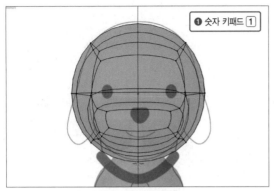

TIP 미러(Mirror) 기능이 활성화되어 있는 상태라 왼쪽 부분의 버텍스를 선택하면 오른쪽 부분의 버텍스도 자동으로 선택됩니다.

16 아웃라이너(Outliner) 에디터에서 참조 이미지들의 '눈' 아이콘(👁)을 클릭하여 숨기고 마우스 휠을 클릭한 상태로 화면을 드래그하여 사용자 원근법(User Perspective) 뷰로 전환합니다. 일부 버텍스들을 이동하여 'Head' 오브젝트의 윤곽을 정교하게 만듭니다.

17 머리와 몸통을 연결할 목을 만들기 위해 머리에서 페이스를 선택하여 돌출하겠습니다. 선택 모드(Select Mode)를 [페이스(Face)]로 설정하고 머리 하단의 페이스를 선택합니다.

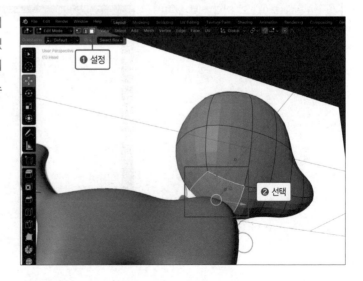

18 | 숫자 키패드 ③을 눌러 오른쪽 정사법(Right Orthographic) 뷰로 전환합니다. E를 눌러 지역 돌출(Extrude Region) 상태로 들어가고 커서를 아래로 이동한 다음 클릭하여 돌출시킵니다.

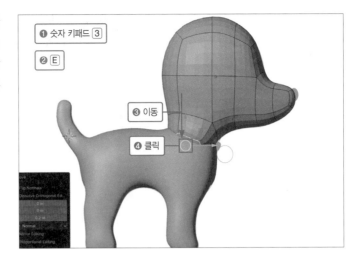

19 | Alt+Z를 눌러 X-Ray 모드를 활성화하고 ①을 눌러 선택 모드(Select Mode)를 (버텍스(Vertex))로 설정합니다. 오른쪽 정사법(Right Orthographic, 숫자 키패드 ③) 뷰와 뒤쪽 정사법(Back Orthographic, Ctrl+숫자 키패드 ①) 뷰에서 번갈아 살펴보며 참조 이미지의 윤곽선에 일치하도록 버텍스들의 위치를 조정합니다.

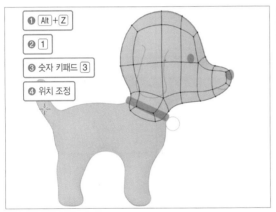
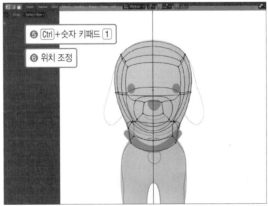

강아지 귀 만들기

01 | 미러(Mirror) 속성 중에서 '케이지에서(On Cage)' 아이콘(🐛)을 클릭하여 비활성화합니다.
도구상자(Toolbar)에서 '나이프(Knife)' 도구(🔪)를 선택하고 귀를 돌출할 부분의 페이스를 그림과 같이 분할합니다.

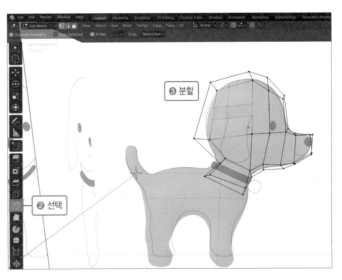

02 선택 모드(Select Mode)를 (페이스 (Face))로 설정하고 귀를 돌출하기 위해 분할된 페이스를 선택합니다.

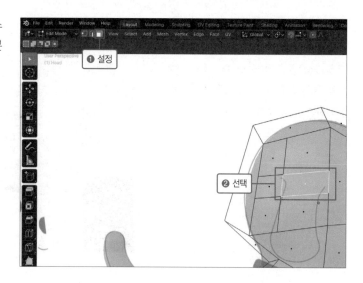

03 Ctrl+숫자 키패드 1을 눌러 뒤쪽 정사법(Back Orthographic) 뷰로 전환합니다. E를 눌러 지역 돌출(Extrude Region) 상태로 들어가고 커서를 왼쪽으로 이동하여 바깥 방향으로 돌출한 다음 클릭합니다. 미러(Mirror) 속성 중에서 '케이지에서(On Cage)' 아이콘(▽)을 클릭하여 활성화하고 윤곽을 확인합니다.

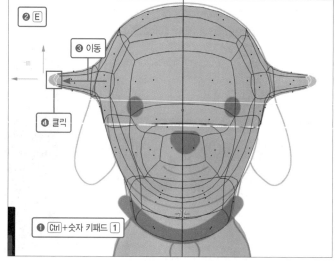

04 귀는 아래로 늘어지게 돌출되므로 R을 눌러 회전(Rotate) 상태로 들어가고 커서를 위로 이동하여 페이스가 아래로 향하게 회전한 다음 클릭합니다.

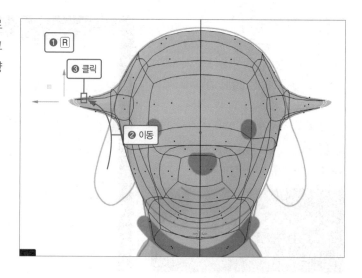

05 도구상자(Toolbar)에서 '이동(Move, G)' 도구(✥)를 선택하고 파란색 Z축 핸들을 아래로 드래그하여 그림과 같이 만듭니다.

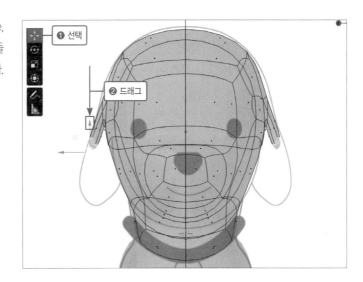

06 지역 돌출(Extrude Region, E)과 이동(Move, G)을 번갈아 사용하여 그림과 같이 페이스를 3회에 걸쳐 돌출시킵니다.

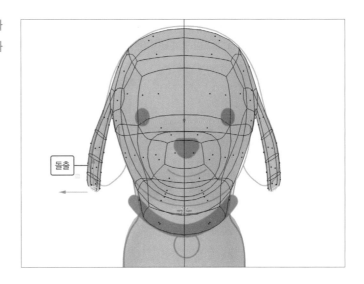

07 귀가 잘 보이는 상태에서 윤곽선을 조정하기 위해 얼굴 부분의 버텍스들을 선택하고 H를 눌러 숨김(Hide) 처리합니다.

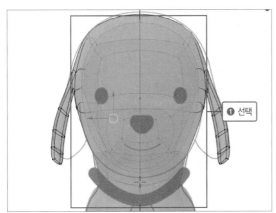
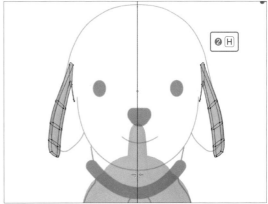

08 │ 숫자 키패드 ③을 눌러 오른쪽 정사법(Right Orthographic) 뷰로 전환합니다. 귀의 버텍스를 선택하고 ⑥를 눌러 이동(Move)으로 들어간 다음 참조 이미지의 윤곽선을 따라 커서를 이동하고 클릭하여 위치를 조정합니다.

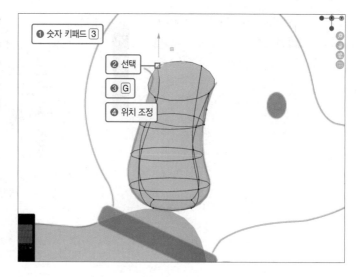

❶ 숫자 키패드 ③
❷ 선택
❸ ⑥
❹ 위치 조정

09 │ Alt+H를 눌러 숨겼던 얼굴 오브젝트를 보이게 합니다. 같은 방법으로 '이동(Move, ⑥)' 도구(✛)를 이용하여 참조 이미지의 윤곽선에 맞추어 귀의 전체적인 형태를 조정합니다.

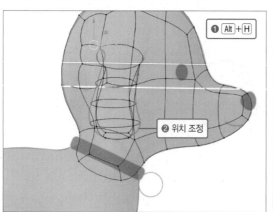

❶ Alt+H
❷ 위치 조정

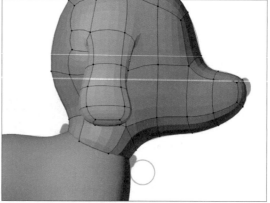

10 │ Ctrl+숫자 키패드 ①을 눌러 뒤쪽 정사법(Back Orthographic) 뷰로 전환합니다. 같은 방법으로 귀의 버텍스들을 선택하고 '이동(Move, ⑥)' 도구(✛)를 이용하여 귀의 전체적인 형태를 조정합니다.

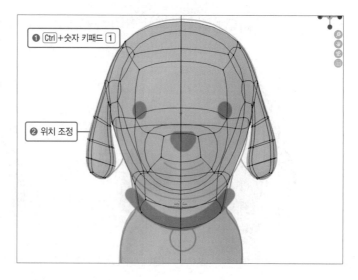

❶ Ctrl+숫자 키패드 ①
❷ 위치 조정

11 Alt+Z를 눌러 X-Ray 모드를 해제하고 다양한 뷰포트 각도에서 세부 버텍스들 위치를 조정하여 정교하게 만듭니다. Tab 를 눌러 오브젝트 모드(Objce Mode)로 전환하고 'head' 오브젝트에서 마우스를 오른쪽 버튼을 클릭한 다음 (셰이드 스무스(Shade Smooth))를 클릭합니다.

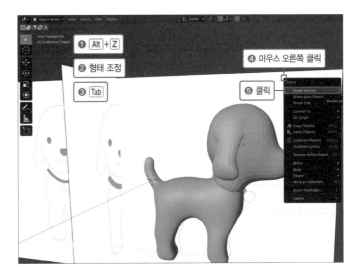

12 강아지 캐릭터의 머리부터 꼬리까지 전체 형태를 완성하였습니다.

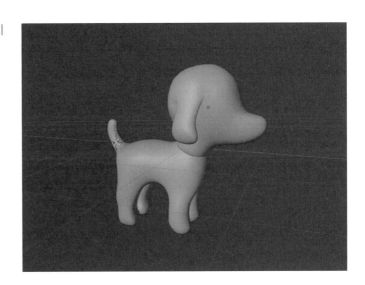

강아지 눈, 코, 목걸이 만들기

01 강아지 눈을 만들기 위해 헤더에서 (추가(Add)) → (메쉬(Mesh)) → (큐브(Cube))를 클릭하여 큐브를 추가합니다. 큐브를 추가(Add Cube) 명령 상자가 표시되면 크기(Size)를 '0.1m'로 설정합니다.

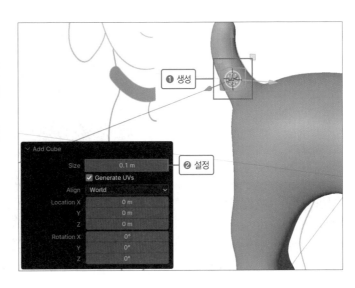

02 [모디파이어(Modifiers)] 탭에서 [+ 모디파이어 추가(Add Modifier)] 버튼을 클릭하고 [생성(Generate)] → [섭디비전 표면(Subdivision Surface)]을 클릭하여 추가해 큐브를 둥글게 만듭니다.

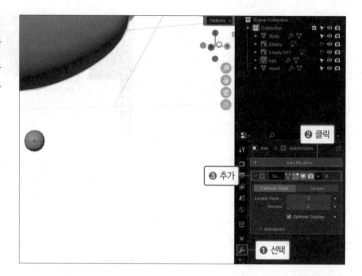

03 아웃라이너(Outliner) 에디터에서 추가한 큐브(Cube) 이름을 'eye'로 변경하고 S를 눌러 축적(Scale) 상태로 들어갑니다. 커서를 이동하여 그림과 같이 눈이 되도록 크기를 조절하고 클릭합니다.
마우스 오른쪽 버튼을 클릭하고 [셰이드 스무스(Shade Smooth)]를 클릭하여 적용해 머리에 배치합니다.

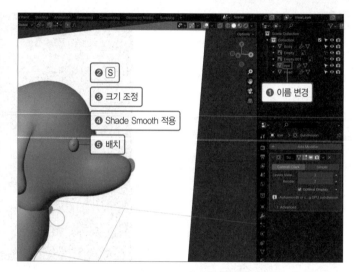

04 'eye' 오브젝트를 선택하고 [모디파이어(Modifiers)] 탭에서 [+ 모디파이어 추가(Add Modifier)] 버튼을 클릭한 다음 [생성(Generate)] → [미러(Mirror)] 모디파이어를 클릭하여 추가해 반대쪽 머리(Head)에도 눈이 나타나도록 설정합니다.

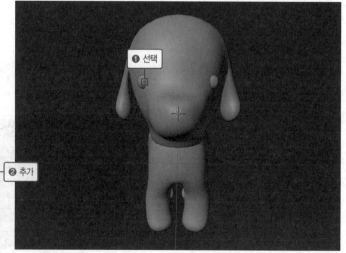

05 코를 만들기 위해 'eye' 오브젝트를 선택하고 Shift+D를 눌러 복제합니다. 아웃라이너(Outliner) 에디터에서 복제한 오브젝트의 이름을 'nose'라고 변경한 다음 주둥이 중앙 위치에 배치합니다.

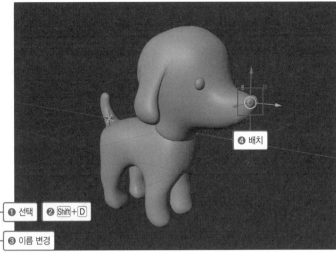

06 속성(Properties) 에디터에서 'nose' 오브젝트에서 함께 복제된 미러(Mirror) 모디파이어의 '×' 아이콘을 클릭하여 삭제합니다. 오브젝트가 선택된 상태로 헤더에서 에디트 모드(Edit Mode)로 전환하고 선택 모드(Select Mode)를 (페이스(Face))로 설정합니다.

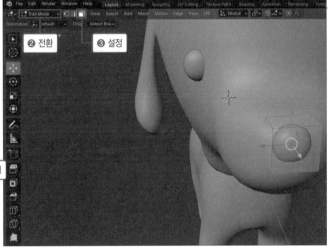

07 코(nose)의 윗 페이스를 선택하고 S, X를 눌러 빨간색 X축으로만 적용되는 축적(Scale) 상태로 들어갑니다. 커서를 바깥으로 이동하여 넓적하게 만들고 클릭해 그림과 유사하게 만듭니다.

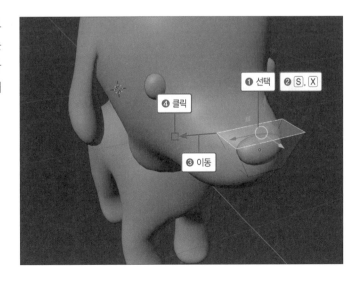

08 | 헤더에서 (오브젝트 모드(Object Mode))로 전환하고 코(nose)의 크기와 위치를 조정하여 머리 중앙에 배치합니다.

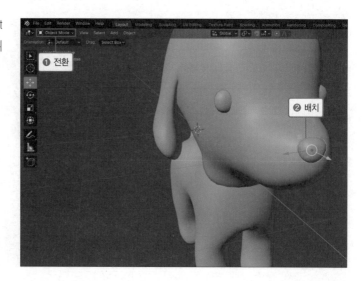

09 | 강아지의 목걸이를 만들기 위해 헤더의 (추가(Add)) 메뉴에서 (메쉬(Mesh)) → (토러스(Torus))를 클릭하여 생성합니다. 토러스 추가(Add Torus) 명령 상자가 표시되면 메이저 부분(Major Segments)을 '50', 마이너 부분(Minor Segments)을 '30', 메이저 반경(Major Radius)을 '0.26m', 마이너 반경(Minor Radius)을 '0.05m'로 설정합니다.

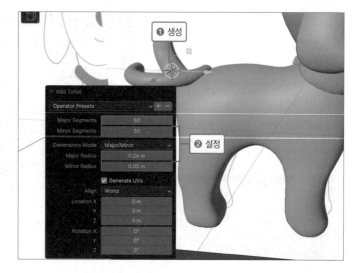

10 | 아웃라이너(Outliner) 에디터에서 토러스 이름을 'neckless'로 변경하고 '회전(Rotate, R)' 도구(⊙)와 '이동(Move, G)' 도구(✛)를 이용하여 참조 이미지에 맞게 윤곽을 맞추어 배치합니다.

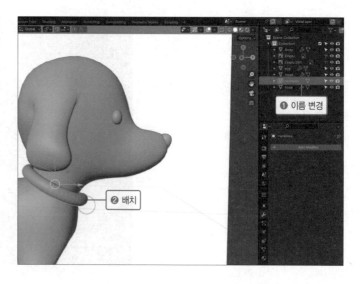

11 | 강아지 목걸이에 방울 장식을 만들기 위해 헤더의 〔추가(Add)〕 메뉴에서 〔메쉬(Mesh)〕 → 〔UV 구체(UV Sphere)〕를 클릭하여 생성합니다.

UV 구체 추가(Add UV Sphere) 명령 상자가 표시되면 부분(Segments)을 '16', 링(Rings)을 '8', 반경(Radius)을 '0.1m'로 설정합니다.

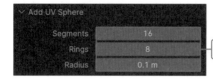

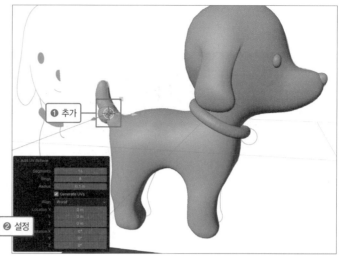

12 | 아웃라이너(Outliner) 에디터에서 구체(Sphere) 이름을 'bell'로 변경하고 '이동(Move, G)' 도구(✥)를 이용하여 참조 이미지에 맞게 방울(bell)을 목걸이 중앙에 배치합니다.

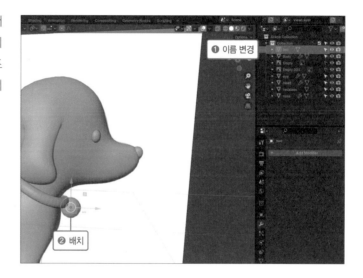

13 | Tab을 눌러 에디트 모드(Edit Mode), Ctrl+숫자 키패드 1을 눌러 뒤쪽 정사법(Back Orthographic) 뷰로 전환하고 3을 눌러 선택 모드(Select Mode)를 〔페이스(Face)〕로 설정합니다. 'bell' 오브젝트의 가운데 페이스를 선택하고 X를 눌러 삭제합니다. 같은 방법으로 구체 뒷면의 페이스도 삭제하여 대칭을 만듭니다.

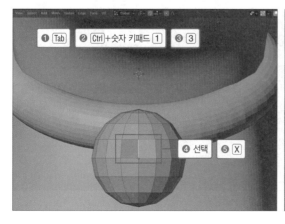

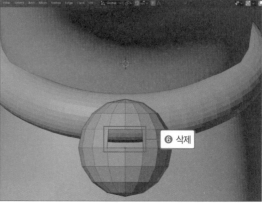

14 | 선택 모드(Select Mode)를 〔에지(Edge)〕로 설정하고 [Alt]+[Z]를 눌러 X-Ray 모드를 활성화한 다음 그림과 같이 에지를 선택합니다.

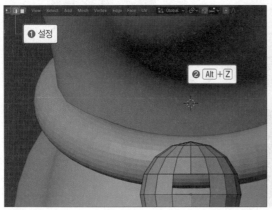
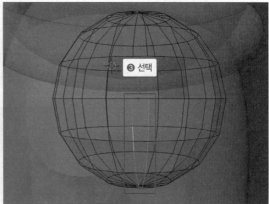

15 | 에지가 선택된 상태로 [V]를 눌러 떼어내기(Rip) 기능으로 에지를 분리하고 [X]를 눌러 X축으로 이동하여 에지가 서로 떨어지게 만듭니다.

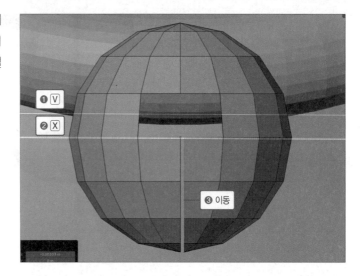

16 | 'bell' 오브젝트를 전체 선택하고 〔모디파이어(Modifiers)〕 탭에서 〔+ 모디파이어 추가(Add Modifier)〕 버튼을 클릭한 다음 〔생성(Generate)〕 → 〔솔리디파이(Solidify)〕를 클릭하여 추가해 오브젝트에 두께를 형성합니다.

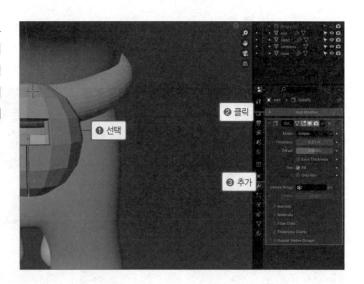

17 | 같은 방법으로 (+ 모디파이어 추가(Add Modifier)) 버튼을 클릭한 다음 (생성(Generate)) → (섭디비전 표면(Subdivision Surface))을 클릭하여 추가해 방울 외형을 부드럽게 처리합니다.

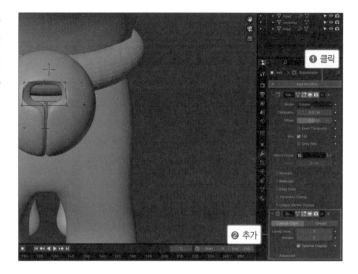

18 | (Tab)을 눌러 오브젝트 모드(Object Mode)로 전환합니다. 목걸이와 방울 오브젝트를 선택하고 마우스 오른쪽 버튼을 클릭한 다음 (셰이드 스무스(Shade Smooth))를 클릭하여 부드럽게 만듭니다.

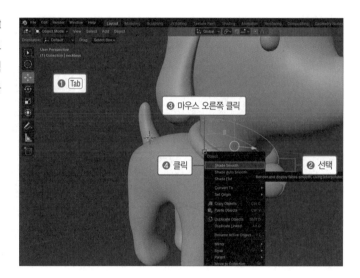

19 | 강아지 모델링을 완성하였습니다.

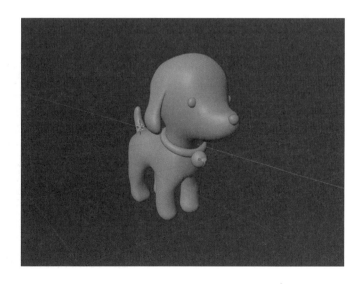

강아지 캐릭터에
UV 매핑하기

예제 파일 : 04\강아지uv.blend, Readleader.jpg
완성 파일 : 04\강아지uv_완성.blend

강아지 캐릭터 모델에 컬러, 무늬, 특수 재질을 다양하게 적용하는 과정으로 넘어갑니다. 캐릭터 입체의 표면을 평면 이미지에 대응하도록 펼치는 작업인 UV 펼치기(UV Unwrap)부터 시작해 텍스처 이미지를 생성하고 칠하는 과정을 거쳐서 다양한 재질을 자연스럽게 모델링에 구현합니다.

예제 핵심 기능
1 강아지 캐릭터에 다양한 매테리얼 적용
2 씨임을 마크(Mark Seam)하여 절개선 생성
3 페이스를 UV 펼치기(UV Unwrap Face)

4 셰이더 에디터(Shader Editor)에서 이미지 텍스처(Image Texture) 연결
5 텍스처 페인트(Texture Paint)에서 채우기 (Fill), 그리기(Draw)로 채색

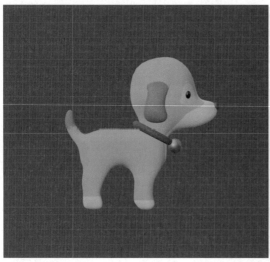

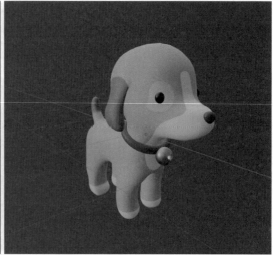

몸통 UV 펼치기와 페인트 칠하기

01 │ 이전 예제에서 이어서 진행하거나 블렌더를 실행하고 메뉴에서 (파일(File)) → (열기(Open))를 클릭하여 04 폴더에서 '강아지uv.blend' 파일을 불러옵니다.

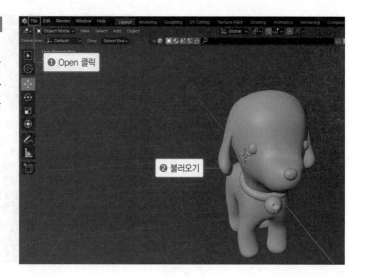

02 | 강아지 몸통에 재질을 매핑하기 위해 아웃라이너(Outliner) 에디터에서 몸통(Body)을 제외한 나머지 오브젝트들의 '눈' 아이콘(◉)을 클릭하여 숨김 상태로 설정합니다. 모델링 과정에서 추가한 모디파이어를 확정하기 위해 미러 (Mirror) 모디파이어에서 'V' 아이콘을 클릭하고 (적용(Apply))을 선택합니다.

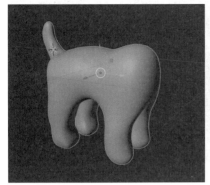

03 | 탑바(Topbar)에서 (UV Editing) 탭을 선택하여 UV 매핑 환경으로 전환합니다.

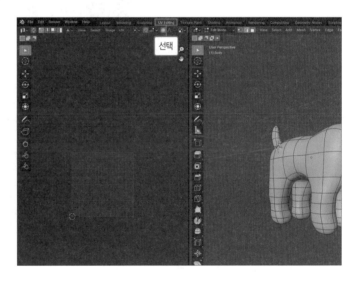

04 | Body의 텍스처(Texture)를 평면으로 펼치기 위해서는 자르는 기준이 되는 에지를 선택하여 씨임(Seam)을 설정해야 합니다. 3D 뷰포트(3D Viewport) 패널의 선택 모드(Select Mode)를 (에지(Edge))로 설정하고 Shift를 누른 상태로 배 아래 가운데를 관통하는 에지를 클릭하여 다중 선택합니다.

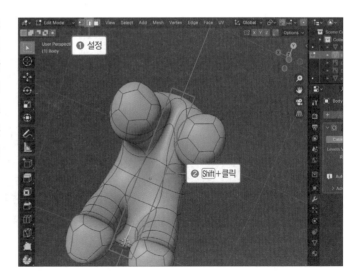

05 그림과 같이 뷰를 전환하여 몸통의 절반에 해당하는 앞부분 에지와 뒷부분 에지를 함께 선택합니다.

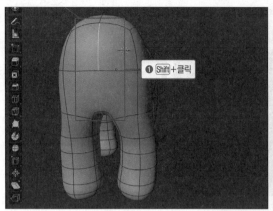
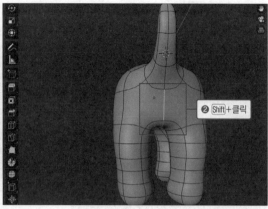

06 Alt + Z 를 눌러 X-Ray 모드를 활성화하여 그림과 같이 절개선에 해당하는 에지가 선택된 것을 확인합니다. 선택한 에지에서 마우스 오른쪽 버튼을 클릭한 다음 (씨임을 마크(Mark Seam))를 클릭하여 씨임(Seam) 부분으로 설정합니다.

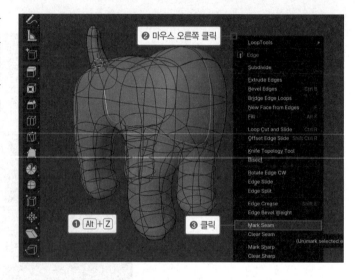

07 다리의 절개선을 설정하기 위해 그림과 같이 몸통에서 앞다리와 뒷다리가 만나는 부분의 에지를 모두 선택합니다.

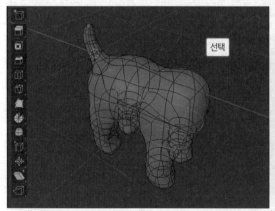
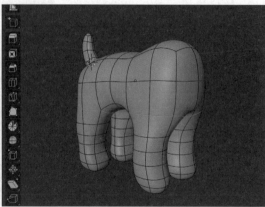

08 선택한 에지에서 마우스 오른쪽 버튼을 클릭한 다음 (씨임을 마크(Mark Seam))를 실행하여 씨임(Seam) 부분으로 설정합니다.

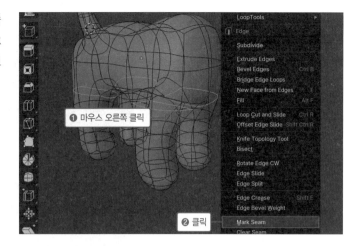

09 발의 절개선을 설정하기 위해 그림과 같이 앞발과 뒷발이 다리와 만나는 부분의 에지를 모두 선택합니다. 마우스 오른쪽 버튼을 클릭한 다음 (씨임을 마크(Mark Seam))를 클릭하여 씨임(Seam) 부분으로 설정합니다.

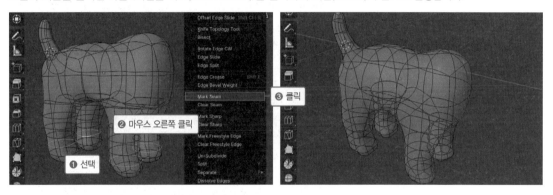

10 같은 방법으로 앞다리와 뒷다리에 절개선인 씨임(Seam)을 추가하기 위해 그림과 같이 세로 방향의 에지에도 (씨임을 마크(Mark Seam))를 적용합니다.

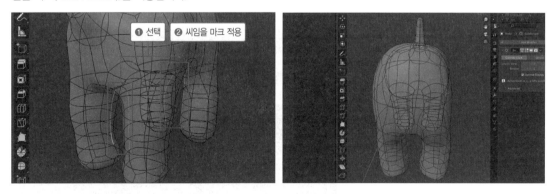

TIP 씨임(Seam) 에지 설정

3D 입체를 이미지 평면에 평평하게 펼치려면 여러 개의 절개선이 필요합니다. 씨임(Seam)은 입체를 펼치기 위한 절개선을 뜻합니다. 매테리얼 맵(Material Map)에서 씨임을 어느 에지로 설정할지에 대한 정답은 없지만, 다른 재질을 적용하려는 부분들을 각각의 씨임으로 설정해서 미리 분리하는 것이 좋습니다. 매테리얼 맵, 즉 재질 이미지의 절개선은 입체의 모양에 따라 시각적으로 두드러져 보일 수도 있으므로 잘 보이지 않는 안쪽 부위의 에지에 씨임을 설정하는 것이 자연스럽게 보입니다.

11 │ 선택 모드(Select Mode)를 (페이스 (Face))로 설정하고 ④를 눌러 전체 페이스를 선택합니다.

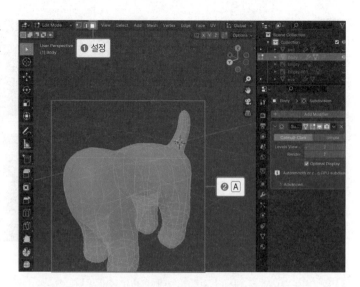

12 │ 선택된 페이스에서 마우스 오른쪽 버튼을 클릭한 다음 (페이스를 UV 펼치기(UV Unwrap Faces)) → (펼치기 (Unwrap))를 클릭합니다.

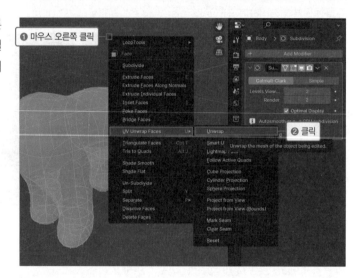

13 │ 화면의 왼쪽에 배치된 UV 에디터 (UV Editor)에서 각 메쉬가 서로 겹치지 않도록 이동하거나 크기를 조정합니다.
헤더에서 'UV 동기화 선택(UV Sync Selection)' 아이콘(🔀)을 클릭하여 활성화하면 왼쪽에 펼치기(Unwrap)된 메쉬와 오른쪽의 모델에 해당하는 메쉬들이 동기화됩니다.

TIP 특정 메쉬를 선택하고 ⓛ을 누르면 절개된 조각 전체가 선택되며, 이동(Move, ⓖ)과 축적(Scale, ⓢ)을 이용하여 위치와 크기를 조정할 수 있습니다.

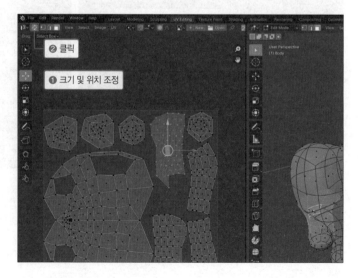

14 페인트 작업을 시작하기 전에 펼쳐진 맵 이미지를 저장해야 합니다. UV 에디터(UV Editor)의 헤더에서 (+ 새로운 (New)) 버튼을 클릭합니다.

새로운 이미지(New Image) 팝업 메뉴가 표시되면 이름(Name)에 'Body'를 입력하고 생성된 유형(Generated Type)을 '컬러 격자(Color Grid)'로 지정한 다음 (OK) 버튼을 클릭합니다.

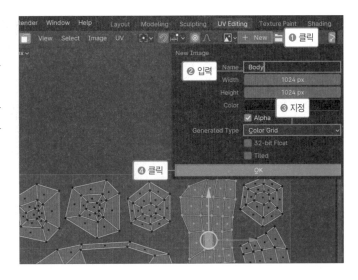

15 UV 에디터(UV Editor)의 헤더에서 (상단 이미지(Image)) → (저장(Save))을 클릭합니다.

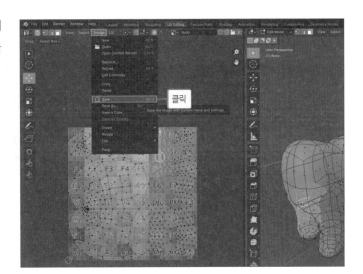

16 블렌더 파일 보기(Blender File View) 창이 표시되면 이미지를 저장할 폴더를 지정하고 (Save As Image) 버튼을 클릭합니다.

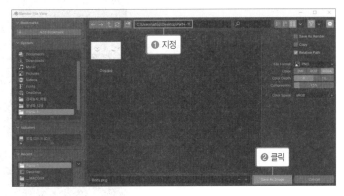

TIP 이러한 과정을 통해 컬러 격자(Color Grid)를 저장하면 UV 맵 왜곡을 확인할 수 있고, 텍스처의 크기를 확인하여 적절한 크기로 설정되었는지 알 수 있습니다. 또한, 이음새나 간격 문제도 확인할 수 있어 UV 연결 상태를 점검할 수도 있고, 텍스처를 페인팅하기 전에 품질을 미리 점검할 수 있습니다.

17 | Alt + Z 를 눌러 X-Ray 모드를 해제하고 3D 뷰포트(3D Viewport) 에디터의 모드를 (텍스처 페인트(Texture Paint))로 전환합니다. 속성(Properties) 에디터에서 (매테리얼(Material)) 탭을 선택하고 (+ 새로운(New)) 버튼을 클릭하여 재질을 생성합니다.

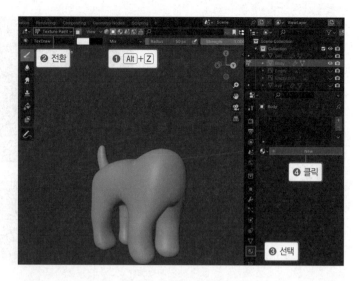

18 | UV 에디터(UV Editor)의 헤더에서 '에디터 유형(Editor Type)' 아이콘(🖼️∨)을 클릭하고 (셰이더 에디터(Shader Editor))를 선택하여 패널을 변경합니다.

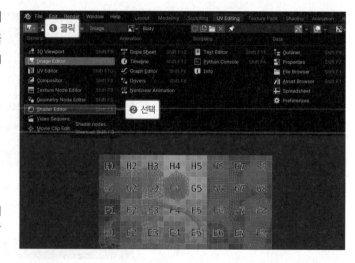

TIP 에디터(Editor) 유형 아이콘은 어떤 에디터인가에 따라 표시되는 아이콘 형태가 다릅니다.

19 | 셰이더 에디터(Shader Editor)의 헤더에서 (추가(Add)) → (텍스처(Texture)) → (이미지 텍스처(Image Texture))를 클릭하여 노드를 생성합니다.

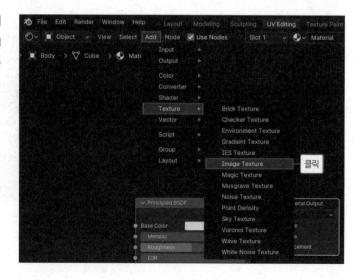

20 이미지 텍스처(Image Texture) 노드의 컬러(Color) 항목의 노란색 점을 프린시플드 BSDF(Principled BSDF) 노드의 베이스 컬러(Base Color) 항목으로 드래그하여 연결합니다.

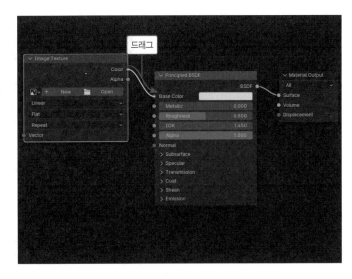

21 이미지 텍스처(Image Texture) 노드의 (열기(Open)) 버튼을 클릭합니다. 블렌더 파일 보기(Blender File View) 창이 표시되면 앞서 저장한 'Body.jpg' 파일을 선택하고 (이미지를 열기(Open Image)) 버튼을 클릭하여 불러옵니다.

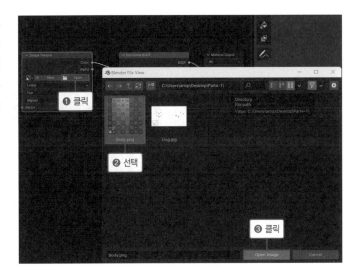

22 속성(Properties) 에디터의 (매터리얼(Material)) 탭에서 베이스 컬러(Base Color)에 해당 이미지가 연결된 것을 확인합니다.

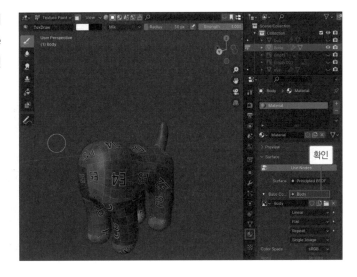

23 │ 왼쪽 뷰포트 영역을 [이미지 에디터(Image Editor)]로 변경하고 모드를 [페인트(Paint)]로 전환합니다. 이미지 에디터(Image Editor)에 펼쳐진 컬러 그리드의 번호가 오른쪽 입체 오브젝트 표면에 어떻게 표현되는지 영역을 확인합니다.

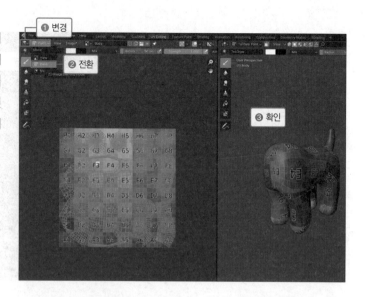

24 │ 강아지의 몸통(Body)에 칠하려는 컬러(Color)를 설정하겠습니다. 속성(Properties) 에디터에서 [도구(Tool)] 탭을 선택하고 컬러 선택기(Color Picker)의 컬러(Color) 색상 상자를 클릭하여 색상환을 표시하고 컬러 피커(Color Picker)를 '황토색'으로 지정하고 명도 슬라이드를 조절하여 밝기를 조절합니다.

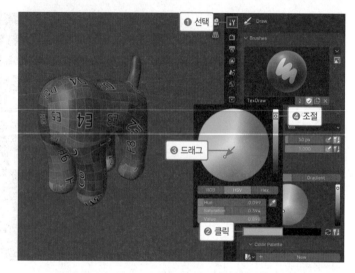

25 │ 자주 사용할 컬러(Color)를 저장하기 위해 컬러 팔레트(Color Palatte) 항목을 클릭하여 표시하고 [+ New] 버튼을 클릭해 팔레트를 생성합니다. 팔레트에서 [+]를 클릭하면 현재 컬러가 저장됩니다.

TIP 에디터 영역의 경계 조절
좌우로 배치된 에디터는 경계선 부분에 마우스를 클릭 드래그하여 영역을 넓히거나 좁힐 수 있습니다. 두 영역의 에디터를 하나로 합칠 때는 경계 부분에 마우스 오른쪽 버튼을 클릭하고 [영역 합치기(Join Areas)]를 클릭하면 됩니다.

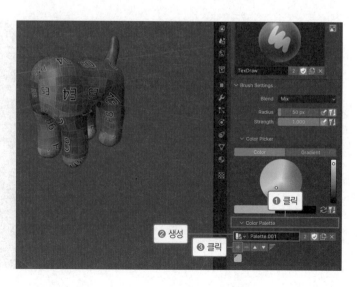

26 | 몸통에 칠할 컬러(Color)가 지정된 상태로 도구상자(Toolbar)의 '채우기(Fill)' 도구(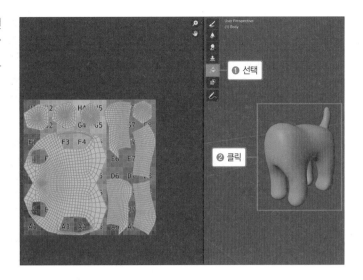)를 선택하고 적용할 몸통(Body)을 클릭하여 전체 컬러(Color)를 채웁니다.

27 | 강아지 캐릭터의 몸통(Body)에 무늬를 추가하기 위해 Ctrl+숫자 키보드 ①을 눌러 뒤쪽 정사법(Back Orthographic) 뷰로 전환합니다. 25번과 같은 방법으로 무늬 컬러를 지정하고 컬러 팔레트(Color Palette)에 저장합니다.

대칭으로 칠하기 위해 텍스처 페인트(Texture Paint) 헤더의 대칭(symmetry)에서 [X]를 선택하고 '그리기(Draw)' 도구(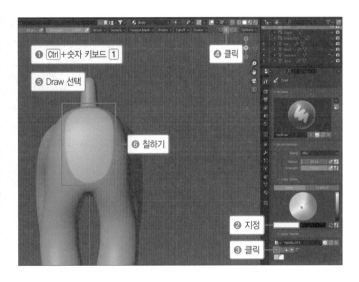)를 이용하여 다음과 같이 가슴 부분을 밝게 칠합니다.

28 | 이미지 에디터(Image Editor)에서 강아지 발에 해당되는 4개의 부분에 '그리기(Draw)' 도구(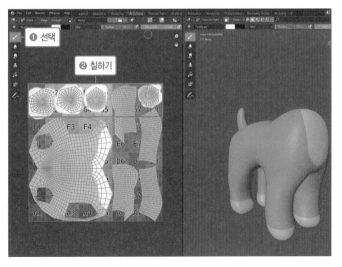)를 이용해 밝게 칠합니다.

TIP 만약 경계면이 부자연스러우면 도구상자(Toolbar)의 '스무스(Soften)' 도구(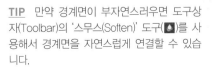)를 사용해서 경계면을 자연스럽게 연결할 수 있습니다.

29 꼬리 부분에는 어두운 무늬를 추가하겠습니다. 몸통(Body) 컬러보다 더 짙은 색으로 지정하고 꼬리 부분에 그림과 같이 칠합니다.

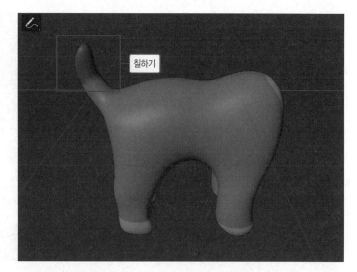

30 텍스처 페인트(Texture Paint) 에디터의 헤더에서 (이미지(Image)) → (저장(Save))을 클릭해 페인팅 작업을 저장합니다.

31 'Body.jpg' 파일에 페인팅 작업이 반영됩니다. 블렌더 파일을 저장할 때 UV Image는 자동으로 업데이트되지 않으므로 수정 사항이 있으면 매번 저장해야 합니다.

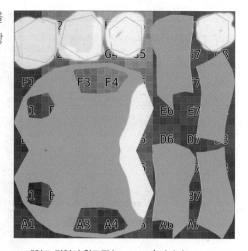

▲ 페인트 작업이 완료된 'Body.jpg' 이미지

머리 UV 펼치기와 페인트 칠하기

01 강아지 머리에도 몸통과 같은 재질을 매핑하겠습니다. 아웃라이너(Outliner) 에디터에서 '머리(Head)' 오브젝트가 보이게 '감은 눈' 아이콘(◑)을 클릭하여 숨기기를 해제하고 오른쪽 뷰포트를 에디트 모드(Edit Mode)로 전환합니다.

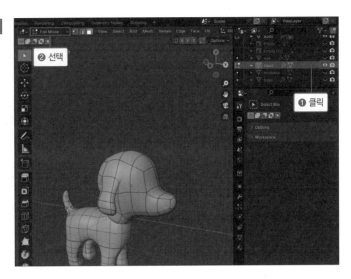

02 왼쪽의 UV 에디터(UV Editor)의 헤더에서 'UV 동기화 선택(UV Sync Selection)' 아이콘(⤧)을 클릭하여 해제해 이전에 작업한 Body.jpg의 메쉬가 보이지 않도록 설정합니다.

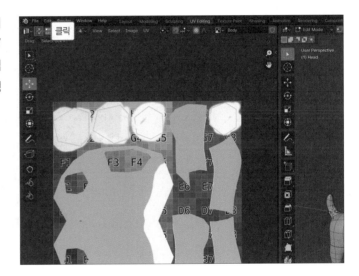

03 UV 에디터(UV Editor)의 헤더에서 (×)를 클릭하여 'body.jpg' 전개도의 링크를 해제해 화면에서 보이지 않게 설정합니다.

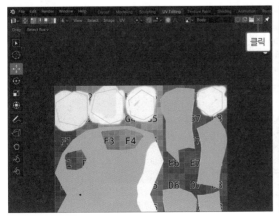

04 〔+ 새로운(New)〕 버튼을 클릭해서 Create a New Image 팝업 메뉴가 표시되면 이름(Name)에 'Head'를 입력하고 생성된 유형(Generated Type)을 '컬러 격자(Color Grid)'로 지정한 다음 〔OK〕 버튼을 클릭합니다.

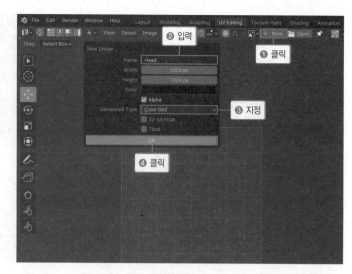

05 UV 에디터(UV Editor)의 헤더 메뉴에서 〔이미지(Image)〕 → 〔저장(Save)〕을 클릭하여 현재 이미지를 저장합니다. 저장 위치에 'Head.jpg' 파일이 생성됩니다.

06 몸통(Body) 매핑 과정과 같은 방법으로 씨임(Seam)을 설정하기 위해 3D 뷰포트(3D Viewport)에서 Alt+Z를 눌러 X-Ray 모드를 활성화하고 선택 모드(Select Mode)를 〔에지(Edge)〕로 설정합니다. 그림과 같이 머리의 세로 중심과 귀 연결부에 해당하는 에지들을 선택합니다.

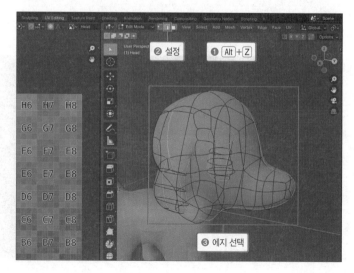

07 선택되어 있는 에지에서 마우스 오른쪽 버튼을 클릭하고 (씨임을 마크(Mark Seam))를 클릭합니다.

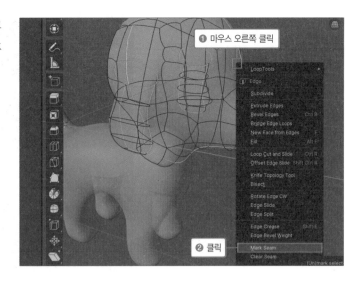

08 선택 모드(Select Mode)를 (페이스(Face))로 설정하고 A를 눌러 전체 페이스를 선택합니다. 선택된 페이스에서 마우스 오른쪽 버튼을 클릭하고 (페이스를 UV 펼치기(UV Unwrap Face)) → (펼치기(Unwrap))를 클릭합니다.

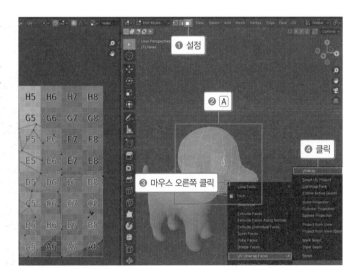

09 왼쪽의 UV 에디터(UV Editor)에서 'UV 동기화 선택(UV Sync Selection)' 아이콘(🗘)을 클릭하여 펼치기(Unwrap) 한 메쉬들이 표시되게 합니다.

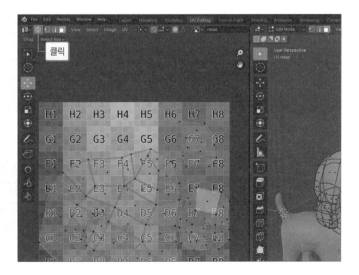

10 오른쪽 뷰포트에서 Alt+Z를 눌러 X-Ray 모드를 해제하고 (텍스처 페인트(Texture Paint)) 모드로 전환합니다.
속성(Properties) 에디터에서 (매테리얼(Material)) 탭을 선택하고 (+ 새로운(New)) 버튼을 클릭하여 새로운 재질을 생성합니다.

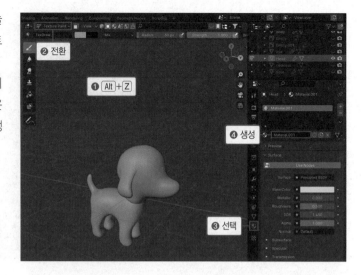

11 왼쪽 뷰포트를 셰이더 에디터(Shader Editor)로 전환하고 헤더에서 (추가(Add)) → (텍스처(Texture)) → (이미지텍스처(Image Texture))를 클릭하여 노드를 생성합니다.

12 이미지 텍스처(Image Texture) 노드의 컬러(Color) 항목에서 노란색 점을 프린시플드 BSDF(Principled BSDF) 노드의 베이스 컬러(Base Color) 항목으로 드래그하여 연결하고 이미지 텍스처(Image Texture) 노드의 (열기(Open)) 버튼을 클릭합니다.

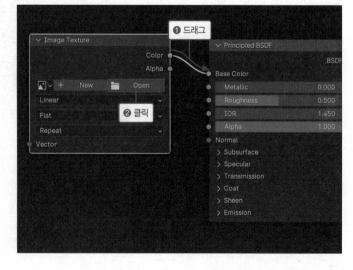

13 블렌더 파일 보기(Blender File Viewer) 창이 표시되면 앞서 저장했던 폴더에서 'Head.jpg'를 선택하고 (이미지를 열기(Open Image)) 버튼을 클릭합니다.

14 (매테리얼(Material)) 탭의 베이스 컬러(Base Color) 항목에서 'Head.jpg'가 연결된 것을 확인할 수 있습니다.

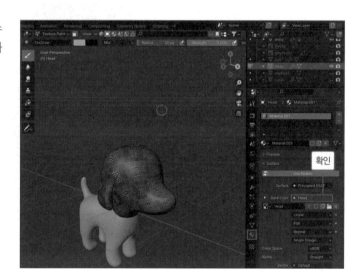

15 몸통(Body)에 페인트를 칠했던 방법과 같은 방법으로 텍스처 페인트(Texture Paint)와 UV 에디터의(UV Editor)의 도구 상자(Toolbar)에서 '채우기(Fill)' 도구(🪣)와 '그리기(Draw)' 도구(🖌)를 선택하고 다음과 같이 강아지 머리에 페인트 칠을 합니다.

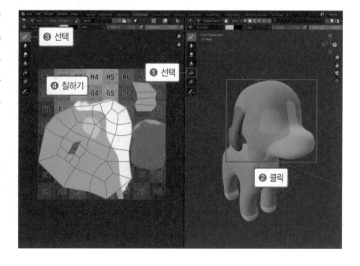

16 아웃라이너(Outliner) 에디터에서 숨김 처리한 '눈(eye)'과 '코(nose)' 오브젝트의 '감은 눈' 아이콘(◡)을 클릭하여 보이게 설정하고 같은 방법으로 눈과 코에 매테리얼(Material)을 생성하여 추가한 다음 컬러(Color)를 적용해 칠합니다.

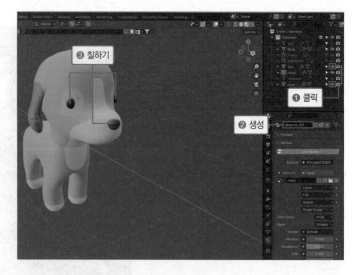

목걸이에 매테리얼 적용하기

01 아웃라이너(Outliner) 에디터에서 숨김 처리한 '목걸이(neckless)'와 '방울(bell)' 오브젝트의 '감은 눈' 아이콘(◡)을 클릭하여 보이게 합니다.

02 먼저 '방울(bell)' 오브젝트를 선택하고 속성(Properties) 에디터의 [매테리얼(Material)] 탭에서 [+ 새로운(New)] 버튼을 클릭하여 새로운 재질을 생성합니다.

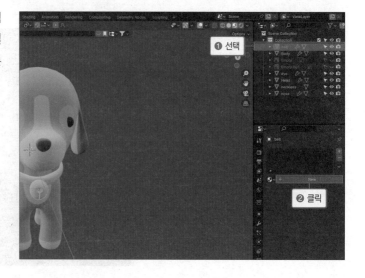

03 | 베이스 컬러(Base Color)를 '보라 색'으로 지정하고 금속성(Matallic)을 '1', 거칠기(Roughness)를 '0.4', IOR을 '2'로 설정하여 금속 재질로 보이도록 설정합니다.

04 | 목걸이를 가죽 재질로 만들겠습니다. 아웃라이너(Outliner) 에디터에서 '목걸이 (necklenss)' 오브젝트를 선택하고 (매테리얼(Material)) 탭에서 (+ 새로운(New)) 버튼을 클릭하여 새로운 재질을 생성합니다.

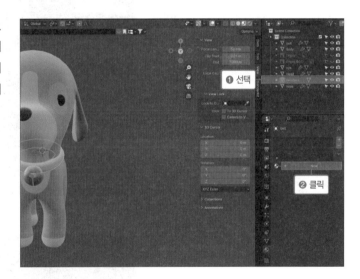

05 | UV 에디터(UV Editor)의 (새로운 (New)) 버튼을 클릭하여 New Image 팝업 메뉴가 표시되면 이름(Name)에 'neckless'를 입력하고 (OK) 버튼을 클릭합니다.

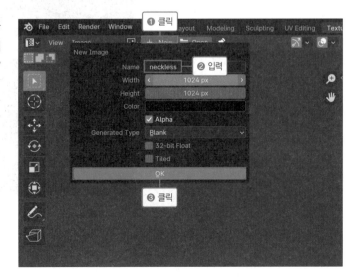

06 UV 에디터(UV Editor)의 헤더에서 [이미지(Image)] → [저장(Save)]을 클릭합니다. 블렌더 파일 뷰어(Blender File Viewer) 창이 표시되면 파일 이름을 'neckless.png'로 입력하고 [Save As Image] 버튼을 클릭하여 저장합니다.

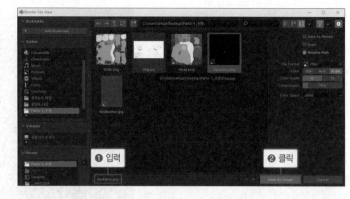

07 화면 왼쪽 뷰포트를 셰이더 에디터(Shader Editor)로 변경하고 헤더의 메뉴에서 [추가(Add)] → [텍스처(Texture)] → [이미지 텍스처(Image Texture)]를 클릭하여 노드를 추가합니다.

08 이미지 텍스처(Image Texture) 노드의 컬러(Color) 항목에서 노란색 점을 프린시플드 BSDF(Principled BSDF) 노드의 베이스 컬러(Base Color) 항목으로 드래그하여 연결하고 이미지 텍스처(Image Texture) 노드의 [열기(Open)] 버튼을 클릭합니다.

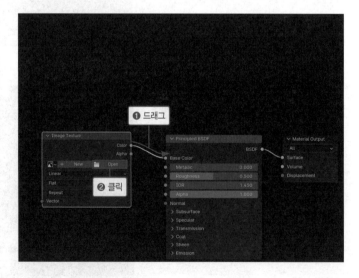

09 블렌더 파일 보기(Blender File Viewer) 창이 표시되면 앞서 저장했던 폴더에서 'neckless.jpg' 파일을 선택하고 〔이미지를 열기(Open Image)〕 버튼을 클릭합니다.

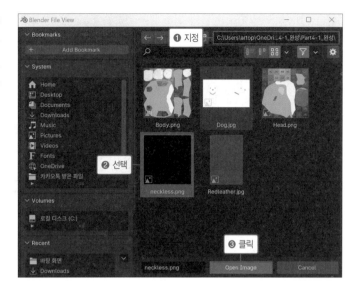

10 〔매테리얼(Material)〕 탭의 베이스 컬러(Base Color) 항목에서 'neckless. jpg'가 연결된 것을 확인할 수 있습니다.

11 속성(Properties) 에디터에서 〔텍스처(Texture)〕 탭을 선택하고 〔+ 새로운 (New)〕 버튼을 클릭하여 브러시(Brush)를 추가합니다.

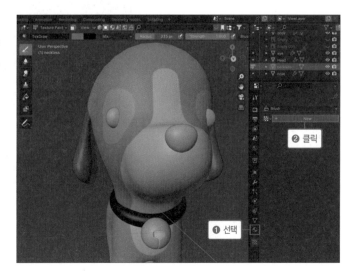

12 ｜ 〔텍스처(Texture)〕 탭의 이미지 (Image) → 설정(Settings) 항목에서 〔열기 (Open)〕 버튼을 클릭합니다.

13 ｜ 블렌더 파일 보기(Blender File View) 창이 표시되면 04 폴더에서 'Red leather.jpg' 파일을 선택하고 〔이미지 열기 (Open Image)〕 버튼을 클릭합니다.

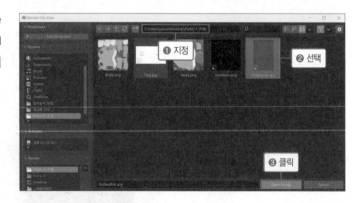

14 ｜ 속성(Properties) 에디터의 〔텍스처 (Texture)〕 탭 → 매핑(Mapping) 항목에서 Extension을 'Repeat'로 지정하여 텍스처 이미지가 반복되도록 설정합니다. 도구상자 (Toolbar)에서 '그리기(Draw)' 도구(✏)를 선택하고 목걸이를 브러시로 칠해 텍스처 소스를 적용합니다.

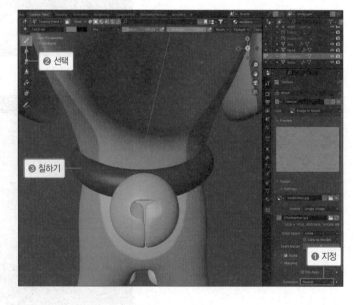

15 | 탑바(Topbar)에서 (레이아웃(Layout)) 탭을 선택하여 작업 공간을 변경합니다. 강아지 모델링에 매테리얼 매핑을 적용해 완성하였습니다.

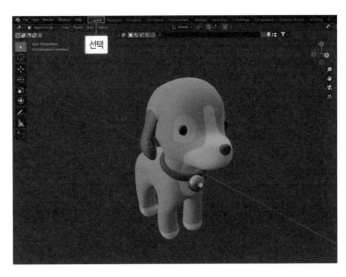

TIP 셰이더 에디터(Shader Editor)와 프린시플드 BSDF(Principled BSDF) 셰이더

셰이더 에디터(Shader Editor)는 재질(Materials)과 텍스처(Texture) 등을 노드 기반으로 입력과 출력 소켓을 연결하여 편집할 수 있는 도구입니다. 확산 BSDF(Diffuse BSDF), 광택 BSDF(Glossy BSDF), 프린시플드 BSDF(Principled BSDF)와 같은 셰이더 노드를 추가하여 복합적인 재질을 구현할 수 있습니다. 이미지 텍스처(Image Texture)를 오브젝트에 적용하기 위한 기본적인 구조는 이미지 텍스처(Image Texture)와 프린시플드 BSDF(Principled BSDF) 셰이더와 매테리얼 출력(Material Output) 노드를 다음과 같이 연결하면 됩니다.

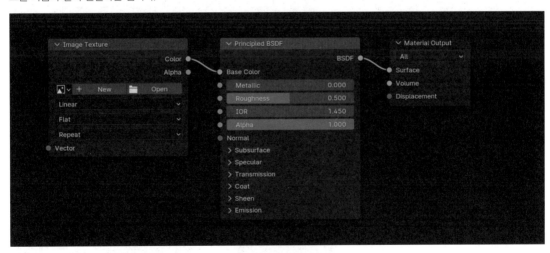

블렌더에서 프린시플드 BSDF(Principled BSDF) 셰이더는 금속, 플라스틱, 유리, 고무 등 다양한 재질의 특성을 하나의 노드에서 간편하게 조정할 수 있어 자주 활용됩니다. 프린시플드 BSDF(Principled BSDF) 셰이더의 주요 속성은 다음과 같습니다.

- **베이스 컬러(Base Color)** : 오브젝트의 기본 색상을 정의합니다.
- **금속성(Metallic)** : 값이 1에 가까울수록 완전한 광택의 금속 재질로 보입니다.
- **거칠기(Roughness)** : 표면의 거칠기를 조정하며, 값이 클수록 표면이 거칠어집니다.
- **IOR(Index of Refraction)** : 굴절률을 설정하며 값이 클수록 빛이 더 강하게 굴절됩니다.
- **Subsurface** : 빛이 표면을 통과해 내부에서 산란하는 효과를 표현하며 반투명 재질에 사용됩니다.
- **반사(Specular)** : 빛의 반사 정도를 설정하며 높일수록 반사가 강해집니다.
- **전달(Transmission)** : 빛이 투과되는 정도를 설정하며 값이 높을수록 오브젝트는 투명해집니다.
- **코트(Coat)** : 재질 표면에 얇은 반사 코팅층을 추가하여 반사율을 조정하는 기능입니다.
- **Sheen** : 벨벳이나 직물 같은 부드러운 표면에 미세한 빛 반사를 추가합니다.
- **방출(Emission)** : 물체나 표면이 스스로 빛을 내는 것처럼 보이는 특성입니다.

Luma AI를 활용한
캐릭터 생성과 보완하기 완성 파일 : 04\어린이캐릭터_완성.blend

인간형 캐릭터 모델링은 인체 구조 이해를 바탕으로 다소 복잡한 작업 과정을 거쳐야 완성할 수 있습니다. 루마 랩스(Luma Labs)에서 제공하는 Luma AI의 Genie와 같은 생성형 AI 서비스를 이용하면 프롬프트 요청에 따라 3D 모델을 생성해서 블렌더 파일로 내려받을 수 있습니다. 모델 파일에는 메쉬(Mesh) 정보뿐만 아니라 세부적인 매테리얼(Material) 이미지를 담은 정보도 함께 포함되어 있습니다. 생성된 3D 모델을 블렌더에서 수정하고 보완하여 애니메이션 작업이 가능한 수준까지 다듬어 보겠습니다.

예제 핵심 기능
1 Luma AI의 Genie에서 캐릭터 모델 생성
2 고품질 블렌더 파일로 생성된 모델 다운로드
3 블렌더에서 모델을 스컬프팅(Sculpting)으로 보완

4 Texture Paint 탭에서 매테리얼(Material) 보완
5 셰이딩(Shading) 탭에서 Normals 노드 삭제하여 정리

Luma AI로 캐릭터 생성하기

01 | 웹브라우저를 실행하고 Luma AI의 Genie 서비스(lumalabs.ai/genie)에 접속합니다.
로그인하기 위해 오른쪽 상단에서 (Log in) 버튼을 클릭합니다.

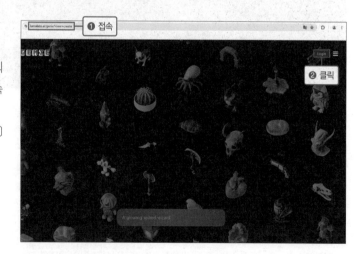

02 별도의 가입 없이 Apple, Google, Discord 계정으로 로그인할 수 있습니다. 연결할 계정의 버튼을 클릭하여 로그인합니다.

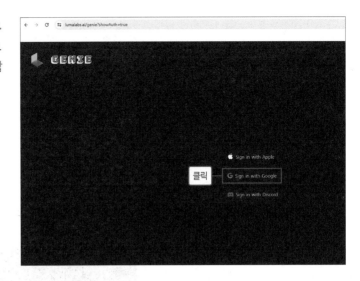

03 로그인 후 표시되는 프롬프트 입력 칸에 원하는 3D 형태를 영어로 입력하고 (Create) 버튼을 클릭합니다. 예제에서는 'a cute puppy'를 입력하였습니다.

04 잠시 기다리면 4개의 모델이 생성되어 표시됩니다.

05 마음에 드는 모델을 선택하면 상세 페이지로 넘어가 자세히 살펴볼 수 있으며 다양한 3D 파일로 내려받을 수 있습니다.

06 귀여운 어린이 캐릭터를 생성하기 위해 다시 프롬프트 입력칸이 있는 화면으로 돌아갑니다. 카페 공간과 어울리는 분위기로 캐릭터를 만들기 위해 프롬프트 입력칸에 모델의 특성을 자세히 입력합니다. 'a cute boy, adorable cheek, hoodi jumper, short pants, sneakers' 등 스타일 묘사 단어를 입력하고 (Create) 버튼을 클릭합니다.

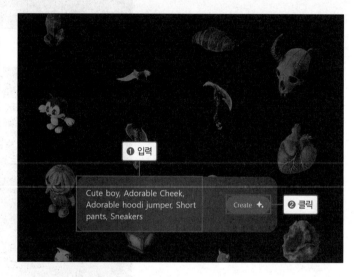

07 4개의 모델이 생성되어 표시되면 가장 적합한 캐릭터를 선택합니다. 마음에 드는 스타일의 캐릭터가 없다면 (Retry) 버튼을 클릭해 모델을 다시 생성합니다.

08 | 선택한 캐릭터의 상세 페이지에서 〔Hi-Res〕 버튼을 클릭하여 고품질 모델로 생성합니다.

09 | 고품질 모델 생성은 시간이 10분 이상 소요되므로 오래 기다려야 합니다.

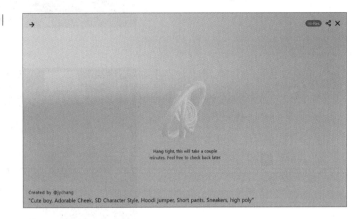

10 | 고품질(Hi-Res) 모델 생성이 완료되면 Custom 항목의 'Retopologize'를 체크 표시하고 정도를 'high'로 선택한 다음 Format을 'blend'로 지정합니다.
〔Download〕 버튼을 클릭하여 블렌더 파일로 다운로드합니다.

스컬프트 모드에서 모델 보완하기

01 블렌더를 실행하고 Luma AI의
Genie 페이지에서 다운로드한 블렌더 파일
을 더블클릭해서 불러옵니다. 헤더에서 뷰
포트 셰이딩(Viewport Shading)의 '매테
리얼 미리보기(Material Preview)' 아이콘
(🔘)을 클릭하여 캐릭터 모델에 포함된 매
테리얼이 뷰포트에 제대로 나타나는지 확인
합니다.

02 뷰포트 왼쪽 상단의 에디터 유형
(Editor Type) 모서리를 오른쪽으로 드래그
하여 뷰포트를 하나 더 생성합니다.
왼쪽에 추가된 뷰포트 헤더에서 '솔리드
(Solid)' 아이콘(🔘)을 클릭하고 오브젝트
상호작용 모드(Object Interaction Mode)
를 (스컬프트 모드(Sculpt Mode))로 전환
합니다.

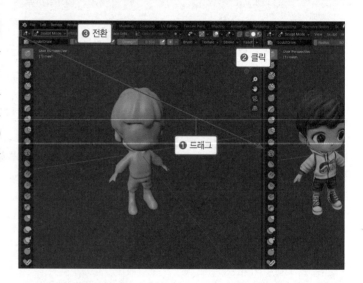

03 Luma AI의 GENIE가 생성한 캐릭터
모델을 뷰포트에서 여러 각도로 관찰하면
목 경계의 매테리얼과 모델의 경계가 서로
넘나들거나 모델의 형태가 틀어진 부분을
발견할 수 있습니다. 얼굴, 손, 귀 등 세부의
윤곽도 불분명하고 옷의 모서리가 튀어나온
문제도 있습니다.

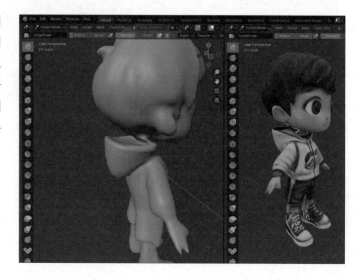

04 모델의 일부 각진 모서리와 튀어나온 부분을 부드럽게 만들기 위해 도구상자(Toolbar)에서 '스무스(Smooth)' 도구( )를 선택하고 헤더의 브러시(Brush) 설정에서 반경(Radius)을 '60px', 강도(Strength)를 '0.8'로 설정합니다.

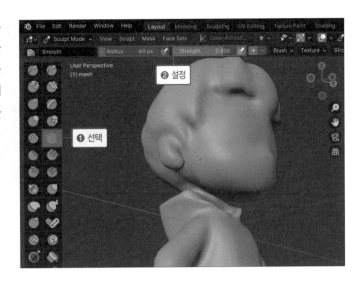

05 '스무스(Smooth)' 도구( )로 캐릭터 모델의 각진 모서리들을 찾아 여러 번 드래그하여 부드럽게 만듭니다.

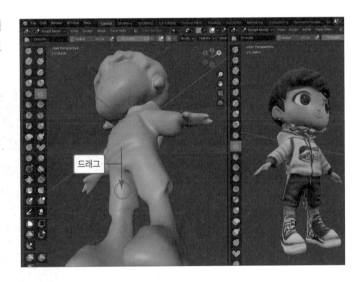

06 도구상자(Toolbar)에서 '엘라스틱 변형(Elastic Deform)' 도구( )를 선택하여 캐릭터의 늘어진 귀를 잡아 올리고 '스무스(Smooth)' 도구( )로 모양을 납작하게 다듬습니다.

TIP **스컬프트 모드의 브러시 설정 주의 사항**
스컬프팅 작업에서 브러시의 반경(Radius)과 강도(Strength) 수치를 높게 설정하고 오브젝트의 표면을 여러 번 드래그하면 의도치 않게 표면이 찌그러지거나 구멍이 뚫리는 현상이 발생할 수 있습니다. 브러시는 지나치게 강하지 않은 정도로 설정하여 여러 번 반복해 원하는 형태를 단계적으로 만드는 것이 좋습니다.

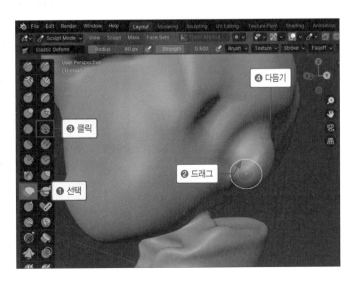

07 도구상자(Toolbar)에서 '잡기(Grab)' 도구(■)를 선택하여 납작한 목의 앞뒤를 잡아당겨 둥글게 두께를 만듭니다.

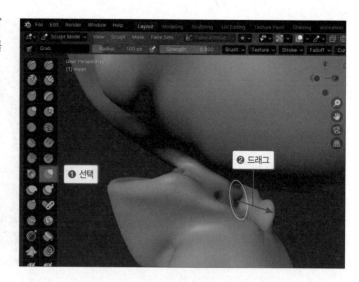

08 캐릭터 목 옆의 연결 부위에 버텍스들이 구겨지면서 생긴 구멍이 있습니다. 구멍을 메우기 위해 [Tab]을 눌러 에디트 모드(Edit Mode)로 전환하고 구멍 주변의 버텍스 4개를 모두 선택합니다. 선택한 점들에서 마우스 오른쪽 버튼을 클릭하고 [버텍스 병합(Merge Vertices)] → [중심에(At Center)]를 클릭합니다.

09 다시 [Tab]을 눌러 스컬프트 모드(Sculpt Mode)로 전환합니다. 브러시 직경(Radius)을 '171px' 정도로 설정하고 '잡기(Grab)' 도구(■), '엘라스틱 변형(Elastic Deform)' 도구(■), '스무스(Smooth)' 도구(■), '그리기(Draw)' 도구(■) 등을 이용하여 목 옆에 양쪽으로 솟은 후드 옷깃 부분이 낮아지도록 다듬습니다.

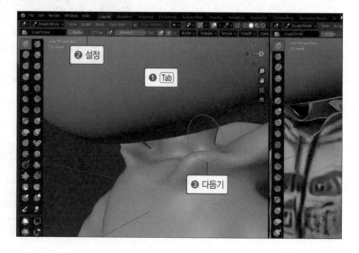

10 │ 목 뒤의 후드 내부도 오목하게 들어가게 만들기 위해 도구상자(Toolbar)에서 '그리기(Draw)' 도구(◉)를 선택하고 Ctrl를 누른 상태로 드래그하여 모양을 다듬습니다.

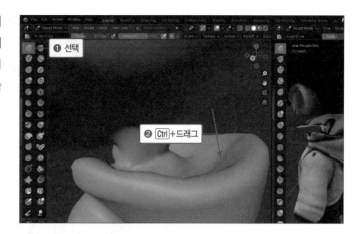

11 │ 도구상자(Toolbar)에서 '엘라스틱 변형(Elastic Deform)' 도구(◉)와 '그리기(Draw)' 도구(◉)를 각각 선택하고 직경(Radius)을 '30px' 정도로 설정한 다음 손가락 부분을 드래그하여 손 모양을 자연스럽게 다듬습니다.

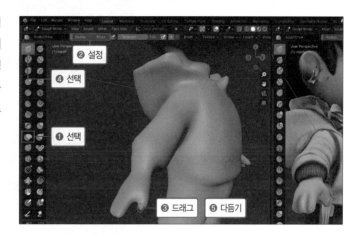

TIP 스컬프팅과 메쉬 밀도

스컬프팅 작업을 진행할 때 브러시 반경(Radius)을 작게 설정하면 제대로 적용되지 않습니다. 이 문제는 모델의 메쉬 밀도가 낮아서 발생하는 현상이므로 스컬프트 모드 헤더 우측의 리메쉬(Remesh)를 설정하여 전체 밀도를 높인 후 스컬프팅을 시작하면 해결됩니다. 만약 오브젝트의 특정 부분에서 메쉬 밀도를 증가시킬 때는 에디트 모드(Edit Mode)에서 루프 컷(Loop Cut) 등의 도구를 이용할 수도 있습니다.

그러나 Luma AI에서 생성한 캐릭터 모델에 리메쉬를 적용하면 함께 생성된 매테리얼(Material) 연결에 문제가 발생하기 때문에 기존의 매테리얼을 버리고 다시 페인팅하는 방식으로 새로운 매테리얼을 만들어야 하는 등 번거로운 과정을 거치게 됩니다. 따라서 기존에 생성된 매테리얼을 계속 이용하려면 메쉬의 밀도를 변경하지 않는 것이 좋습니다.

12 │ 얼굴의 코를 보완하기 위해 Tab을 눌러 에디트 모드(Edit Mode)로 전환하고 선택 모드(Select Mode)를 〔버텍스(Vertex)〕로 설정합니다.

도구상자(Toolbar)에서 '이동(Move)' 도구(✛)를 선택하고 코에 해당하는 위치에 있는 버텍스들을 선택한 다음 기즈모의 빨간색 X축을 앞으로 드래그하여 미세하게 이동해 코 모양을 앞쪽으로 볼록하게 만듭니다.

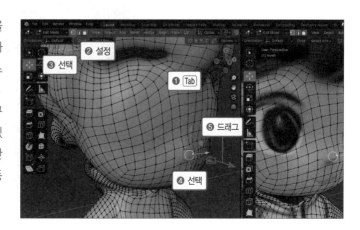

13 │ 같은 방법으로 입술에 해당하는 버 텍스들을 모두 선택하고 기즈모의 빨간색 X 축을 뒤로 드래그하여 미세하게 이동해 안 쪽으로 들어가도록 조정합니다.

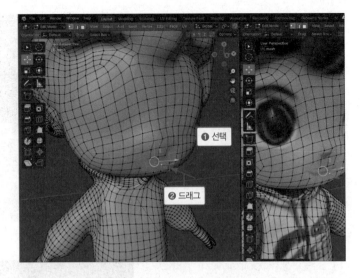

14 │ 캐릭터의 이마와 앞머리의 경계가 불분명한 부분의 버텍스들을 선택하고 이동 해 이마와 머리카락이 구분되도록 위치를 조정합니다.

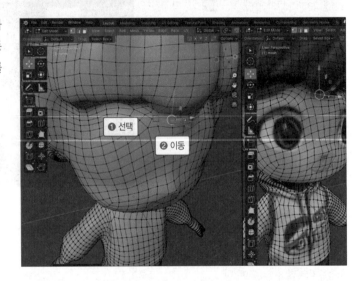

15 │ 캐릭터 얼굴의 눈꼬리와 미간 부분 의 버텍스들을 선택하고 기즈모의 빨간색 X 축을 뒤로 드래그하여 안쪽으로 이동해 눈 에 입체감이 나타나도록 위치를 조정합니다.

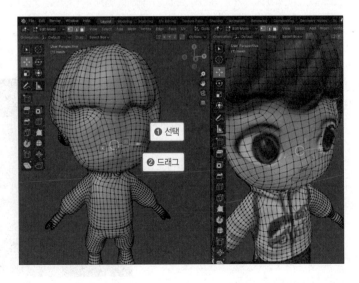

Texture Paint 탭에서 매테리얼 보완하기

01 생성된 모델의 매테리얼 컬러가 메쉬 모양과 일치하지 않는 부분이 있습니다. 탑바(Topbar)에서 [텍스처 페인트(Texture Paint)] 탭을 선택하여 뷰포트를 이미지 에디터(Image Editor)와 3D 뷰포트(3D Viewport)로 구성합니다.

02 속성(Properties) 에디터에서 [도구 (Tool)] 탭을 선택하여 그리기(Draw) 설정을 나열합니다. 캐릭터 모델의 턱 밑부분의 파란색을 피부색으로 수정하기 위해 컬러 선택기(Color Picker)의 색상 상자를 클릭하여 표시되는 색상환에서 '스포이트' 아이콘(🖋)를 클릭하고 턱 부분의 피부색을 클릭하여 색상을 지정합니다.

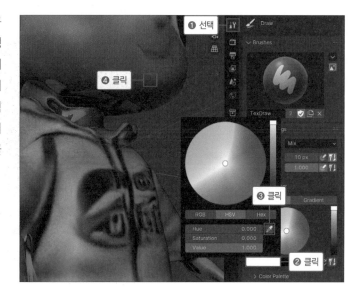

03 브러시 설정의 반경(Radius)을 '60px'로 설정하고 캐릭터 모델의 턱과 목 부분을 드래그하여 페인트를 칠합니다.

TIP 선택한 컬러가 모델의 표면 컬러와 다를 수 있으므로 브러시로 모델에 한 번 칠해 보고 명도나 컬러가 다르면 슬라이드를 조절하여 유사한 컬러를 찾습니다.

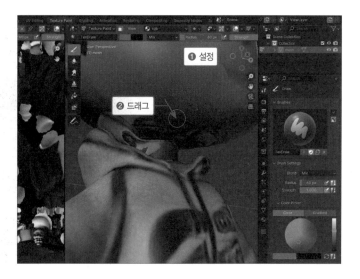

04 │ 같은 방법으로 캐릭터의 뒷머리에 설정된 파란색 부분을 보완하기 위해 컬러 선택기(Color Picker)를 머리카락과 유사한 색으로 지정하고 캐릭터 뒷머리를 드래 그하여 칠합니다. 경계 부분에서는 브러시의 반경(Radius)을 줄여서 섬세하게 칠합니다.

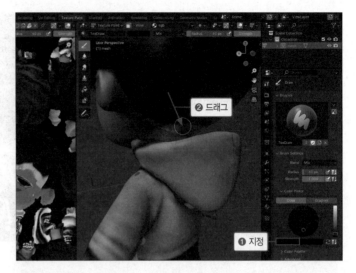

05 │ 후드 윗부분에 복잡하게 설정된 부분을 보완하기 위해 컬러 선택기(Color Picker)를 후드와 비슷한 색상으로 지정하고 후드 윗부분을 드래그하여 일정하게 칠합니다.

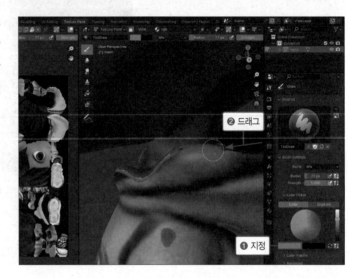

06 │ 캐릭터 이마에 머리카락 컬러가 잘못 설정된 부분을 보완하기 위해 컬러 선택기(Color Picker)를 이마의 피부색으로 지정하고 이마를 드래그하여 밝게 칠합니다.

07 | 캐릭터의 다리와 반바지 부분을 보완하기 위해 컬러 선택기(Color Picker)를 근처에 있는 유사한 색으로 지정하고 다리와 반바지 부분의 경계를 드래그하여 칠해 잘못 설정된 컬러를 수정 보완합니다.

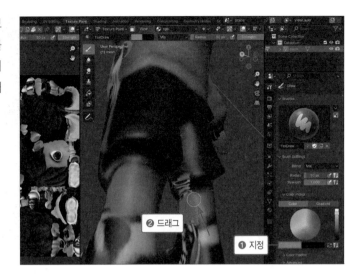

08 | 캐릭터 옆구리 부분을 보완하기 위해 컬러 선택기(Color Picker)를 인접한 색으로 지정하고 허리 부분을 드래그하여 어색해 보이지 않도록 칠합니다.

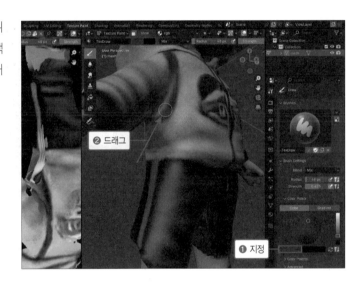

09 | 캐릭터 손 부분을 보완하기 위해 컬러 선택기(Color Picker)를 피부색으로 지정하고 손 부분을 드래그하여 어색해 보이지 않도록 칠합니다.

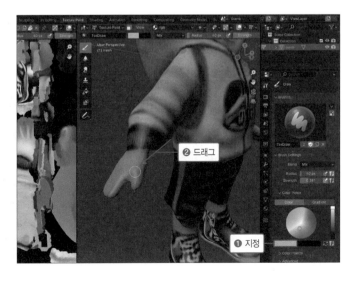

10 | 같은 방법으로 캐릭터를 여러 각도에서 돌려 보면서 잘못 생성된 컬러 부분을 인접한 색으로 칠하고 브러시의 반경과 강도를 줄여서 세부를 섬세하게 정리합니다.

11 | 2개로 나뉜 뷰포트를 1개로 통합하기 위해 뷰포트 사이의 경계선에서 마우스 오른쪽 버튼을 클릭하고 (영역 합치기(Join Areas))를 클릭한 다음 왼쪽 화면을 선택해 오른쪽 뷰포트로 합칩니다.

12 | 헤더의 뷰포트 셰이딩(Viewport Shading)의 '매테리얼 미리보기(Material Preview)' 아이콘( ) 또는 '렌더리드 (Rendered)' 아이콘( )을 클릭하여 살펴보면 (텍스처 페인트(Texture Paint)) 탭에서 색칠했던 부분 일부가 밝게 들떠 보이는 문제가 나타납니다. 이것은 생성된 모델에 포함된 노말 맵(Normal Map)의 오류 또는 노이즈가 포함되어 발생하는 문제입니다.

13 | 탑배(Topbar)에서 〔셰이딩(Shading)〕 탭을 선택하여 작업 공간을 변경하고 셰이더(Shader) 에디터에서 Normals 노드를 선택한 다음 Delete를 눌러 삭제합니다.

14 | 〔레이아웃(Layout)〕 탭을 선택하여 다시 작업 공간을 변경해 살펴보면 밝게 들 뜬 부분이 사라진 것을 확인할 수 있습니다. 만약 어색한 컬러의 잡티나 흠집이 남아있다면 〔텍스처 페인트(Texture Paint)〕 탭에서 '문지르기(Smear)' 도구(■)를 이용하여 경계를 드래그하여 부드럽게 처리할 수 있습니다.

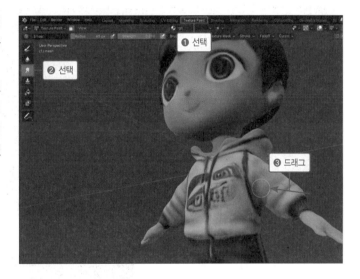

15 | Luma AI를 통해 생성한 모델을 보완하여 어린이 캐릭터 모델과 매테리얼을 완성하였습니다.

애니메이션 동작을 위한
캐릭터 모델에 리깅하기

예제 파일 : 04\어린이캐릭터.blend
완성 파일 : 04\어린이캐릭터리깅
_완성.blend

완성한 캐릭터 모델은 외형만 있는 상태이므로 애니메이션 동작을 만들기 위해서는 모델 안에
뼈대 구조를 만드는 리깅(Rigging) 작업이 필요합니다. 리깅 작업은 캐릭터 모델에 아마튜어
(Armature)를 구성하는 뼈대, 즉 본(Bone)을 생성하고 모델의 메쉬 영역과 연결하는 웨이트
(Weights) 과정으로 구성됩니다. 리깅 과정을 통해 캐릭터 모델이 움직이는 동작을 자연스럽
게 연출할 수 있습니다.

예제 핵심 기능   ① 캐릭터 모델에 아마튜어(Armature) 생성   ④ 본(Bone)의 부모 관계 제거하고 연결
                ② 신체 구조에 따라 본(Bone) 생성   ⑤ 본(Bone)과 메쉬 영역 웨이트(Weights) 설정
                ③ 기존의 본(Bone) 돌출(Extrude)시켜서 추가

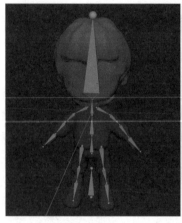 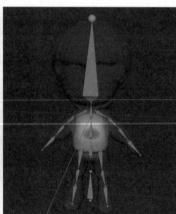 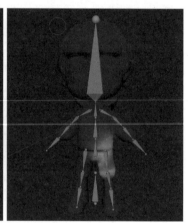

캐릭터 모델에 뼈대 생성하기

01   어린이 캐릭터 모델 안에 뼈와 같은
본(Bone)을 생성하겠습니다. 이전 예제에
서 이어서 진행하거나 04 폴더에서 '어린이
캐릭터.blender' 파일을 불러옵니다. 오브
젝트 모드의 헤더 메뉴에서 [추가(Add)] →
[아마튜어(Armature)]를 클릭합니다.

02 | 생성된 아마튜어의 본(Bone)이 모델 오브젝트 앞에 보이도록 설정하겠습니다. 속성(Properties) 에디터에서 (오브젝트(Object)) 탭을 선택하고 뷰포트 표시(Viewport Display) 항목에서 '앞에 표시(In Front)'를 체크 표시하여 본이 모델 앞으로 배치되어 보이도록 설정합니다.

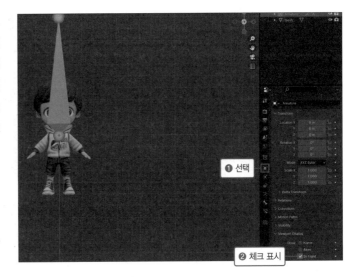

03 | 생성된 본(Bone)이 캐릭터 모델에 비해 너무 크기 때문에 비율을 맞추겠습니다. ⑤를 눌러 축적(Scale)을 줄이고 ⑥, ⑦를 눌러 캐릭터의 다리 사이에 배치합니다. 이 본(Bone)은 캐릭터의 전체 위치를 컨트롤하는 뼈대가 되므로 가장 아래쪽 발의 중심에 배치해야 편리합니다.

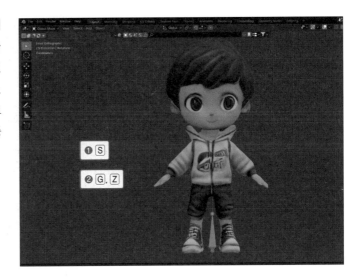

04 | 첫 번째 기초가 되는 본(Bone)의 명칭을 변경하겠습니다. 본을 선택한 상태로 속성(Properties) 에디터에서 (아마튜어(Armature)) 탭을 선택하고 뼈 아이콘 옆의 입력칸에 'Root'를 입력하여 이름을 변경합니다.

05 〔에디트 모드(Edit Mode)〕로 전환
하고 Root 본(Bone)을 선택한 상태에서
E, Z를 눌러 Z축으로만 돌출되는 돌출
(Extrude Region) 상태로 들어갑니다. 커
서를 아래로 이동하여 발끝을 클릭해 본을
돌출합니다.

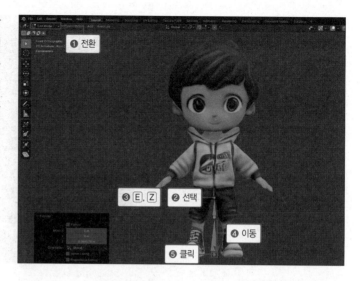

06 추가 돌출된 본(Bone)을 캐릭터 모
델의 골반 위치에 배치하기 위해 추가된 본
(Bone)이 선택된 상태로 Alt+P를 눌러
표시되는 부모 지우기(Clear Parent) 메뉴
에서 〔본 연결 끊기(Disconnect Bone)〕를
클릭하여 Root 본(Bone)과 분리합니다.

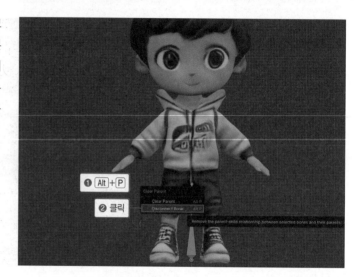

07 분리된 상부의 본(Bone)을 선택한
상태로 G, Z를 눌러 Z축으로만 이동되는
이동(Move) 상태로 들어갑니다. 커서를 위
로 이동하여 골반 위를 클릭해 본을 배치합
니다. 속성(Properties) 에디터의 〔아마튜어
(Armature)〕 탭 → 본(Bone) 항목에서 이
름을 'Pelvis'로 변경합니다.

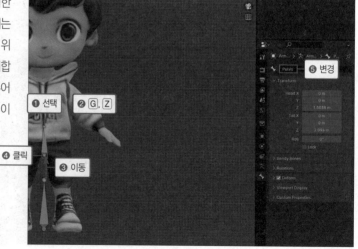

08 같은 방법으로 E, Z를 눌러 상부 본(Bone)을 돌출(Extrude)해 2개 더 추가합니다. 추가된 본의 이름을 각각 'Spine', 'Chest'로 변경합니다.

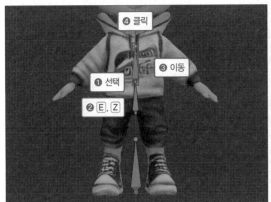 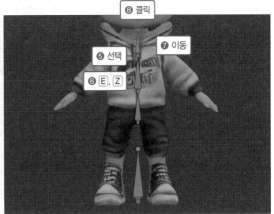

09 마지막으로 생성된 본(Bone)이 선택되어 있는 상태에서 E, Z를 눌러 눌러 Z축으로만 돌출되는 돌출(Extrude Region) 상태로 들어갑니다. 커서를 위로 이동하여 머리 끝을 클릭해 본을 돌출합니다. 머리는 하나의 덩어리로 움직이기 때문에 S를 눌러 본의 크기를 확대하고 본 (Bone)의 이름을 'Head'로 변경합니다. 캐릭터 몸의 중심을 이루는 뼈대를 완성하였습니다.

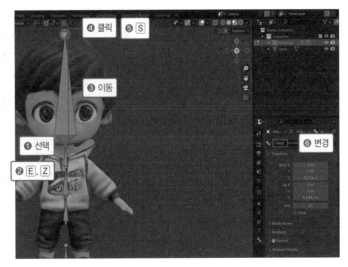

10 팔에 해당하는 본(Bone)을 돌출하겠습니다. 팔은 좌우로 대칭하기 때문에 속성(Properties) 에디터에서 (도구(Tool)) 탭을 선택하고 'X-Axis Mirror'를 체크 표시합니다.

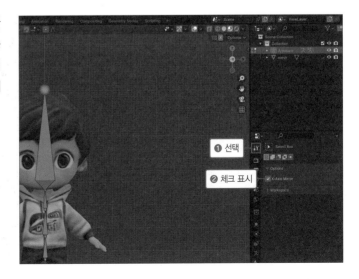

11 먼저 어깨에 해당하는 본(Bone)을 돌출하기 위해 'Head' 본(Bone)을 선택하고 Shift + E 를 눌러 대칭으로 돌출시킵니다.

12 추가된 본(Bone)을 캐릭터의 어깨 위치로 이동하기 위해 기존의 본(Bone)과 분리해야 합니다. 돌출된 2개의 본(Bone)을 선택한 상태로 Alt + P 를 눌러 표시되는 부모 지우기(Clear Parent) 메뉴에서 (부모 지우기(Clear Parent))를 클릭하여 적용합니다.

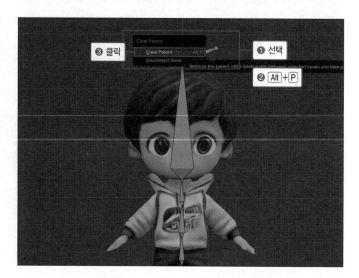

13 캐릭터와 맞게 본을 조절하기 위해 2개의 대칭적인 본(Bone)을 선택한 상태로 G 를 눌러 어깨의 위치로 배치하고 S 를 눌러 크기를 줄입니다.

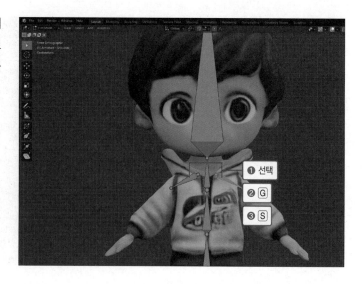

14 어깨에 해당하는 왼쪽 본(Bone)의 이름을 'Shoulder_L', 오른쪽 본(Bone)의 이름을 'Shoulder_R'로 변경합니다.

15 어깨 부분의 본(Bone)들을 기존의 중심 뼈대에 연결하기 위해 Shift를 누른 상태로 'Shoulder_L' 본(Bone)과 'Chest' 본(Bone)을 클릭하여 다중 선택합니다.

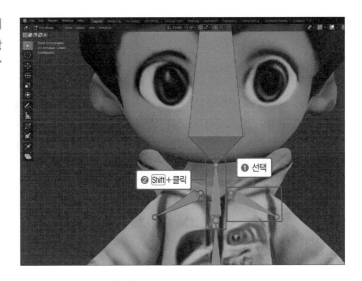

16 Ctrl+P를 눌러 부모 만들기(Make Parent) 메뉴가 표시되면 (오프셋 유지(Keep Offset))를 클릭하여 적용합니다. 좌우 대칭으로 검은색 연결선이 설정된 것을 확인할 수 있습니다.

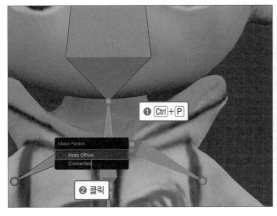

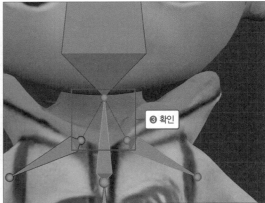

17 | 어깨에서 팔 본(Bone)을 돌출하기 위해 'Shoulder_L' 본(Bone)에서 E를 3번 눌러 3개의 본(Bone)을 추가합니다. 위에서부터 각각 'Arm_L', 'Arm_R', 'Fore Arm_L', 'Fore Arm_R', 'Hand_L', 'Hand_R'로 명칭을 수정합니다.

18 | 다리에 해당하는 본(Bone)을 돌출하기 위해 'Head' 본(Bone)을 선택하고 Shift +E를 눌러 좌우 대칭으로 돌출시킵니다.

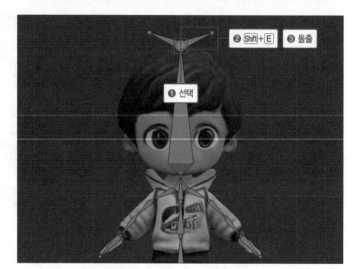

19 | 새로운 본(Bone)을 다리 위치에 배치하기 위해 기존의 본(Bone)과 분리해야 합니다. 돌출된 2개의 본(Bone)을 선택하고 Alt+P를 눌러 표시되는 부모 지우기(Clear Parent) 메뉴에서 (부모 지우기(Clear Parent))를 클릭하여 적용합니다.

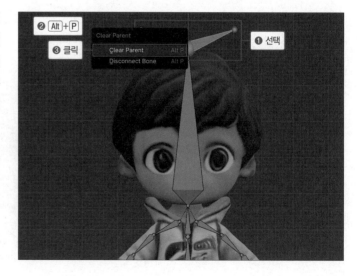

20 돌출된 2개의 대칭적인 본(Bone)을 선택하고 Ⓖ를 눌러 다리에 배치한 다음 본(Bone) 끝의 헤드 동그라미를 드래그하여 크기를 줄입니다. 속성(Properties) 에디터에서 본(Bone)의 이름을 각각 'Leg_L', 'Leg_R'로 변경합니다.

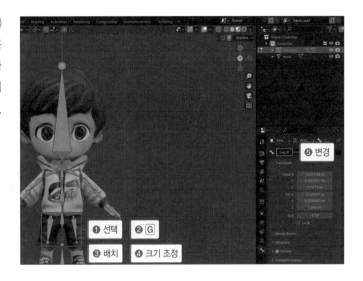

21 'Leg_L' 본(Bone)을 선택하고 Ⓔ를 2번 눌러 돌출시키고 추가된 본(Bone) 이름을 각각 'Calf_L', 'Calf_R', 'Foot_L', 'Foot_R'로 변경합니다.

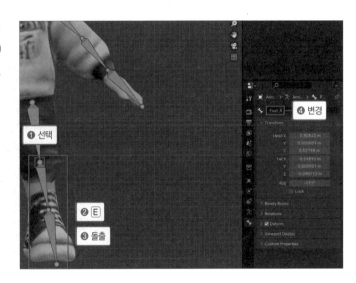

22 'Leg_L' 본(Bone)을 선택하고 Shift를 누른 상태로 'Pelvis' 본(Bone)을 클릭하여 다중 선택합니다.

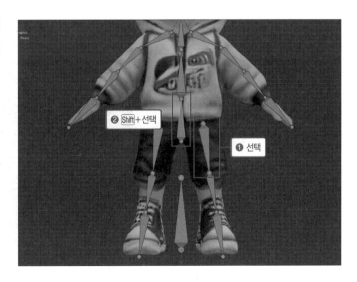

23 [Ctrl]+[P]를 눌러 부모 만들기(Make Parent) 메뉴가 표시되면 (오프셋 유지(Keep Offset))를 클릭하여 적용합니다. 양쪽 본(Bone)에 연결선이 설정된 것을 확인할 수 있습니다.

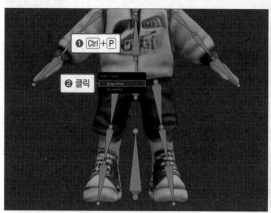 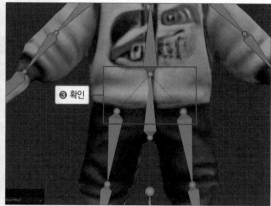

24 팔 뼈대가 안으로 접히는 방향에 맞추어 [G], [R]를 눌러 본(Bone)들의 위치와 크기를 자연스럽게 조정합니다.

25 같은 방법으로 다리에 해당하는 본(Bone)들도 구부려지는 방향으로 약간씩 각도와 위치를 조정합니다.

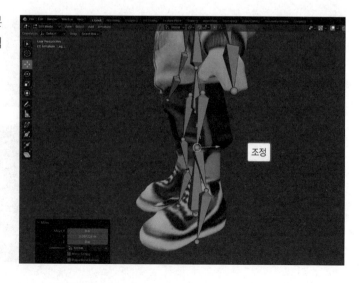

TIP 인체 골격 구조의 이해

캐릭터 모델에 뼈대를 추가하는 리깅 작업은 인체의 골격 구조에 맞추어 만드는 것이 자연스럽습니다. 독특한 구조의 캐릭터가 아니라면 인체 구조는 공통적으로 적용할 수 있기 때문에 해부학적 이해가 전제된다면 더 다양한 동작의 표현을 구현할 수 있습니다.

인체의 골격은 가장 위에 위치한 두개골(Skull, Cranium)부터 목의 경추(Cervical Vertebrae)를 지나 등의 척추(Spine), 엉덩이의 골반(Pelvis)으로 이어집니다. 경추와 척추 사이에 가슴의 뼈 구조가 얹혀있는데 여기서 양팔부터 손까지 뻗어 나갑니다. 다리의 뼈들은 골반 구조에서 시작됩니다. 이러한 골격의 구조 때문에 인체의 다양한 동작이 가능하고 또한 사방으로 움직일 수 없는 한계도 발생합니다. 따라서 인체의 골격과 근육의 구조를 체계적으로 이해하고, 자세와 동작에 따른 동세의 변화를 파악한다면 더 생동감 있는 포즈(Pose)와 애니메이션을 연출할 수 있습니다.

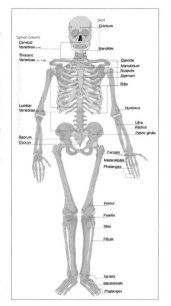

▶ 인체의 골격 체계와 뼈의 구성을 도식화한 구조도
(출처 : en.wikipedia.org/wiki/List_of_bones_of_the_human_skeleton)

웨이트 부여하기

01 | 인체 구조에 맞춰 생성한 본(Bone)과 캐릭터 모델의 메쉬를 서로 연결하는 작업이 필요합니다. (오브젝트 모드(Object Mode))로 전환하고 아웃라이너(Outliner) 에디터나 뷰포트 화면에서 캐릭터의 메쉬를 선택합니다.

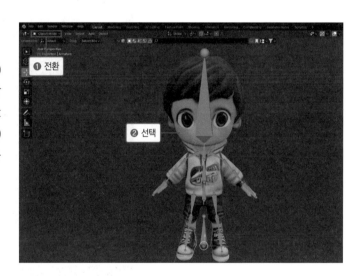

02 | 메쉬가 선택된 상태에서 Shift를 누른 상태로 아마튜어(Armature)를 클릭하여 다중 선택합니다.

03 Ctrl+P를 눌러 부모 설정(Set Parent To) 메뉴가 표시되면 (자동 웨이트와 함께(With Automatic Weights))를 클릭합니다. 이는 본(Bone)과 메쉬의 웨이트(Weight)를 자동으로 설정하는 기능입니다.

TIP 웨이트 수동 설정

본과 메쉬를 연결하는 강도를 설정하는 웨이트는 모델의 움직임을 적용할 때 그 효과를 발휘합니다. 메쉬와 본 사이의 웨이트를 직접 설정할 때는 Ctrl+P를 눌러 (엠프티 그룹과 함께(With Empty Groups))를 클릭해서 본(Bone)과 연결할 메쉬 부분을 일일이 매칭할 수 있습니다.

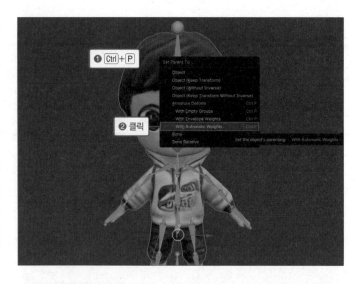

04 Bone의 움직임에 따라 오브젝트가 잘 움직이는지를 확인하기 위해 헤더에서 (포즈 모드(Pose Mode))로 전환하고 본(Bone)의 헤드를 선택한 상태로 R을 눌러 각각의 본(Bone)을 회전(Rotate)해 움직여 봅니다.

05 본(Bone)의 위치를 초기화하기 위해 헤더 메뉴에서 (포즈(Pose)) → (변환 지우기(Clear Transform)) → (모두(All))를 클릭하여 본(Bone)을 원래 위치로 되돌립니다.

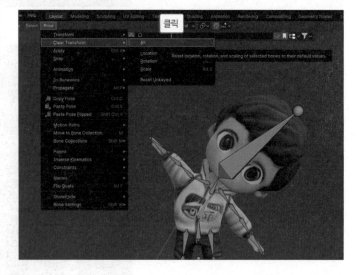

06 │ 각각의 본(Bone)에 대응하는 메쉬가 제대로 연결되었는지 확인하기 위해 웨이트(Weights)를 점검하겠습니다. 'mesh' 오브젝트를 선택하고 헤더에서 (웨이트 페인트(Weight Paint)) 모드를 선택하여 전환합니다.

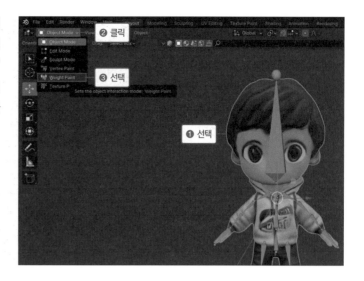

07 │ (웨이트 페인트(Weight Paint)) 모드에서는 (데이터(Data)) 탭의 버텍스 그룹(Vertex Groups) 항목에 생성했던 본(Bone) 목록이 표시됩니다. 각각의 본(Bone)을 선택하면 영향 받는 메쉬 영역이 표시되며, 빨간색 영역의 웨이트(Weight)가 1에 가깝고, 파란색은 0에 가깝습니다. 모든 본(Bone)이 해당 부분의 메쉬와 잘 연결되었는지 확인합니다.

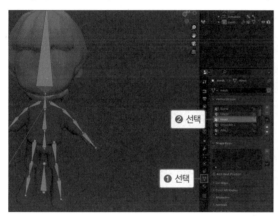
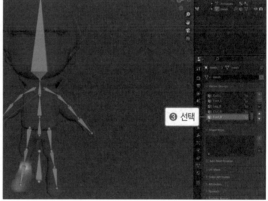

08 │ '그리기(Draw)' 도구(✎)로 웨이트(Weight)를 변경하겠습니다. (데이터(Data)) 탭의 버텍스 그룹(Vertex Group) 항목에서 'Spine'을 선택하고 연결된 메쉬 영역을 드래그하여 적용 영역이 빨간색이 되도록 칠합니다.

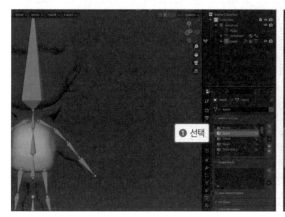
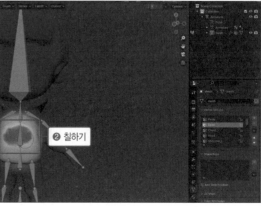

09 '그리기(Draw)' 도구(◢)를 사용하
면 기본적으로 오브젝트의 앞쪽 면에만 적
용됩니다. 뷰포트에서 보이지 않는 뒤쪽 면
까지 적용하기 위해 N를 눌러 사이드바가
표시되면 (도구(Tool)) 탭을 선택합니다.
브러시 설정(Brush Settngs)의 고급
(Advanaced) 항목에서 '앞쪽 페이스만
(Front Faces Only)'을 체크 표시 해제한
다음 감소 셰이프(Fall off Shape)의 (투사
된(Projected))을 선택하면 뒷면까지 칠이
반영됩니다.

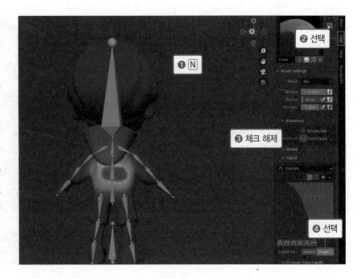

10 헤더의 메뉴에서 (웨이트(Weights)) → (스무스(Smooth))를 클릭하여 적용 부분을 부드럽게 만듭니다.
스무스 버텍스 웨이트(Smooth Vertex Weights) 명령 상자가 표시되면 반복(Iterations)의 수치를 설정해 보며 변경해
웨이트 적용 범위의 부드러운 정도를 조절합니다.

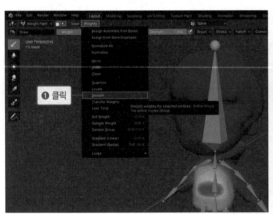
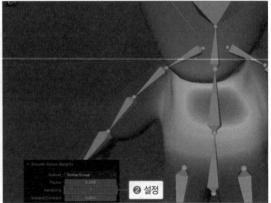

11 같은 방법으로 (데이터(Data)) 탭에
서 버텍스 그룹(Vertex Group) 항목의 각
본(Bone)을 선택하며 영향을 받는 메쉬 영
역을 확인합니다. 본(Bone)의 영향을 받아야
하는 부분은 '그리기(Draw)' 도구(◢)로 드
래그하여 칠해 빨간색 영역으로 변경합니다.
제외해야 하는 부분은 Ctrl를 누른 상태로
드래그하여 칠해 해당 영역을 파란색으로
만듭니다. 전체적으로 본(Bone)과 메쉬 영
역의 관계를 점검하고 보완하여 완성합니다.

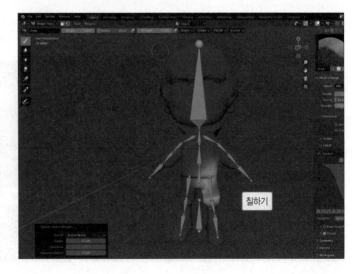

연속 동작을 위해
키프레임 애니메이션 설정하기

예제 파일 : 04\어린이캐릭터애니메이션.blend
완성 파일 : 04\어린이캐릭터애니메이션_완성.blend

애니메이션 작업을 위해 자세(Pose)와 동작(Action)을 설정할 때 연속 동작을 어떻게 표현해야 자연스러운지 난감할 수 있습니다. 3D 캐릭터의 자세와 연속되는 동작 시퀀스를 참조할 이미지를 검색해도 적합한 결과를 얻기 이미지를 찾기가 어렵습니다. 이미지 생성 AI 서비스를 통해 캐릭터에 어울리는 동작 이미지를 참조하여 키프레임을 구성하는 데에 도움을 받을 수 있습니다.

예제 핵심 기능 **1** Bing AI 이미지 생성 도구로 참고 이미지 생성 **3** R과 G를 이용한 Bone의 포즈 설정
2 애니메이션 포즈 설정을 위한 ChatGPT 활용 **4** 타임라인에서 설정하는 키프레임

AI 서비스로 캐릭터 동작 계획하기

01 │ 참조할 이미지를 무료로 생성할 수 있는 Microsoft 코파일럿(Copilot)에 접속하고 로그인합니다.

TIP 윈도우 11 사용자는 바탕화면 작업 표시줄 오른쪽에 있는 코파일럿 아이콘을 클릭해서 접근해도 됩니다.

02 리깅이 완료된 어린이 캐릭터가 점 프하는 동작을 연출해 보겠습니다. 코파일 럿 프롬프트에 '점프하는 키프레임 애니메 이션을 만들고자 합니다. 동작에 따른 자세 이미지를 생성해 주세요.'를 입력하여 의도 와 요청을 구체적으로 제시합니다.

생성된 결과 이미지는 점프하는 자세를 제 시하지만 애니메이션 동작에 참고할 수 있 는 연속 이미지 시퀀스로 생성되지는 않았 습니다.

03 연속 이미지 생성을 위해 프롬프트 칸에 더 구체적으로 '점프 전 사전동작, 점 프, 착지 동작 연속 이미지로 생성해 주세 요.'를 입력하고 (만들기) 버튼을 클릭하여 재요청합니다. 제자리에서 점프하는 동작이 아니라 도움닫기 점프하는 동작이 생성되었 습니다.

04 프롬프트 칸에 '제자리 점프 동작을 만들고 싶습니다. 연속적인 단계별 이미지 를 생성해 주세요.'를 입력하고 (만들기) 버 튼을 클릭합니다. 원하는 이미지를 얻기 위 해서는 의도를 설명하면서 단계별 이미지를 생성해 달라고 요청합니다. 이미지 외형은 무작위로 생성되기 때문에 적합한 시퀀스가 나올 때까지 설명을 추가하여 계속 생성합 니다.

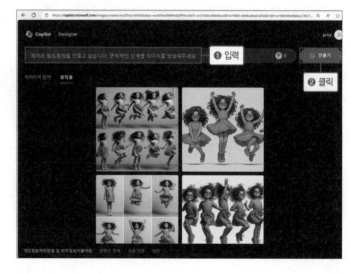

05 연속 동작에 관련된 참조 이미지들을 생성해서 키프레임 동작을 계획해 보고 구체적으로 4단계로 점프 동작을 정리해야 합니다. 시퀀스 구성을 계획하기 위해 챗GPT 서비스를 활용하겠습니다.

챗GPT(openai.com/index/chatgpt/) 사이트에 접속하고 사용자 아이디로 로그인합니다. 그림과 같이 점프하는 애니메이션 동작의 주요 장면 구성을 요청합니다.

06 챗GPT 서비스가 생성한 동작 계획안을 참고하여 코파일럿의 프롬프트에 구체적으로 동작을 묘사해 요청합니다.

07 코파일럿을 통해 생성한 연속 동작 이미지로 캐릭터 애니메이션을 위한 4개의 키프레임(Key Frames)을 계획합니다.

❶ 준비 자세   ❷ 점프 시작   ❸ 최고점 도달   ❹ 착지 자세

캐릭터에 동작 키프레임 적용하기

01 04 폴더에서 리깅이 완료된 캐릭터 모델이 포함된 '어린이캐릭터애니메이션.blend' 파일을 블렌더에 불러옵니다. 키프레임 애니메이션을 설정하기 위해 (포즈모드(Pose Mode))로 선택하여 전환합니다.

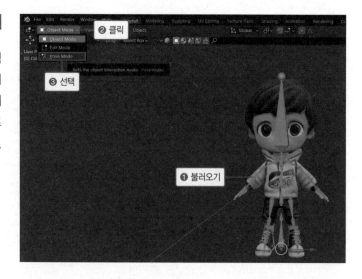

02 캐릭터 애니메이션의 첫 번째 키프레임은 타임라인의 '0프레임' 위치에 기본 자세로 설정하겠습니다. 전체 본(Bone)을 선택하기 위해 뷰포트에서 드래그로 전체를 선택하거나 하나의 본(Bone)을 클릭하고 A를 눌러 전체 본(Bone)을 선택합니다.

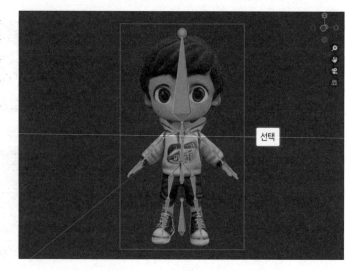

03 타임라인(Timeline) 에디터의 경계를 위로 드래그하여 확장하고 플레이헤드(Playhead)를 '0프레임'으로 이동합니다. 현재의 자세를 입력하기 위한 키프레임을 추가하기 위해 K를 눌러 표시되는 키프레임 삽입 메뉴(Insert Keyframe Menu)에서 (Location, Rotation & Scale)을 클릭합니다.

TIP 이 설정은 현재 선택된 본(Bone)의 위치, 회전, 축적 값을 키프레임으로 저장하는 옵션입니다. 키프레임이 추가되면 타임라인(Timeline) 에디터에 노란색 마름모 모양의 키프레임 점이 표시됩니다.

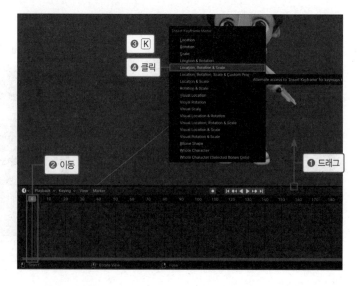

TIP 키프레임 삽입 메뉴(Insert Keyframe Menu) 단축키 변경

블렌더 버전 4.0까지는 키프레임 삽입 메뉴(Insert Keyframe Menu)의 단축키는 ⓘ였으나 버전 4.1부터는 단축키가 ⓚ로 변경되었습니다. 다만 일반적인 키프레임 추가는 기존의 단축키 ⓘ를 유지합니다. 따라서 키프레임 삽입 메뉴(Insert Keyframe Menu)를 통해 설정을 변경해 가며 세부적으로 조정할 때는 ⓚ를 눌러 항목을 변경할 수 있습니다. ⓚ를 눌러 키프레임을 입력할 때는 현재 선택된 본(Bone)과 저장할 속성을 세부적으로 적용할 수 있습니다.

이전 단축키가 익숙해 원래대로 변경하려면 (블렌더 환경 설정(Preferences)) 창에서 (키맵(Keymap)) 탭을 선택하고 검색창에 'insert'를 입력하여 표시되는 옵션들을 변경하여 기존과 같이 ⓘ로 변경하면 됩니다.

04 플레이헤드(Playhead)를 '15프레임'으로 이동해서 코파일럿으로 생성한 '① 준비 자세'를 설정하겠습니다. 숫자 키패드 ③을 눌러 오른쪽 정사법(Right Orthographic) 뷰로 전환하고 본(Bone)의 위치(ⓖ)와 회전(ⓡ)을 조절하여 그림과 같이 준비 자세를 만듭니다. 캐릭터의 무릎을 약간 굽히면서 몸과 머리는 앞으로 기울어지도록 설정합니다.

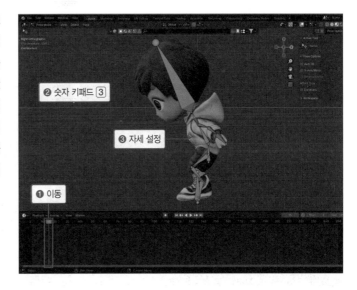

05 숫자 키패드 ①을 눌러 앞쪽 정사법(Front Orthographic), 숫자 키패드 ⑦을 눌러 위쪽 정사법(Top Orthographic), 사용자 원근법(User Perspective) 등으로 뷰를 전환해서 본(Bone)을 동작에 맞도록 조절하고 확인합니다.

06 자세 조절이 끝나면 K를 눌러 표시되는 키프레임 삽입 메뉴(Insert Keyframe Menu)에서 (Location, Rotation & Scale)을 클릭합니다. '15프레임'에 뼈의 위치, 회전, 축적 정보가 키프레임으로 저장됩니다.

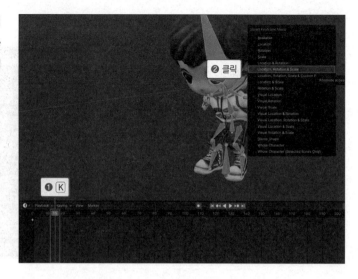

07 플레이헤드(Playhead)를 '25프레임'으로 이동하고 코파일럿으로 생성한 '② 점프 시작 자세'를 설정하겠습니다. 뛰어오르는 동작이므로 앞의 키프레임 설정에서 무릎을 더 펴고 손을 앞쪽으로 이동한 다음 몸과 머리를 조금 더 폅니다. 뷰포트 배경의 그리드를 참고하여 본(Bone) 전체의 위치를 위쪽으로 이동하여 배치합니다.

08 본(Bone) 전체가 선택된 상태에서 K를 눌러 표시되는 키프레임 삽입 메뉴(Insert Keyframe Menu)에서 (Location, Rotation & Scale)을 클릭하여 적용합니다.

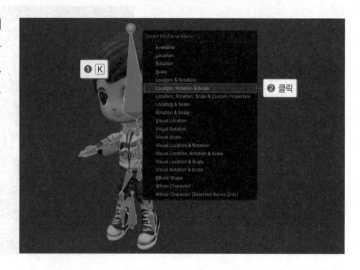

09 플레이헤드(Playhead)를 '35프레임'으로 이동하고 '③ 최고점 도달' 자세를 설정합니다. 캐릭터 본(Bone) 전체의 위치를 위로 올리고 몸과 머리를 바르게 편 다음 두 팔을 활짝 벌리고 다리는 뒤로 접은 자세로 동작을 설정합니다.

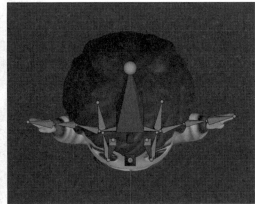

10 본(Bone) 전체가 선택된 상태에서 K를 눌러 표시되는 키프레임 삽입 메뉴(Insert Keyframe Menu) 메뉴에서 (Location, Rotation & Scale)을 클릭하여 적용합니다.

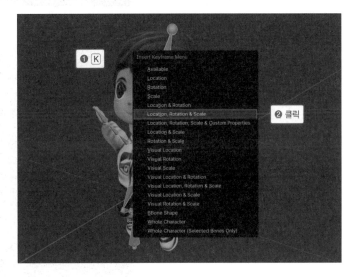

11 플레이헤드(Playhead)를 '45프레임'으로 이동하고 '④ 착지 자세'를 설정합니다. 마지막 착지 자세는 처음의 기본 자세와 유사하게 설정하기 위해 '0프레임'의 키프레임을 선택해 Ctrl+C를 눌러 복사하고 Ctrl+V를 눌러 45프레임 위치에 붙여넣습니다. 기존 본(Bone) 위치, 회전, 축적 정보도 그대로 45프레임에 복사되어 동일한 자세를 취하게 됩니다.

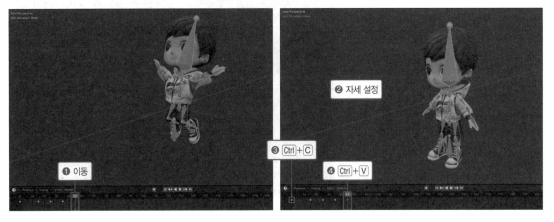

12 | 키프레임 사이의 움직임을 더 자연스럽게 연결하기 위해 타임라인(Timeline) 에디터의 모든 키프레임들을 선택하고 마우스 오른쪽 버튼을 클릭한 다음 (보간 모드(Interpolation Mode)) → (Bezier)를 클릭하여 적용합니다.

TIP 자연스러운 움직임 표현
애니메이션에서 키프레임 동작들을 설정하면 해당 시간에 도달할 때 지정된 동작을 표현합니다. 이때 주요 동작 사이에서는 연결 동작들이 연쇄적으로 생성되어야 하는데 더 자연스럽게 움직이는 모습을 생성하기 위해 가속/감속을 만드는 기법인 (Easing Mode)의 가속/감속 동작 또는 보간 모드(Interpolation Mode)의 연결 동작 생성 기법 등을 적용합니다.

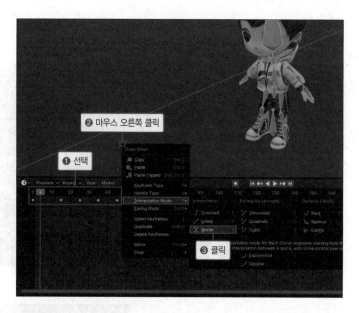

13 | 1.5초 정도의 짧은 점프 애니메이션을 만들어 보았습니다.
타임라인(Timeline) 에디터에서 '애니메이션 재생(Play Animation)' 아이콘(▶)을 클릭하거나 Spacebar를 눌러 캐릭터의 움직임을 확인하고 키프레임 사이의 간격을 조정하거나 특정 키프레임에서 동작을 다시 설정해서 보완합니다.

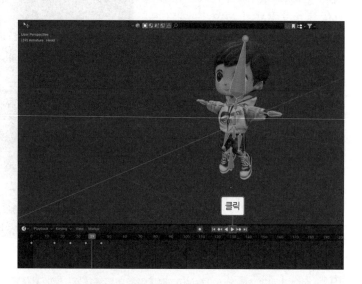

14 | 애니메이션을 완성하면 아웃라이너(Outliner) 에디터에서 '아마튜어(Armature)'의 '눈' 아이콘(◉)을 클릭하여 뷰포트에서 보이지 않도록 설정합니다.

STEP. 06

믹사모를 활용한 자동 리깅
애니메이션 생성하기

예제 파일 : 04\캐릭터애니메이션.blend
완성 파일 : 04\캐릭터애니메이션_완성.blend

캐릭터 모델로 애니메이션 동작을 생성하기 위해서는 각 키프레임의 아마튜어(Armature) 즉, 골격 정보를 연속적으로 설정하고 자연스럽게 보이도록 보완하는 작업을 계속해야 합니다. 어도비(Adobe) 믹사모 서비스는 어려운 키프레임 애니메이션 작업을 캐릭터 모델에 간편하게 적용하는 기능을 제공합니다. 믹사모 서비스와 블렌더 캐릭터 모델을 서로 연계하는 방법을 살펴보겠습니다.

예제 핵심 기능

1 캐릭터 모델을 OBJ, FBX 파일로 내보내는 방법

2 믹사모(mixamo) 서비스에 모델 파일 업로드

3 모델 관절에 마커를 설정하여 오토 리깅 생성

4 제공된 애니메이션을 선택하여 모델에 적용

5 애니메이션 적용된 파일을 다운로드하여 매테리얼 링크

6 타임라인에서 애니메이션 동작 확인

믹사모에 캐릭터 업로드하기

01 믹사모(mixamo) 서비스에 캐릭터 모델을 업로드하기 위해 블렌더 파일을 FBX 또는 OBJ 확장자와 같은 범용 3D 포맷으로 저장해야 합니다.

지정된 포맷으로 파일을 저장하기 위해 블렌더를 실행하고 04 폴더에서 '캐릭터애니메이션.blend' 파일을 불러오거나 이전 작업에서 이어 진행합니다.

불러오기

02 | FBX 파일 포맷에는 매테리얼 정보가 포함되지만, OBJ 포맷에는 모델 정보만 포함되는 대신 호환성이 높습니다. 메뉴에서 (파일(File)) → (내보내기(Export)) → (Wavefront(.obj))를 클릭합니다. 블렌더 파일 보기(Blender File View) 창이 표시되면 (Export Wavefront OBJ) 버튼을 클릭하여 믹사모(mixamo) 서비스에 올릴 파일 포맷으로 준비합니다.

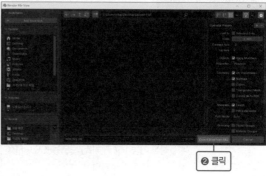

03 | 믹사모 사이트(www.mixamo. com/)에 접속하고 어도비 아이디로 서비스에 로그인합니다. 어도비 아이디가 없는 경우 (Sign Up for Free) 버튼을 클릭하여 아이디를 생성합니다.

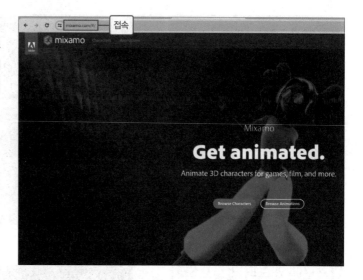

04 | 웹 페이지 왼쪽 상단의 Animation 메뉴를 클릭해서 Upload Character 창이 표시되면 'Select character file'을 클릭하거나 캐릭터 OBJ 파일을 영역으로 드래그하여 가져옵니다.

05 파일 업로드 과정이 완료되면 다음과 같이 캐릭터 모델이 AUTO-RIGGER 창에 나타납니다.

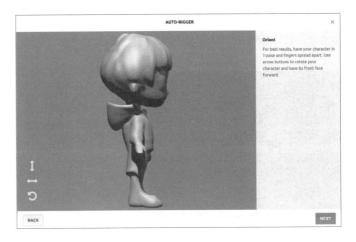

믹사모에서 자동 리깅하고 애니메이션 활용하기

01 업로드된 캐릭터의 정면이 나타나지 않는다면 왼쪽 하단의 'Rotate On Y-Axis' 아이콘(↔)을 클릭하여 캐릭터를 정면 뷰로 설정하고 (Next) 버튼을 클릭하여 다음 단계로 넘어갑니다.

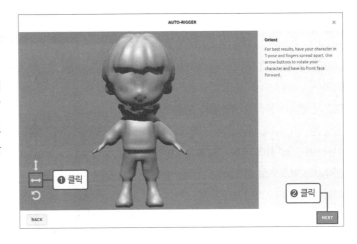

02 캐릭터 모델에 관절을 지정하는 오토 리깅을 위해 AUTO-RIGGER 창의 오른쪽 예시 이미지와 같이 턱(CHIN), 손목(WRISTS), 팔꿈치(ELBOWS), 무릎(KNEES), 치골(GROIN) 위치에 해당 컬러의 마커(markers)를 드래그하여 설정합니다. 마커 설정을 마치면 (NEXT) 버튼을 클릭하여 다음으로 넘어갑니다.

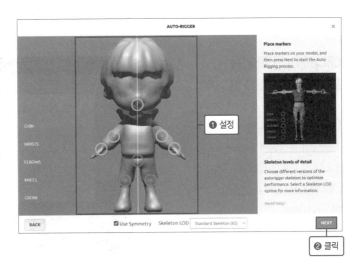

03 관절 부위에 마커를 지정한 대로 AUTO-RIGGING 과정이 진행되면 잠시 기다립니다. Review 메시지가 표시되고 모델이 움직이면 (NEXT) 버튼을 클릭해 다음 단계로 넘어갑니다.

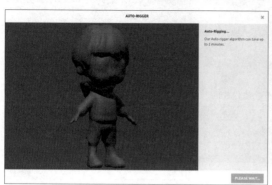 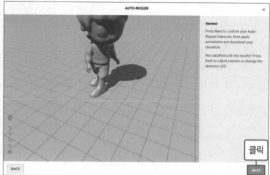

04 AUTO-RIGGER 창이 종료되고 웹 페이지의 오른쪽에 캐릭터 동작이 애니메이션으로 나타납니다. 왼쪽에는 다양한 애니메이션(Animations) 갤러리가 표시되는데 여기서 원하는 동작을 클릭하여 모델에 적용할 수 있습니다. 예제에서는 애니메이션(Animations) 갤러리에서 'Box Jump'를 선택하여 박스 위로 점프하는 애니메이션을 적용하였습니다.

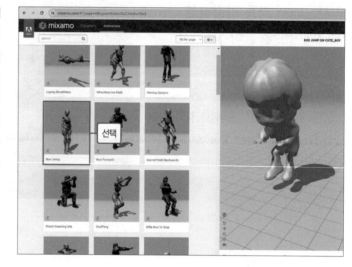

애니메이션 파일을 블렌더로 가져오기

01 선택한 애니메이션이 모델에 제대로 적용되어 움직이면 (DOWNLOAD) 버튼을 클릭하여 파일을 다운로드합니다. DOWNLOAD SETTINGS 창이 표시되면 Format을 'FBX Binary(.fbx)', Skin을 'With Skin', Frames per Second를 '30', Keyframe Reduction을 'none'으로 지정하고 (DOWNLOAD) 버튼을 클릭합니다.

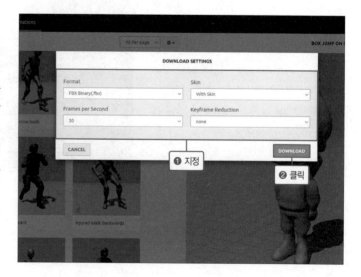

02 기존의 '캐릭터애니메이션.blend' 파일에 다운로드한 애니메이션 파일을 불러오겠습니다. 헤더에서 (파일(File)) → (가져오기(Import)) → (FBX(.fbx))를 클릭합니다.

03 블렌더 파일 보기(Blender File View) 창이 표시되면 믹사모에서 다운로드한 'Box_Jump.fbx' 파일을 선택하고 (FBX를 가져오기(Import FBX)) 버튼을 클릭합니다.

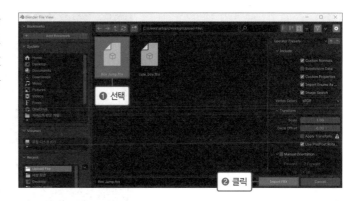

04 기존 모델에 '아마튜어(Armature)' 오브젝트가 적용된 것을 확인합니다. 아웃라이너(Outliner) 에디터에서 'mesh' 오브젝트의 '눈' 아이콘(◉)을 클릭하여 보이지 않게 합니다.

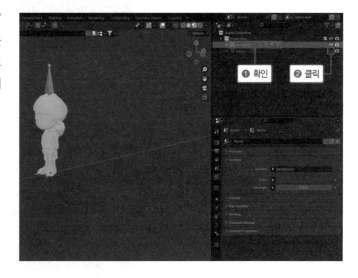

05 │ 불러온 모델은 매테리얼(Material)이 적용되지 않았습니다. 기존 'mesh' 오브젝트에 포함된 매테리얼을 링크로 연결하기 위해 (오브젝트 모드(Object Mode))에서 매테리얼을 적용할 오브젝트를 선택합니다. 속성(Properties) 에디터에서 (매테리얼(Material)) 탭을 선택하고 '연결할 매테리얼을 찾아보기(Browse Material to be linked)' 아이콘(◉)을 클릭하고 기존 모델의 매테리얼인 'base material'을 선택합니다.

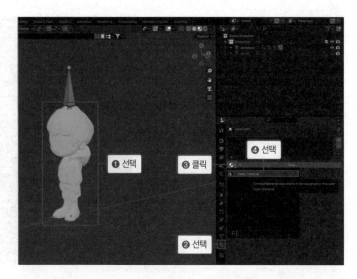

06 │ 불러온 모델에 기존 캐릭터의 매테리얼이 적용되면 타임라인(Timeline) 에디터에서 '애니메이션 재생(Play Animation)' 아이콘(▶)을 클릭하여 믹사모에서 적용한 움직임을 확인합니다.

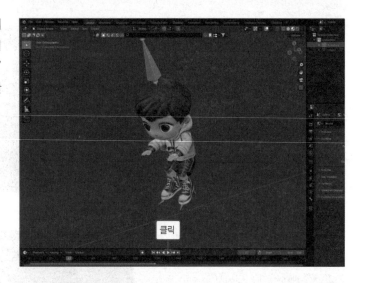

07 │ 아웃라이너(Outliner) 에디터에서 '아마튜어(Armature)' 오브젝트의 '눈' 아이콘(◉)을 클릭하여 보이지 않게 설정하여 애니메이션 적용을 완료합니다.

<u>**TIP**</u> 타임라인(Timeline) 에디터에서 키프레임 애니메이션을 적용하기 위한 방법

- **타임라인 길이 설정** : 작업할 애니메이션 길이를 참고하여 시작(Start Frame)부터 종료(Final Frame)의 범위를 설정합니다.
- **오브젝트 선택** : 애니메이션을 적용할 오브젝트를 먼저 선택한 후 애니메이션을 적용합니다. 화면에 여러 개의 오브젝트가 있는 경우 타임라인에서는 선택한 오브젝트의 키프레임만 표시됩니다.
- **키프레임 삽입** : 애니메이션을 설정하려는 프레임으로 플레이헤드(Playhead)를 이동한 후 해당 오브젝트를 선택한 상태에서 ⓘ 또는 ⓚ를 눌러 위치(Location), 회전(Rotation), 크기(Scale) 등을 적용하면 타임라인에 키프레임이 추가됩니다.
- **복사-붙여넣기로 키프레임 삽입** : 이전에 설정한 키프레임과 동일한 프레임 위치에서 동작이 추가된다면 기존 키프레임 붙여넣기로 다른 오브젝트에 키프레임을 추가할 수 있습니다.
- **키프레임 간격 조절** : 키프레임 간격 조절에 따라 움직임의 속도와 유연성이 변합니다.
- **자동 키프레임 기능** : 자동 키프레임(Autokey) 기능을 사용하면, 오브젝트를 움직이는 순간 자동으로 키프레임이 생성됩니다. 직관적이고 쉽게 애니메이션을 생성할 수 있는 장점이 있습니다.

<u>**TIP**</u> 그래프 에디터(Graph Editor)에서 속도 조정하기

타임라인(Timeline) 에디터의 에디터 타입(Editor Type)을 그래프 에디터(Graph Editor)로 설정하면 키프레임의 곡선을 시각적으로 편집하여 움직임을 더욱 생동감 있게 표현할 수 있습니다. X축은 시간(Time)을 나타내며, Y축은 해당 속성의 값을 나타냅니다. 키프레임(Keyframe)은 곡선 위의 점으로 표시되며, 이 점을 움직여서 애니메이션을 세밀하게 조정할 수 있습니다. 그래프 에디터에서 각 키프레임은 조정할 수 있는 핸들을 가지고 있습니다. 핸들 조작을 통해 그래프의 곡선 모양을 변형하여 움직임의 속도와 강도를 조절할 수 있습니다.

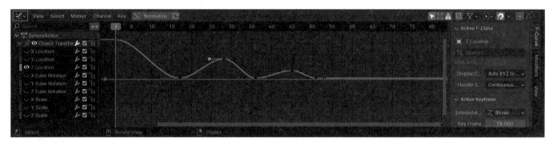

<u>**TIP**</u> 도프시트(Dope Sheet)를 통한 애니메이션 조정하기

타임라인의 에디터 유형(Editor Type)을 도프시트(Dope Sheet)로 설정하면 여러 오브젝트의 키프레임을 한눈에 보고 편집할 수 있고, 타임라인(Timeline)보다 더 세부적인 조정이 가능합니다. 키프레임을 여러 개 선택하고 이동하는 등 전체 애니메이션의 타이밍을 한 번에 조정할 수 있습니다. 도프시트는 애니메이션의 전반적인 흐름을 한눈에 파악하고 신속하게 편집할 수 있는 에디터로, 애니메이션 작업을 효율적으로 진행할 수 있게 돕습니다.

## PART 5

스크립트 코딩 방식으로
블렌더 AI 활용하기

블렌더에서는 모델링 방식 외에도 스크립트 코딩 방식으로
복잡한 수작업을 대신해서 논리적이고 수치적인 오브젝트나
환경 요소를 생성할 수 있습니다. 생성형 AI 챗GPT를 통해
스크립트 코드를 함께 작성해서 적용하고, 원하는 기능을 애
드온(Add-on)도 만들어 블렌더에 포함시킬 수도 있습니다.
다양한 생성형 AI 애드온을 블렌더에서 활용하고 흥미로운
스타일로 렌더링하는 방법까지 살펴보겠습니다.

챗GPT로 코드 생성하여
오브젝트 작업 협업하기

예제 파일 : 05\코드.txt
완성 파일 : 05\코드_완성.blend

블렌더(Blender) 스크립트는 파이썬(Python)으로 코드를 만들어 작성하고 API를 통해 작동합니다. 코딩 방식으로 3D 오브젝트와 환경 요소를 만드는 방법이 낯설 수 있지만, 모델 구조를 구상하기 힘들거나 반복적인 작업을 스크립트로 대체하면 편리하면서도 표현 가능성이 증가합니다. 생성형 AI 챗GPT를 통해 생성한 코드로 오브젝트를 생성하고 완성하는 협업 방법을 살펴보겠습니다.

예제 핵심 기능
1 스크립트(Script) 탭 환경 이해
2 스크립트 코드로 큐브 오브젝트 생성
3 챗GPT를 통해 파이썬 스크립트 문법 학습
4 큐브를 회전하며 다양한 컬러 적용
5 챗GPT 코드를 활용한 풍선 오브젝트 생성

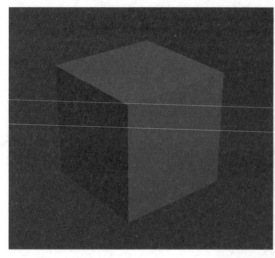

스크립트 환경 살펴보기

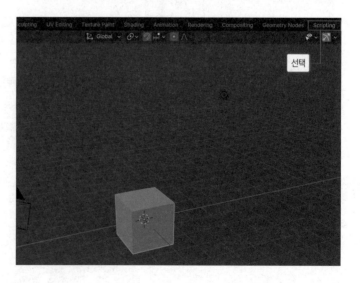

01 | 블렌더를 실행하고 탑바(Topbar)에서 가장 우측의 (스크립팅(Scripting)) 탭을 선택하여 스크립팅 작업 공간으로 변경합니다.

TIP 만약 왼쪽의 탭들에 가려서 보이지 않는다면 커서를 탭 영역에 위치하고 휠을 돌리면 (Scripting) 탭을 찾을 수 있습니다.

02 〔스크립팅(Scripting)〕 탭의 작업 공간은 왼쪽 상단에 3D 뷰포트(Viewport), 왼쪽 하단에 Python 콘솔(Python Console) 에디터가 배치되어 있고, 가운데 넓게 텍스트(Text) 에디터가 배치됩니다. 오른쪽 상단에는 아웃라이너 (Outliner) 에디터가 레이어(Layer) 뷰, 파일(File) 뷰로 나뉘어져 있고, 오른쪽 하단에는 속성(Properties) 에디터가 배치되어 있습니다.

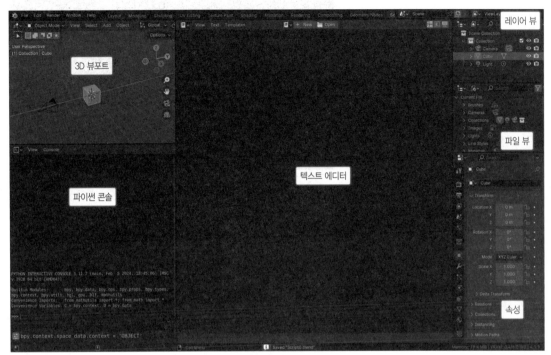

03 왼쪽 하단에 있는 Python 콘솔 (Python Console) 에디터는 코드를 입력하여 실행하면 그 결과나 에러가 표시되는 인터랙티브 콘솔입니다.

코딩의 첫 단계에서 Hello World! 메시지를 표시하기 위해 콘솔의 입력 부분인 >>> 프롬프트에 print("Hello World!") 문구를 입력하고 Enter를 눌러 실행합니다. Hello World!라는 문구가 다음 줄에 파란색으로 출력되는 것을 확인할 수 있습니다.

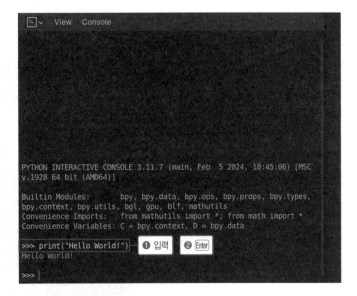

04 콘솔 창의 첫 부분에 녹색으로 Builtin Modules : bpy, ...라는 안내 문구가 있는데, 프롬프트 창에 help(bpy) 명령어를 입력하고 Enter를 누르면 bpy 패키지가 어떻게 구성되어 있는지 표시됩니다.

이렇게 궁금한 파이썬 모듈이나 오브젝트가 있다면 help 명령으로 내용을 파악할 수 있습니다. Python 콘솔(Python Console) 에디터에서는 직접 줄(Line) 단위로 명령어를 입력하여 순차적으로 조형, 편집, 분석 등을 실행할 수 있습니다.

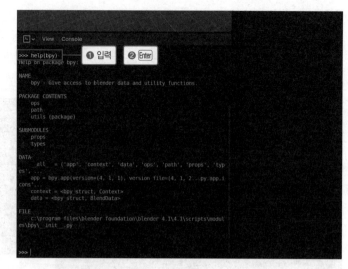

TIP 블렌더 파이썬 API 자료(Blender Python API Documentation)

블렌더에서 작동하는 파이썬의 문법과 구성 요소 등 스크립트 작성을 위한 참고 자료는 블렌더 매뉴얼(docs.blender.org/api/current/index.html) 사이트에서 찾아볼 수 있습니다. 구글 검색에서 'Blender Python API'만 입력해도 해당 페이지의 링크가 표시되며 도큐먼트 자료는 내용이 상세하고 방대하기 때문에 전체를 정독하기보다는 필요한 키워드를 찾아서 관련 내용만 살펴보면 됩니다.

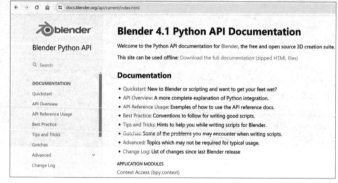

05 파이썬 스크립트 작성을 위한 도움말을 화면에 표시하기 위해 메뉴에서 (편집 (Edit)) → (환경 설정(Preferences))을 클릭합니다.

블렌더 환경 설정(Blender Preferences) 창에서 (인터페이스(Interface)) 탭을 선택하고 표시(Display) 항목에서 도움말(Tooltips)의 'Python 툴팁(Python Tooltips)'을 체크 표시합니다.

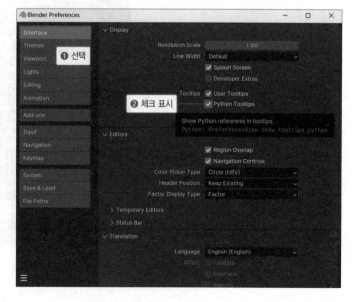

06 새로운 스크립트 코드를 작성하기 위해 텍스트(Text) 에디터의 헤더에서 〔+ 새로운(New)〕 버튼을 클릭합니다. 텍스트를 입력할 수 있는 메뉴 구성으로 변경되면서 코딩을 위한 줄(Line) 번호가 표시됩니다.

07 Python 콘솔(Python Console) 에디터와는 달리 텍스트(Text) 에디터에서는 여러 줄의 긴 코드를 입력하거나 붙여넣고 편집하여 실행할 수 있습니다. 블렌더에서 파이썬 모듈을 불러와서 작동시키기 위해서는 먼저 다음과 같은 모듈 (Modules)을 불러오기(Import) 해야 합니다.

- import bpy // 블렌더에서 파이썬 API를 구동시키는 기본 모듈
- import bpy.context // 블렌더 사용자의 현재 작업 상태를 포착하는 모듈
- import bpy.data // 블렌더 오브젝트의 저장소
- import bpy.ops // 인터페이스에서 연산 기능을 수행하는 함수들

08 블렌더 스크립트의 작동 원리와 기본 문법을 이해하기 위해 3D 뷰포트(3D Viewport)에서 큐브를 선택하고 [Delete]를 눌러 삭제합니다. 큐브를 생성하는 간단한 스크립트 코드를 실습하기 위해 가운데 텍스트(Text) 에디터에 다음과 같이 4줄 분량의 코드를 입력합니다.

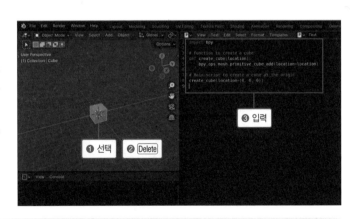

```python
import bpy

def create_cube(location):
    bpy.ops.mesh.primitive_cube_add(location=location)

create_cube(location=(0, 0, 0))
```

09 텍스트(Text) 에디터의 헤더에서 '스크립트 실행' 아이콘(▶)을 클릭합니다. 3D 뷰포트(3D Viewport)에 다시 큐브가 하나 생성되고 콘솔(Console) 에디터에 스크립트 실행 결과가 줄(Line) 단위로 출력됩니다.

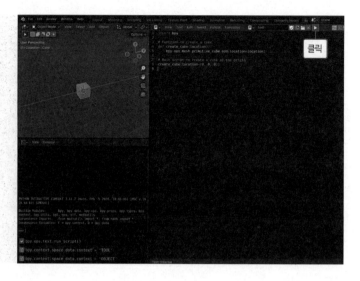

10 큐브를 하나 생성하는 스크립트 코드와 해당 명령의 의미를 1번째 줄부터 하나씩 살펴보겠습니다. 이와 같은 간단한 코드로 시작하여 복잡하고 긴 코드로 발전할 수 있습니다.

import bpy ── 블렌더 파이썬 라이브러리 불러오기

def create_cube(location): ───────────── 큐브를 생성하는 함수 create_cube에 위치
    bpy.ops.mesh.primitive_cube_add(location=location) ─ (location) 파라미터를 정의하고, bpy.ops.
    mesh로 지정된 위치에 메쉬 큐브 추가

create_cube(location=(0, 0, 0)) ──● create_cube 함수를 호출해서 좌표 0,0,0 위치 중심에 큐브 생성

챗GPT 코드를 활용하여 오브젝트 생성하기

01 큐브 생성 스크립트 코드를 더 응용하기 위해 챗GPT에게 코딩을 요청하면 블렌더에서 작동 가능한 코드를 얻을 수 있습니다. 다음 코드는 챗GPT(chatgpt.com/) 사이트에서 '블렌더 스크립트로 뷰포트에 2개의 큐브를 생성하여 세로로 배치하는 코드'를 요청해 챗GPT가 제시한 코드입니다.

```
import bpy

# Function to create a cube
def create_cube(location):
    bpy.ops.mesh.primitive_cube_add(location=location)

# Delete all existing objects in the scene
bpy.ops.object.select_all(action='SELECT')
bpy.ops.object.delete(use_global=False)
```

```
# Create the first cube at the origin
create_cube(location=(0, 0, 0))

# Create the second cube above the first one
create_cube(location=(0, 0, 2))  # Adjust the z-location to 2 to place it vertically above

# Optionally, move the second cube a little bit up to make sure they are not intersecting
bpy.ops.transform.translate(value=(0, 0, 1), orient_type='GLOBAL')

# Set the cubes' origins to their geometry
for obj in bpy.context.selected_objects:
    bpy.context.view_layer.objects.active = obj
    bpy.ops.object.origin_set(type='ORIGIN_CENTER_OF_MASS', center='BOUNDS')
```

02 | 블렌더의 텍스트(Text) 에디터에서 〔+ 새로운(New)〕 버튼을 클릭하여 새 텍스트 창을 열고 챗GPT가 생성한 코드를 복사해서 붙여넣습니다. 헤더에서 '스크립트 실행' 아이콘(▶)을 클릭하면 3D 뷰포트(3D Viewport)에서 큐브 2개가 간격을 두고 세로로 배치됩니다.

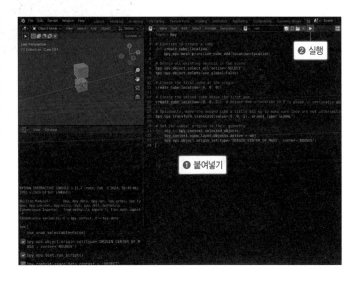

03 | 텍스트(Text) 에디터에 붙여넣은 스크립트 코드를 살펴보면, 다음과 같은 순서로 명령을 수행한 것을 알 수 있습니다.

```
import bpy ──● 블렌더 파이썬 라이브러리 불러오기

def create_cube(location): ──────────────────┐
    bpy.ops.mesh.primitive_cube_add(location=location) ┘──● 큐브를 생성하는 함수 선언

bpy.ops.object.select_all(action='SELECT') ──┐
bpy.ops.object.delete(use_global=False) ─────┘──● 블렌더 시작할 때 자동 생성된 큐브와 오브젝트 전체 삭제

create_cube(location=(0, 0, 0)) ──● 큐브를 생성하는 함수 선언
create_cube(location=(0, 0, 2)) ──● Z축 위쪽으로 두 번째 큐브 생성
```

```
bpy.ops.transform.translate(value=(0, 0, 1), orient_type='GLOBAL')  ——► 두 큐브 사이 간격 형성

for obj in bpy.context.selected_objects:
    bpy.context.view_layer.objects.active = obj
    bpy.ops.object.origin_set(type='ORIGIN_CENTER_OF_MASS', center='BOUNDS')
```
선택된 큐브의 중심에 오브젝트 오리진(Origin) 위치

04 블렌더 메뉴에서 (파일(File)) → (새로운(New)) → (일반(General))을 클릭해서 새로 시작합니다. (스크립팅(Scripting)) 탭을 선택하고 텍스트(Text) 에디터에서 (+ 새로운(New)) 버튼을 클릭한 다음 코드를 입력합니다. 코드의 8줄에 있는 파일 경로에서 name 단어를 삭제하고 컴퓨터 사용자 이름을 입력하여 수정합니다.

```
import bpy

colors = [(1, 0, 0), (1, 1, 0), (0, 1, 0), (0, 1, 1), (0, 0, 1), (1, 0, 1)]

for i, color in enumerate(colors):
    bpy.data.objects['Light'].data.color = color
    bpy.data.objects['Cube'].rotation_euler.z += .2
    bpy.context.scene.render.filepath = f'/Users/name/Desktop/Blender Script/{i}.png'
    bpy.ops.render.render(write_still=True)
```

05 텍스트(Text) 에디터의 메뉴에서 '스크립트 실행' 아이콘(▶)을 클릭합니다.

06 04번에서 입력한 코드는 블렌더에 기본 제공된 큐브를 Z축 기준으로 조금씩 회전하면서 컬러를 변화시켜 이미지 파일로 내보내는 명령입니다.

내 컴퓨터 바탕화면에 Blender Script라는 폴더가 생성되고 그 안에 6개의 큐브 이미지가 출력된 것을 확인할 수 있습니다.

07 이번에는 코드를 이용해 다양한 컬러의 풍선 오브젝트를 3D 뷰포트(3D Viewport)에 생성하겠습니다. 챗GPT에게 '블렌더에서 풍선 오브젝트를 생성하고 랜덤으로 컬러를 적용하는 코드'를 요청하여 생성된 코드를 복사하고 블렌더의 텍스트 에디터에 붙여넣습니다. 45줄 정도의 긴 코드를 실행한 결과가 뷰포트에 표시되지만, 컬러가 적용되었는지는 보이지 않습니다.

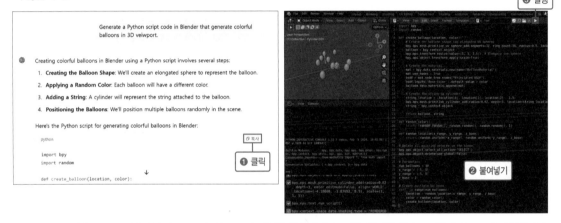

TIP 예제와 같은 코드를 사용하려면 05 폴더의 '코드.txt' 파일을 활용합니다. 또한, 언어를 영어로 적용해야 코드가 작동합니다. 코드에 오류가 발생하면 영어가 아닌 다른 언어로 설정되어 있는지 확인해 보세요.

08 탑바(Topbar)에서 〔레이아웃 (Layout)〕탭을 선택하고 헤더의 뷰포트 셰이딩(Viewport Shading)에서 '매테리얼 미리보기(Material Preview)' 아이콘(🔘)을 클릭하면 그림과 같이 풍선 컬러가 적용된 것을 확인할 수 있습니다.

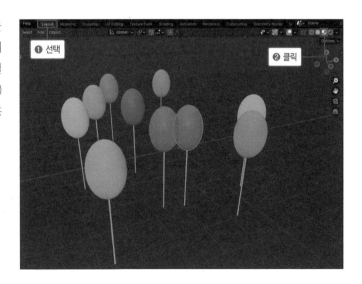

09 챗GPT가 생성한 스크립트 코드의 일부분을 살펴보면, 다음과 같은 순서로 작성된 것을 알 수 있습니다.

```
import bpy ──┐
import random ──┴─● 블렌더 파이썬 라이브러리 불러오기

bpy.ops.mesh.primitive_uv_sphere_add(segments=32, ring_count=16, radius=0.5,
location=location) ──┐
bpy.ops.transform.resize(value=(1, 1, 1.5)) ──● UV 구체(Sphere)로 타원형의 풍선 생성
bpy.ops.object.transform_apply(scale=True) ──┘

mat = bpy.data.materials.new(name="BalloonMaterial") ──┐
mat.use_nodes = True
bsdf = mat.node_tree.nodes["Principled BSDF"]
bsdf.inputs['Base Color'].default_value = color          ──● 랜덤 함수로 컬러 적용
balloon.data.materials.append(mat) ──┘

                                                          풍선 줄 생성
bpy.ops.mesh.primitive_cylinder_add(radius=0.02, depth=3, location=string_location) ──●

def random_color(): ──┐
    return (random.random(), random.random(), random.random(), 1)
                                                          무작위(Random)
                                                          컬러와 배치 함수
def random_location(x_range, y_range, z_base):            선언
    return (random.uniform(*x_range), random.uniform(*y_range), z_base) ──┘

for _ in range(num_balloons): ──┐
    location = random_location(x_range, y_range, z_base)
    color = random_color()                               ──● 여러 개의 풍선 생성
    create_balloon(location, color) ──┘
```

TIP 챗GPT와 함께 스크립트 코딩 학습

블렌더 파이썬 스크립트 코딩은 일반적인 파이썬 코딩과 달리 블렌더에서의 오브젝트 생성, 매테리얼 편집, 렌더링 등의 기능에 적합한 내용으로 구성됩니다. 따라서 파이썬 코딩의 기초 문법을 먼저 학습하고, 블렌더에서 스크립트를 작성할 때는 블렌더 파이썬 API 자료(Blender Python API Documentation)을 참고하여 챗GPT와 맞춤형 학습을 진행하면 도움이 됩니다. 사용자 요청에 따라 챗GPT는 파이썬의 기초와 문법뿐만 아니라 블렌더 샘플 코드도 단계별로 하나씩 생성하면서 상세한 설명을 제공할 수 있습니다.

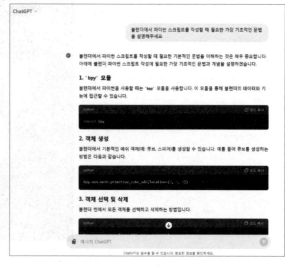

블렌더 애드온으로
챗GPT 활용하기

예제 파일 : 05\rain_scene_generator.py
완성 파일 : 05\애드온_완성.blend

블렌더 스크립트 코드를 잘 생성해서 도와주는 챗GPT를 블렌더 안에서 신속하게 접근하기 위해서는 애드온(Add-on) 형식으로 설치해서 사이드바(Sidebar)에 넣어두고 사용하는 방법이 유용합니다. 블렌더 작업 중에 자주 사용할 만한 기능은 챗GPT를 이용하여 애드온으로 만들어 설치해 두고 쉽게 사용할 수도 있습니다.

예제 핵심 기능

1 GPT-4 Assistant 애드온(Add-on) 설치
2 OpenAI 사이트에서 토큰(tokens) 충전
3 AI가 생성한 풍선 오브젝트를 편집하고 매테리얼(Material) 적용

4 챗GPT로 애니메이션 스크립트 코드 생성
5 생성한 애니메이션 코드를 애드온으로 등록
6 등록한 애드온을 사이드바 메뉴로 추가

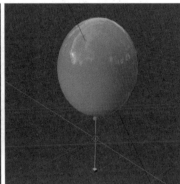
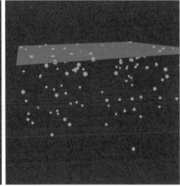

GPT-4 Assistant
애드온 활용하기

01 │ 챗GPT를 애드온(Add-on)으로 설치해서 블렌더에서 필요할 때마다 사용하는 방법을 알아보겠습니다. 깃허브(github.com/gd3kr/BlenderGPT) 사이트에 접속합니다.

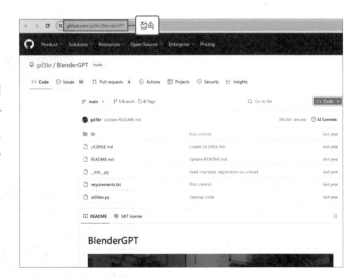

02 'BlenderGPT'를 다운로드하는 화면에서 (<> Code) 버튼을 클릭합니다. 옵션 메뉴가 표시되면 (Download ZIP)을 클릭하여 애드온(Add-on) 압축 파일을 다운로드합니다.

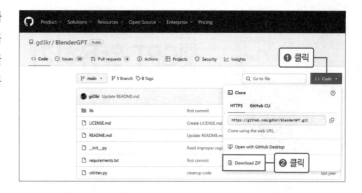

03 블렌더를 실행하고 메뉴에서 (편집(Edit)) → (환경 설정(Preferences))을 클릭합니다.

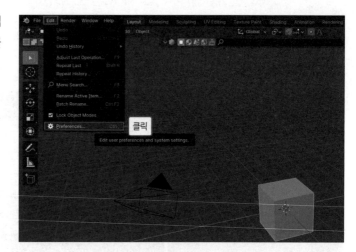

04 블렌더 환경 설정(Blender Preferences) 창이 표시되면 (애드온(Add-ons)) 탭을 선택하고 (설치(Install)) 버튼을 클릭합니다.

05 블렌더 파일 보기(Blender File View) 창이 표시되면 다운로드한 'BlenderGPT-main.zip' 파일을 선택하고 (애드온 설치(Install Add-on)) 버튼을 클릭합니다.

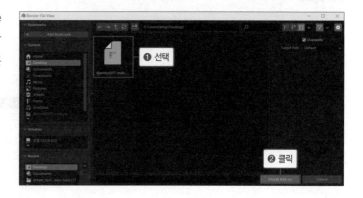

06 몇 분 기다려 설치 과정이 완료되면 'Object : GPT-4 Blender Assistant'를 체크 표시하여 활성화(Enable Add-on)합니다.

TIP 설치한 애드온이 바로 보이지 않는다면 검색창에 'GPT'라는 키워드를 입력하여 찾아봅니다.

07 그 아래 환경 설정(Preferences) 항목 들어갈 API Key를 생성하기 위해 Open AI(platform.openai.com/) 사이트에 접속하고 로그인합니다.

08 개인 설정(Personal)의 왼쪽 메뉴에서 (API keys)를 선택하고 (+ Create new secret key) 버튼을 클릭합니다.

09 Create new secret key 창이 표시되면 (Create secret key) 버튼을 클릭해 키를 생성합니다.

10 | 조금 기다리면 Save your key 창이 나타나는데, (Copy) 버튼을 클릭하여 생성된 키 코드를 복사합니다.

11 | 다시 블렌더로 돌아와 블렌더 환경 설정(Blender Preferences) 창의 API key 입력 칸에 복사한 키 코드를 붙여넣고 환경 설정 창을 닫습니다.

12 | 3D 뷰포트 화면에서 N을 눌러 오른쪽 사이드바(Sidebar)를 표시합니다. (GPT-4 Assistant) 탭이 새로 추가된 것을 확인합니다.

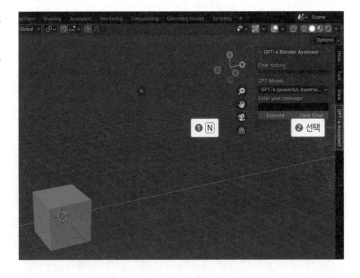

13 │ GPT-4 Blender Assistant가 설치되고 사이드바에서 접근 가능한 것이 확인되면 OpenAI 사이트에서 API 키를 사용하는 크레딧을 구매해야 합니다. OpenAI 사이트 개인 정보 페이지의 (지불(Billing)) 메뉴에서 Free trial의 (Add payment details) 버튼을 클릭합니다.

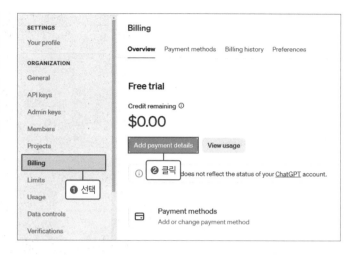

14 │ What best describel you? 창이 표시되면 (Individeal) 또는 (Company)를 클릭합니다. 카드 결제 정보를 입력하고 Configure payment 창이 표시되면 기본 사용료를 입력한 다음 (Continue) 버튼을 클릭하여 결제합니다.

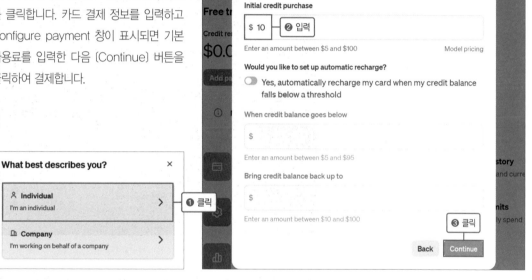

TIP GPT-4 Assistant 이용을 위한 API Key 토큰 크레딧(Token Credit)

토큰 크레딧은 일종의 API 사용료 지불을 위한 적립금으로 챗GPT 플러스 유료 구독과 달리 API 키를 이용하여 GPT 모델에 접근할 때 단어 수마다 요금을 지불하는 방식입니다. 만약 API 키 사용료를 적립하지 않고 GTP-4 Assistant 사이드바의 Enter your message 입력 창에 명령을 입력하면 오류 메시지가 표시됩니다.

GTP-4 Assistant는 한국어 입력을 지원하지 않아 영어로 메시지를 작성하고 실행(Execute)해야 합니다. 간단한 명령이라면 GTP-4 모델 대신 GPT-3.5 Turbo 모델을 선택하여 사용 요금을 절약할 수 있습니다. 뷰포트 안에서 직접 접근할 수 있다는 장점 외에도 한국어 입력이 되지 않고 사용료까지 지불하는 것이 불편하다면 챗GPT 서비스로 직접 코드를 생성하면서 (스크립팅(Scripting)) 탭의 텍스트(Text) 에디터에 붙여 넣는 방법이 더 수월할 수도 있습니다.

15 블렌더로 돌아옵니다. 사이드바의 (GTP-4 Assistant) 탭에서 GPT Model 항목을 'GPT-4'로 지정하고 Enter your message에 'Delete the Cube.'를 입력한 다음 (Execute) 버튼을 클릭합니다.

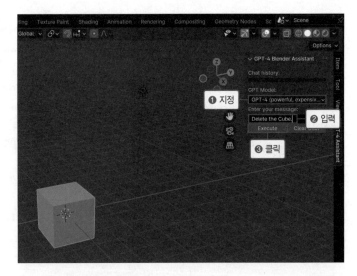

16 (Execute) 버튼이 (Please wait...)로 변경되면서 뷰포트 중앙에 기본 제공된 큐브가 삭제됩니다. Enter your message 입력 창도 내용이 빈칸으로 비워져 다음 명령을 입력할 수 있습니다.

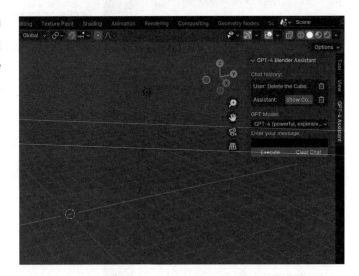

17 사이드바에서 GPT Model 항목을 'GPT-3.5 Turbo'로 지정하고 Enter your message에 'Create five balloons in the viewport.'를 입력한 다음 (Execute) 버튼을 클릭합니다.
화면에 풍선보다는 구체만 5개 생성한 결과가 나왔습니다. Chat history 칸에는 입력한 메시지들이 시간 순서대로 표시됩니다.

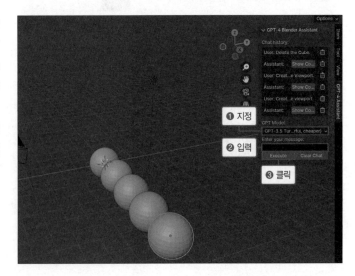

18 GPT 모델 비교를 위해 사이드바에서 GPT Model 항목을 'GPT-4'로 지정하고 Enter your message에 'Create a balloon.'을 입력한 다음 아래 (Execute) 버튼을 클릭합니다.

(스크립팅(Scripting)) 탭의 파이썬 콘솔에서 해당 명령이 수행되고 뷰포트에 풍선으로 보이는 구체(Sphere)에 줄이 연결된 생성한 결과가 나왔습니다.

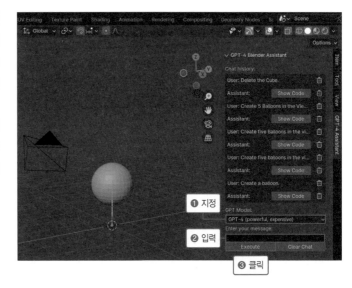

19 풍선의 구조를 편집하기 위해 [Tab]을 눌러 (에디트 모드(Edit Mode))로 전환하고 숫자 키패드 [1]을 눌러 정면 정사법(Front Orthographic) 뷰로 전환합니다. 그림과 같이 풍선 아랫부분의 버텍스를 선택하고 이동([G])과 축적([S])을 이용하여 살짝 길쭉한 형태의 타원으로 변형해 풍선과 줄의 연결부를 만듭니다.

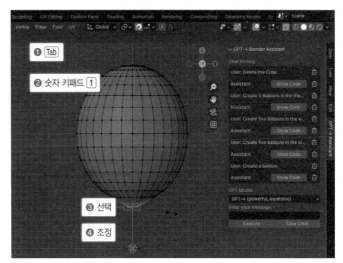

20 이와 같은 방법으로 계획하는 모델의 기본 구조를 GTP-4 Assistant를 통해 생성하고 세부 메쉬(Mesh)를 편집한 다음 매테리얼(Material)과 조명(Light) 등의 요소도 적용하여 더욱 실감나게 완성할 수 있습니다.

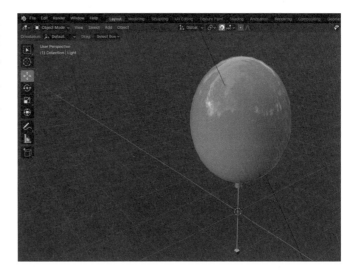

챗GPT를 활용하여 나만의 애드온 만들기

01 │ 챗GPT를 활용하여 블렌더에서 애니메이션을 생성하는 애드온을 구현해 보겠습니다. 챗GPT에게 파이썬 코드 생성을 요청하고 어느 정도 크기의 오브젝트를 어떻게 움직일지 구체적으로 설명합니다. 예를 들어, '비가 내리는 장면을 100 x 100 크기의 파티클(Particles)로 생성해 줘'라고 요청하면 다음과 같은 코드를 얻을 수 있습니다.

```python
import bpy
import random

# 기존 객체들 삭제
bpy.ops.object.select_all(action='DESELECT')
bpy.ops.object.select_by_type(type='MESH')
bpy.ops.object.delete()

# 비오는 효과를 위한 파티클 시스템 생성
bpy.ops.mesh.primitive_plane_add(size=20, enter_editmode=False, align='WORLD', location=(0, 0, 0))
plane = bpy.context.object

# 파티클 시스템 추가
bpy.ops.object.particle_system_add()
psys = plane.particle_systems[-1].settings
psys.count = 500  # 파티클 개수
psys.frame_start = 1
psys.frame_end = 250
psys.lifetime = 250
psys.emit_from = 'FACE'
psys.use_emit_random = True
psys.emit_dupli_faces = True

# 파티클 매테리얼 설정
mat = bpy.data.materials.new(name="RainMaterial")
mat.use_nodes = True
nodes = mat.node_tree.nodes
links = mat.node_tree.links

# Diffuse Shader 노드 추가
diffuse_shader = nodes.new(type='ShaderNodeBsdfDiffuse')
diffuse_shader.inputs['Color'].default_value = (0.7, 0.7, 0.9, 1.0)

# Output 노드 추가
material_output = nodes.get('Material Output')
links.new(diffuse_shader.outputs['BSDF'], material_output.inputs['Surface'])
```

```
# 파티클에 매테리얼 할당
plane.data.materials.append(mat)

# 카메라와 조명 추가
bpy.ops.object.camera_add(enter_editmode=False, align='VIEW', location=(0, -15, 10))
bpy.ops.object.light_add(type='SUN', radius=1, align='WORLD', location=(0, 0, 10))

# 렌더 설정
bpy.context.scene.render.engine = 'CYCLES'
bpy.context.scene.render.resolution_x = 100
bpy.context.scene.render.resolution_y = 100
bpy.context.scene.frame_start = 1
bpy.context.scene.frame_end = 250
bpy.context.scene.frame_step = 1

# 렌더 시작
bpy.ops.render.render(animation=True)
```

02 | 챗GPT가 대화의 맥락을 이해하고 있으므로 추가적인 요구 사항을 입력하면 그에 따라 다시 코드를 생성합니다.
아울러 기존 코느에서 변경된 사항까지 설명해 줍니다. 예제에서는 '생성한 결과에 대해 5초 길이의 애니메이션으로 설정
해 줘'라고 추가 요청하여 다음과 같은 코드를 얻었습니다.

```
import bpy
import random

# 기존 객체들 삭제
bpy.ops.object.select_all(action='DESELECT')
bpy.ops.object.select_by_type(type='MESH')
bpy.ops.object.delete()

# 비오는 효과를 위한 파티클 시스템 생성
bpy.ops.mesh.primitive_plane_add(size=20, enter_editmode=False, align='WORLD', location=(0, 0, 0))
plane = bpy.context.object

# 파티클 시스템 추가
bpy.ops.object.particle_system_add()
psys = plane.particle_systems[-1].settings
psys.count = 500  # 파티클 개수
psys.frame_start = 1
psys.frame_end = 150  # 5초에 해당하는 프레임 수 (30프레임/초 * 5초 = 150프레임)
psys.lifetime = 150  # 파티클 생명주기
```

```python
psys.emit_from = 'FACE'
psys.use_emit_random = True
psys.emit_dupli_faces = True

# 파티클 매테리얼 설정
mat = bpy.data.materials.new(name="RainMaterial")
mat.use_nodes = True
nodes = mat.node_tree.nodes
links = mat.node_tree.links

# Diffuse Shader 노드 추가
diffuse_shader = nodes.new(type='ShaderNodeBsdfDiffuse')
diffuse_shader.inputs['Color'].default_value = (0.7, 0.7, 0.9, 1.0)

# Output 노드 추가
material_output = nodes.get('Material Output')
links.new(diffuse_shader.outputs['BSDF'], material_output.inputs['Surface'])

# 파티클에 매테리얼 할당
plane.data.materials.append(mat)

# 카메라와 조명 추가
bpy.ops.object.camera_add(enter_editmode=False, align='VIEW', location=(0, -15, 10))
bpy.ops.object.light_add(type='SUN', radius=1, align='WORLD', location=(0, 0, 10))

# 렌더 설정
bpy.context.scene.render.engine = 'CYCLES'
bpy.context.scene.render.resolution_x = 100
bpy.context.scene.render.resolution_y = 100
bpy.context.scene.frame_start = 1
bpy.context.scene.frame_end = 150  # 5초에 해당하는 프레임 수
bpy.context.scene.frame_step = 1

# 렌더 시작
bpy.ops.render.render(animation=True)
```

03 블렌더를 실행하고 뷰포트에 기본적으로 제공된 '큐브(Cube)', '카메라(Camera)', '라이트(Light)' 오브젝트를 선택하고 Delete 를 눌러 삭제합니다.
탑바(Topbar)에서 〔스크립팅(Scripting)〕탭을 선택하고 텍스트(Text) 에디터에 〔+ 새로운(New)〕버튼을 클릭한 다음 챗GPT가 생성한 코드를 복사해서 붙여넣습니다.

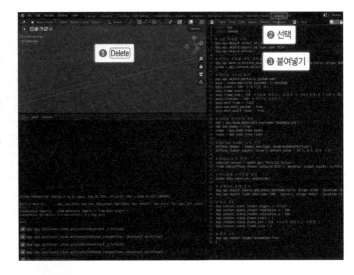

04 텍스트(Text) 에디터의 헤더에서 '스크립트 실행(Run Script)' 아이콘(▶)을 클릭하여 코드를 실행하면 3D 뷰포트에 평면(Plane) 오브젝트가 생성됩니다.

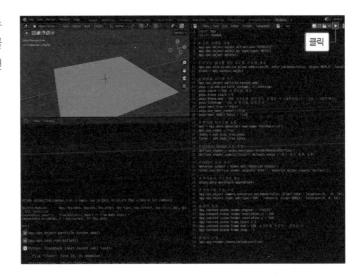

05 탑바(Topbar)에서 〔레이아웃(Layout)〕탭을 선택하고 Spacebar 를 눌러 애니메이션이 제대로 작동하는지 확인합니다.

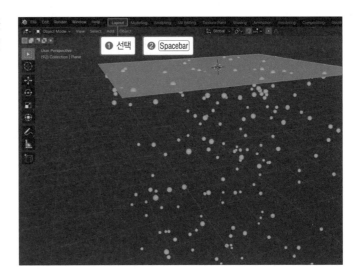

06 생성된 파티클(Particles)의 입자 크기를 변경하기 위해 아웃라이너(Outliner) 에디터에서 '평면(Plane)' 오브젝트의 하위에 있는 'ParticleSystem'을 선택합니다. 속성(Properties) 에디터에서 [파티클(Particles)] 탭을 선택하고 뷰포트 표시(Viewport Display) 항목의 크기(Size) 값을 줄여 설정합니다.

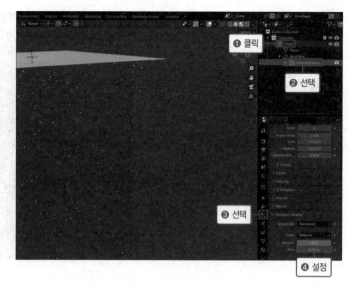

07 이렇게 생성된 파티클 애니메이션을 애드온(Add-on)으로 만들어 두고 사용할 수 있습니다. 챗GPT에게 해당 스크립트 코드를 바탕으로 애드온 생성을 요청하면 작동하는 코드와 등록 방법을 제시합니다.

```python
bl_info = {
    "name" : "Rain Scene Generator",
    "blender" : (2, 80, 0),
    "category" : "Object",
}

import bpy
import random

class OBJECT_OT_generate_rain_scene(bpy.types.Operator):
    """Generate a scene with rain effect"""
    bl_idname = "object.generate_rain_scene"
    bl_label = "Generate Rain Scene"
    bl_options = {'REGISTER', 'UNDO'}

    def execute(self, context):
        # 기존 객체들 삭제
        bpy.ops.object.select_all(action='DESELECT')
        bpy.ops.object.select_by_type(type='MESH')
        bpy.ops.object.delete()

        # 비오는 효과를 위한 파티클 시스템 생성
        bpy.ops.mesh.primitive_plane_add(size=20, enter_editmode=False, align='WORLD', location
=(0, 0, 0))
        plane = bpy.context.object
```

```python
# 파티클 시스템 추가
bpy.ops.object.particle_system_add()
psys = plane.particle_systems[-1].settings
psys.count = 500  # 파티클 개수
psys.frame_start = 1
psys.frame_end = 150  # 5초에 해당하는 프레임 수 (30프레임/초 * 5초 = 150프레임)
psys.lifetime = 150  # 파티클 생명주기
psys.emit_from = 'FACE'
psys.use_emit_random = True
psys.emit_dupli_faces = True

# 파티클 매테리얼 설정
mat = bpy.data.materials.new(name="RainMaterial")
mat.use_nodes = True
nodes = mat.node_tree.nodes
links = mat.node_tree.links

# Diffuse Shader 노드 추가
diffuse_shader = nodes.new(type='ShaderNodeBsdfDiffuse')
diffuse_shader.inputs['Color'].default_value = (0.7, 0.7, 0.9, 1.0)

# Output 노드 추가
material_output = nodes.get('Material Output')
links.new(diffuse_shader.outputs['BSDF'], material_output.inputs['Surface'])

# 파티클에 매테리얼 할당
plane.data.materials.append(mat)

# 카메라와 조명 추가
bpy.ops.object.camera_add(enter_editmode=False, align='VIEW', location=(0, -15, 10))
bpy.ops.object.light_add(type='SUN', radius=1, align='WORLD', location=(0, 0, 10))

# 렌더 설정
bpy.context.scene.render.engine = 'CYCLES'
bpy.context.scene.render.resolution_x = 100
bpy.context.scene.render.resolution_y = 100
bpy.context.scene.frame_start = 1
bpy.context.scene.frame_end = 150  # 5초에 해당하는 프레임 수
bpy.context.scene.frame_step = 1

# 렌더 시작
bpy.ops.render.render(animation=True)
```

```
        return {'FINISHED'}

def menu_func(self, context):
    self.layout.operator(OBJECT_OT_generate_rain_scene.bl_idname, text="Generate Rain Scene")

def register():
    bpy.utils.register_class(OBJECT_OT_generate_rain_scene)
    bpy.types.VIEW3D_MT_mesh_add.append(menu_func)

def unregister():
    bpy.utils.unregister_class(OBJECT_OT_generate_rain_scene)
    bpy.types.VIEW3D_MT_mesh_add.remove(menu_func)

if __name__ == "__main__":
    register()
```

사용 방법

❶ 블렌더를 실행하고 편집기에서 위의 코드를 복사하여 텍스트 파일로 저장합니다(예 : rain_scene_generator.
py).

❷ 블렌더의 사용자 설정((편집(Edit)) 메뉴 → (환경 설정(Preferences)) → (애드온(Add-ons)) → (설치(Install)))
에서 해당 파일을 선택하여 설치합니다.

❸ 애드온이 활성화되면 3D 뷰포트에서 Shift+A를 눌러 표시되는 추가(Add) 메뉴에서 (메쉬(Mesh))의 창에 새로
추가된 (Generate Rain Scene)를 클릭합니다.

❹ 5초 동안 비가 내리는 장면이 생성됩니다.

08 | 챗GPT가 제시한 애드온 사용 방
법에 따라 코드를 복사해서 메모장 앱
에 붙여넣고 파일 이름을 'rain_scene_
generator.py'로 저장합니다.

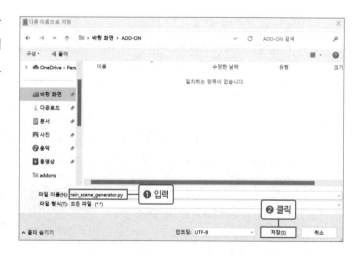

09 | 블렌더 메뉴에서 (편집(Edit)) → (환경 설정(Preferences))을 클릭하고, 블렌더 환경 설정(Blender Preferences) 창의 (애드온(Add-ons)) 탭을 선택한 다음 (애드온 설치(Install an add-on)) 버튼을 클릭합니다. 블렌더 파일 보기(Blender File View) 창이 표시되면 'rain_scene_generator.py' 파일을 찾아 선택하고 (애드온 설치(Install Add-on)) 버튼을 클릭합니다.

10 | 블렌더 환경 설정(Blender Preferences) 창의 애드온 목록에서 'Object : Rain Scene Generator'가 추가된 것을 확인하고 체크 표시해서 활성화(Enable Add-on)하고 창을 닫습니다.

TIP 블렌더 4.3 버전에서는 애드온(Add-ons) 설치 메뉴가 변경되었습니다. (애드온 (Add-ons)) 탭을 열고 오른쪽 상단의 (v) 버튼을 클릭해서 (Install from Disk...) 메뉴를 클릭해야 합니다.

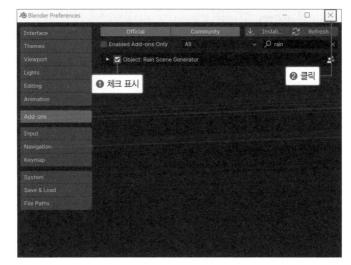

11 | 블렌더에서 (새 파일(New File))을 시작하고 '큐브(Cube)', '카메라(Camera)', '라이트(Light)' 오브젝트를 선택하고 Delete를 눌러 삭제합니다.
Rain Scene Generator 애드온의 작동을 확인하기 위해 3D 뷰포트에서 Shift +A를 눌러 표시되는 추가(Add) 메뉴에 (Generate Rain Scene)이 추가된 것을 확인하고 클릭합니다.

12 ┃ Rain Scene Generator 애드온(Add-on)을 다른 블렌더 애드온과 같이 사이드바(Sidebar, N)에서 접근할 수 있도록 챗GPT에게 추가로 코드 작성을 요청합니다. 다음과 같이 챗GPT가 스크립트 코드를 생성하고 사용 방법도 제시합니다.

```python
bl_info = {
    "name" : "Rain Scene Generator",
    "blender" : (2, 80, 0),
    "category" : "Object",
}

import bpy
import random

class OBJECT_OT_generate_rain_scene(bpy.types.Operator):
    """Generate a scene with rain effect"""
    bl_idname = "object.generate_rain_scene"
    bl_label = "Generate Rain Scene"
    bl_options = {'REGISTER', 'UNDO'}

    def execute(self, context):
        # 기존 객체들 삭제
        bpy.ops.object.select_all(action='DESELECT')
        bpy.ops.object.select_by_type(type='MESH')
        bpy.ops.object.delete()

        # 비오는 효과를 위한 파티클 시스템 생성
        bpy.ops.mesh.primitive_plane_add(size=20, enter_editmode=False, align='WORLD', location=(0, 0, 0))
        plane = bpy.context.object

        # 파티클 시스템 추가
        bpy.ops.object.particle_system_add()
        psys = plane.particle_systems[-1].settings
        psys.count = 500  # 파티클 개수
        psys.frame_start = 1
        psys.frame_end = 150  # 5초에 해당하는 프레임 수 (30프레임/초 * 5초 = 150프레임)
        psys.lifetime = 150  # 파티클 생명주기
        psys.emit_from = 'FACE'
        psys.use_emit_random = True
        psys.emit_dupli_faces = True

        # 파티클 매테리얼 설정
        mat = bpy.data.materials.new(name="RainMaterial")
```

```python
        mat.use_nodes = True
        nodes = mat.node_tree.nodes
        links = mat.node_tree.links

        # Diffuse Shader 노드 추가
        diffuse_shader = nodes.new(type='ShaderNodeBsdfDiffuse')
        diffuse_shader.inputs['Color'].default_value = (0.7, 0.7, 0.9, 1.0)

        # Output 노드 추가
        material_output = nodes.get('Material Output')
        links.new(diffuse_shader.outputs['BSDF'], material_output.inputs['Surface'])

        # 파티클에 매테리얼 할당
        plane.data.materials.append(mat)

        # 카메라와 조명 추가
        bpy.ops.object.camera_add(enter_editmode=False, align='VIEW', location=(0, -15, 10))
        bpy.ops.object.light_add(type='SUN', radius=1, align='WORLD', location=(0, 0, 10))

        # 렌더 설정
        bpy.context.scene.render.engine = 'CYCLES'
        bpy.context.scene.render.resolution_x = 100
        bpy.context.scene.render.resolution_y = 100
        bpy.context.scene.frame_start = 1
        bpy.context.scene.frame_end = 150  # 5초에 해당하는 프레임 수
        bpy.context.scene.frame_step = 1

        # 렌더 시작
        bpy.ops.render.render(animation=True)

        return {'FINISHED'}

class VIEW3D_PT_rain_panel(bpy.types.Panel):
    """Creates a Panel in the Object properties window"""
    bl_label = "Rain Scene Generator"
    bl_idname = "VIEW3D_PT_rain_panel"
    bl_space_type = 'VIEW_3D'
    bl_region_type = 'UI'
    bl_category = 'Rain Generator'

    def draw(self, context):
        layout = self.layout
        row = layout.row()
```

```
                row.operator("object.generate_rain_scene")

def register():
    bpy.utils.register_class(OBJECT_OT_generate_rain_scene)
    bpy.utils.register_class(VIEW3D_PT_rain_panel)

def unregister():
    bpy.utils.unregister_class(OBJECT_OT_generate_rain_scene)
    bpy.utils.unregister_class(VIEW3D_PT_rain_panel)

if __name__ == "__main__":
    register()
```

사용 방법

❶ 블렌더를 실행하고 텍스트 편집기에서 위 코드를 새 텍스트 블록에 붙여넣습니다.

❷ 해당 텍스트 블록을 파일로 저장합니다(예 : rain_scene_generator.py)

❸ 블렌더의 사용자 설정((편집(Edit)) → (환경 설정(Preferences)) → (애드온(Add-ons)) → (설치(Install)))에서 이 파일을 선택하여 설치합니다.

❹ 애드온이 활성화되면 3D 뷰포트의 사이드바(Sidebar, N)에 (Rain Generator) 탭이 표시됩니다.

❺ (Generate Rain Scene) 버튼을 클릭하면 비가 내리는 장면이 생성됩니다.

13 │ 생성된 코드를 사용 방법에 따라 애드온으로 등록하면 사이드바에 (Rain Generator) 탭이 표시됩니다. 이 탭에서 (Generate Rain Scene) 버튼을 클릭하면 비 내리는 파티클 애니메이션이 생성되는 것을 확인할 수 있습니다.

이처럼 블렌더에서 자주 쓰는 기능을 챗GPT와 함께 스크립트로 생성해서 애드온으로 등록하고 필요할 때마다 사이드바로 불러서 사용하면 편리합니다.

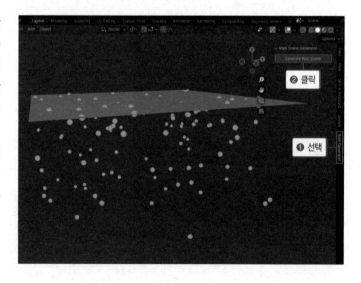

드림 텍스처와
AI 애드온 활용하기

텍스처(Texture)는 오브젝트의 표면에 재질감을 표현하는 이미지를 입혀서 더 사실적으로 보이게 만드는 기법입니다. 목재나 콘크리트 같은 표면의 질감은 컬러와 반사도의 조절만으로는 표현할 수 없기 때문에 표면 이미지를 가져다 사용하는 경우가 많습니다. 텍스처 이미지를 드림 텍스처(Dream Texture)와 같은 AI 애드온을 통해서 자유롭게 생성해서 오브젝트에 적용한다면 큰 도움이 될 것입니다.

예제 핵심 기능
1 드림 텍스처 애드온(Add-on) 설치
2 HuggingFace 사이트에서 토큰(tokens) 생성
3 사이드바에서 텍스처 생성하고 오브젝트에 적용
4 셰이더 에디터(Shader Editor)에서 텍스처 기능 설정
5 Seamless 설정으로 텍스처 자연스럽게 처리

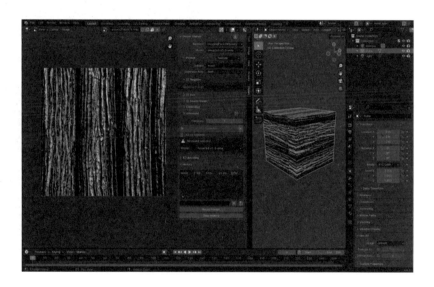

드림 텍스처 애드온 설치하기

01 │ 드림 텍스처를 블렌더에 애드온으로 설치하기 위해 깃허브(GitHub)의 드림 텍스처(github.com/carson-katri/dream-textures) 사이트에 접속합니다.

02 (<> Code) 버튼을 클릭하여 표시되는 팝업 메뉴에서 (Download ZIP)을 클릭하여 파일을 다운로드합니다.

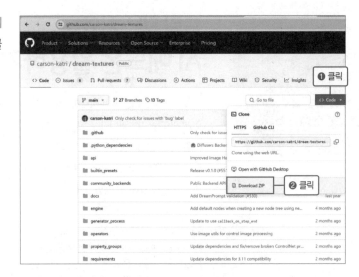

03 블렌더를 실행하고 메뉴에서 (편집 (Edit)) → (환경 설정(Preferences))을 클릭합니다.
블렌더 환경 설정(Blender Preferences) 창이 표시되면 (애드온(Add-ons)) 탭을 선택하고 (설치(Install)) 버튼을 클릭합니다.

04 블렌더 파일 보기(Blender File View) 창이 표시되면 'dream-textures-main.zip' 파일을 찾아 선택하고 (애드온 설치(Install Add-on)) 버튼을 클릭합니다.

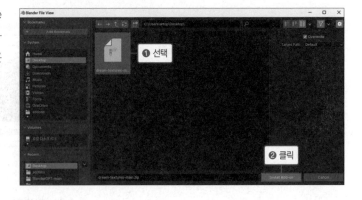

(애드온(Add-ons)) 탭에서 Dream Textures 애드온을 설치하고 체크 표시를 클릭했을 때 경로 오류 메시지가 표시된다면 제대로 설치된 것이 아닙니다. 이런 오류가 발생하면, 윈도우 사용자 폴더의 숨김 폴더인 AppData\Roaming\Blender Foundation\Blender\4.1\scripts\addons 폴더에서 'dream textures' 폴더를 블렌더 프로그램 폴더(C:\Program Files\Blender Foundation\Blender 4.1\4.1\scripts\addons)로 이동합니다.

이 오류는 압축 파일이 풀리면서 경로가 달라져 발생하는 것으로 폴더 위치만 올바르게 지정하면 해결됩니다. 다만, dream textures 폴더가 양쪽 경로에 모두 존재하면 안 되고 블렌더 프로그램 파일 폴더에 두어야 한다는 점에 주의합니다.

05 │ 설치 과정 경과 후 Paint : Dream Textures 애드온(Add-on) 설치가 완료되면 'Paint: Dream Textures'를 체크 표시하여 애드온을 활성화(Enable Add-on)합니다.

Preferences 항목 (Download Stable Diffusion v2.1 (Recommended)) 버튼을 클릭해서 스테이블 디퓨전을 설치합니다.

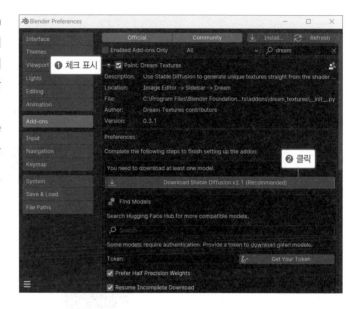

06 │ 스테이블 디퓨전을 설치하고 Token을 설정해야 애드온이 작동합니다. Token을 설정하기 위해 (Get Your Token) 버튼을 클릭합니다.

TIP 설치한 애드온이 바로 보이지 않는다면 검색창에 'Dream Textures'라는 키워드를 입력하여 찾아봅니다.

07 그림과 같이 허깅 페이스(hugging face.co/settings/tokens) 사이트로 연결되어 웹브라우저가 표시됩니다. 신규 회원으로 가입하고 Access Tokens 페이지에서 (New token) 버튼을 클릭합니다.

08 Create a new access token 창이 표시되면 Name에 사용자 이름인 'blender'를 입력하고 Type을 'Read'로 지정한 다음 (Generate a token) 버튼을 클릭합니다.

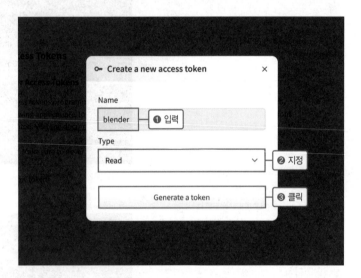

09 Save your Access Token 메시지가 표시되면 (Copy) 버튼을 클릭하여 토큰 코드를 복사합니다.

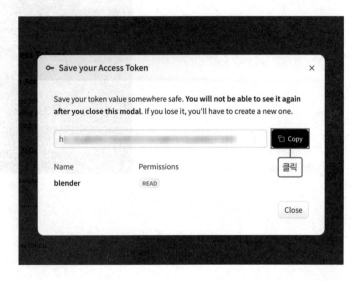

10 블렌더로 돌아와 블렌더 환경 설정(Blender Preferences) 창에서 Paint : Dream Textures 애드온(Add-on) 의 Token에 복사한 토큰 코드를 붙여넣습니다.

11 Dream Textures 애드온 아래 Preferences 항목의 Find Models 검색 칸에서 앞으로 사용할 생성 모델을 찾는 키 워드(예 : depth, sd-v1, stability 등)를 입력하여 검색하고 오른쪽 '다운로드' 아이콘 (⬇)을 클릭하여 설치합니다. 설치가 완료 된 생성 모델은 가장 하단에 '폴더' 아이콘 (🗀)과 함께 목록으로 나타납니다.

드림 텍스처로 이미지 생성해 오브젝트에 텍스처 적용하기

01 드림 텍스처의 생성 애드온 설치를 완료하고 뷰포트 왼쪽 상단의 에디터 유형 (Editor Type) 모서리를 드래그하여 뷰포트 를 하나 더 생성합니다.
왼쪽 뷰포트의 '에디터 유형(Editor Type)' 아이콘(🖼)을 클릭하고 〔이미지 에디터 (Image Editor)〕를 선택하여 작업 공간을 설정합니다.

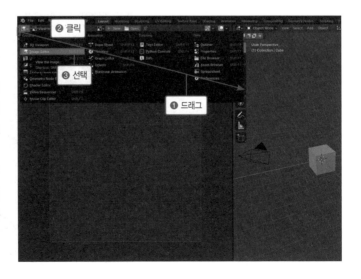

02 | 이미지 에디터(Image Editor)에서 N을 눌러 사이드바를 표시하고 (Dream) 탭을 선택합니다.

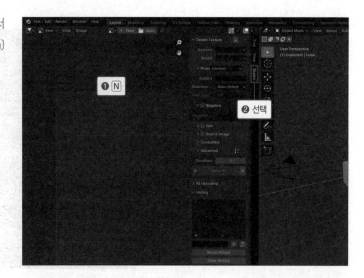

03 | Dream Textures 설정 항목에서 Backend를 'Hugging Face Diffusers', Model을 'nousr/sd-v1-5-ema', Prompt를 'Texture'로 지정합니다.

04 | 나무 질감 텍스처를 생성하기 위해 Subject에 'wood'를 입력하고 (▶ Generate) 버튼을 클릭합니다.

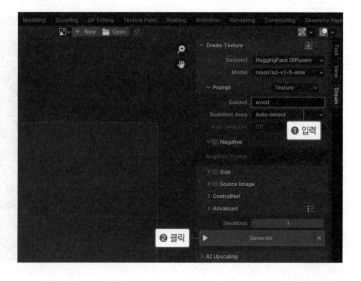

05 │ 나무 질감 텍스처가 생성되면서 그림과 같은 픽셀 노이즈로 진행 상태가 화면에 나타납니다.

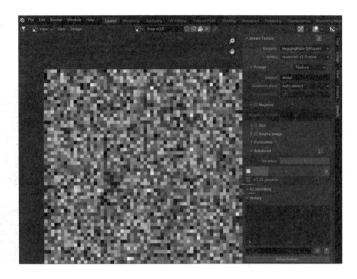

06 │ 생성 과정이 완료되면 그림과 같이 나무 표면의 wood 텍스처가 완성된 것을 확인할 수 있습니다.

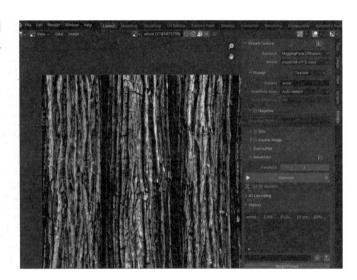

07 │ 왼쪽 뷰포트의 '에디터 유형(Editor Type)' 아이콘(🔲)을 클릭하고 (셰이더 에디터(Shader Editor))를 선택하여 작업 공간을 변경합니다.

08 | 기본 매테리얼을 담당하는 프린시플드 BSDF(Principled BSDF) 노드의 Base Color 소켓을 왼쪽으로 드래그하다가 클릭을 해제하면 검색창이 표시됩니다. 검색창에 'Image'를 입력하고 (이미지 텍스처 ▶ 이미지(Image Texture ▶ Color))를 선택합니다.

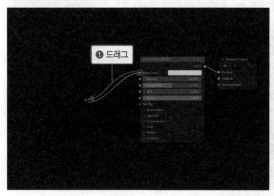 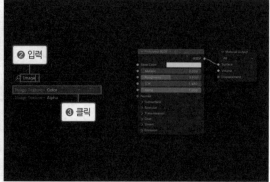

09 | 이미지 텍스처(Image Texture) 노드에서 '이미지 링크(Browse Image to be linked)' 아이콘(▣)을 클릭하고 앞서 생성했던 (wood 이미지) 매테리얼을 선택합니다.

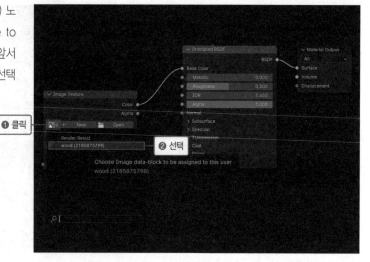

10 | 3D 뷰포트(3D Viewport)의 헤더에서 '매테리얼 미리보기(Material Preview)' 아이콘(◉)을 클릭하면 기본 큐브에 wood 이미지가 텍스처로 적용된 것을 확인할 수 있습니다.

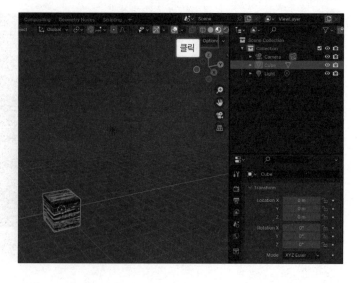

11 | 큐브에 텍스처로 적용된 wood 이미지를 조절하기 위해 셰이더 에디터 (Shader Editor)에서 프린시플드 BSDF (Principled BSDF) 노드를 선택하고 Ctrl +T를 누릅니다. 이미지 조절에 관련된 노드가 자동으로 추가됩니다.

TIP Ctrl+T 단축키를 활용하려면 내부 애드온 Node : Node Wrangler가 미리 설치되어 있어야 합니다.

12 | 맵핑(Mapping) 노드의 수치들을 변경하며 큐브에 매핑된 이미지의 형태 속성 (Location, Rotation, Scale)을 보기 좋게 조절할 수 있습니다.

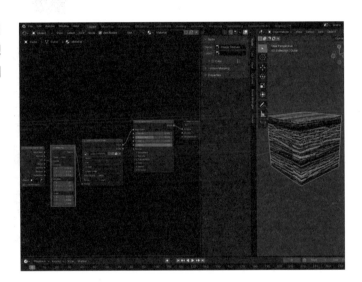

TIP 텍스처의 이음매(Seam) 연결

이미지 텍스처가 중간에 끊겨 보이는 현상은 텍스처가 반복될 때 부자연스럽게 이어지기 때문입니다. 이를 방지하기 위해서는 Dream Textures 애드온으로 텍스처 이미지를 생성할 때 사이드바의 (Dream) 탭에서 Seamless Axes 항목을 'Both'로 지정합니다. 이렇게 설정을 변경하면 텍스처의 이음매 부분이 자연스럽게 연결됩니다.

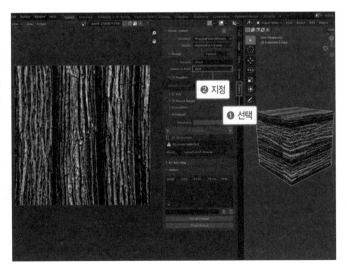

스테이블 디퓨전으로
AI 렌더 활용하기

블렌더에서 이미지 렌더링은 모델링과 매테리얼을 사실적으로 표현하는 과정입니다. 이미지 생성형 AI 스테이블 디퓨전을 기반으로 작동하는 AI Render를 블렌더에 애드온으로 설치하면 렌더링 결과를 다양하게 표현하고 원하는 스타일로 출력할 수 있습니다. 기본 형태의 큐브(Cube)를 예쁜 선물상자로 바꾸고, 강아지를 용맹스러운 사자로 그려주는 마법이 이루어집니다. 다양한 AI Render 기능을 활용하여 여러 스타일의 그림을 적용해 보겠습니다.

예제 핵심 기능   **1** 깃허브에서 AI Render 설치 파일 다운로드   **4** 렌더(Render) 탭에서 AI Render 기능 설정
2 블렌더 애드온(Add-on)으로 AI Render 설치   **5** 오브젝트에 프롬프트와 스타일 적용하여 이
3 DreamStudio에서 API Key 생성하고 붙여넣기   미지 생성

AI Render 애드온 설치하기

01 | 블렌더에 AI Render를 애드온 (Add-on) 방식으로 설치하기 위해 깃허브 (github.com/benrugg/AI-Render) 사이트에 접속합니다.

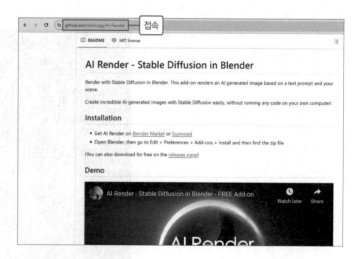

02 | 설치(Installation) 페이지의 'release page' 링크를 클릭합니다. benrugg/AI-Render 페이지가 표시되면
Assets의 'AI-Render-v1-0-1.zip'을 클릭하여 파일을 다운로드합니다.

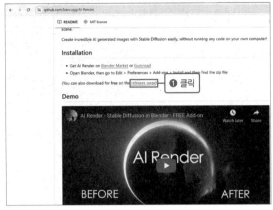
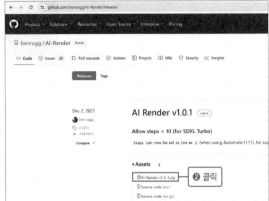

03 | 블렌더를 실행하고 메뉴에서 [편집
(Edit)] → [환경 설정(Preferences)]을 클
릭합니다.

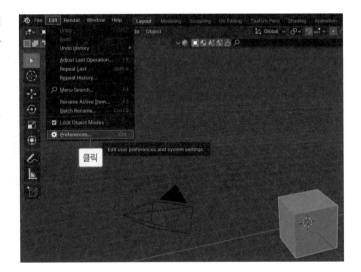

04 | 블렌더 환경 설정(Blender Prefer-
ences) 창이 표시되면 [애드온(Add-ons)]
탭을 선택하고 [설치(Install)] 버튼을 클릭합
니다.
블렌더 파일 보기(Blender File View) 창
에서 'AI-Render-v1-0-1.zip' 파일을 찾
아 선택하고 [애드온 설치(Install Add-on)]
버튼을 클릭합니다.

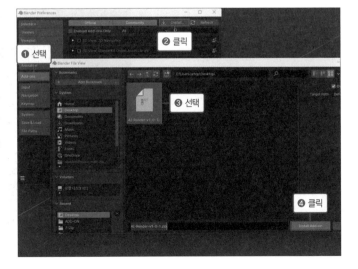

05 | Render : AI Render-Stable Diffusion in Blender 애드온(Add-on)이 설치되면 체크 표시하여 애드온을 활성화 (Enable Add-on)합니다.

06 | Render : AI Render-Stable Diffusion in Blender 애드온(Add-on)의 세부 항목을 열고 API Key를 입력하기 위해 (Sign Up For DreamStudio (free)) 버튼을 클릭합니다.

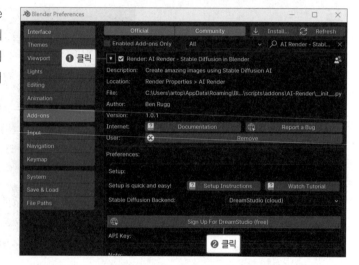

07 | 자동으로 웹브라우저가 실행되며 stability.ai 사이트로 연결됩니다. (Sign up) 버튼을 클릭하고 표시되는 화면에서 이메일 주소와 비밀번호로 입력한 다음 (Continue) 버튼을 클릭하여 새로운 사용자로 등록합니다.

08 | DreamStudio 웹사이트로 연결되면 (Get started) 버튼을 클릭합니다.

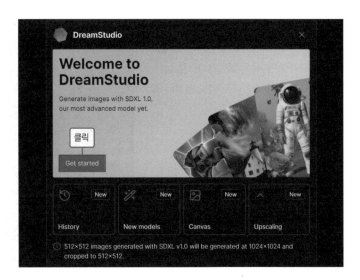

09 | Terms of service 창이 표시되면 'I agree to the terms of service'를 체크 표시하고 (Accept) 버튼을 클릭합니다.

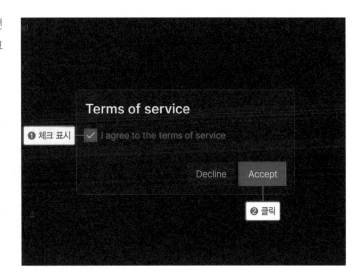

10 | DreamStudio 생성 페이지가 표시되면 왼쪽 쿠키 설정에서 (Accept) 버튼을 클릭합니다. 이메일로 수신된 사용자 계정 확인(confirm my account)을 완료하고 (Login) 버튼을 클릭하여 등록한 이메일 계정으로 로그인합니다.

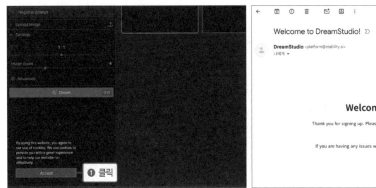

11 사용자 계정 페이지에서 API keys 항목의 '복사(Copy to Clipboard)' 아이콘(⬚)을 클릭하여 API Key 코드를 복사합니다. API 사용 팝업 창이 표시되면 [Confirm] 버튼을 클릭합니다.

12 블렌더로 돌아와 블렌더 환경 설정 (Blender Preferences) 창에서 Render : AI Render–Stable Diffusion in Blender 애드온(Add–on)의 API Key 칸에 복사한 API Key를 붙여넣습니다.

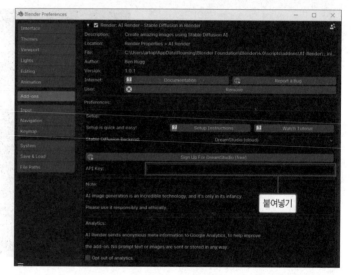

뷰포트 오브젝트에 AI Render 적용하기

01 속성(Properties) 에디터에서 [렌더(Render)] 탭을 선택하고 추가된 AI Render 항목에서 [Enable AI Render] 버튼을 클릭하여 사용 설정합니다.

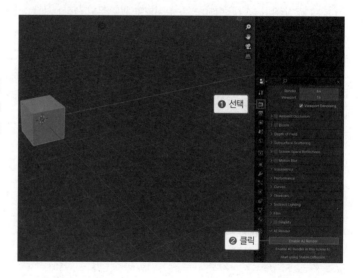

02 │ AI Render 애드온은 뷰포트에 있
는 오브젝트를 대상으로 스타일을 렌더링
하므로 현재 제시된 큐브를 리본이 달린 선
물 상자로 렌더링해 달라고 요청하겠습니
다. Prompt 항목 아래 프롬프트 입력 칸에
렌더링할 스타일 이미지에 관해서 영어로
입력합니다. 예제에서는 'Christmas Gift
Box, Ribbon'을 입력하였습니다.

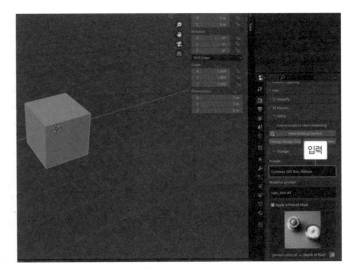

03 │ 프롬프트 아래 Apply a Preset
Style의 이미지를 클릭해서 스타일 갤러리
가 표시되면 렌더링에 적용할 이미지 스타
일을 선택합니다.

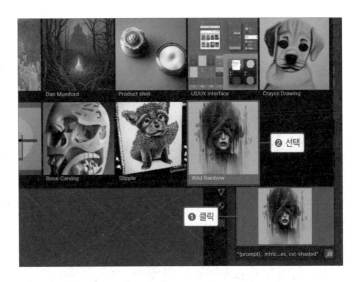

04 │ F12를 누르면 블렌더 렌더(Blender
Render) 창이 표시되면서 뷰포트의 큐브
가 리본이 달린 선물 상자 이미지로 생성되
는 것을 확인할 수 있습니다.

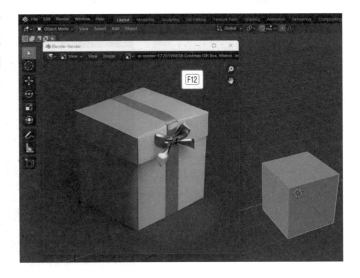

05 이와 같은 방법으로 기존의 다양한 오브젝트를 뷰포트에 불러온 후 AI Render 를 통해 원하는 스타일의 이미지로 렌더링 하면 됩니다. 예를 들어, 파트 4에서 제작한 강아지 캐릭터 모델을 불러와서 Prompt에 'lion'으로 입력하고 게임 그래픽 스타일로 렌더링하면 다음과 같은 결과 이미지를 생성할 수 있습니다.

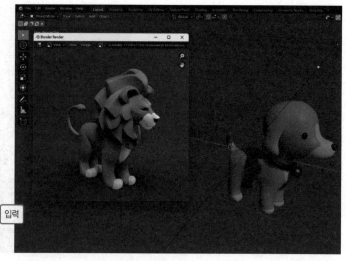

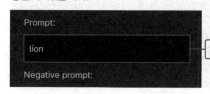

입력

06 같은 방법으로 강아지 캐릭터 모델의 표정을 강조하기 위해 프롬프트에 'Angry dog'을 입력하고 렌더링하면 왼쪽 그림과 같이 캐릭터 이미지를 얻을 수 있습니다. 또한, 강아지의 외형을 푸들(Poodle)과 같은 특정한 품종으로 설정하면 오른쪽 그림과 같이 유사한 모습으로 이미지를 생성할 수 있습니다.

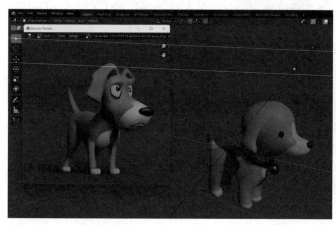

07 앞에서 제작한 어린이 캐릭터 모델링을 불러와 동작이 연속되는 타임라인에서 특정한 자세를 선택한 후 AI Render를 통해 '로봇(rorot)'으로 렌더링하도록 프롬프트를 입력하면 그림과 같은 결과물이 됩니다. 이처럼 AI Render는 사용자가 만든 오브젝트 모델을 다양한 스타일의 이미지로 생성하는 막강한 기능을 제공합니다.

캐릭터 애니메이션과
파티클 모션 설정하기

예제 파일 : 05\강아지.blend,
어린이캐릭터모델.blend,
카페건물.blend, rain_scene_
generator.py

지금까지 블렌더에서 제작한 오브젝트 모델들과 캐릭터 모델들을 카페 건물 앞 공간에 모아서
배치해 보겠습니다. 기존의 카페 건물과 바닥 등 주변 오브젝트들에 강아지와 어린이 캐릭터를
추가 배치하고, 캐릭터 애니메이션과 파티클 모션 설정을 마무리하겠습니다. 시간 순서에 따른
장면의 구성 요소와 변화를 계획하는 미장센(Mis-en-scéne) 기법을 참고하면 도움이 됩니다.

예제 핵심 기능
1 강아지 캐릭터 모델의 계층(Hierarchy) 설정
2 카페 앞에 강아지 캐릭터 덧붙여서(Append)
   배치
3 어린이 캐릭터 모델의 계층(Hierarchy) 설정
4 카페 앞에 어린이 캐릭터 덧붙여서(Append)
   배치
5 Rain Generator 애드온 코드 수정하고 다시
   설치

카페 앞 공간에 캐릭터 불러오기

01 | 앞서 작업한 카페 건물 구성을 불러
오겠습니다. 블렌더 메뉴에서 [파일(File)]
→ [열기(Open)]를 클릭해서 [Blender File
View] 창이 표시되면 05 폴더에서 '카페건
물.blend' 파일을 선택하고 [열기(Open)]
버튼을 클릭하여 파일을 불러옵니다.

02 헤더에서 '렌더리드(Rendered)' 아이콘(⚫)을 클릭합니다.

03 05 폴더에서 '강아지.blend' 파일을 불러오고 아웃라이너(Outliner) 에디터에서 오브젝트들의 계층(Hierarchy)을 형성합니다. Shift를 누른 상태로 하위 오브젝트를 클릭하여 상위 오브젝트로 드래그하면 부모(Parent)로 계층이 형성됩니다.

강아지의 몸통(Body) 오브젝트를 최상위 부모로 배치하고 그 아래 머리(Head), 목걸이(Neckless)를 배치합니다. 머리 아래에는 눈(Eye), 코(Node)를, 목걸이 아래에는 방울(Bell)을 배치하고 Ctrl+S를 눌러 저장합니다.

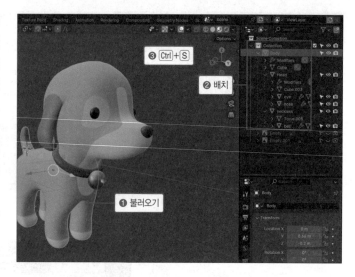

04 다시 카페 건물 파일로 돌아와서 아웃라이너 에디터에서 최상위의 씬 컬렉션(Scene Collection)을 선택합니다. 이 상태로 메뉴에서 (파일(File)) → (덧붙이기(Append...))를 클릭합니다.

05 │ 블렌더 파일 보기(Blender File View) 창이 표시되면 05 폴더에서 '강아지.blend' 파일을 더블클릭하여 하위 폴더를 표시합니다.

06 │ 컬렉션(Collection) 폴더를 더블클릭하고 '컬렉션(Collection)'을 선택한 다음 [덧붙이기(Append)] 버튼을 클릭합니다.

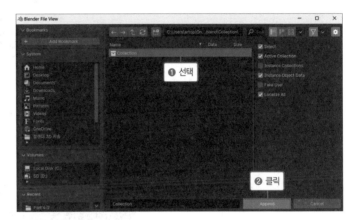

07 │ 강아지 캐릭터 모델이 덧붙이기로 카페 앞에 나타나면 아웃라이너(Outliner) 에디터에서 '엠프티(Empty)' 오브젝트들의 '눈' 아이콘(◉)을 클릭하여 뷰포트에서 감추기(Hide in Viewport)하고 '카메라' 아이콘(◉)을 클릭하여 렌더에서 제외(Disable in Renders)되도록 설정합니다.
강아지의 '몸통(Body)' 오브젝트를 선택하고 이동(ⓖ)과 회전(ⓡ)을 이용하여 의자 옆으로 배치합니다.

08 같은 방법으로 05 폴더에서 '어린이 캐릭터모델.blend' 파일을 불러옵니다.

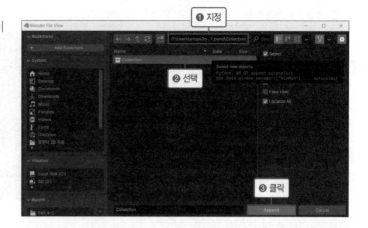

09 불러온 어린이 캐릭터가 선택되어 있는 상태로 ⑤를 눌러 축적(Scale)을 확대하고 도구상자(Toolbar)의 '이동(Move)' 도구(◆)와 '회전(Rotate)' 도구(◉)를 이용하여 강아지 캐릭터 옆으로 배치합니다.

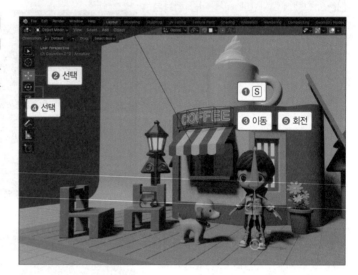

10 장면 구성을 위해 아웃라이너 (Outliner) 에디터의 씬 컬렉션(Scene Collection)에서 각 컬렉션들에 적절히 이름을 부여합니다. 어린이 캐릭터의 골격을 설정한 '아마튜어(Armature)' 오브젝트의 '카메라' 아이콘(◉)을 클릭하여 뷰포트에서는 보이지만 렌더에서 제외(Disable in Renders)되도록 설정합니다.

11 | 앞서 설치한 Rain Generator 애드온을 활용하여 비가 내리는 애니메이션을 추가하겠습니다. 그러나 Rain Generator 스크립트 코드에 뷰포트에 있는 모든 메쉬 오브젝트를 삭제하는 명령이 포함되어 있다는 문제가 있습니다. 이 문제를 해결하기 전에 사이드바의 (Rain Generator) 탭을 선택하고 (Generate Rain Scene) 버튼을 클릭하면 뷰포트에 있던 메쉬들이 모두 사라집니다.

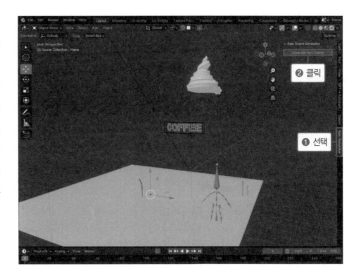

12 | 이 문제를 해결하기 위해서는 기존 애드온으로 설치된 Rain Generator를 환경 속성 중에서 삭제하고 'rain_scene_generator.py' 스크립트의 메쉬 삭제 코드 일부를 메모장 프로그램에서 수정해야 합니다. 16줄~20줄과 54줄~56줄을 삭제하고 [Ctrl]+[S]를 눌러 저장합니다.

13 | 수정한 'rain_scene_generator.py' 파일을 블렌더 환경 설정(Blender Preferences) 창의 (애드온(Add-ons)) 탭에서 다시 애드온으로 설치합니다. [N]를 눌러 사이드바를 표시하고 (Rain Generator) 탭을 선택한 다음 팝업에서 (Generate Rain Scene) 버튼을 클릭하여 비 내리는 애니메이션 효과를 추가합니다. 오류 메시지가 잠시 나타나지만 적용에는 문제없습니다.

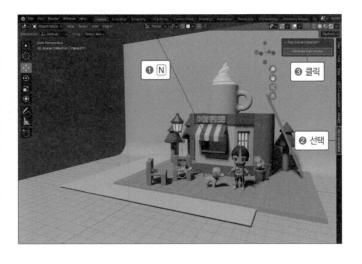

STEP.
06

키프레임 모션으로
애니메이션 설정하기

완성 파일 : 05\키프레임애니메이션_완성.blend

캐릭터 모델과 오브젝트를 한곳에 모아서 크기와 위치를 확정했다면 이제 최종 결과로 출력할 애니메이션 설정을 준비합니다. 타임라인 에디터에서 비 내리는 효과에 반응하는 캐릭터와 카메라의 연속적인 동작을 키프레임(Keyframe)으로 설정하고 매테리얼(Material)을 조정하여 애니메이션으로 출력하겠습니다.

예제 핵심 기능
1 파티클 플레인 그림자를 보이지 않게 설정
2 캐릭터 아마튜어(Armature)의 키프레임 조정
3 파티클 입자의 인스턴스(Instance) 설정
4 강아지 캐릭터의 머리 움직임 키프레임 추가
5 카메라 화각에 맞추어 모션 키프레임 설정

매테리얼과 키프레임 설정하기

01 | 이전 예제에서 이어서 진행하겠습니다. 비 내리는 Rain Generator의 이미터(Emitter)인 플레인(Plane)을 선택하고 도구상자(Toolbar)에서 '이동' 도구(🔀)를 선택한 다음 카페 건물 위로 드래그하여 이동한 후 Spacebar 를 눌러 비 내리는 파티클(Particles)의 움직임을 확인합니다.

02 플레인의 긴 그림자를 보이지 않게 설정하겠습니다. 플레인이 선택된 상태로 속성(Properties) 에디터에서 [매테리얼(Material)] 탭을 선택하고 [+ 새로운(New)] 버튼을 클릭하여 새 매테리얼을 생성합니다. 속성 중에서 설정(Settings)의 섀도우 모드(Shadow Mode)를 'None'으로 지정하여 길게 드리웠던 그림자를 사라지게 만듭니다.

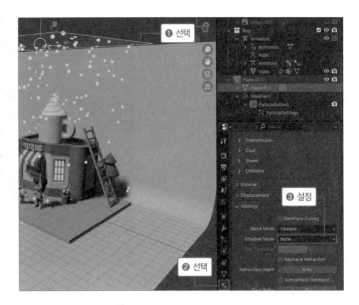

03 속성(Properties) 에디터에서 [렌더(Render)] 탭을 선택하고 렌더 엔진(Render Engine)을 'Cycles'로 지정하면 그림자가 다시 보입니다.

플레인이 신택된 상태로 [오브젝트(Object)] 탭을 선택하고 가시성(Visibility) 항목의 광선 가시성(Ray Visibility)에서 '섀도우(Shadow)'를 체크 표시 해제하면 그림자가 사라집니다.

04 3D 뷰포트와 타임라인 사이의 경계를 위로 드래그하여 타임라인(Timeline) 에디터를 확장합니다. 비가 내리면 놀라서 뛰어오르는 것처럼 연출하기 위해 아웃라이너(Outliner) 에디터에서 어린이 캐릭터의 '아마튜어(Armature)'를 선택합니다. 타임라인(Timeline) 에디터에서 아마튜어의 노란색 키프레임을 전체 선택하고 첫 번째 키프레임이 '50프레임'에 위치하도록 모두 이동합니다.

05 | Rain Generator로 만든 파티클 (Particles) 입자의 형태를 빗방울 모양으로 변형하겠습니다. 빗방울 모양을 만들기 위해 (오브젝트 모드(Object Mode))의 3D 뷰포트(3D Viewport)에서 Shift+A를 눌러 표시되는 Add 메뉴에서 (Mesh) → (UV 구체(Sphere))를 생성하고 (에디트 모드(Edit Mode))에서 빗방울 모양으로 변형합니다.

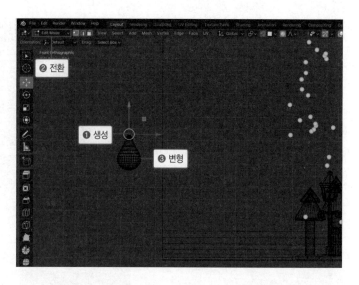

06 | 투명한 빗방울을 표현하기 위해 Tab을 눌러 (오브젝트 모드(Object Mode))로 전환하고 빗방울 모양의 구체를 선택합니다. 속성(Properties) 에디터의 (매테리얼(Material))을 선택하고 (+ 새로운(New)) 버튼을 클릭하여 새 매테리얼을 생성합니다. 거칠기(Roughness)를 '0', IOR을 '1.33', 전달(Transmission)의 Weight를 '1'로 설정하고 설정(Settings)에서 'Raytrace Refraction'을 체크 표시합니다.

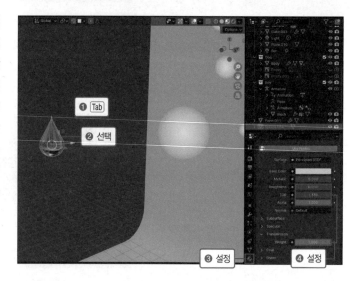

07 | 아웃라이너(Outliner) 에디터에서 비 내리는 장면을 만든 '플레인' 오브젝트의 'ParticleSystem'을 선택합니다. (파티클(Particles)) 탭을 선택하고 렌더(Render) 항목에서 다음과 같은 렌더링(Render As)를 '오브젝트(Object)'로 지정한 다음 인스턴스 오브젝트(Instance Object)를 물방울 모양을 만든 '구체(Sphere)'로 지정합니다.

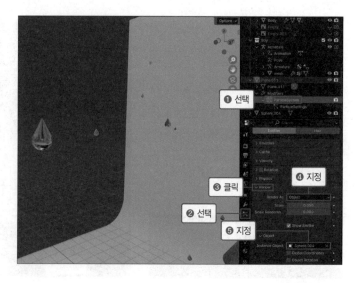

08 어린이 캐릭터의 점프 동작에 따른 강아지 캐릭터의 반응을 표현하기 위해 강아지 캐릭터의 머리(Head)를 선택합니다. Shift를 누른 상태로 강아지 목 부분을 마우스 오른쪽 버튼으로 클릭하여 3D 커서(Cursor) 위치를 지정합니다. 헤더에서 피벗 포인트 변환(Transform Pivot Point)을 (3D 커서(3D Cursor))로 설정하고 타임라인(Timeline) 에디터의 '50프레임'에서 I를 눌러 키프레임을 추가합니다.

09 타임라인(Timeline) 에디터에서 플레이헤드(Playhead)를 '65프레임'으로 이동하고 도구상자(Toolbar)의 '회전(Rotate)' 도구( )를 선택합니다. 숫자 키패드 1을 눌러 정면 정사법(Front Orthographic) 뷰로 전환하고 어린이 캐릭디의 웅크리는 움직임에 맞게 강아지 머리를 초록색 Y축 기준 10° 정도로 드래그하여 숙이는 동작을 만든 다음 I를 눌러 키프레임을 추가합니다.

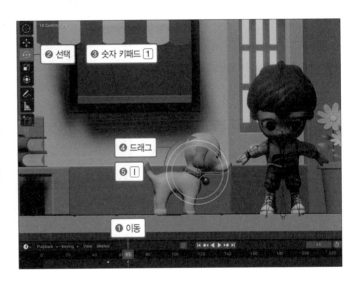

10 타임라인(Timeline) 에디터에서 플레이헤드(Playhead)를 '85프레임'으로 이동하고 어린이 캐릭터의 점프하는 움직임에 맞게 강아지 머리를 연두색 Y축 기준 −20° 정도로 드래그하여 얼굴을 드는 동작을 만든 다음 I를 눌러 키프레임을 추가합니다.

11 타임라인(Timeline) 에디터에서 플레이헤드(Playhead)를 '95프레임'으로 이동하고 어린이 캐릭터의 움직임에 맞게 강아지 머리를 연두색 Y축 기준 10° 정도로 회전하여 원래 각도로 되돌린 다음 ①를 눌러 키프레임을 추가합니다.

12 Spacebar를 눌러 두 캐릭터의 동작을 살펴봅니다. 어린이의 점프 동작을 강아지가 바라보는 장면을 자연스럽게 표현하기 위해 강아지의 머리가 점프하는 방향을 따라가도록 조절하겠습니다. 키프레임 전체를 '5프레임' 정도 늦추기 위해 첫 번째 프레임을 '55프레임' 위치로 드래그하여 이동해 애니메이션을 마무리합니다.

카메라 모션 설정하기

01 아웃라이너(Outliner) 에디터에서 '카메라' 오브젝트를 선택하고 3D 뷰포트(3D Viewport)의 '카메라 뷰를 토글(Toggle the camera view)' 아이콘(🎥)을 클릭하여 카메라 뷰로 설정합니다. 속성(Properties) 에디터에서 [출력(Output)] 탭을 선택하고 선택 형식(Format) 항목의 해상도(Resolution) X를 '1920px', Y를 '1080px'로 설정합니다.

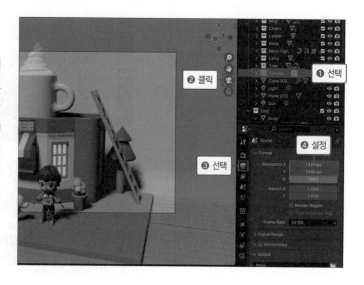

02 〔데이터(Data)〕 탭을 선택하고 렌즈
(Lens) 항목의 초점 길이(Focal Length)를
'40mm'로 설정하여 카메라 화각에 모든 오
브젝트가 포함되도록 설정합니다.

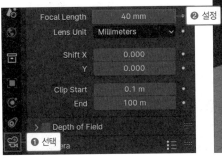

03 카메라 화각에서 잘리는 배경 호리
존트를 크게 설정하기 위해 플레인(Plane)
을 선택하고 도구상자(Toolbar)에서 '축적
(Scale)' 도구(■)를 선택한 다음 빨간색 X
축 방향으로 드래그하여 확대해 화각에서
잘리지 않도록 설정합니다.

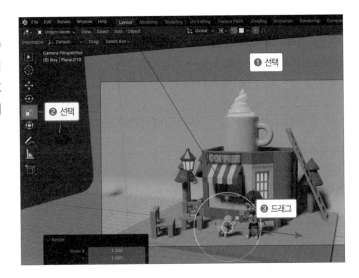

04 카메라 화각에 그림자가 잡히는 물
방울 구체(Sphere.004)를 선택하고 아웃
라이너(Outliner) 에디터에서 '눈' 아이콘
(◉)과 '카메라' 아이콘(◉)을 클릭하여 뷰
포트에서 감추기(Hide in Viewport)와 렌
더에서 제외(Disable in Renders)를 설정
합니다.

05 아웃라이너(Outliner) 에디터에서 '카메라(Camera)' 오브젝트를 선택하고 타임라인(Timeline) 에디터에서 플레이헤드(Playhead)를 '0프레임'으로 이동한 다음 I를 눌러 키프레임을 추가합니다.

06 타임라인(Timeline) 에디터에서 플레이헤드(Playhead)를 '50프레임'으로 이동하고 3D 뷰포트에서 '카메라 뷰 내비게이션(Enable view navigation with the camara view)' 아이콘(🔒)을 클릭하여 카메라 뷰를 벗어나지 않도록 잠급니다. 마우스 휠을 클릭한 채 드래그하며 강아지와 어린이 캐릭터가 카메라 프레임 중앙에 위치하도록 설정하고 I를 눌러 키프레임을 추가합니다.

07 타임라인(Timeline) 에디터에서 플레이헤드(Playhead)를 '85프레임'으로 이동합니다. 3D 뷰포트(3D Viewport)에서 마우스 휠을 위로 돌려 강아지와 어린이 캐릭터가 카메라 프레임 중앙에 확대되도록 줌인(Zoom In)을 설정하고 I를 눌러 키프레임을 추가합니다.

08 타임라인(Timeline) 에디터에서 플레이헤드를 '100프레임'으로 이동합니다. 마우스 휠을 아래로 돌려 강아지와 어린이 캐릭터가 약간 멀어지도록 줌 아웃(Zoom Out)을 설정하고 ①를 눌러 키프레임을 추가합니다.

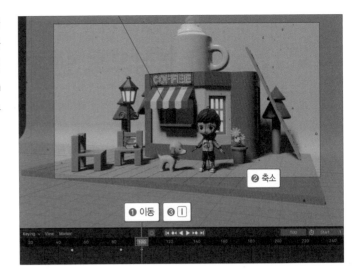

09 Spacebar를 눌러 카메라 애니메이션 움직임을 살펴보면 '35프레임' 부분에서 카메라 화각 밖으로 의자 다리가 약간 빠져나가는 것이 보입니다.

10 타임라인(Timeline) 에디터에서 플레이헤드(Playhead)를 '35프레임'으로 이동합니다. Shift를 누른 상태로 마우스 휠을 클릭한 채 드래그하여 의자 다리가 카메라 화각 안에 위치하도록 설정하고 ①를 눌러 키프레임을 추가합니다. Spacebar를 눌러 전체 움직임과 카메라 화각을 점검하여 애니메이션을 완성합니다.

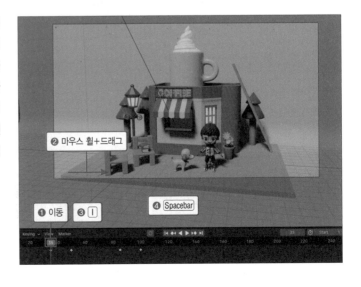

시각화 옵션을 설정하여
동영상으로 렌더링하기

완성 파일 : 05\0001-0120.mkv

지금까지 설정한 키프레임 모션을 바탕으로 타임라인과 뷰포트의 모든 움직임을 애니메이션 형식으로 출력하겠습니다. 렌더 엔진의 시각화 옵션을 설정하고 출력 파일을 비디오 포맷으로 지정하여 렌더링합니다. 추가로 AI Render를 활용하여 애니메이션의 주요 장면을 AI 스타일이 적용된 이미지로 출력해 보겠습니다.

예제 핵심 기능
1 출력(Output) 탭에서 프레임 범위 설정
2 출력 파일 형식을 FFmpeg Video로 설정
3 렌더(Render) 탭에서 시각화 옵션 설정
4 애니메이션(Animation)으로 렌더링
5 출력된 동영상 확인하고 수정 보완

애니메이션을 파일로 출력하기

01 │ 속성(Properties) 에디터에서 (출력(Output)) 탭을 선택하고 프레임 범위(Frame Range) 항목의 프레임 종료(Frame End)를 '120'으로 설정합니다. 타임라인(Timeline) 에디터를 살펴보면 '1프레임'부터 '120프레임'의 범위가 밝은 회색으로 표시됩니다.

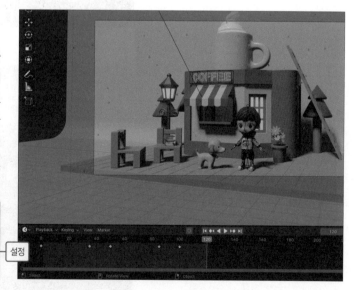

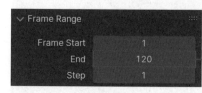

설정

02 3D 뷰포트(3D Viewport)에서 '카메라 뷰 내비게이션(Enable view navigation with the camara view)' 아이콘( )을 클릭하여 잠금 해제합니다.
속성(Properties) 에디터에서 〔출력(Output)〕 탭을 선택하고 출력(Output) 항목에서 파일 형식(File Format)을 'FFmpeg Video'로 지정합니다.

03 블렌더 파일 보기(Blender File View) 창이 표시되면 저장할 위치를 지정하고 〔수락(Accept)〕 버튼을 클릭합니다.

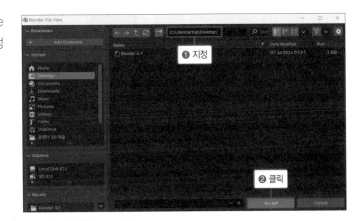

04 속성(Properties) 에디터에서 〔렌더(Render)〕 탭을 선택하고 렌더 엔진(Render Engine)이 'EEVEE'로 설정된 것을 확인한 다음 '주변 폐색(Ambient Occlusion)', '블룸(Bloom)', '화면 공간 반사(Screen Space Reflections)'를 체크 표시하여 활성화합니다. '모션 블러(Motion Blur)'도 체크 표시하고 세부 항목을 열어서 셔터(Shutter)를 '0.3'으로 설정합니다.

TIP Cycles 렌더 엔진으로 애니메이션 출력

렌더 엔진(Render Engine)을 'Cycles'로 지정하면 뷰포트의 화면 형성에도 오랜 시간이 소요되고 렌더링 과정도 상당히 오랜 시간이 소요됩니다. 그럼에도 Cycles 렌더 엔진은 조명 효과나 투명, 굴절, 산란 효과 표현에서 유리하고 디테일이 섬세하게 출력되므로 고품질의 이미지 또는 애니메이션 출력에 선택하여 이용할 수 있습니다. 렌더 시간을 단축하기 위해서 샘플(Sample) 수치를 기본 설정에서 절반 이하로 낮추면 도움이 됩니다. 특히 애니메이션은 1초당 24프레임 이상의 이미지가 생성되므로 렌더 시간이 예상보다 훨씬 오래 소요된다는 점에 유의하시기를 바랍니다.

05 타임라인(Timeline) 에디터의 플레이헤드를 '80프레임'으로 이동하고 [F12]를 누릅니다. 블렌더 렌더(Blender Render) 창이 나타나면 출력 상태와 품질을 확인하고 창을 닫습니다.

06 별다른 문제가 없다면 [Ctrl]+[F12]를 눌러 애니메이션 렌더링을 시작합니다. 블렌더 렌더(Blender Render) 창이 표시되면 1프레임부터 120프레임까지 렌더링이 연속적으로 진행됩니다.

07 렌더링이 완료되면 렌더 창을 닫고 출력(Output) 항목에서 지정한 폴더에 생성된 '0001-0120.mkv' 파일을 더블클릭하여 미디어 플레이어에서 애니메이션을 재생해 점검합니다. 만약 카메라 화각이나 동작에 문제가 있다면 수정 보완하고 다시 렌더링하여 완성합니다.

AI Render로 이미지 출력하기

01 | 애니메이션의 특정 프레임을 스타
일이 적용된 이미지로 출력하기 위해 속성
(Properties) 에디터에서 (렌더(Render))
탭을 선택하고 AI Render 항목의 Dimen-
sions를 '1334×768'로 지정합니다.

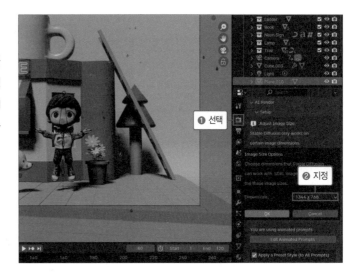

02 | Apply a Preset Style의 이미지
를 클릭하여 스타일 갤러리를 표시하고
'Anime'를 클릭하여 스타일을 선택합니다.

03 | Prompt에 'Alfons Mucha, bold
lines, boy jump, doggy'를 입력하여 아
티스트와 장면의 구성 요소를 지정합니다.

04 | 타임라인(Timeline) 에디터에서 플레이헤드(Playhead)를 원하는 동작이 있는 프레임으로 이동하고 F12를 누릅니다.
블렌더 렌더(Blender Render) 창이 열리고 AI Render가 생성한 이미지가 나타납니다. 메뉴에서 [이미지(Image)] → [다른 이름으로 저장(Save As...)]을 클릭하여 생성된 이미지를 저장합니다.

05 | 이번에는 'Apply a Preset Style'을 체크 표시 해제하고 Prompt에 'Alfons Mucha, bold lines, boy, doggy, cafe, trees'를 입력하여 아티스트와 장면의 구성 요소를 설정합니다. 타임라인(Timeline) 에디터에서 플레이헤드(Playhead)를 원하는 동작이 있는 프레임으로 이동하고 F12를 눌러 렌더링을 확인합니다.

06 | 게임 스타일로 렌더하려면 Prompt에 'Game graphics, boy jump, doggy, urban cafe, trees'를 입력하여 스타일과 장면의 구성 요소를 지정합니다. 타임라인(Timeline) 에디터에서 플레이헤드(Playhead)를 점프 동작이 있는 프레임으로 이동하고 F12를 눌러 렌더링 결과를 확인합니다.
이렇게 AI Render를 이용하여 다양한 스타일의 렌더링을 진행해 보면서 의도에 부합하는 결과 이미지를 저장하여 활용합니다.

INDEX

Foreign Copyright:
Joonwon Lee   Mobile: 82-10-4624-6629

Address: 3F, 127, Yanghwa-ro, Mapo-gu, Seoul, Republic of Korea
                3rd Floor
Telephone: 82-2-3142-4151
E-mail: jwlee@cyber.co.kr

3D 모델링 **작업과**
생성형 AI 활용을 위한

블렌더 **3D & AI**

2025. 2. 21. 1판 1쇄 인쇄
2025. 3.   5. 1판 1쇄 발행

지은이 | 오창근, 장윤제
펴낸이 | 이종춘
펴낸곳 | [BM] ㈜도서출판 **성안당**
주소 | 04032 서울시 마포구 양화로 127 첨단빌딩 3층(출판기획 R&D 센터)
            | 10881 경기도 파주시 문발로 112 파주 출판 문화도시(제작 및 물류)
전화 | 02) 3142-0036
            | 031) 950-6300
팩스 | 031) 955-0510
등록 | 1973. 2. 1. 제406-2005-000046호
출판사 홈페이지 | www.cyber.co.kr
ISBN | 978-89-315-8378-6 (13000)
정가 | 30,000원

이 책을 만든 사람들
책임 | 최옥현
진행 | 오영미
기획 · 진행 | 앤미디어
교정 · 교열 | 앤미디어
본문 · 표지 디자인 | 앤미디어
홍보 | 김계향, 임진성, 김주승, 최정민
국제부 | 이선민, 조혜란
마케팅 | 구본철, 차정욱, 오영일, 나진호, 강호묵
마케팅 지원 | 장상범
제작 | 김유석

■ **도서 A/S 안내**

성안당에서 발행하는 모든 도서는 저자와 출판사, 그리고 독자가 함께 만들어 나갑니다.
좋은 책을 펴내기 위해 많은 노력을 기울이고 있습니다. 혹시라도 내용상의 오류나 오탈자 등이
발견되면 "좋은 책은 나라의 보배"로서 우리 모두가 함께 만들어 간다는 마음으로 연락주시기
바랍니다. 수정 보완하여 더 나은 책이 되도록 최선을 다하겠습니다.
성안당은 늘 독자 여러분들의 소중한 의견을 기다리고 있습니다. 좋은 의견을 보내주시는 분께는
성안당 쇼핑몰의 포인트(3,000포인트)를 적립해 드립니다.
잘못 만들어진 책이나 부록 등이 파손된 경우에는 교환해 드립니다.